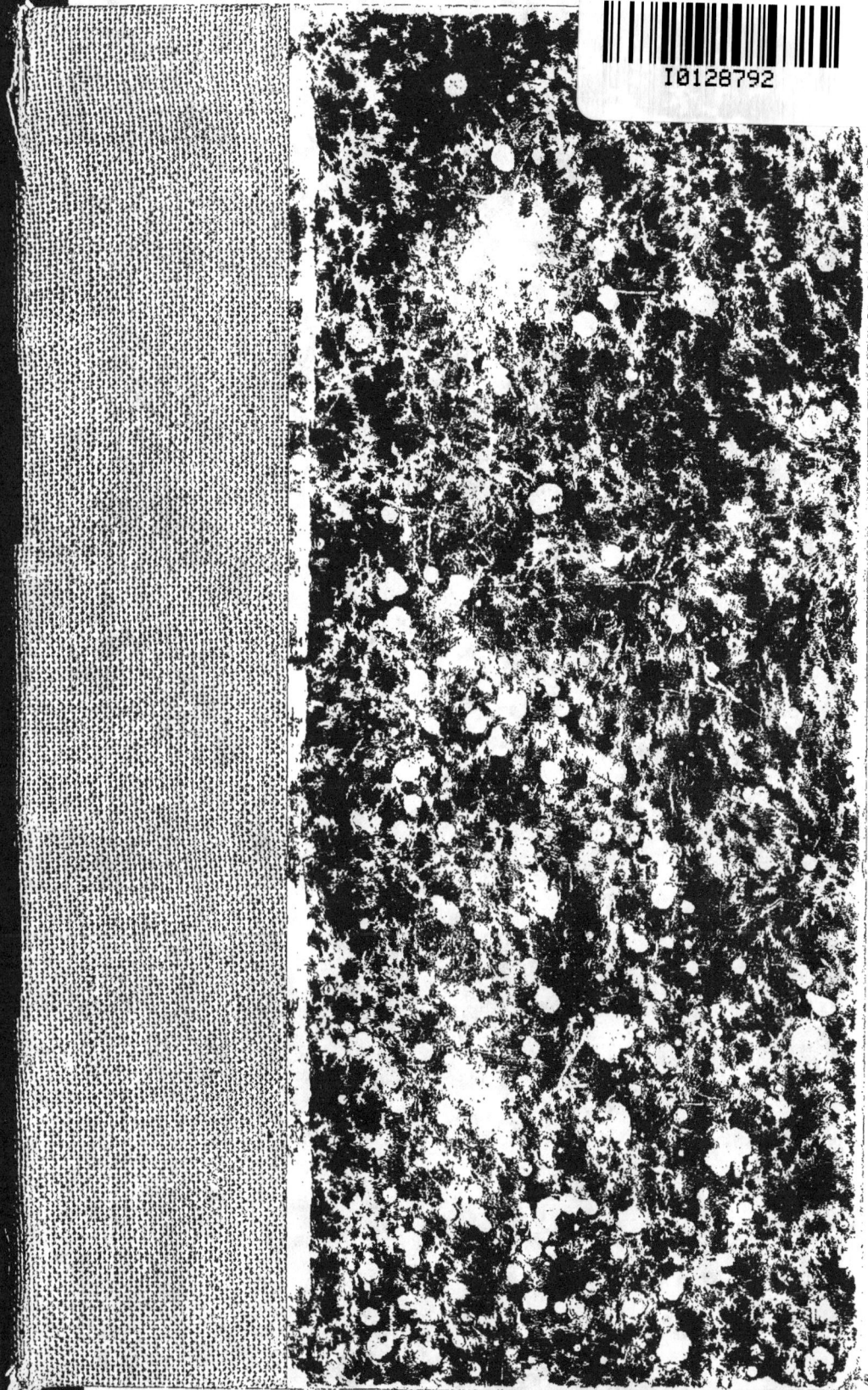

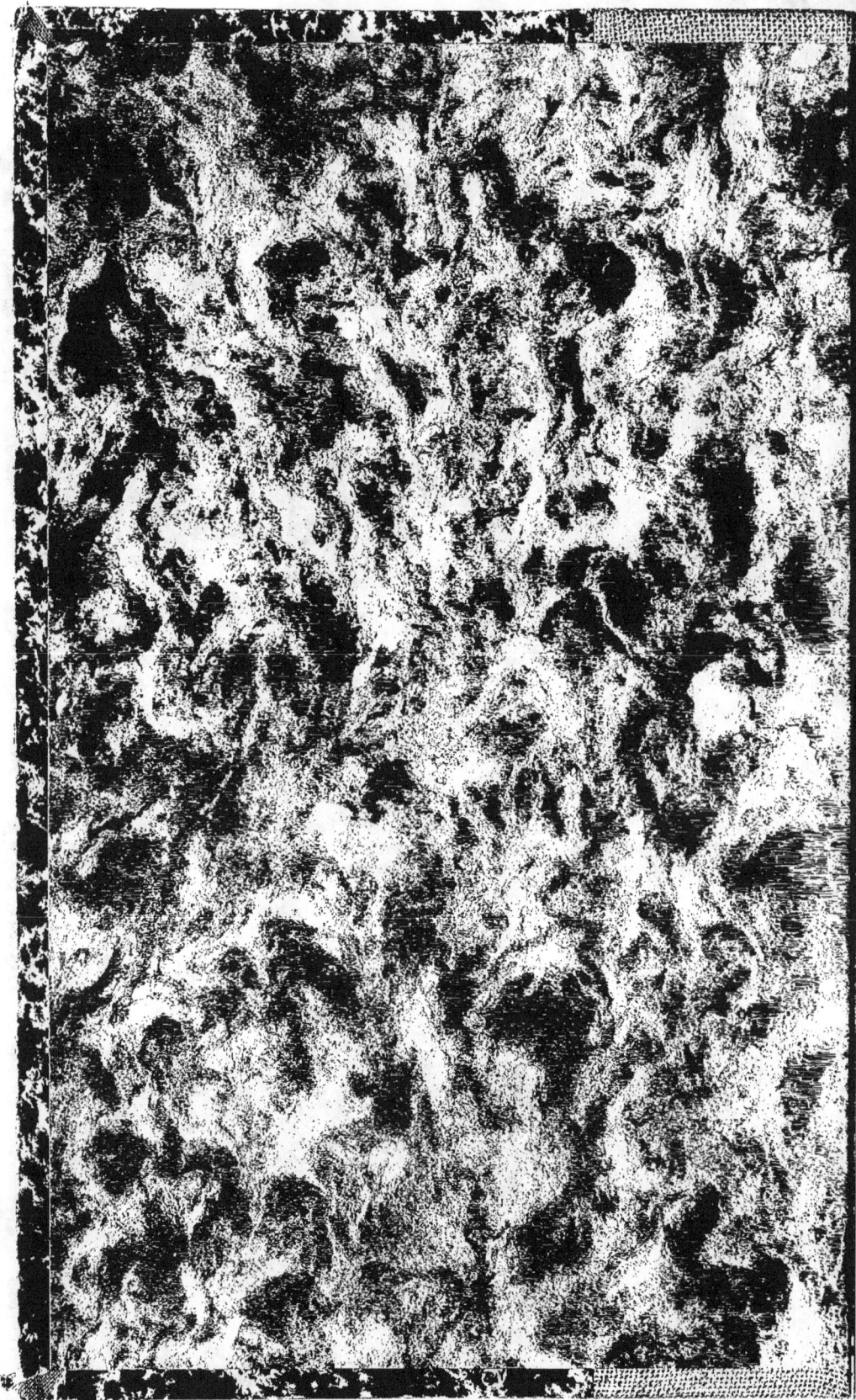

2172

COMPTES

DE L'HOTEL

DES ROIS DE FRANCE

AUX XIVᵉ ET XVᵉ SIÈCLES

IMPRIMERIE GÉNÉRALE DE CH. LAHURE

Rue de Fleurus, 9, à Paris

COMPTES
DE L'HOTEL

DES ROIS DE FRANCE

AUX XIVᴇ ET XVᴇ SIÈCLES

PUBLIÉS

POUR LA SOCIÉTÉ DE L'HISTOIRE DE FRANCE

PAR M. L. DOUËT-D'ARCQ

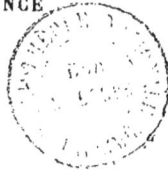

A PARIS

CHEZ Mᵐᴇ Vᴇ JULES RENOUARD

LIBRAIRE DE LA SOCIÉTÉ DE L'HISTOIRE DE FRANCE

RUE DE TOURNON, Nº 6

M DCCC LXV

EXTRAIT DU RÈGLEMENT.

ART. 14. Le Conseil désigne les ouvrages à publier, et choisit les personnes les plus capables d'en préparer et d'en suivre la publication.

Il nomme, pour chaque ouvrage à publier, un Commissaire responsable, chargé d'en surveiller l'exécution.

Le nom de l'Éditeur sera placé à la tête de chaque volume.

Aucun volume ne pourra paraître sous le nom de la Société sans l'autorisation du Conseil, et s'il n'est accompagné d'une déclaration du Commissaire responsable, portant que le travail lui a paru mériter d'être publié.

Le Commissaire responsable soussigné déclare que l'Édition des COMPTES DE L'HOTEL AUX XIVe ET XVe SIÈCLES, *préparée par* M. DOUËT-D'ARCQ, *lui a paru digne d'être publiée par la* SOCIÉTÉ DE L'HISTOIRE DE FRANCE.

Fait à Paris, le 25 mars 1865.

Signé : L. BELLAGUET.

Certifié :

Le Secrétaire de la Société de l'Histoire de France,

J. DESNOYERS.

NOTICE

SUR LES

COMPTES DE L'HOTEL.

Ce qu'on a appelé en France l'Hôtel, et plus tard la Maison du roi, a dû nécessairement exister dès les commencements de la monarchie. Sans avoir l'ambition de remonter si haut, nous nous contenterons de remarquer, qu'à partir de la troisième race, on trouve, sous les premiers Capétiens, dans les noms de quatre grands dignitaires qui se lisent au bas de leurs diplômes, depuis Louis le Gros jusqu'à Philippe le Bel, des personnages dont les fonctions paraissent avoir été entièrement analogues à celles des principaux officiers de l'Hôtel. En effet, ce sont : le sénéchal (*dapifer*), l'échanson (*buticularius*), le connétable (*constabularius* ou mieux *comes stabuli*) et le chambellan ou chambrier (*camerarius*). Quoi qu'il en soit, ce n'est qu'à partir du XIIIe siècle, que l'Hôtel du roi a été réglementé par des ordonnances spéciales. La plus ancienne que nous connaissions, est celle de saint Louis, de l'an 1261. Elle est en latin, et a été donnée par Ducange dans ses notes sur Joinville. Elle se trouve aussi, et même plus complète, dans les manuscrits de Clairambault[1]. Une version, ou si on l'aime mieux, une leçon française de cette or-

---

[1]. Bibl. imp., mss. Clairambault VII, vol. 60.

donnance, fait partie d'un registre très-important pour la
question qui nous occupe, puisque indépendamment de celle-
ci, il en contient trois autres, qui sont de Philippe le Bel, des
années 1286, 1290 et 1314, et deux de Philippe le Long, son
fils, de l'an 1316, toutes concernant l'Hôtel. L'écriture de
ce registre est du commencement du xive siècle, et sans
doute contemporaine des dernières ordonnances, celles de
1316. Maintenant, bien que l'ordonnance de 1261 semble
devoir être notre point de départ pour étudier l'Hôtel à ses
origines, nous pourrions à la rigueur faire remonter son éta-
blissement un peu plus haut, en nous appuyant sur un docu-
ment précieux que nous a conservé Clairambault, et qui a
pour titre : *Pallia militum, clericorum, aliorumque gentium
Hospitii domini regis Ludovici*, *ad terminum Pente-
costes* 1231 [1]. On compte, dans cette pièce, comme faisant
partie de l'Hôtel, quarante-trois chevaliers et vingt-sept
clercs, tous des plus grands noms de l'époque. Viennent
ensuite dix-neuf sommeliers, onze écuyers, deux maréchaux,
dix-sept valets de chevaux, douze archers, quatre veneurs
et leurs cinq valets, deux oiseleurs et deux fureteurs, six
sommeliers de paneterie, seize chevaucheurs (*cursores*), six
sommeliers de l'échansonnerie, quatre fruitiers, sept huissiers, six valets de chiens, vingt-quatre arbalétriers et vingt
et un sergents d'armes (*servientes*). Sauf ce qui regarde les
offices de la Cuisine et de la Fourrière, on a là, à peu près,
tout ce qui composait l'Hôtel. Mais pour avoir son organisation complète, il nous faut recourir à l'ordonnance de 1261.
En l'étudiant, on y reconnaît les six départements, ou comme
l'on disait, les six mestiers de l'Hôtel. Toutefois il convient
d'observer que ce mot de « mestiers » ne s'y trouve pas ; il

---

1. Bibl. imp., mss. Clairambault VII, vol. 60.

n'apparaît que dans les ordonnances postérieures. Dans celle de décembre 1316, on les appelle les « six offices de l'Ostel le Roy. » Nous allons suivre dans tous ses détails l'ordonnance de 1261, en ayant soin de signaler, là ou besoin sera, les différences qui se présentent entre le texte latin et le texte français. Il y est question, d'abord, de quatre chambellans, dont trois anciens et un nouvellement créé. Leurs noms, qui ne se trouvent que dans le texte latin, n'ont été lus qu'imparfaitement par Ducange et par Clairambault : *Johannes Sarr.... Johannes Bourg.... et Petrus de Laud....* Le quatrième est *Petrus de Quitriaco.* Après les chambellans, viennent les valets de chambre, dont le nombre n'est pas indiqué. Puis, un *Guillelmus Brito* et un *Johannes de Ermenonvilla*, qu'on ne trouve pas dans le texte français. Il en est de même pour *Petrus de Brocia*, Pierre de la Brosse, chirurgien et valet de chambre, et un *Guillelmus de Saltu.* Viennent ensuite des guettes, sans nombre fixé, un barbier, que le texte latin appelle *Johannes.* Ici commence la Paneterie, ce que Ducange indique par le mot *Paneteria*, que Clairambault n'a pas jugé à propos d'ajouter au texte, où sans doute il manquait. Cet office comprend d'abord un « maistre panetier » comme porte le texte français. Dans le texte latin, c'est seulement *panetarius.* Ducange l'appelle *Bartholomæus Tritan* et Clairambault, mieux *Bartholomeus Tristan.* Viennent d'autres panetiers, parmi lesquels « celui du four » au texte français, et *Michael de furno* au texte latin; le clerc de la paneterie, *Jacobus* dans le texte latin; des sommeliers des nappes, sans leur nombre; quatre porte-chapes; l'oubloier, celui qui faisait les oublies, sorte de petite pâtisserie très en usage dans le moyen âge; la lavandière des nappes, *lotrix mapparum;* enfin, le charretier de la Paneterie. Pour l'Échansonnerie c'est : un maître échanson,

nommé dans le texte latin *Harcherus de Corbolio;* d'autres
échansons, sans leur nombre ; deux clercs de l'Échansonnerie ; le madrenier, « pour les hanas et les voirres querre et
porter à mengans à court, » appelé dans le texte latin *Guillelmus, madelinarius;* quatre sommeliers, cinq barilliers,
quatre boutiers, « le charetier des bous, le potier, pour le
service des pos, » deux porteurs d'eau, *duo portantes aquam
ad bibendum pro Communi,* pour le Commun, parce que dans
dans tous les offices de l'Hôtel on distinguait essentiellement
le service du roi, qu'on appelait *la Bouche,* du service des
gens de l'hôtel ou du *Commun;* le porte-bout, *portator bou-
torum.* Pour l'office de la Cuisine, ce sont : trois « keus »
*Cocci : videlicet Nicolaus de Soisiaco, Ysembardus et Guil-
lelmus Guillore,* d'autres queux, sans leur nombre, des
aides de cuisine, quatorze hasteurs, ou rôtisseurs, treize
pages de cuisine, *pagii tredecim.* Ils ne se trouvent pas dans
le texte français. Quatre souffleurs, le garde-mengier, *custos
ciborum,* deux huissiers, deux charrettes de cuisine, la charrette du dîner, *quadriga coquine.* Il n'en est pas question
dans le texte français. Deux saussiers, un officier chargé des
écuelles, *scutellarius,* qui n'est pas dans le texte français. Ici
Clairambault place l'aumônier *Elemosinarius,* qui a été
passé par Ducange. Pourtant, le nom de l'aumônier vient
tout naturellement se placer à propos de la Cuisine, l'usage
étant constamment observé alors, de donner aux pauvres la
desserte des tables. De là la mention si fréquente dans les
comptes et inventaires de « pot de l'aumosne. » Le clerc de
la Cuisine, Jean de Troies, poulailler, et dans le texte latin
Johannes de Tyes, pullarius. Le furonneur, *furetarius,* qui
avait le soin des furets. Raoul, le poulailler du Commun. Le
pêcheur. L'oiseleur. « Jehan le pastoieur (pâtissier) *Johannes,
pastillarius.* Enfin, dix « hemeriaus petis, » dans le texte fran-

çais, *decem garcunculi* dans le texte latin. Pour l'office de la Fruiterie, « Jehan de Clichi, fruiteur, et la charrette du fruit. Pour l'Écurie, des écuyers et des maréchaux, dont le nombre n'est pas donné, puis Poince et Hue, *Pontius et Hugo*. L'office de la Fourrière : Robert et Richard de la Fourrière, cinq valets, un « serjant de l'eaue, » *serviens de aqua*, enfin, les aides de Fourrière. A la suite de ces six offices se trouvent : les chapelains et les clercs de la Chapelle, le trésorier de Tours et le doyen de St-Aignan, des huissiers, des portiers et des valets de porte, la lavandière du roi, le charretier de la Chambre, les sommeliers, de la Chambre aux deniers, des Écritures, de la Fruiterie et de la Chapelle. Enfin, et seulement dans l'ordonnance latine, le chapelain de Saint-Michel (du Palais), le chapelain de Saint-Barthelemy, la veuve de Jean le Tailleur, vingt-quatre convers (*conversi*) et *octo rencarii*. A la suite de cette ordonnance de 1261, il se trouve, dans le Reg. LVII, dont nous avons avons déjà parlé, deux ordonnances pour l'hôtel de la reine Marguerite de Provence, femme de saint Louis. Comme elles sont curieuses et qu'elles perdraient à être analysées, nous les transcrivons ici.

Ordenance de la Royne, fame mons. saint Loys.

Il est ordené de nostre sire le Roy, que ma dame la Royne, pour toutes ses aumosnes et oblacions, ait par an IIIIᶜ l. par. et non plus. Et ce est, oultre la disme de vivres de l'Ostel, que elle doit poier en certains lieus, et oultre XIII poures, que elle doit repaistre chascun jour, et oultre autres IIII poures, que elle doit repaistre au samedi, et oultre les méreaux, qui valent XII s. par. par jour.

Item, que elle ait pour tout don qu'elle fera au lonc de l'an, XL l. par. et non plus.

Item, que elle ne rechoive aucun prest ou don, ne ne sueffre prendre ne recevoir à ses enfauz, de nul qui que ce soit, en quoi toutes voies ne sont pas entendu, vins ou viandes, ne teles menues choses.

Item, que elle se tiegne de appeller avec soy dames ou autres grans

personnes, et que quant elles viendront, elle ne retigne point longuement,
et que elle ne se abandonne pas de légier à parler à tant de seurvenans,
aincois se face honestement excuser, si comme il appartient.

Item, il est ordené que Geoffroy, Erneys, jurront que il mettront
cure et pourveance en bonne foy, que les despens de l'Ostel soient fais
loialment et attempréement, sanz ce, en couverture des diz despenz dudit
Hostel, il autre chose mise ne comptée, fors tant seulement les propres
et neccessaires despens de celi Hostel.

Item, que elle ne mande, ne ne commande riens à baillis, prévoz du
Roy, ou à autres, que il soient, tenanz aucun office du Roy. Et que elle
ne face mettre nullui, quel que il soit, de s'auctorité en baillies, ser-
janteries ou autres offices, quex que il soient.

Item, que elle ne face point édiffier, et que nulle personne elle ne
preigne, ne ne retigne de son Hostel, ne de l'Ostel de ses enfanz, se ce
n'est de l'assentement et du congié du Roy.

Toutes ces choses veult et commande li Roys, estre tenues de la Royne
et bien gardées.

AUTRE ORDENANCE.

Il est ordené par nostre sire le Roy, de l'Ostel ma dame la Royne,
que la disme des vivres de l'Ostel soit paiée si comme il est accoustumé,
et que XIII poure soient repeu chascun jour, si comme il est accoustumé,
toutevoies aux despens de l'Ostel.

Item, que pour IIII poures que elle a acoustumé à repaistre chascun
samedi, elle ait ycelui jour IIII s.

Item, que elle ait quand elle chevauche ou mue hostel, pour aumosne,
XVI s.

Item, que oultre toutes ces choses elle ait pour dons, aumosnes, présens et autres choses qui li plairont, par an, VII^c l. par., c'estassavoir
II^c l. en chascun compte.

Item, que elle ait pour les robes de VI dames, et pour leurs autres choses neccessaires, pour chascune xxx l. tournois. Et pour les robes de
xx autres fames et pour leur autres choses neccessaires, pour chascune,
xx l. tournois.

Item, de la Chapelle, il est ordené que toute la cyre soit du Roy, et
le chapelain ait pour sa cyre, x l. par. Toutevoies yceli chapellain tendra
son chapelain à ses despens, de robes et d'autres coustemens, excepté les
despens de bouche.

De toutes autres choses il est ordené tout aussi sanz plus et sanz mains
comme il en est ordené en l'autre Ordenance dessus escripte.

Toutes les personnes composant l'Hôtel recevaient, les
unes, des gages en argent et des livraisons en nature; les

autres, des gages seulement ; d'autres enfin, seulement des livraisons. Ces livraisons consistaient en repas, c'est ce qu'on appelait « manger à court, » en vin de coucher, en luminaire, chandelles et torches. Pour les chevaux, en foin et avoine et en maréchallerie, ou forge (*fabrica*), comme l'on disait. Tout cela était réglementé dans les détails les plus minutieux et les plus précis. A mesure que l'on fit plus d'ordonnances pour l'Hôtel, on les fit plus savantes, si l'on peut se servir de cette expression. C'est ainsi que les ordonnances de Philippe le Bel et de Philippe le Long entrent dans bien plus de détails et s'entourent de bien plus de précautions contre les abus, que celle de 1261. Que serait-ce si nous descendions aux temps postérieurs? Il n'est pas hors de propos d'en donner un aperçu. Voici, par exemple, quelques-unes des prescriptions contenues dans un règlement général pour la Maison de Henri III, fait au mois d'août 1578 :

Le Roy veult que monsieur le Grand Maistre face renouveller les anciennes ordonnances et réglemens de la Maison de Sa Majesté, afin qu'elles soient doresenavant mieux observées qu'elles n'ont esté.

Cependant Sa Majesté veult que tous les matins, avant qu'elle soit éveillée, l'on face balier et oster les ordures qui sont, tant à la cour que sur les degrez et aux salles haultes et basses du logis de sad. Majesté, sans qu'il y ait plus de faute.

Que le disner de Sa Majesté soit prest tous les jours, quand elle sortira de sa messe.

Que le Me d'hostel qui sera en service se tiene près de Sa Majesté quand elle sortira de sa chambre pour aller à la messe, afin d'entendre de sad. Majesté ou dud. Grand Maistre, quand il voudra disner, afin qu'il en face advertir à la cuisine.

Lesdicts jours que le Roy prendra son vin après disner, sera apporté par un gentilhomme de la Chambre, ainsi qu'il a esté cy-devant dict, avec dix plats, cinq de fruits selon la saison, et autres cinq de confitures, fournis par celuy qui faict les confitures de Sa Majesté, portés par les pages de sa chambre, et le vin de suite, pour les seigneurs et gentilshommes qui seront avec luy.

Tous les jours, quand la nuict viendra, ledit Grand Maistre et en son absence le premier M⁰ d'hostel, ou celuy qui sera en quartier, fera allumer des flambeaux par touttes les salles et passages du logis du Roy; et, aux quatre coings de la cour et degrez, des fallots, afin que l'on puisse congnoistre et voir ceux qui iront et viendront par ledict logis à telles heures.

Voulant aussy sad. Majesté, qu'Elle estant à table, l'on se tienne un peu loing d'Elle, afin qu'Elle ne soit pressée; et que nul ne s'appuye sur sa chaire, que le capitaine des gardes qui sera en quartier. Lequel sera appuyé sur le costé droict de ladicte chaire, et un des gentilzhommes de la chambre, qui sera aussy en quartier, sur l'autre costé.

Estant revenue de dehors devant souper, s'il est entre cinq et six heures, commandera que l'on aille à sa viande, faisant advertir les Reynes ses mère et femme, pour souper ensemble.

Après le souper, si c'est le dimanche ou le jeudy, leurs Majestez s'en iront à la salle; qui sont les deux jours que le Roy a ordonnez pour tenir le bal, où se trouveront tous les princes, seigneurs, gentilzhommes, princesses, dames et damoiselles. Et les autres jours, fors le vendredy et samedy, ira en la chambre de la Reyne, accompagné de tous les princes, seigneurs et gentilzhommes qui y sont.

Veult Sa Majesté que sa musique se tienne en sa chambre tous les jours, entre sept et huict heures.

Reste les soirs des lundy, mardy et mercredy; le Roy s'ira promener après souper, où il veult que tous ceulx de sa cour l'accompagnent.

Que les pages soient instruicts à la vertu et ayent des maistres propres à ce faire.

Sa Majesté veut et ordonne que son premier medecin soit toujours près de sa personne, tant à disner, souper, coucher, qu'autres heures; qu'il lui sera loisible d'entrer où sera sad. Majesté.

Quand l'on yra à la viande du Roy quérir les services, qu'il y ait quatre archers destinés, assavoir deux pour marcher devant ladicte viande avec le M⁰ d'hostel, et deux derrière afin de garder que personne n'y approche.

On lit dans un autre règlement de la maison d'Henri III, du premier janvier 1585 :

Et pour ce que Sa Majesté ne veult plus qu'il se face cuisine dans son chasteau, pour estre chose trop deshonneste et indigne du respect que l'on luy doit porter, Elle commanda au grand mareschal de ses logis et en son absence aux fourriers du corps, que s'il y a quelqu'un qui face faire cuisine en sondict chasteau, il en advertise, pour avoir la honte d'estre deslogé dudict chasteau.

NOTICE.

Quiconque marquera ou démarquera les logis à la cour ou à la suitte de Sa Majesté sera prisonnier six mois en cachot pour le moings, s'il n'a le poing couppé.

Sa Majesté désirant manger en repos et se garder de l'importunité qu'elle reçoit durant ses repas, défend desormais qu'en ses disners et souppers personne ne parle à Elle que tout hault et de propos communs et dignes de la présence de Sad Majesté ; voulant Icelle que, particulièrement à son disner, que d'histoire on parle et d'autres choses de sçavoir et de vertu. Et se tiendra chascun qui y assistera assez loing de sa table : et s'il y a des barrières au lieu où elle mangera, n'entrera dans icelle.

L'heure du souper de Sa Majesté sera toujours précisement à six heures du soir[1].

Un autre règlement du 10 octobre 1582, entrait dans les détails les plus intimes, particulièrement au sujet des aliments du roi.

Tous les dimanches et jeudis, sy ce n'est quelque grande feste annuelle ou en caresme, ou qu'il soit autrement commandé par le Roy, seront allumez les flambeaux à la salle du bal et mandez tous les joueurs d'instruments pour le bal, et apporté les chaires de Leurs Majestés et une vingtaine d'autres siéges, tant tabouretz que scabeaux, pour ceux et celles qui se devront asseoir, et ce avant que le fruict ne soit desservy de devant Sa Majesté.

Seront très soigneux les officiers, de bien accoustrer la viande du Roy, et que l'on ne luy serve rien qui ne soit fort bon et bien tendre. Et que le M^e d'hostel luy demande tous les jours sy Sa Majesté se trouve bien traictée. Et pour cet effet le M^e d'hostel qui sera en service verra en la Cuisine la viande, et le pain en la Panneterie, afin de voir sy tout sera comme il doibt.

Ne changera-t-on poinct de vin au Roy sans que deux du Gobelet en ayent faict taster à son premier médecin, pour voir s'il sera de son goust.

Les jours que le Roy mangera de la chair, aura son bouillon le matin, bien cuit et bien consommé, et non si plain de gresse et clair, comme il est quelquefois[2].

Ces aphorismes, qui rappellent un peu la Cuisinière bourgeoise, nous mèneraient trop loin. Il est temps de nous

1. Arch. de l'Emp. Reg. KK. 544.
2. *Ibid.*

arrêter, et de retourner à nos anciennes ordonnances de l'Hôtel.

Dans l'ordonnance de 1261, les gages les plus élevés sont de six sous par jour; les plus bas, de trois deniers. Comme cette échelle du taux des gages peut, jusqu'à un certain point, marquer l'importance des personnes, nous en présentons ici le tableau. Nous commençons par le taux le plus élevé.

Les trois chambellans anciens		Le garde mengier		
		Le clerc de la cuisine		
Le maître panetier	6 sous par jour.	Le fruitier	12 d.	
Le maître échanson		Le sommelier		
Le maître queux		Les portiers	9 d.	
Le chambellan nouveau		Les hasteurs	7 d.	
Les panetiers	5 s. 6 d.	Les valets de chambre		
Les échansons		Les guettes		
Les queux		Le clerc de la paneterie		
Le poullaillier du commun	4 s. 6 d.	Les sommeliers des napes		
		Le clerc de l'échansonnerie	6 d.	
Le panetier du four		Le madrenier		
Le charretier des bous	4 s.	Le fourrier		
Les huissiers		Les valets de fourrière		
La lavandière des nappes		Le roi des ribaux		
	3 s. 6 d.	Les porte chapes		
Les saussiers		Les boutiers	5 d.	
La lavandière du Roi	2 s. 6 d.	Les barilliers		
Le potier		Les chapelains	4 d.	
Les aides de cuisine		L'oubloier		
Le pêcheur	2 s.	Les sommeliers de l'échansonnerie		
Les écuyers et maréchaux		Les porteurs (d'eau)	3 d.	
Le fourrier		Les soufleurs		
Le poullaillier du roi	18 d.	Les huissiers de la cuisine		
Le fuironneur				

On a le montant des dépenses de l'Hôtel de saint Louis pour les années 1251 et 1252. Pour la première, le total est de 48 558 livres, et pour la seconde, de 53 610 livres[1]. Au

---

1. *Rec. des hist. de Fr.* Vol. XXI, p. 513 et 514.

premier abord cela paraît bien considérable. Mais il faut observer que saint Louis était alors à la croisade, et qu'ainsi les dépenses de toute nature devaient être bien plus fortes qu'elles ne l'eussent été en France.

Maintenant, voici la charge qu'avait à supporter l'Hôtel du roi en 1316 : Il y avait par jour cent soixante-quatre personnes mangeant à la Cour, sans compter les survenants. La dépense journalière du vin se montait à un muid, cinq setiers ; celle de l'avoine, à cent cinquante-six provendes[1] ; celle du bois de chauffage, à dix môles de buche ; celle de la chandelle, à quinze livres de cire ; celle des gages, à 7 liv. 8 s. Tout cela était évalué « à la chierté du temps, » à 36 500 livres parisis par an.

Pour l'Hôtel de la reine, il y avait deux cent deux personnes mangeant à la Cour. Il ne fallait par jour que quatre setiers, deux quartes de vin ; quatre-vingt-trois provendes d'avoine ; trois môles et demi de buche ; quinze livres de cire, et 75 s. 5 d. par jour pour les gages. Le tout faisant un total de 12 410 livres parisis par an.

Pour l'Hôtel des Enfants de France, quarante-deux personnes mangeant à la Cour et vingt provendes d'avoine, sans autres livraisons et sans gages. Mais il est compté 10 livres parisis par jour pour la cuisine. Total par an, 3650 livres parisis. Total général des trois Hôtels, 57 210 livres parisis[2].

De ce double caractère des dépenses de l'Hôtel, les unes en argent, les autres en nature, il devait résulter bien des embarras et de nombreux abus. On en a la preuve au reste dans les ordonnances que nous avons citées. C'est ainsi,

---

1. D'un setier d'avoine, à la mesure de Paris, on faisait douze provendes.

2. Trésor des Chartes. Reg. LVII, fol. 44 v°.

par exemple, que dans celle de 1286 on lit : « Item, que
nus ne menjue hors de chambre, ne n'ait viande hors de
salle[1]. » Un article de l'ordonnance de 1290 porte : « Il
est ordené que garchon ne sommelier, se il n'a droit de
menger en l'Ostel, puis que l'en aura crié : Aus Keus!
n'entre en l'Ostel. Et tantost comme l'en aura crié : Aus
Keus! li portier feront vuidier la court de toute manière de
gent estrange, et cercheront par chambres et jardins et par
préaus, que gens n'i demeurent qui n'i doient de droit
menger en l'Ostel. Et que nus ne passe la porte, qui em-
porte ne pain, ne vin, ne viande, ne autre chose de quoy li
Rois ne ma dam la Reine soient damagiez. Et feront de ce
serement. » « Li huissier feront vuidier la sale quant l'en
aura crié : Aus Keus! de toute manière de gent estrange,
ne n'i souffeiront à demourer menger nulle personne estrange, se ce n'est du commandement au Maistre de l'Ostel.
Et de ce feront serement[2]. » On trouve dans les ordonnances de l'Hôtel des Reines des prescriptions qui ont pour
objet le maintien de la décence. Par exemple, dans une
ordonnance de l'Hôtel de la reine Jeanne de Navarre, femme
de Philippe le Bel, de l'an 1286, on lit : « Il est ordené que
nus chevalier, ne autres, ne gira avec sa femme en l'Ostel
ma dame[3]. » Dans une autre, de la reine Jeanne de Bourgogne, femme de Philippe le Long, de l'an 1316, un article
porte : « Item, se il y a aucune damoyselle grosse, elle s'en
ira en son hostel si tost comme elle ne voudra venir menger
en salle[4]. » On songeait parfois à faire des réductions dans
les dépenses. En 1315, Philippe de Valois, qui n'était alors

1. Trésor des Chartes. Reg. LVII, fol. 8.
2. *Ibid.*, fol. 11.
3. *Ibid.*, fol. 10.
4. *Ibid.*, fol. 72 v°

que comte de Poitiers, réduit à quatre-vingt-dix-sept le
nombre des personnes qui mangeaient à sa Cour, lequel
était auparavant de deux cent soixante-dix, et pour l'Hôtel
de Jeanne de Bourgogne, sa première femme, la réduction
est de cent trente-trois à soixante et une[1]. Nous laisserons là
ce qui concerne l'organisation de l'Hôtel pour passer à ses
comptes, notre principal objet.

Il est question dans le XXIe volume du Recueil des His-
toriens de France, de comptes de l'Hôtel des règnes de
Philippe le Bel et de ses fils, Louis le Hutin et Philippe le
Long, mais ce ne sont là que des mentions de comptes et
non pas des comptes eux-mêmes. Il faut avouer que ces
sortes de documents ont eu une destinée bien fâcheuse, car
le plus ancien compte de l'Hôtel que nous connaissions est
celui que nous donnons en tête de ce volume[2]. Il commence
avec le règne de Charles VI, et s'étend du 1er octobre 1380
au 1er juillet 1381. C'était sur le Maître de la Chambre aux
deniers que roulait toute la dépense de l'Hôtel, et c'était
aussi lui qui faisait toutes les recettes. En général, il rendait
ses comptes aux deux termes de Noël et de la Saint-Jean,
assisté en cela d'un Contrôleur. Plus tard ils furent rendus
par procureur. Ces comptes se divisent, comme tous les
autres, en deux parties, la recette et la dépense. Nous allons
les examiner dans cet ordre.

Observons d'abord que, pour ce qui est de la recette, les
comptes de l'Hôtel présentent cette particularité qu'elle est
double, l'une en argent et l'autre en nature. Dans le premier

1. Reg. LVII.
2. Nous n'entendons parler ici que des comptes de l'Hôtel des rois.
On en a des grands fondataires qui remontent plus haut, quelques-uns
jusqu'au XIIIe siècle.

compte de l'Hôtel du roi qui nous soit resté, celui de
Charles VI, le Maître de la Chambre aux deniers fait sa
recette, d'abord sur les deniers du Roi gardés dans la tour
du château de Melun, puis sur le Trésor, sur le receveur
général des aides et le receveur général du Dauphiné, sur
le receveur des aides de Gisors, sur le receveur général des
arrérages des aides, et sur le trésorier général de la province de Rouen. Vient ensuite une recette sur les habitants
de diverses villes, pour droit de gite, et enfin une recette
commune faite sur divers receveurs et comprenant le pro-
duit des amendes. Les recettes en nature sont celles : du
blé des garnisons du bois de Vincennes, du vin sur le pour-
voyeur du Roi, du gibier (connins) sur les garennes de
Fontaines, Pons, Saint-Cloud, Vincennes, Glandas et Claye;
du poisson des étangs de Dammartin, Meulan, les Hallais,
le Vivier en Brie, Moret, Gouvieux et le gore de Beauté.
Cette partie des recettes donne des détails utiles sur la
nature et le prix des denrées. Ainsi pour les vins, il y est
question de vin de Beaune, de vin de Bourgogne, de vin de
Bar, de vin de Saint-Pourçain, de vin de Riz et de vin françois, ce dernier probablement de la Brie ou des environs
de Paris. Les poissons le plus communément nommés, sont :
la carpe, le brochet, la tanche, le quarreau, la brême, l'an-
guille. Quant au gibier, il n'y est jamais parlé que de lapins
de garenne (connins). On trouve dans le trente-sixième
compte de l'Hôtel de Charles VI, pour le terme de la Saint-
Jean 1409, un genre de recette qui complète ceux que l'on
vient de voir, et auquel nous donnerons place ici.

*Autre recepte pour présens fais au Roy en ce terme, en chevauchant
par son royaume.*

Et premièrement

En l'office de Panneterie.

De deux muys de blé présentés au Roy par les habitans de Chartres,
le xiie jour de février, despensés et estimés à 8 l. p. le muy. Argent 16 l.

De deux sestiers pain blanc présenté comme dessus, par le chapitre
de ladicte ville, ledit jour, despensés et estimez à 16 s. le sestier. Argent   32 s.

En l'office d'Eschançonnerie.

De une queue vin françois, présentée au Roy par l'abbé de Vendosme,
le viiie jour de février. De ce, despensé ii muys xii sestiers, et le résidu
aux eschançons pour le droit quils dient à eulx appartenir. Estimez à
26 s. le muy. Argent   55 s.

De une queue vin de Saint Pourçain, présentée comme dessus par les
habitans de Bonneval, le xe jour dudit mois de février ; despensé ii muys,
xii sestiers, et le résidu aux eschançons comme dessus. Estimez à 30 s. le
muy. Argent   4 l. 2 s. 6 d.

De une queue vin françois, présentée comme dessus, ledit jour, par
les diz habitants, despensé ii muys, xii sestiers, et le résidu comme dessus. Estimez à 20 s. le muy. Argent   55 s.

De trois muys vin françois présentez comme dessus, le xie jour dudit
mois, par l'abbé de Bonneval, depensés et estimez audit pris. Argent   60 s.

De quatre queues vin de Galardon, présentez comme dessus, par les
habitans de Chartres, et par le chappitre d'illec une queue de Galardon,
le xie jour dudit mois de février. De ce despensé xiii muys, et le résidu retenuc omme dessus. Estimez à 20 s. le muy. Argent   13 s.

De une queue de vin de Beaune, présentée comme dessus par l'évesque dudit lieu de Chartres, le xiiie jour dudit mois de février. De ce
despensé ii muys, viii sestiers, et le résidu comme dessus. Estimée à
50 s. le muy. Argent   6 l. 5 s.

De une queue vin françois, présentée comme dessus, par ledit évesque, ledit jour. De ce despensé ii muys, viii sestiers, et le résidu comme
dessus. Estimée à 20 s. le muy. Argent   50 s

De une queue vin françois, présentée comme dessus, par l'abbé de
Coulombs, le xie jour de mars. De ce despensé ii muys, xii sestiers et le
résidu comme dessus. Estimez audit pris de 20 s. le muy. Argent 55 s.

En l'office de Cuisine.

De deux beufs présentés au Roy, le xviie jour de février, par l'évesque de Chartres, despensés et estimez à 50 s. le beuf. Argent   100 s.

En l'office d'Escuirye.

De un muy d'avène, présenté au Roy le viiie jour de février, par l'abbé de Vendosme, à la mesure d'illec. Despensé et estimé à 10 s. le sestier. Argent   6 l.

De trois muys d'avène, présentez comme dessus, le xe jour dudit mois, par les habitans de Bonneval, mesure dudit lieu. Despensés et estimez à 4 s. le sestier. Argent   7 l. 4 s.

De deux muys d'avène, présentez comme dessus le xiie jour dudit mois par les habitants de Chartres. Despensez et estimez à 8 s. le sestier. Argent   9 l. 12 s.

De quatre muys d'avène, présentés au Roy comme dessus, par l'évesque dudit lieu de Chartres, le xiiiie jour dudit mois de février. Despensez et estimez audit pris. Argent   19 l. 4 s.

De un muy d'avène présenté au Roy comme dessus, par l'abbé de Coulombs, à la mesure dudit lieu, le xie jour de mars. Despensez et estimez à 10 s. 8 d. p. le sestier. Argent   6 l. 8 s. p.[1]

Passons à la dépense. Elle comprend six chapitres ou grosses (*grossa*) qu'il convient d'examiner en détail.

PRIMA GROSSA. Ce chapitre n'a qu'un article, qui est intitulé : « Despens des journées. » C'est le compte qui se faisait dans les premiers jours de chaque mois, de toute la dépense de bouche du mois précédent, tant celle du Roi, ce qu'on nommait proprement la Bouche, que celle des gens de l'hôtel, ou, comme on disait, du Commun. Ce compte mensuel était rendu par le maître de la Chambre aux deniers, généralement en présence du souverain maître de l'Hôtel et des maîtres ordinaires, mais toujours devant deux maîtres au moins, de l'Hôtel, sur des écroues portant l'état détaillé

1. Arch. de l'Emp. Reg. KK. 31.

des fournitures. Malheureusement, et au grand détriment de l'histoire de l'économie domestique, ces écroues ou états particuliers des dépenses de bouche ne se trouvent pas dans les comptes de l'Hôtel, qui n'enregistrent jamais que le total de cette sorte de dépense. Cependant on en rencontre quelques-uns dans les archives et les bibliothèques. Ce sont de petits rouleaux de parchemin, où se trouve le détail de tout ce qui a été dépensé tel jour, en pain, vin, viande de boucherie, lard, volaille, poisson, gibier, fruit, etc. On en a publié quelques-uns dans divers recueils. Souvent on remarque dans cet article des Despens de journées l'expression : « Sans gaiges et menues. » Il faut entendre par là que cette dépense journalière ne comprend pas les gages des gens de l'Hôtel, ni les menues choses qui s'y consommaient journellement.

SECUNDA GROSSA. Ce deuxième chapitre se compose de cinq articles. 1° Gages de chevaliers. Ils sont distingués en chevaliers bannerets et chevaliers des requestes. Ici, dans le compte de 1380, on trouve un chevalier fauconnier. 2° Gages de clercs et notaires. Ce sont des clercs des requestes, des secrétaires du roi, des maîtres et des clercs simples. Cette dernière catégorie comprend un médecin ou physicien, le sous-aumônier, le maître et le contrôleur de la Chambre aux deniers. 3° Gages de valets le Roy et autres gens d'hôtel. On y trouve des chauffecires, des « gens communs, » des sommeliers de la chambre du roi, des sommeliers de la Chambre aux deniers et des messagers. 4° Gages à vie et extraordinaires, c'est-à-dire des pensions. 5° Manteaux de chevaliers et de clercs. Robes de valets le Roy et autres gens d'hôtel. Cet article fournit des listes de noms, étendues et utiles à consulter. Il faut observer que ces manteaux et ces robes ne se donnaient pas en nature, mais en argent. Ici, le

b

manteau est apprécié à cent sous parisis, et la robe à cinquante sous.

TERCIA GROSSA. Ce troisième chapitre a quatre articles. 1° Harnois. Il s'agit dans cet article, l'un des plus intéressants de l'Hôtel après celui des Dons, de commissions et d'achats de toute espèce pour les besoins de l'Hôtel. Ici, par exemple, dans ce compte de 1380, on voit un valet de chambre du roi envoyé de Melun à Paris, pour en rapporter des *chambres* pour le Roi, c'est-à-dire l'ensemble des tapisseries, tentures et rideaux, qu'on appelait une chambre [1]. A un gantier de Melun on achète une bourse pour mettre les Heures de Monseigneur de Valois (Louis, frère de Charles VI, plus tard duc de Touraine et enfin duc d'Orléans). On achette à un épicier trente livres de cire, « pour le service du Roy (Charles V) fait à Melun; » des épices « pour porter d'espices au véage de Rains » pour le Sacre [2]. Le duc de Bourgogne achette « d'un marchant estrange » trois faucons pour le Roi [3]. Plus loin, il lui fait donner 64 sous parisis pour jouer aux dés [4]. Mention de plusieurs obsèques de gens de l'Hôtel, entre autres de celui d'Adam de Villiers, maître de l'hôtel, fait à Saint-Paul [5]. Achat de trois livres de cire vermeille pour le scel du secret du Roy. Seize sous parisis donnés à maître Jehan le Fol, fou du roi, pour s'acheter « uns housseaux [6]. » Trois plumes d'autruche achetées pour le Roi. Torches de cire blanche pour la procession de la Fête-Dieu [7]. Pour perte d'argent (change) [8]. Dans le 2ᵉ compte de l'Hôtel [9], un capitaine des arbalétriers fait faire des buttes « pour l'esbattement du Roy et de Monseigneur de Bourgoigne. » C'était pour tirer à l'arc. Monseigneur de

1. P. 29. — 2. P. 30. — 3. P. 31. — 4. P. 32. — 5. P. 33. — 6. P. 35. — 7. P. 38. — 8. P. 39. — 9. P. 176.

Valois se fait représenter à une assemblée d'une confrérie de
Pontoise dont il était membre, par un panetier du Roi. Un
paragraphe nous montre que le jeune roi apprenait à
écrire : achat de deux peaux de parchemin pour le Roy « à
escripre exemplaires et ses matières. » On fourbit deux
épées, l'une pour le Roy, l'autre pour Monseigneur de Valois
« à tuer le sanglier. » Le roi joue à la paume avec deux
enfants de son âge à St-Corneille de Compiègne. Un frère
de Senlis raccommode son horloge : « pour rappareiller l'oreloge du Roy, qui estoit despecée. » Dans le 5ᵉ compte de
l'année 1383, le roi joue au ballon : « pour vessies de beuf
achettées par lui pour l'esbatement du Roy [1]. » « Pour deux
cierges offers à Notre-Dame de Paris pour l'entrée du dou-
zième an de Monseigneur de Valois [2]. » On achète pour le
roi des musettes « et autres petis instrumens. » Voici du
linge parfumé : « pour pampes, roses et lavande acheté de
lui pour mectre avecques le linge de monditseigneur (de
Valois). Jeu d'échecs et jeu de dames achetés pour le Roi :
« pour deux tabliers de ciprès, ouvrez et garniz de tables
et eschaiz [3]. » Dans le 28ᵉ compte de l'Hôtel (année 1389),
le 23 septembre, le Roi étant à la Charité-sur-Loire, un
chevaucheur est « envoié toute nuît, de la Charité à Nevers, pour enquérir se la mortalité y estoit [4]. » Le 20
octobre, le Roi étant à Vienne, lors de son voyage de Languedoc, on envoie par deux chevaucheurs des ordres aux
sénéchaux de Carcassonne et de Toulouse « pour faire vuidier
gens d'armes qui estoient environ le pays [5]. » On tenait à épar-
gner au jeune monarque le tableau navrant des maux causés
au pays par les gens de guerre. C'est à cet article de Harnois
que commence à se rencontrer l'élément d'étude le plus utile

1. P. 208. — 2. P. 211. — 3. P. 215. — 4. P. 252. — 5. *Ibid.*

qu'on puisse tirer de ces comptes. Nous voulons parler des fréquentes mentions qui s'y trouvent, du séjour du Roi dans tels ou tels lieux, mentions tellement précises, qu'on peut avec leur aide tracer des itinéraires complets, non-seulement pour chaque jour, mais souvent pour les diverses parties d'un même jour, quand, par exemple, il y est marqué que le roi a dîné à tel endroit, soupé à tel autre et enfin couché à tel autre. Quelles ressources ne fourniraient pas à ce point de vue les comptes de l'Hôtel, si, hélas! ils n'étaient pas en si petit nombre. 2° Deffences mises en bois; paragraphe de peu d'importance. Il en est de même du suivant : 3° Dîmes de pain et de vin, dépensés à l'Hôtel et dues : aux dames de la Saussaie, aux dames de Gif, aux dames de St-Remi de Senlis, à la maladrerie de Melun et à Saint-Lazare à Paris. 4° Messages, portés par des chevaucheurs, des messagers de pied et des sommeliers. Lettres du roi et du conseil envoyées, de Melun à Paris, au duc de Bourgogne, à messire Guichart Dauphin et à messire Charles de Bouville, le 2 octobre. Le 11, au duc d'Anjou, le 13, à mons. de Savoisy, aussi à Paris. Le 15, à la duchesse d'Orléans à Asnières-sur-Oise. Le même jour un sommelier du corps se rend de Melun à Paris, « querre la chemise du sacre. » Le 16, un chevaucheur est envoyé de Melun à Coulommiers, « pour enquérir et savoir s'il y avoit point de mortalité. » Le 20, un autre chevaucheur part aussi de Melun porter à plusieurs capitaines de la basse Normandie « onze paire de lettres de par le Roy, pour venir renouveler leurs seremenz. » Ce qui rappelle qu'on est au commencement du règne. Le 27 octobre, le duc de Bourgogne envoie aux environs de Reims « pour savoir l'estat et la certaineté de la mortalité. » Précaution nécessaire puisque le Roy allait s'y rendre pour son sacre. En effet, le 28, un sommelier du corps est envoyé de Melun à Paris « pour faire

faire certains vêtemens pour le sacre du Roy. » D'autre part, le 30 octobre, un chevaucheur est envoyé « porter lettres du Roy à messire Olivier de Cliçon, connestable de France, à Angers. » Évidemment il était mandé pour le sacre, qui eut lieu le 4 novembre 1380. Nous ne pousserons pas plus loin les citations. Celles-ci suffisent pour faire pressentir tout ce qu'on peut tirer de renseignemens utiles ou curieux, de cet article des Messages. Ajoutons qu'en ce qui touche l'itinéraire du roi, il offre les mêmes secours que l'article des Harnois. Ici, par exemple, on a l'itinéraire le plus exact de Charles VI, depuis son départ de Melun, jusqu'à son arrivée à Reims pour le sacre. 5° Menues mises, ou dépenses. Cet article comporte à peu près les mêmes détails que le précédent, mais il a bien moins d'importance.

QUARTA GROSSA. Ce quatrième chapitre comprend les six offices ou « mestiers » de l'Hôtel, la paneterie, l'échansonnerie, la cuisine, la fruiterie, l'écurie et la fourrière. Il ne faut pas s'attendre à rencontrer ici, ce qu'on serait si aise d'y trouver, des détails multipliés sur le pain, le vin, la viande, le fruit, etc., dépensés dans l'Hôtel, pas plus que les achats de chevaux et de fourrage. Malheureusement il n'y est pas question le moins du monde de tout cela. Ce qu'on y lit, c'est uniquement l'achat de divers petits articles de mobilier, qui sont sans importance. Nous allons en donner une idée article par article. 1° *L'office de la Paneterie.* Nappes et touailles (serviettes) de l'œuvre de Paris. Toile pour faire des sacs à mettre le pain. Sommes payées à une couturière pour ourler tout ce linge et le marquer d'une fleur de lys. Autres sommes payées au clerc de la Paneterie pour ce que nous appellerions fournitures de bureau : « Un papier neuf (c'est-à-dire un cahier ou registre de papier), deux douzainnes de parchemin, une escriptouère garnie de

cornet, canivet (canif) et laz de soye, un bureau (drap gros-
sier pour couvrir le bureau), un cent de gestouers (jetons
pour calculer). Un pot d'étain « à servir de moustarde en
sale. » Deux fers « à faire oublées pour le Roy » et un coffin
à les mettre. « Uns fers neufs » pour faire les gauffres du
roi. Des sacs de cuir pour porter la farine. Achat de coffres.
Raccommodage de serrures, etc. 2° *L'office de l'Échansonnerie.* Raccommodage de barils. Achat de « hanaps caillers, »
d'un étui d'ozier pour les mettre, d'une brosse et de deux
« équipillons pour nettoier les hanaps du Roy. » Un an-
tonnuer (entonnoir) de cuir. Fournitures de bureau, comme
pour la Paneterie. 3° *L'office de la Cuisine.* Toile à faire
nappes en Cuisine et dressouers en Sausserie. Toile treillis-
sée, pour faire des sacs. Raccommodage de « vaisseaux de
cuisine. » Un coffre fermant à clef, pour mettre les épices.
« La grant chaudière à cuire char. » Des panniers pour la
Cuisine et la Sausserie. Deux « panniers d'esclisses » fermés
et fermant à clef pour ledit office de Sausserie. « Une cuillier perçée, pour eschauder la poullaille. » Une puisette à
porter eau. « Cinq paires de cousteaux à viroles de fer,
achetés de lui ce jour, que le Roy fist sa feste au palais (le
dimanche, 11 novembre 1380). Une bouticle (boutique) à
poisson. Achat de vaisselle d'étain et d' « une bouges » (sorte
de valise) de cuir, à la mettre. Achat d'estamines (pour fil-
trer les sausses et les liqueurs). Une hache de fer « pour
despecer char en cuisine. » Contre-rostiers, belle-bouche et
autres « vesseaux de cuisine. » Raccommodage des barils
de la Sausserie. Achat de cinquante deux paires de couteaux
aux armes du Roi, pour la livrée de Pâques des maistres de
l'hotel, de la Chambre aux deniers, et des « officiers de Cuisine. » Location de vaisselle d'étain. La chaudière de la
Sausserie. « Chauderons bastars et pluseurs autres vaisseaux

de Cuisine. » Fournitures de bureau comme pour les autres offices. Au reste, on voit dans cet article, et rien que par nos citations, que les sausses tenaient une grande place dans la cuisine du temps, puisqu'on en faisait un office à part. 4° *L'office de la Fruiterie.* Il s'appliquait à tout ce qui avait rapport au fruit et à la cire. Epées de fer, pour couper chandelles et torches. Deux « trappes » de fer, pour cuire les poires et le fruit. Un gril pour cuire pommes. « Symmonet le cirier, pour quinze longues perches, à faire estendars pour la feste du palais oudit office. » Un coffre long, à mettre torches, et un autre, long, à mettre « caiers. » Il ne faut pas entendre ce mot, des caillers à boire, mais des caiers de chandelle, dont il est souvent parlé dans l'ordonnance de 1261. Cet article se termine, comme les autres, par les fournitures de bureau. 5° *L'office de l'Écurie.* Deux paires de traits pour le chariot de la Garde-robe. Deux autres et deux paires de cordeaux pour le chariot de l'Échansonnerie. Une autre paire de traits pour le chariot des Joyaux. Pour un brancart, garni de flesches, de roues et de limons, pour le chariot de la Cuisine du Roi. Fournitures de bureau. 6° *L'office de la Fourrière.* Deux cents crochets bastars, pour tendre les chambres du Roi et de monseigneur de Valois, à Melun, et une bourse de cuir de cerf pour les mettre. Un cent de crochets à talon pour lesdites chambres. Quatre escrans d'osier pour la chambre du Roi. Toile cirée, pour la chambre du duc d'Anjou. Comme on tendait et retendait sans cesse ces tapisseries qu'on appelait *chambres*, en changeant de lieux, il s'ensuit que cet article est important pour les itinéraires.

QUINTA GROSSA. Ce chapitre a quatre articles : Chambre le Roy, Chapelle, Chambre aux deniers et Querre deniers. 1° *Chambre le Roy.* Cet article ne contient que de nombreu-

ses fournitures de ce qu'on nommait espices confites, telles
que : anis, sucre rosat, citron, madrian, sucre en plate, noizettes, pignolat, manu-christi, paste de roy, etc. Plus tard
on y comprit les dons et les menus plaisirs et l'on en fit un
compte à part. Par exemple, sous Louis XI. Nous en donnons un spécimen à la fin de ce volume. 2° *Chapelle*. Draps
d'or demandés à l'argentier pour la Chapelle. Réparation des
aubes, amicts, touailles d'autel, etc. 3° *Chambre aux deniers.*
« Pierre d'Araines, relieur de livres, demourant en la rue
Neufve-Notre-Dame, à Paris, pour relier deux livres de grous
parchemin, pour extraire les parties extraordinaires pour
la despense de l'Ostel du Roy. » Le jeudi 4 octobre 1380 : un
maître de l'hôtel, accompagné du maître de la Chambre aux
deniers, porteur de lettres du roi aux ducs de Bourgogne et
de Bourbon « pour ordener de la despense de l'Ostel ou
véage de Ràins, » c'est-à-dire pour le Sacre. Achat de quatre
« mains de papier de petite fourme; » de quatre livres de
cire vermeille (pour sceller); d'une bouteille de cuir pour
mettre enque (encre). Fourniture d'une somme pour l'un des
sommiers de la chambre aux deniers. Il faut entendre ici
par le mot *somme*, le coffre, le pannier, le bât, ou l'engin
quelconque qui servait à contenir la charge du cheval qu'on
nommait sommier, de même que l'on appelait sommelier
l'homme qui avait la conduite de l'animal. Il nous en
est resté l'expression de bête de somme. Achat d'une
tablette à trancher parchemin ; de deux draps pers
(bleu verdâtre) de Louviers, pour faire bureaux en la
Chambre aux deniers. « Pour une granz bouges de
cuir, neufves, à porter argent sur un sommier, et pour
unes autres petites bouges portatives. » Une armoire
« à mettre escriptures en ladicte Chambre. » On n'a pas
perdu de vue que la Chambre aux deniers était le siége de

toute la comptabilité de l'Hôtel. Deux petits coffres à mettre cédules, et trois bourses à mettre gectouers (des jetons). » Guillaume Perdrier, maître de la Chambre anx deniers, pour despenz fais par lui, ès mois de janvier et février, à pourchasser argent devers Monseigneur d'Anjou, pour la despense de l'Ostel. » Un homme envoyé de St-Denis à Senlis « dire aux bonnes gens d'illec, que l'on ne pourroit paier ce jour. » Pour deux mains de papier « de l'œuvre de Mainssy. » Pour douze grosses botes de parchemin, achetées de lui au Lendit. Somme payée pour rère ledit parchemin de deux pars. » 4° *Querre deniers.* « Guillaume Perdrier, maistre d'icelle Chambre aux deniers, pour despens de lui, un clerc, un varlet et trois chevaux, fais en alant du Boys (de Vincennes) à Melun, querre 4000 francs qui estoient en la tour du Chastel pour la despense de l'Ostel, mardi IIII jours de décembre. » Le sommelier de la Chambre aux deniers, envoyé à Meaux « querre argent devers le receveur, pour la despense dudit Hostel. »

SEXTA GROSSA. Ce sixième et dernier chapitre comprend cinq articles : Dons, Aumosnes, le Compte de l'Aumosne, Deniers en coffres et offrandes, Gages de gens de guerre. 1° *Dons.* A un prêtre qui avait offert au roi un coffre fait en manière d'une tour. Don de 16 sous parisis à maistre Jehan Arcemalle, fou du roi, pour avoir chausses et souliers. Un genêt (cheval) et une épée donnés au roi par le maréchal de Sancerre. Argent donné à maistre Jehan le foul, « pour avoir uns estiveaux (sorte de bottines) à aler au Sacre. » Don fait à Perrin Loiseleur « pour gouverner les oyseaulx du Roy, qui sont en geole à Meleun. » A l'église de Barbeau. Aux héraulx du duc de Brabant. A des ménétriers « qui avoient joué devant le Roy, de bacins et d'un ours. » Un chardoneret blanc offert au roi. Le comte de

Flandre lui envoie des chiens, deux petits singes, deux poulles d'Inde, des chapons Lombards, des « quocs et gelines Grégeoys. » Jehan François, de Neelle en Saintois, « lequel avoit présenté au Roy deux soignées, l'une en façon d'un dragon, l'autre en façon d'un signe (cygne). » Nous sommes tenté de voir là des ouvrages en cire. Dom Carpentier dans son Glossaire français à la suite de Ducange, interprète le mot *soignée* par chandelle, chandelle de cire s'entend. Le duc de Bourgogne envoie une haquenée au Roi. La haquenée était une monture de femme, mais il faut observer que Charles VI n'avait alors que douze ans. Le comte de Tancarville envoie au roi un genêt, l'évêque de Dol des anguilles salées de Bretagne, le duc de Bourbon un roncin, le duc d'Anjou un coursier. Cinq sous parisis de prime pour la capture d'un loup apporté à la Chambre aux deniers. Don de trente-deux sous parisis aux « compaignons qui jouèrent de la Passion devant le Roy. » A des bateliers, qui avaient pris un cerf en Seine, devant le Roi, seize sous parisis. Un enfant de quatre ans qui chante devant le Roi. « Jehannin Poquet, povre enfant, lequel le Roy envoia querre pour jouer aux barres devant lui avec les autres enfants de son Hostel. » Don à un ménestrel « lequel a dit *Diz de bouche* devant le Roy. » Don aux galopins de la Cuisine, qui lui avaient apporté vingt-deux jeunes chouëttes. Chapeaux (couronnes) de roses présentés au Roi. Don « à Guiart de l'Escluze, lequel présenta au Roy un canon de bois, et un petit engin à traire. » A un enfant « lequel avoit soigné les chaces du Roy au jeu de paume. » Autre, aux menestrels du connétable. De même, aux menestrels de Montreuil, près Vincennes. On voit que cet article des Dons abonde en petits détails curieux. 2° *Aumosnes.* « Pour un franc donné pour Dieu, par commandement du Roy, devant le Palais. » Fréquentes gratifications à des clercs de paroisse qui apportent au Roi de l'eau bénite. Aumônes du Roi quand il communiait; quand il rompait le jeûne. 3° *Le Compte de l'Aumosne.* Achat considérable de pourceaux et de harengs. 4° *Deniers en coffres et offrandes.* Offrandes cotidiennes du roi à sa grand'messe. « A sa messe, en l'église Notre-Dame de Rains, le jour qu'il fut sacré (4 novembre 1380) 10 livres 8 sous parisis. Et aux reliques, 12 livres 16 sous. 5° *Gages de gens d'armes.* « Messire Jehan de Blaisy, chevalier, capitaine de six chevaliers et quatorze escuiers, gens d'armes estant en la compagnie du Roy, » pour leurs gages du mois de février, 436 livres parisis. Voilà déjà des gardes du corps, bien avant la garde écossaise de Louis XI.

Nous n'avons rien de particulier à ajouter quant à ce qui est des Comptes de l'Hôtel de la Reine. Ils comprennent à très-peu de chose près, les mêmes matières que ceux de l'Hôtel du Roi. Seulement il est à remarquer que les articles de la dépense y sont répartis en trois grosses ou chapitres, et non plus en six. Voici au reste le tableau comparatif d'un compte de l'Hôtel du Roi, et d'un compte de l'Hôtel de la Reine.

COMPTES DE L'HOTEL

DU ROI.	DE LA REINE.
Prima grossa.	*Prima grossa.*
Despens des journées.	Despens des journées.
	Gages de clercs.
Secunda grossa.	Menues.
	Robes.
Gages de chevaliers.	Manteaux.
Gages de clercs et notaires.	
Gages de valets le Roy et autres gens d'hostel.	*Secunda grossa.*
Gages à vie et extraordinaires.	Harnois.

DU ROI.	DE LA REINE.
Manteaux de chevaliers.	Dîmes.
Robes de valets.	Messages.
	Mises de mestiers.
Tertia grossa.	Paneterie.
Harnois.	Echansonnerie.
Dîmes.	Cuisine.
Messages.	Fruiterie.
Menues mises.	Ecurie.
	Fourrière.
Quarta grossa.	
Mises de mestiers.	*Tertia grossa.*
Paneterie.	Dons.
Echansonnerie.	Offrandes.
Cuisine.	Grande écurie.
Fruiterie.	
Ecurie.	
Fourrière.	

Quinta grossa.

Chambre le Roy.
Chapelle.
Chambre aux deniers.
Querre deniers.

Sexta grossa.

Dons.
Aumônes.
Le compte de l'aumône.
Deniers en coffres et offrandes.
Gages de gens d'armes.

Il est important de ne pas confondre les Comptes de l'Hôtel avec d'autres comptes, qui bien qu'ayant aussi rapport à l'Hôtel, sont néanmoins d'une toute autre nature que les Comptes de l'Hôtel proprement dits. Tels sont les comptes de la Chambre, les comptes des Officiers du Roi ou les comptes de la Maison du Roi, car c'est la même chose, et les comptes de la Prévoté de l'hôtel. Les premiers comptes de la Chambre que nous connaissons, sont ceux de Louis XI. En 1474, il commit M⁰ Pierre Symart, notaire et secretaire du Roi « à tenir le compte des menues affaires de sa Chambre. » On verra en quoi ils consistaient dans les extraits que nous en donnons. Les comptes des Officiers du Roy paraissent sous François Ier. Voici l'intitulé de l'un d'eux. « Compte troysiesme de maistre Jehan Carré, notaire et secretaire du Roy nostre sire, et par luy commis à faire le compte et tenir le paiement des Officiers ordinaires de son hostel; de la recepte et despense par luy faicte à cause des gaiges desdis officiers durant ceste présente année, commençant le premier jour de janvier, l'an mil cinq cens vingt deux, et finissant le dernier jour de décembre ensuyvant, mil cinq cens vingt troys. Ce présent compte rendu à court par ledit commis en personne[1]. » Les comptes de la Prévoté de l'hôtel datent aussi de François Ier. Ce prince, par ses lettres données à Blois le 15 mars 1517 (V. S.), nomma Jean de la Roche-Aymon, chevalier, seigneur dudit lieu, à la charge de prévôt de l'hôtel, en remplacement de Jean de Fontanet, chevalier, seigneur d'Aulhac. Par d'autres lettres, du 8 décembre 1519, il nomma également Jacques de Seurre, à l'office de paieur des gaiges, et soultes du prévost, officiers et archers ordonnez pour la justice de son hostel. » — « Et est assavoir que le Roy nostre sire, par ses lettres patentes expédiées par MM. les généraulx des finances, transcriptes et rendues au commencement de ce présent compte, a ordonné à ce présent commis, faire le paiement des gaiges et soultes du prévost de son hostel, ses trois lieux-tenans, ung greffier et trente archiers, et autres fraits de justice, par l'ordonnance et certifficacion de Jehan de la Roche-Aymon, chevalier, seigneur dudit lieu, prévost dudit hostel[2]. » Nous connaissons trois registres de ces comptes

1. Arch. de l'Emp., Reg. KK. 98, fol. 26.
2. Ibid. KK. 97, fol. 14.

de la Prévoté de l'hôtel. Le premier est du règne de François Ier, de l'an 1521; le deuxième, de Henri II, de l'an 1555, et le troisième, de Henri III, est de l'an 1584. Ce dernier ne comprend qu'un compte[1].

Les comptes de la Maison du Roi ne commencent que plus tard. Ils sont, comme nous l'avons dit, entièrement pareils à ceux des Officiers de l'hôtel, et sont dressés par quartiers. Tous ces comptes ne sont que des comptes de gages, et par là diffèrent essentiellement des Comptes de l'Hôtel proprement dits qui, ainsi qu'on l'a vu, embrassent de plus bien d'autres natures de dépense.

Voici une liste des Comptes de l'Hôtel dont nous avons pu avoir connaissance. Pour la rendre de quelqu'utilité, nous y ajoutons pour chaque compte le total de la recette et celui de la dépense, mais en omettant les fractions de sous, deniers, oboles et pites, d'une importance trop minime dans ces totaux, pour mériter d'être prise en considération.

CHARLES VI.

* 1er compte. Du 1er octobre 1380 au 1er juillet 1381[2].

Recette... 52952 l. p.
Dépense.. 66907 l.

* 2e compte. Pour le terme de Noël 1381.

Recette.... 36465 l.
Dépense... 41638 l.

* 5e compte. Pour le terme de la Saint-Jean 1383[3].

Recette.... 40117 l.
Dépense... 49348 l.

* 15e compte. Pour le terme de la Saint-Jean 1388[4].

Recette.... 39543 l.
Dépense... (manque)[5].

1. Arch. de l'Emp. Reg. KK. 97, 114, 142.
2. Les comptes précédés d'une astérisque sont ceux qui sont donnés soit en entier soit par extraits dans ce volume.
3. Bibliothèque impériale Ms. fonds français 6740.
4. *Ibid.*
5. Le compte est incomplet. Il appartient à la Bibliothèque imp. *Suppl. fr.* 1494-4.

* 18e compte. Pour le terme
de Noël 1389.

Recette.... 97334 l.
Dépense... 97789 l.

* 19e compte. Pour le terme
de la Saint-Jean 1390.

Recette.... 52208 l.
Dépense... (manque).

* 20e compte. Pour le terme
de Noël 1390.

Recette.... 41644 l.
Dépense... 48161 l.

29e compte. Pour le terme
de la Saint-Jean 1405 [1].

Compte [2]. Pour le terme de la
Saint-Jean 1406.

Recette.... (manque).
Dépense.,. 57866 l.

Compte. Pour le terme
de Noël 1407.

Recette.... 58090 l. p.
Dépense... 42293 l. p.

Compte. Pour le terme de la
Saint-Jean 1408 [3].

Recette....
Dépense...

37e compte. Pour le terme
de la Saint-Jean 1409.

Recette....
Dépense...

38e compte. Pour le terme
de Noël 1409.

Recette.... 48224 l. p.
Dépense... 65053 l. p.

48e compte [4]. Pour le terme
de la Saint-Jean 1415.

Recette... 62477 l. p.
Dépense.. 71040 l. p.

49e compte. Pour le terme
de Noël 1415.

Recette... 8310 l. p.
Dépense. [5].

1er compte [6]. Pour deux mois,
septembre et octobre 1421.

Recette..... 4818 l. p.
Dépense.... 4294 l. p.

2e compte. Pour novembre
et décembre 1421.

Recette..... 4818 l. p.
Dépense.... 4294 l. p.

1. Ce compte n'a qu'un feuillet. Il se trouve dans le reg. KK. 31-32,
ainsi que les cinq suivants.

2. Lorsque nous ne mettons pas de numéro d'ordre au compte, c'est
qu'il n'en porte pas dans l'original, ou bien, comme c'est le cas ici,
quand le commencement manque.

3. Ce n'est qu'un fragment où les totaux de la recette et de la dépense manquent.

4. *Bibl. imp.* Ms. fs français 6748.

5. *Ibid.* Le total n'y est pas, bien que le compte soit complet.

6. *Sic* au texte. On suivit sans doute un autre ordre dans la comptabilité, lorsque le roi d'Angleterre fut reconnu l'héritier du trône de
France, après le traité de Troyes (1420). Ce compte et les trois suivants
se trouvent dans le reg. KK. 33.

3e compte. Pour le terme
de la Saint-Jean 1422.

Recette.... 15935 l. p.
Dépense... 14124 l. p.

4e et dernier compte, du 1er juillet
1422 au 11 novembre.

Recette.... 12875 l. p.
Dépense... 13753 l. p.

ISABEAU DE BAVIÈRE.

25e compte. Terme de la
Saint-Jean 1398.

Recette.... 17408 l. p.
Dépense... 22269 l. p.

26e compte. Terme de Noël
1398

Recette.... 26275 l. p.
Dépense... 25219 l. p.

27e compte. Terme de la
Saint-Jean 1399.

Recette.... 23456 l. p.
Dépense... 25287 l. p.

28e compte. Terme de Noël
1399.

Recette.... 28453 l. p.
Dépense... 28934 l. p.

29e compte. Terme de la
Saint-Jean 1400.

Recette.... 27811 l. p.
Dépense... 28708 l. p.

30e compte. Terme de Noël
1400.

Recette.... 36581 l. p.
Dépense... 37549 l. p.

*31e compte. Terme de la
Saint-Jean 1401.

Recette.... 30695 l. p.
Dépense... 23707 l. p.

32e compte. Terme de Noël
1401.

Recette.... 29075 l. p.
Dépense... 32296 l. p.

33e compte. Terme de la
Saint-Jean 1402.

Recette.... 26704 l. p.
Dépense... 29682 l. p.

34e compte. Terme de Noël
1402.

Recette.... 29816 l. p.
Dépense... 30594 l. p.

35e compte. Terme de la
Saint-Jean 1403.

Recette.... 33165 l. p.
Dépense... 32853 l. p.[1].

Compte. Terme de Noël 1403.

Recette.... 24734 l. p.
Dépense... 27851 l. p.

Compte. Pour le terme de la
Saint-Jean 1404.

Recette.... 13073 l. p.
Dépense... 24965 l. p.

Compte. Pour le terme de Noël
1404.

Recette.... 27748 l. p.
Dépense... 32690 l. p,

Compte. Pour le terme de la
Saint-Jean 1405.

Recette.... 27707 l. p.
Dépense... 26706 l. p.

1. Tous ces comptes se trouvent dans le reg. KK. 45, sauf le 31e, qui
est imprimé dans ce volume, pag. 128.

Compte. Pour le terme de Noël
1405.

    Recette.... 30937 l. p.
    Dépense... 33328 l. p.

Compte. Pour le terme de la
Saint-Jean 1406.

    Recette.... 19835 l. p.
    Dépense... 22836 l. p.

Compte. Pour le terme de Noël
1406.

    Recette.... 23046 l. p.
    Dépense... 24817 l. p.[1].

Compte 1er. Pour neuf mois, du
1er octobre 1420, au dernier
juin 1421.

    Recette....   576 l. p.
    Dépense... 21126 l. p.

Compte 2e. Du 1er juillet 1421,
au 2 novembre suivant.

    Recette.... (néant).
    Dépense... 2844 l. p.

Compte 3e. Du 3 novembre 1421,
au dernier juin 1422.

    Recette....   75 l. p.
    Dépense... 6663 l. p.[2].

LE DAUPHIN (Charles VII).

1er compte. Pour le terme de la
Saint-Jean 1421.

    Recette.... 68963 l. p.
    Dépense... 83201 l. p.

2e compte. Pour le terme
de Noël 1421.

    Recette.... 92984 l. p.
    Dépense.. 124770 l. p.

Compte (3e). Pour le terme de la
Saint-Jean 1422.

    Recette...[3].
    Dépense.. 189167 l. p.

4e compte. Pour cinq mois, du
1er juillet 1422, au dernier novembre suivant.

    Recette... 118967 l. p.
    Dépense.. 146546 l. p.

5e compte. Pour sept mois : janvier, février et mars 1422, avril,
mai et juin 1423[4].

    Recette.... 20587 l.
    Dépense... 22899 l.[5].

CHARLES VII[6].

*21e compte. Du 1er octobre 1450
au dernier mars suivant.

    Recette... 17200 l. t.
    Dépense.. 16710 l. t.

---

1. Tous ces comptes se trouvent dans le reg. KK. 46.

2. *Bibl. imp.* Ms. fs. français 10370.

3. Manque. Cependant on voit qu'elle était de 126854 l., attendu qu'après le total de la dépense on lit qu'il était dû au comptable 62313 l.

4. A partir du 22 octobre 1422, le Dauphin était roi.

5. *Bibl. imp.* Ms. fs. français 6749.

6. Ces comptes de Charles VII sont compris dans le reg. KK. 52. Ils sont en monnaie tournois, et non plus en monnaie parisis. Ils sont aussi pour six mois, mais non plus aux termes réguliers de la Saint-Jean et de Noël.

22e compte. Du 1er avril 1450 avant Pâques, au dernier septembre 1451.

> Recette... 13383 l. t.
> Dépense.. 13882 l. t.

23e compte. Du 1er octobre 1451 au dernier mars suivant.

> Recette... 17000 l. t.
> Dépense.. 17759 l. t.

24e compte. Du 1er avril 1451 au dernier septembre 1452.

> Recette... 8234 l. t.
> Dépense.. 15165 l. t.

25e compte. Du 1er octobre 1452 au dernier mars suivant.

> Recette... 28833 l. t.
> Dépense.. 14869 l. t.

26e compte. Du 1er avril 1452 avant Pâques, au dernier septembre 1453.

> Recette... 6282 l. t.
> Dépense.. 13607 l. t.

27e compte. Du 1er octobre 1453 au dernier mars suivant.

> Recette... 26000 l. t.
> Dépense.. 13673 l. t.

28e compte. Du 1er avril 1453 avant pâques, au dernier septembre 1454.

> *Recepta nulla* [1].
> Dépense 12425 l. t [2].

29e compte [3]. Du 1er octobre 1454 au dernier mars suivant.

> Recette... 26000 l. t.
> Dépense.. 18815 l. t.

30e compte. Du 1er avril 1454 avant Pâques, au dernier septembre 1455.

> Recette... 1833 l. t.
> Dépense.. 14650 l. t.

31e compte. Du 1er octobre 1455 au dernier mars 1456 avant Pâques.

> Recette... 26000 l. t.
> Dépense.. 17434 l. t.

33e compte [4]. Du 1er octobre 1456 au dernier mars suivant.

> Recette... 41857 l. t.
> Dépense.. [5].

34e compte [6]. Du 1er avril 1456 avant Pâques au dernier septembre 1457.

> Recette... 3300 l. t.
> Dépense.. 19500 l. t.

35e compte. Du 1er octobre 1457 au dernier mars suivant.

> Recette... 30825 l. t.
> Dépense.. 20437 l. t.

36e compte. Du 1er avril 1457 avant Pâques, au dernier septembre 1458.

> Recette... 6666 l. t.
> Dépense.. [7].

---

1. *Sic* au texte.
2. Au texte : *que sibi debetur.*
3. *Bibl. imp.* Ms. fs. français 6750.
4. Il n'y a pas de 32e compte.
5. Ce compte est incomplet. Il s'arrête au chapitre de la *Cuisine.*
6. Le commencement de ce compte, qui manque ici dans le reg. KK. 52, se trouve dans le Ms. de la Bibl. imp., coté *fs. français* 6751.
7. Ce compte n'a que la recette.

37e compte. Du 1er octobre 1458 au dernier mars suivant.

Recette... 31000 l. t.
Dépense.. 17420 l. t.

38e compte[1]. Du 1er avril 1458 au dernier septembre 1459.

Recette... 5000 l. t.
Dépense.. 16674 l. t.

Compte (sans commencement).

Recette... 5000 l. t.
Dépense.. 17625 l. t.

Compte (commençant par l'article *Mises de mestiers*).

Recette...
Dépense.. 19639 l. t.

***40e compte. Du 1er mars 1459, au dernier septembre 1460.**

Recette... 27830 l. t.
Dépense.. 17505 l. t.

41e compte[2]. Du 1er octobre 1460 au dernier mars suivant.

Recette... 38774 l. t.
Dépense..[3].

42e compte. Du 1er avril avant Pâques 1460, au 8 août 1461[4].

Recette... 4160 l. t.
Dépense.. 20889 l. t.

MARIE D'ANJOU[5]

(femme de Charles VII).

Compte pour sept mois, du 17 novembre 1422, au dernier juin suivant 1423.

Recette... 14272 l. p.
Dépense.. 23144 l. p.

12e compte[6]. Du 1er juillet 1423 au dernier décembre.

Recette... 22442 l. p.
Dépense.. 22133 l. p.

Compte[7]. Du 1er janvier 1423 (v. s.) au dernier juin 1424.

Recette... 13068 l. p.
Dépense.. 17353 l. p.

13e compte. Du 1er juillet 1424 au dernier décembre.

Recette... 14338 l. p.
Dépense.. 16044 l. p.

15e compte. Du 1er janvier 1424 (v. s.) au dernier juin suivant 1425.

Recette... 11398 l. p.
Dépense.. 15207 l. p.

16e compte. Du 1er juillet 1425 au dernier décembre.

Recette... 6621 l. p.
Dépense.. 12224 l. p.

1. *Bibl. imp.* **Ms. f°.** français 6752.
2. *Bibl. imp.* **Ms. f°.** français 6754.
3. La fin manque.
4. Charles VII était mort le 22 juillet 1461.
5. Ces comptes se trouvent dans le reg. KK. 56. Ils sont en monnaie parisis. A la fin de chaque compte il y a un article considérable intitulé : *Debtes demourées à payer.*
6. En haut, correction de la chambre des comptes, 10e.
7. En haut, 12e compte.

17e compte. Du 1er janvier 1425 (v. s.) au dernier juin 1426.

> Recette... 13948 l. p.
> Dépense.. 11665 l. p.

18e compte. Du 1er juillet 1426, au dernier décembre.

> Recette... 6664 l. p.
> Dépense.. 9921 l. p.

19e compte. Pour les mois de janvier et février et les onze premiers jours de mars de l'an 1426 (v. s.).

> Recette... 9760 l. p.
> Dépense.. 10545 l. p.

LOUIS XI[1].

Compte. Du 15 octobre 1471 au dernier septembre suivant 1472.

> Recette... 30123 l. t.
> Dépense.. 33239 l. t.

Compte. Du 1er octobre 1472 au dernier septembre 1473.

> Recette .. 36775 l. t.
> Dépense.. 33628 l. t.

Compte. Du 1er octobre 1473 au dernier septembre 1474.

> Recette... 36010 l. t.
> Dépense.. 27137 l. .

Compte particulier de l'achat de trente pippes de vin de Graves pour l'approvisionnement du château d'Amboise.

> Recette.... 500 l. t.
> Dépense... 510 l. t.

Compte particulier de l'achat de vingt-quatre pippes de vin, « ou terrouer et vignoble de la Faye-Montjau », tant pour la provision de l'Hôtel, que pour donner à Édouard IV, roi d'Angleterre.

> Recette.... 400 l. t.
> Dépense... 393 l. t.

Compte de l'année 1479.

> Recette... 38620 l. t.
> Dépense.. 36719 l. t.

Compte de l'année 1480.

> Recette... 34887 l. t.
> Dépense.. 39248 l. t.

Compte de l'année 1481.

> Recette... 50229 l. t.
> Dépense.. 45978 l. t.

Compte incomplet. Il ne commence qu'à l'article *Chambre aux deniers.*

> Recette...
> Dépense.. 69227 l. t.

Compte. Du 1er octobre 148. au 6 septembre 1483[1].

> Recette... 87363 l. t.
> Dépense.. 86362 l. t.

---

1. Reg. KK. 53. Ces comptes sont en monnaie tournois. Il est à remarquer que dans les premiers, le roi est appelé *Lovs dixiesme*. Ce qui est corrigé dans les suivants.

2. Louis XI était mort le 30 août 1483.

FRANÇOIS PREMIER[1].

1er compte. Du 1er janvier 1414
(v. s.)[2] au dernier décembre suivant 1415.

    Recette... 79807 l. t.
    Dépense.. 80536 l. t.

2e compte. Pour l'année 1516.

    Recette... 64000 l. t.
    Dépense.. 64220 l. t.

3e compte. Pour l'année 1517.

    Recette... 65900 l. t.
    Dépense.. 65915 l. t.

4o compte. Pour l'année 1518

    Recette... 63154 l. t.
    Dépense.. 63182 l. t.

Compte particulier. Pour le bap-
tême du Dauphin, et pour la
réception du duc d'Urbin. Du
13 avril au 20 mai 1519.

    Recette... 15321 l. t.
    Dépense.. 15322 l. t.

8e compte. Pour l'année 1515.

    Recette... 66930 l. t.
    Dépense.. 69414 l. t.

Compte particulier. Pour un ban-
quet au château de Coignac, le
21 janvier 1519.

    Recette... 2771 l. t.
    Dépense.. 2740 l. t.

Compte particulier. Pour l'entre-
vue du camp de drap d'or, juin
1520

    Recette... 31984 l. t.
    Dépense.. 30265 l. t.

Compte[3]. Pour un mois et quinze
jours, du 17 mars 1525 au dernier avril 1526 (v. s.).

    Recette... 2700 l. t.
    Dépense..[4].

HENRI II[5].

Compte. Pour l'année 1556.

    Recette... 114414 l. t.
    Dépense.. 114062 l. t.

Compte particulier. Pour la dépense du cardinal Caraffa en
France durant l'année 1556.

    Recette... 2562 l. t.
    Dépense.. 2623 l. t.

Compte particulier. Pour gratifications aux gens de l'hôtel, en
1556.

    Recette... 8000 l. t.
    Dépense.. 898 l. t.

Compte. Pour l'année 1558[6].

    Recette.. 114051 l. t.
    Dépense. 114104 l. t.

1. KK. 94. Ces comptes sont en monnaie tournois. Ils sont rendus
pour un an.

2. C'est-à-dire le 1er janvier 1515. C'est le jour même de son avé-
nement.

3. *Bibl. imp.* Ms. fs français 10384.

4. La fin manque.

5. KK. 107.

6. KK. 108.

Compte particulier. Pour gratifications aux gens de l'hôtel, en
1558.

> Recette... 8000 l. t.
> Dépense. . 8149 l. t.

Compte particulier. Pour les noces
du dauphin François (François II) et de Marie Stuart, les
19, 24 et 25 avril 1558.

> Recette... 5100 l. t.
> Dépense. . 4427 l. t.

CHARLES DE NAVARRE[1].

1er compte. Pour dix-sept mois,
du 1er août 1378 au 1er janvier 1579 (v. s.).

> Recette... 17832 l. p.
> Dépense. . 17405 l. p.

2e compte. Du 1er janvier 1579
au 1er février 1380 (v. s.).

> Recette... 11335 l. p.
> Dépense. . 11868 l. p.[2]

JEAN, DUC DE BERRI[3].

Compte. Pour un an, du 1er juin
1370 au dernier mai 1371.

> Recette... 49426 l. t.
> Dépense. .[4]

Compte. Pour un an, fini
au 1er mai 1372.

> Recette... 23418 l. t.
> Dépense. . 39502 l. t.

Compte. Pour sept mois, fini
le dernier décembre 1372.

> Recette... 20234 l. t.
> Dépense. . 39502 l. t.

Compte. Pour sept mois, fini
le dernier décembre 1373.

> Recette... 20234 l. t.
> Dépense. .[5].

Compte. Pour l'année 1374.

> Recette... 33069 l. t.
> Dépense. . 37950 l. t.

Compte. Pour l'année 1375.
> Recette... 23769 l. t.
> Dépense. .[6].

*Compte. Pour demi-an, commen-
çant le 1er novembre 1397 et
finissant le dernier avril suivant
1398.

> Recette... 36035 l. t.
> Dépense. . 39711 l. t.

*Compte[7]. Pour dix mois, du 1er
mai 1398 au dernier février
suivant.

> Recette... 45369 . .
> Dépense. . 53879 l. t.

1. Fils de Charles le Mauvais, roi de Navarre. Il succéda à son père,
sous le nom de Charles III, le 1er janvier 1387.
2. Ces deux comptes forment le reg. KK. 326.
3. Oncle de Charles VI.
4. Le compte est incomplet.
5. La fin du compte manque. Tous trois forment le reg. KK. 251.
6. La fin de ce compte manque. Les deux forment le reg. KK. 252.
7. Ce compte et le précédent forment le reg. KK. 253.

Compte. Pour sept mois, du 1er mars 1398 au dernier septembre 1399.

    Recette... 29502 l. t.
    Dépense. . 41505 l. t.

Compte. Pour six mois, du 1er octobre 1399, au dernier mars suivant.

    Recette... 27399 l. t.
    Dépense. . 36295 l. t.

Compte, dont le commencement manque.

    Recette... 17211 l. t.
    Dépense. . 43767 l. t.

Compte. Du 1er octobre au dernier mars 1400 (v. s.).

    Recette... 42285 l. t.
    Dépense. . 36524 l. t.

Compte[1]. Du 1er avril 1400 (v. s.) au dernier septembre 1401.

    Recette... 33060 l. t.
    Dépense. . 37760 l. t.

CHARLES, DUC D'ORLÉANS.

5e compte[2]. Pour un an, du 1er juillet 1448 au dernier juin 1449.

    Recette... 14887 l. t.
    Dépense. . 20974 l. t.

JEANNE ET ÉLÉONORE D'ÉCOSSE

(sœurs de feue Marguerite d'Écosse, dauphine de Viennois).

1er compte[3]. Du 1er octobre 1445 au dernier juin 1446.

    Recette... 5440 l. p.
    Dépense. . 3166 l. p.

3e compte. Du 1er janvier 1446 au dernier septembre 1447.

    Recette... 800 l. p.
    Dépense. . 3924 l. p.

Voilà les seuls comptes de l'Hôtel que nous aient fourni ces deux grands dépôts littéraires hors ligne, les Archives de l'Empire et la Bibliothèque impériale. Que c'est peu de chose, en considération à ce qui a existé ! Prenons pour exemple le règne de Charles VI, assurément l'un des plus riches en comptes. Eh bien ! nous n'avons ici que dix-sept comptes de l'Hôtel, au lieu de quatre-vingt-seize que nous devrions avoir, à raison de deux par an, pour un règne de quarante-huit ans. Nous n'avons pas la prétention de surenchérir ici la valeur de ces comptes de l'Hôtel. Ils sont, à notre avis,

1. Ce compte et les cinq précédents forment le reg. KK. 254.
2. Il forme le reg. KK. 270.
3. *Bibl. imp.* Ms. fs. français 10370.

très-inférieurs à ceux de l'Argenterie, pour tout ce qui peut servir à l'histoire, encore à faire, de la vie privée au moyen âge, comme, par exemple, le costume, l'ameublement, les provenances manufacturières, l'orfévrerie, etc. Toutefois, on ne peut nier qu'ils donnent d'utiles renseignements, tant sur le personnel si nombreux de la maison des rois et des princes, que sur leurs relations politiques et autres (messages), et surtout, car nous insistons sur ce point, pour les itinéraires. C'est par là principalement qu'ils méritent d'être étudiés avec soin. Nous aurions voulu en tirer un intinéraire complet, au moins pour un règne, par exemple, celui de Charles VI, mais cela nous entraînerait trop loin, et dépasserait les bornes d'une simple notice. Nous nous contenterons d'offrir un simple spécimen. Nous choisissons l'époque du voyage de Charles VI en Languedoc.

ITINÉRAIRE DE CHARLES VI[1]
dans son voyage en Languedoc, en 1389.

Juillet 22, 25, 26, 29, 30 à Melun.
Août 1er dîner à Melun, gîte à
    Beauté-sur-Marne.
— 2 à Milly en Gâtinais.
— 6 à Melun.
— 7, 17 au Louvre.
Septembre 1er à Paris.
— 2   à Vincennes.
— 3   à Villeneuve-Saint-
    Georges.
— 7, 9, 10 à Melun.
— 15, 16, 17, 18, 19 à
    Montargis.
— 20 à Châtillon-sur-Loing
— 21 à Bonny?
— 22 à Cosne.
— 23, 24 à la Charité-sur-
    Loire.

Septembre 26, 27, 28 à Nevers.
Octobre 1er à Nevers.
— 4 à Saint-Pierre-le-Mous-
    tier.
— 5 à Villeneuve, en Bour-
    gogne.
— 10 à Paray.
— 11 à Cluny.
— 17 à Lyon.
— 21 à Vienne.
— 23, 24 à Romans.
— 27 au Pont-du-Saint-Es-
    prit.
Novembre 3 à Avignon.
— 7 et 8 à Beaucaire.
— 23 à Narbonne.
Décembre 7 à Toulouse.
— 23   Id.[2]

1. KK. 30.
2. Tous les quantièmes de jour sont ceux qui sont donnés par le compte,

Un dernier mot sur la composition du volume que nous publions. Il s'ouvre par le premier des comptes de l'Hôtel que nous connaissions, celui de Charles VI, de l'an 1380. Vient ensuite un compte de l'Hôtel de la reine Isabeau de Bavière. Ces deux comptes sont donnés en entier afin de servir de spécimen. Il en est de même d'un compte de l'Hôtel de Charles VII, auquel nous avons donné place, pour montrer que la comptabilité de l'Hôtel suivait alors absolument les mêmes règles que sous Charles VI. La seule différence est que Charles VI emploie la monnaie parisis, et Charles VII la monnaie tournois. Tous les autres comptes que l'on trouvera dans ce volume sont donnés par extraits. C'est selon nous un système mauvais pour la publication de documents de ce genre, attendu que le public n'est jamais suffisamment édifié sur la manière dont a pu procéder l'éditeur dans son choix, et qu'il ne sait jamais assez bien à quoi s'en tenir sur le point de vue où il s'est mis. C'est là un inconvénient grave. Et bien qu'il y en ait un autre, aussi dans le système de la reproduction intégrale, inconvénient qui gît dans la prolixité des détails et la fastidieuse répétition des mêmes choses, nous l'aurions pourtant préféré de grand cœur, si la chose nous eût été possible, comptant beaucoup sur la patience du public auquel s'adressent ces sortes de livres, et tenant avant tout à le satisfaire. Néanmoins une chose nous console, c'est que les comptes dont nous donnons des extraits sont à la disposition de tous, et que chacun peut

---

mais ils n'impliquent rien contre les quantièmes intermédiaires. C'est ainsi que dans le tableau ci-dessus, il est probable que le roi fut toujours à Paris depuis le 7 août jusqu'au 2 septembre. Mais il aurait pu être ailleurs. Ce qui est certain, c'est qu'il y était les 7 et 17 août et le 1er septembre. Si quelque acte ou quelque récit nous le montrait ailleurs ces trois jours-là, nous aurions le droit de les rétorquer.

s'assurer par lui-même si les extraits répondent ou non à ses besoins. On trouvera à la fin du volume un fragment d'un compte de la chambre, de Louis XI, qui contient des détails curieux sur ses oiseaux et ses prisonniers, deux catégories différentes d'êtres, qu'il aimait assez, on le sait, à tenir en cage.

LE PREMIER COMPTE

DE L'HOTEL

DU ROI CHARLES VI

1380.

LE PREMIER COMPTE

DE L'HOTEL

DU ROI CHARLES VI

1380.

Archives de l'Empire, reg. coté KK. 50.

C'est le Compte des despens de l'Ostel le Roy Charles, du premier jour d'octobre l'an M.CCC.IIII^{xx}, que il commença à tenir son hostel comme Roy par la succession de son père le roy Charles, trespassé à Beauté sur Marne, le xvie jour de septembre l'an dessus dit, jusques au premier jour de juillet ensuivant, l'an M.CCC.IIII^{xx} et un ; rendu par Guillaume Perdrier, son clerc en sa Chambre aux deniers, et par Laurenz Bourdon, contrerolleur de ladicte Chambre.

[RECETTE.]

RECEPTE EN DENIERS COMPTANS.

Des deniers du Roy pris en la tour de son chastel de Meleun, sus la despence de son hostel, pour aler à Rains à son couronnement, par lettre de Guillaume Perdrier, son clerc en sa Chambre aux deniers, faicte

1

v jours d'octobre, l'an m.ccc.iiii^{xx}, baillez audict Guillaume par monseigneur de Savoisy, en 5,500 franz
d'or, 16 s. parisis la pièce.   4,400 l. parisis.

Des diz deniers pris en la tour dudict chastel sus
la dicte despence, par lettre dudict Guillaume, faicte
xxv jours dudict moys, l'an dessus dict, comptés par
ledit monseigneur de Savoisy, et par maistre Jehan
Crete, maistre de la Chambre des Comptes dudict seigneur à Paris, en 2,300 franz d'or, à 16 s. p. la
pièce.   1,849 l. p.

Des diz deniers pris en la tour dudict chastel sus
ladicte despence, par lettre dudict Guillaume, faicte
derrenier jour de novembre, l'an dessusdit, comptés
par ledit monseigneur de Savoisy, en 3,000 franz
d'or, 16 s. p. la pièce.   2,400 l. p.

Somme des deniers pris en la tour du chastel de
Meleun.   8,640 l. parisis.

AUTRE RECEPTE, DU TRÉSOR DU ROY.

Des trésoriers de France, par la main Pierre de
Soissons, changeur du trésor du Roy, par lectre de
Guillaume Perdrier dessusdit, faicte v jours de janvier,
l'an m.ccc.iiii^{xx}, comptés par ledit Pierre, en 800 franz
d'or, 16 s. p. la pièce, et le demourant en blans,
4 d. p. la pièce.   1,388 l. p.

Et fu sus un mandement de 20,000 franz, ordonné
pour ladicte despence.

Des diz trésoriers, sus ladicte despence, par lectre
dudit Guillaume, faicte xviii jours de janvier l'an dessus dit, comptés par ledit Pierre, en 1,500 franz d'or,
16 s. p. la pièce, et le demourant en blans, 4 d. p. la
pièce, sus ledit mandement.   2,400 l. p.

Des diz trésoriers, sus ladicte despence, par lectre dudit Guillaume, faicte xvi jours de février l'an dessus dit, comptés par ledit Pierre, en 1400 franz d'or, 16 s. p. la pièce, et le demourant en blans, 4 d. p. la pièce, par mandement du Roy.   1,600 l. p.

Et est le mandement de ladicte somme.

Des diz trésoriers, sus ladicte despence, par lectre dudit Guillaume, faicte xxiiii jours de février l'an dessus dit, comptés par ledit Pierre, en 800 franz d'or, 16 s. p. la pièce.   640 l. p.

Des diz trésoriers, sus ladicte despence, par lectre dudit Guillaume, faicte viii jours de février l'an dessus dit, par la main dudit Pierre, pour bailler à Jehan Noble, pour l'obsèque du Roy Charles dont Dieu ait l'âme, fait à Saint-Denis en France ; par lectres faictes premier jour de mars l'an dessus dit.   152 l. p.

Des diz trésoriers, sus ladicte despence, par lectre dudit Guillaume, faicte xxvi jours de mars l'an dessus dit, comptés par ledit Pierre, en mil franz d'or, 16 s. p. la pièce, et le demourant en blans, 4 d. p. la pièce.   3,200 l. p.

Des diz trésoriers, sus ladicte despence, par lectre dudit Guillaume, faicte vii jours de may l'an m.ccc.iiiˣˣ et un ; compté par François Chanteprime.   400 l. p.

Des diz trésoriers, sus ladicte despence, par lectre dudit Guillaume, faicte xxvi jours de may l'an dessus dit ; compté par Pierre de Soissons, changeur du Trésor, en 2,000 franz d'or, 16 s. p. la pièce, et le demourant en blans 4 d. p. la pièce.   2,880 l. p.

Des diz trésoriers, sus ladicte despence, par lectre dudit Guillaume, faicte derrenier jour de juing l'an dessus dit; compté par ledit Pierre, en blans 4 d. p. la pièce.   200 l. p. [1].

Somme des Trésoriers. 12,860 l. parisis.

De François Chanteprime, recepveur général des Aydes ordonnées pour la guerre, sus ladicte despence, par lectre dudit Guillaume, faicte II jours d'octobre l'an M.CCC.IIII[XX]; compté par ledit François, en blans 4 d. p. la pièce.   1,600 l. p. [2]

De Jehan Vaalin, général receveur ou Dauphiné, sus ladicte despence, par lectre dudit Guillaume, faicte XXIII jours de décembre l'an dessus dit; compté par Lanternin, son clerc, en 1350 franz d'or, 16 s. p. la pièce, en 120 moutons d'or, 20 s. p. la pièce, et le demourant en blans, 4 d. p. la pièce.

2,000 l. p. [3]

Somme. 3,600 l. parisis.

De Hue Prévost, receveur des Aides pour la guerre à Gysors, sus ladicte despence, par lectre dudit Guil-

1. En marge : « *Capiuntur per thesaurarios ad Natale* ccc IIII[XX] I. »

2. *Cor. Iste* 1600 l. *p. capiuntur in compoto dicti F. Chanteprime finito ad* XV *no.* CCC IIII[XX] I. *Et ibi corrigitur.*

3. *Iste* 2000 l. *capiuntur per* V *compostum dicti Vaalin finitum ad Omn. Sanct.* CCC IIII[XX] I. *Et ibi corrigitur.*

laume, faicte xx jours d'octobre l'an m.ccc.iiii^{xx};
comptés par ledit Hue, en blans 4 d. p. la pièce. 400 l. p.[1]

Dudit Hue, sus ladicte despence, par lectre dudit
Guillaume, faicte xviii jours de novembre l'an dessus
dit; comptés par ledit Hue, en blans 4 d. p. la pièce.
400 l. p.

Somme. 800 l. parisis.

AUTRE RECEPTE, DE JEHAN CHANTEPRIME.

De Jehan Chanteprime, général receveur des arrérages des Aides naguères aians cours, sus la dicte despence, par lectre du dit Guillaume, faicte xiii jours
d'avril l'an m.ccc.iiii^{xx} avant Pasques; comptés par
Michiel du Sablon, 3,200 l. p. Et fu l'argent baillé à
Jehan Noble, Gillet le Séneschal et plusieurs autres
marcheans assignez sur ce[2].

Dudit Jehan Chanteprime, sus la dicte despence,
par lectre du dit Guillaume, faicte xiii jours d'avril
l'an dessus dit; comptés par le dit Jehan, en blans
4 d. p. la pièce.   320 l. p.[3]

Du dit Jehan, sus la dicte despence, par lectre du
dit Guillaume, faicte vi jours de may l'an m.ccc.iiii^{xx}
et un; comptés par ledit Jehan.   896 l. p.

Du dit Jehan, sus la dicte despence, par lectre du
dit Guillaume, faicte xvi jours du dit moys l'an dessus
dit; comptés par le dit Jehan.   800 l. p.

Du dit Jehan, sus la dicte despence, par lectre dudit
Guillaume, faicte xix jours de may l'an dessus dit;
comptés par ledit Jehan, en blans 4 d. p. 3,520 l. p.

Sommè de Jehan Chanteprime. 8,736 l. parisis.

1. Cor. — 2. Cor. — 3. Cor.

De Guillaume d'Enfernet, général trésorier en la province de Rouan des Aides nouvellement ordonnées pour le fait de la guerre, sus la dicte despence, par lectre dudit Guillaume, faicte xix jours de juing l'an m.ccc.iiii^{xx} et un; compté par ledit Guillaume en plusieurs monnoies, cestassavoir en gros tournois 16 d. p. la pièce, blans de 12 d. p., et le demourant en blans 4 d. p. la pièce.   4,512 l. p.[1]

Somme par soy   4,512 l. parisis.

Des bourgois et habitans des villes de Corbigny et de Craonne[2] vers Rains, sus ladicte despence, par lectre dudit Guillaume, faicte premier jour de décembre, sus un giste que le Roy prant ès dictes villes au retour de son sacre à son joyeux advenement; par compte fait à eulx par les maistres d'ostel.   100 l. p.

Des bourgeois et habitans de la ville de Veelly sur Aisne[3], pour un past ou giste qu'ilz doivent au Roy à son joyeux advenement en ladicte ville, en laquelle il soupa et jut au retour de son sacre, le ve jour de novembre l'an m.ccc.iiii^{xx}; compté par Drouyn de Pars, en 40 moutons d'or, 20 s. p. la pièce, et le demourant en franz, 16 s. p. la pièce. Et fist ledit Droyn

---

1. En marge : « *Cor. in compoto dicti d'Enfernet finito ad ult. eoruarii* ccc xiii^{xx}. »

2. Corbeny (canton de Craonne). Craonne, à 4 lieues sud-est de Laon (*Aisne*).

3. Vailly (*Aisne*), à 14 kil. de Soissons.

protestacion pour ladicte ville, qu'il ne tournast à
préjudice où temps avenir aux habitans d'icelle, disant qu'ilz estoient en plait et procès contre la commune de Condé et de celles qui de ce doivent porcion, si comme il disoit   184 l. p.

Du gist de Villeneuve Saint-George, néant. Com-
bienque le Roy y jeust.

        Somme pour gistes   2,084 l. p.

RECEPTE COMMUNE.

De Estienne Fourquaut, naguères receveur des Aides
qui ont eu cours pour la guerre ès cité et dyocèse de
Liseux, sus ladicte despence et pour convertir en
autres choses touchant la personne et estat dudit
seigneur, par lectre dudit Guillaume, faicte vi jours
de février l'an m.ccc.iiii^{xx}; compté par ledit Estienne,
en blans 4 d. p. la pièce.   240 l. p.[1]

De Jehan Haquin, naguères receveur des diz Aides à
Chartres, sus ladicte despence, pour convertir oudit
fait, par la lectre dudit Guillaume, faicte vi jours de
février l'an dessus dit; compté par ledit Jehan, en
blans 4 d. p. la pièce.   160 l. p.[2]

De Jacques de Launoy, naguères receveur des diz
Aides en la viconté de Monstiervillier, sus ladicte des-
pence et pour convertir oudit fait, par lectre dudit
Guillaume, faicte comme dessus; compté par ledit
Jaques, en blans 4 d. p. la pièce.   240 l. p.[3]

1. Cor. *Capiuntur per compotum dicti Stephani finitum ad*
xv *no.* ccc iiii^{xx} *Et ibi cor.*

2. *Capiuntur per compotum dicti Jo. Haquin finitum ad* xv *no-*
vemb. ccc iiii^{xx}.

3. *Capiuntur ut supra.*

De Jaques Scançon, naguères receveur des diz Aides à Laon, sus ladicte despence et pour convertir oudit fait, par lectre dudit Guillaume, faicte comme dessus ; compté par ledit Jaques, en blans 4 d. p. la pièce. 160 l. p.[1]

De Jehan Vaerry, naguères receveur des diz Aides à Chaalons, sus la dicte despence et pour convertir oudit fait, par lectre dudit Guillaume, faicte comme dessus ; compté par ledit Jehan, en blans 4 d. p. la pièce. 160 l. p.[2]

De Jehan Evry, naguères receveur des diz Aides à Amiens, sus ladicte despence, pour convertir oudit fait, par lectre dudit Guillaume, faicte comme dessus ; compté par ledit Jehan, en blans 4 d. p. la pièce. 240 l. p.[3]

De Jehan Coquel, naguères receveur des diz Aides à Noyon, sus ladicte despence, pour convertir oudit fait, par lectre dudit Guillaume, faicte comme dessus ; compté par ledit Jehan, en blans 4 d. p. la pièce. 160 l. p.[4]

De Jaques La Barbe, naguères receveur des diz Aides à Rains, sus ladicte despence, pour convertir oudit fait, par lectre dudit Guillaume, faicte comme dessus ; compté par ledit Jaques, en franz d'or 16 s. p. la pièce. 240 l. p.[5]

1. *Cor. Capiuntur per compotum dicti Jacobi finitum diversis diebus* ccc iiii[xx]. *Et ibi corrigitur.*

2. *Capiuntur per compotum dicti Jo. finitum ut supra.*

3. *Capiuntur per compotum dicti Jo. finitum ut supra.*

4. *Capiuntur per compotum dicti Jo. Coquel finitum ad* xv *novembris* ccc iiii[xx]. *Et ibi corrigitur.*

5. *Capiuntur per compotum dicti Ja. finitum* iii *septembr.* ccc iiii[xx]. *Et ibi corrigitur.*

De Jehan Auber, viconte du Pont-de-l'Arche, sus ladicte despence, par lectre dudit Guillaume, faicte xxviii jours d'avril l'an m.ccc.iiii[xx] et un après Pasques ; compté par Guillaume du Foie et Guillemin Coichet, en blans 4 d. p. la pièce.   160 l. p.[1]

De Jehan Bienfait, poullaillier, pour une amende en quoy il avoit esté condampné envers le Roy par les maistres d'ostel, pour connins qu'il avoit pris et aidé à prandre en la garanne de Saint-Cloust, compté par Guillaume Brunel, marchant de toilles, qui avoit baillé touailles et nappes pour la despence de l'ostel, senz lectre. Rabattu de la somme dudit Guillaume 120 l. p.[2]

Somme pour recepte commune   1,880 l. p.

AUTRE RECEPTE, DES GARNISONS DU BOIS DE VINCENNES.

Des garnisons du bois de Vincennes, pour 32 muis, 2 sextiers, 6 boisseaux de blé à la mesure de Paris, pris audit lieu, livrez par Jehan Renier, gouverneur d'icelles, despensés en l'ostel le Roy en ce terme ; comptez ès escroes de Panneterie, à divers prix. 270 l. 11 s. p.[3]

Des dictes garnisons, pour 10 muis, 2 sextiers, mine, d'avenne à ladicte mesure, prise audit lieu, livrée par ledit Jehan, estimée à 12 s. p. le sextier. Argent.   73 l. 10 s. p.

Somme des garnisons du Bois de Vincennes.
344 l. 12 d. parisis.
Somme de la recepte en deniers comptans.
41,656 livres 12 deniers parisis.

1. *Per extractum compoti vicecomitatus Pontis Arche de termino pasch. ccc iiii[xx] i. Et ibi corrigitur.*
2. *Cor. In compoto vicecomitatus Parisiensis.*
3. *Computatur in scripturis Johannis Regnier.*

AUTRE RECEPTE, POUR VINS DES GARNISONS DU ROY, FAICTES
PAR ESTIENNE PORCHER, SERGENT D'ARMES DUDIT SEIGNEUR
ET POURVEOUR D'YCELLES.

De 902 muis, 8 sextiers, 2 quartes vin de Beaune,
despensés en l'ostel le Roy en ce terme, estimez en fin
de gaiges 100 s. p. le mui. Argent 4512 l. 13 s. 1 d. ob.[1]

De 616 muis, 14 sextiers, vin de Bourgoigne, despensés oudit hostel en ce terme, estimez 4 l. p. le
muy. Argent.   2,467 l. 10 s. p.

De 56 muis, 3 sextiers, vin de Bar, despensés oudit
hostel en ce terme, estimez audit pris. Argent.
         224 l. 15 s. p.

De 10 muis, 15 sextiers, vin de Saint-Pourçain,
despensés oudit hostel en ce terme, estimez audit
prix. Argent.   43 l. 15 s. p.

De un mui, 5 sextiers, vin de Riz, despensé oudit
hostel en ce terme, estimez oudit pris. Argent.
         105 s. p.

De 1870 muis, 8 sextiers, vin François, despensés
oudit hostel en ce terme, estimez 40 s. p. le mui.
Argent.   3,741 l. p.

Somme pour les vins. 10,994 l. 18 s. 1 d. ob. p.

---

1. *Cor. Capiuntur per compotum dictarum garnisionum finitum
ad primam no.* ccc iiii^{xx}.

**AUTRE RECEPTE, POUR CONNINS DES GARANNES DU ROY DES-
PENSÉS OUDIT HOSTEL EN CE TERME, ESTIMEZ EN FIN DE
GAIGES.**

De 88 connins de la queue de Fontaines, despensés
en l'ostel le Roy en ce terme, estimez 20 d. p. la pièce
au pris de l'ostel.   7 l. 6 s. 8 d. p.

De 100 connins de la garanne de Pons, despensés
oudit hostel en ce terme, estimez audit pris. Argent.
                                    8 l. 6 s. 8 d. p.

De 349 connins de la garanne de Saint-Cloust, despensés oudit hostel en ce terme, estimez à divers pris.
Argent.   29 l. 19 s. p.

De 178 connins du boys de Vincennes, despensez
oudit hostel en ce terme, estimez à divers pris. Argent.   15 l. 14 s. 8 d. p.

De 72 connins de la queue de Glandas, despensés
oudit hostel en ce terme, estimez 20 d. p. la pièce.
Argent.   6 l. p.

De 156 connins de la garanne de Craeil, despensés
oudit hostel en ce terme, estimez audit pris. Argent.
                                    13 l. p.

Somme pour connins. 80 l. 7 s. parisis.

**AUTRE RECEPTE, POUR POISSONS DES ESTANS LE ROY, DESPENSÉS
OUDIT HOSTEL EN CE TERME, ESTIMEZ EN FIN DE GAIGES.**

De 887 carpes et 58 broichez, de l'estanc de Dampmartin, despensés en l'ostel le Roy en ce terme, estimez à divers pris. Argent.   58 l. 6 s. p.

De 160 anguilles du gort de Beauté, despensés oudit
hostel en ce terme, estimées 12 d. p. la pièce. Argent.   8 l. p.

De 168 carpes, 2 quarreaux, 50 tanches et 13 perches, de l'estanc de Meurlent, despensées oudit hostel
en ce terme, estimées à divers pris. Argent 26 l. 3 s. p.

De 282 carpes, de l'estanc des Halais, despensées
oudit hostel en ce terme, estimées 12 d. p. la pièce.
Argent.   14 l. 2 s. [1]

De 214 carpes, de l'estanc du Vivier en Brie, despensées oudit hostel en ce terme, estimées 5 s. p. la
pièce.   55 l. 10 s. p.

De 1 quarreau, 19 broichez, 45 carpes, 3 quarterons et demi tanches, de l'estanc de Moret, despensés
oudit hostel en ce terme, estimez à divers pris.
Argent.   22 l. 8 s. p.

De 63 groux broichez, 26 bresmes, 2 tanches et
une carpe, de l'estanc de Gouvieux, despensés oudit
hostel en ce terme, estimez à divers pris. Argent.
                                      37 l. p.

Somme pour poissons 221 l. 9 s. p.

Somme toute de la recepte de ce présent compte.

52,952 l. 15 s. 1 d. ob. parisis.

[DEPENSE.]

DESPENS DES JOURNÉES.

A Paris, en l'ostel Saint-Denis de la Chartre, lez le
Palais, mecredi VII jours de novembre, l'an M. CCC. IIII*,
fu compté de la despense des six Offices de l'ostel du
Roy pour le mois d'octobre l'an dessus dit, contenant
XXXI jours, en la présence de monseigneur Pierre de

---

1. *Capiuntur per extractum recepte de Meullento ad O. S.* ccc
ıııˣ ııı°. *Et ibi corrigitur.*

Villiers, chevalier et souverain maistre d'ostel, et messeigneurs Adam de Villiers, Arnoul de Puisieux et
Guillaume Gaillonnel, chevaliers et maistres dudit
hostel   4,378 l. 3 s. 4 d. ob. p.

   Senz gaiges et menues
C'est par jour 144 l. 9 s. 1 d. p.   Plus 24 d. ob. p.

Au Boys de Vincennes, mardi IIII jours de décembre
l'an dessus dit, fu compté des despens des journées
dudit hostel pour le mois de novembre, contenant
xxx jours, en la présence de monseigneur Pierre de
Villiers, chevalier, souverain maistre d'ostel, et messeigneurs Adam de Villiers, Pierre Balocier et Guillaume de Gaillonnel, chevaliers, maistres dudit hostel
   8,771 l. 5 s. 9 d. p.   Senz gaiges et menues
C'est par jour 292 l. 7 s. 6 d.   Plus 9 d. p.

Audit lieu, jeudi III jours de janvier, l'an dessus dit,
fu compté des despens des journées dudit hostel pour
le mois de décembre, contenant xxxi jours, en la présence de monseigneur Pierre de Villiers, chevalier,
souverain maistre d'ostel, Guillaume de Gaillonnel et
Philippe d'Aunay, chevaliers et maistres dudit hostel.
   6,462 l. 7 s. 3 d. ob. p.   Senz gaiges et menues
C'est par jour 208 l. 9 s. 3 d. p.   Plus 6 d. ob.

Audit lieu du Boys de Vincennes, mecredi vi jours
de février, l'an dessus dit, fu compté des despenz des
journées dudit hostel pour le mois de janvier, contenant xxxi jours, en la présence de messeigneurs Guillaume de Gaillonnel, Philippe d'Aunay et Taupin de
Cantemelle, chevaliers et maistres dudit hostel
   6,812 l. 14 s. 4 d. ob. p.   Senz gaiges et menues
C'est par jour 219 l. 15 s. 3 d.   Plus 19 d. ob. p.

A Paris, en l'ostel du Barbeau, lez les Béguines, samedi II jours de mars, l'an dessus dit, fu compté des
despenz des journées dudit hostel pour le mois de
février, contenant xxvIII jours, en la présence de
monseigneur Pierre de Villiers, chevalier et souverain maistre d'ostel, et Taupin de Chantemelle,
maistre dudit hostel.

7,086 l. 18 s. 7 d. p,   Senz gaiges et menues
C'est par jour 253 l. 2 s. 1 d.   Plus 3 d.

Oudit hostel, mardi II jours d'avril, l'an dessus dit,
avant Pasques, fu compté des despenz des journées
dudit hostel pour le mois de mars, contenant xxxI
jours, en la présence de monseigneur Pierre de Villiers, chevalier et souverain maistre d'ostel, et messire
Pierre Balocier, maistre dudit hostel

6,037 l. 3 s. 5 d. ob. p.   Senz gaiges et menues
C'est par jour 194 l. 14 s. 11 d. p.   Plus 12 d. ob.

Item, pour la despence de madame Katherine de
France[1], lui estant devers Madame de Bourbon[2], oudit
mois de mars, par l'ordonnance de Messeigneurs les
ducs d'Anjou, de Bourgoigne et de Bourbon, oncles
du Roy. 200 l. p.; baillez à madicte dame de Bourbon par ladicte ordonnance et par sa lectre, donnée
III jours de may, l'an dessus dit; randu en ce terme à
court.

1. Sœur de Charles VI, née le 4 décembre 1377. *Lui estant*,
lui pour *elle*. Ce changement de genre se rencontre aussi dans
Monstrelet.

2. On trouve plus loin Mme de *Bourbon la Grant*. C'est Isabelle,
sœur de Philippe de Valois et femme de Philippe Ier, duc de Bourbon, morte le 28 juillet 1383.

A Meleun sur Sainne, jeudi ii jours de may, l'an
mil ccc iiiˣˣ et un, fu compté des despens des journées
dudit hostel pour le mois d'avril l'an dessus dit, contenant xxx jours, en la présence de monseigneur Pierre
de Villiers, chevalier et souverain maistre d'ostel, et
messire Guillaume de Gaillonnel, maistre dudit hostel

5,563 l. 4 s. 11 d.   Senz gaiges et menues
C'est par jour 185 l. 8 s. 9 d. p.   Plus 2 s. 5 d. p.

Item, pour la despence Madame Katherine de
France, lui estant devers Madame de Bourbon en ce
mois d'avril, par l'ordonnance de Messeigneurs les
ducs d'Anjou, de Bourgoigne et de Bourbon, oncles
du Roy, 200 l. p.; baillez à ma dicte dame de Bourbon, par ladicte ordonance et par sa lectre, donnée
ix jours de may l'an dessus dit; randu en ce terme à
court.

Au Barbeau à Paris, lundi iii jours de juing, l'an
dessus dit, fu compté des despens des journées dudit
hostel pour le mois de may, contenant xxxi jours, en la
présence de monseigneur Pierre de Villiers, chevalier
souverain maistre d'ostel, messeigneurs Philippe d'Aunay, Arnoul de Puisieux et Guillaume de Gaillonnel,
chevaliers et maistres dudit hostel.

4,263 l. 13 s. 11 d. p.   Senz gaiges et menues
C'est par jour 137 l. 10 s. 9 d. p.   Plus 8 d.

Item, pour la despence Madame Katherine de
France, lui estant devers Madame de Bourbon en ce
mois, par ladicte ordonance 200 l. p.; baillez à madicte
Dame de Bourbon, par ladicte ordonance et par sa
lectre, donnée xxix jours de juing l'an dessus dit;
randu en ce terme à court.

Au Bois de Vincennes, en la Chambre aux deniers, mardi ɪɪ jours de juillet l'an dessus dit, fu compté des despenz des journées dudit hostel pour le mois de juing, contenant xxx jours, en la présence de monseigneur Pierre de Villiers, chevalier, souverain maistre d'ostel, Jehan Braque et Taupin de Chantemelle, chevaliers et maistres dudit hostel

4,793 l. 14 s. 10 d. p.   Senz gaiges et menues
C'est par jour 159 l 15 s. 9 d. p.   Plus 2 s. 4 d. p.

Item, pour la despence Madame Katherine de France, lui estant devers Madame de Bourbon en ce mois, par ladicte ordenance 200 l. p.; baillez à madicte dame de Bourbon, par ladicte ordenance et par sa lectre, donnée x jours de juillet, l'an dessus dit; randu en ce terme à court.

Somme des despenz des journées par les 273 jours dessus diz.   54,269 l. 6 s. 6 d. p.
C'est par jour 198 l. 15 s. 9 d. pite p. Plus 12 d. 3 pite p.

Item, pour la despence madame Katherine de France, elle estant devers madame de Bourbon la Grant, à Saint-Marcel, comme dessus,   800 l. p.

Somme pour despans des journées avec la despence de madame Katherine.   55, 069 l. 6 s. 6 d. parisis[1].

GAIGES DE CHEVALIERS BANNEREZ.

Messire Raoul de Rosneval (*sic*), pannetier de France, pour ses droits et services du jour de Noël qu'il

1. En marge : « PRIMA GROSSA. »

servi le Roy au Boys de Vincennes, l'an M.CCC.IIII^{xx}.
Argent,   32 l. p.

Lui, pour ses droiz et services du jour de Pasques
qu'il servi le Roy à Paris, à Saint-Pol, l'an M.CCC.IIII^{xx}
et un. Argent,   32 l. p.

Messire Huistasse de Campremy, chevalier tranchant, pour ses droiz et services du jour de Noël qu'il
servi le Roy au Bois de Vincennes, l'an M. CCC. IIII^{xx}.
Argent,   32 l. p.

Lui, pour ses droiz et services du jour de Pasques,
qu'il servi le Roy semblablement à Paris, à Saint-Pol,
l'an M.CCC.IIII^{xx} et un. Argent,   32 l. p.

Lui, pour ses droiz et services du jour de Panthecouste, qu'il servi le roy à Paris, à Saint-Pol, 32 l. p.

Messire Guichart Dauphin, sire de Jaligny, eschan-
çon de France, pour ses droiz et services du jour de
Noël, qu'il servi le roy au Bois de Vincennes, l'an IIII^{xx}.
Argent,   32 l. p.

Messire Guillaume Chastellain, de Beauvez, queu
de France, pour ses droiz et services du jour de Noël,
qu'il servi le roi, à Paris oudit hostel de Saint-Pol,
l'an M.CCC.IIII^{xx}. Argent,   32 l. p.

Chevaliers des requestes.

Messire Guillaume Blondel, chevalier, pour ses
gaiges de 243 jours qu'il a servi en ce terme à court,
puis le premier jour d'octobre l'an M. CCC. IIII^{xx}, jusques au premier jour de juillet ensuivant l'an M. CCC. IIII^{xx}
et un, 30 s. p. par jour. Argent,   364 l. 10 s. p.

2

Chevalier fauconnier.

Messire Enguerran de Dargies, chevalier, maistre fauconnier du Roi, pour ses gaiges de 236 jours qu'il servi en ce terme à court et hors, du vi^e jour de novembre l'an m. ccc. iiii^{xx} jusques au premier jour de juillet ensuivant l'an m. ccc. iiii^{xx} et un, 24 s. p. par jour, par lectres du Roy, le vidimus randu en ce terme à court. Argent,   283 l. 4 s. p.

Somme des gaiges de chevaliers, 871 l. 14 s. p.

GAIGES DE CLERCS ET DE NOTTAIRES.

Clercs des requestes.

Messire Pierre de Rosny, pour ses gaiges de 123 jours en ce terme qu'il a été à court, du premier jour d'octobre l'an m. ccc. iiii^{xx} jusques au premier jour de juillet ensuivant, l'an m. ccc. iiii^{xx} et un, 24 s. p. par jour, par lectre du Roy rendu en ce terme à court. Argent,   147 l. 12 s. p.

Maistre Arnaut de Dormans, pour ses gaiges de 120 jours qu'il a esté à court, du premier jour d'octobre l'an m. ccc. iiii^{xx}, jusques au premier juillet ensuivant l'an m. ccc. iiii^{xx} et un, ad ce prix samblablement. Argent,   144 l. p.

Secretaires.

Maistre Loys Blanchet, pour ses gaiges de nottaire, de 273 jours en ce terme, du premier jour d'octobre l'an m. ccc. iiii^{xx}, jusques au premier jour de juillet ensuivant l'an m. ccc. iiii^{xx} et un, qu'il a esté à court et devers le conseil, 6 s. p. par jours. Argent, 81 l. 18 s. p.

Ledit maistre Loys, pour la creue de ses gaiges de secretaire, qu'il a servi comme dessus, 12 s. p. par jour. Argent, 163 l. 16 s.

Maistres Jacques du Val, pour ses gaiges de secrétaire, par 168 jours, en ce terme, du xiiiᵉ jour de janvier l'an m. ccc. iiiˣˣ, qu'il fu retenu secretaire, jusques au premier jour de juillet ensuivant l'an m. ccc. iiiˣˣ et un, 12 s. p. par jour, si comme il appert par lectres randues en ce terme à court et par l'ordonnance. Argent, 100 l. 16 s. p.

Maistre Hugues Blanchet, pour ses gaiges de nottaire, de 271 jours en ce terme du premier jour d'octobre, l'an m. ccc. iiiˣˣ, jusques au premier jour de juillet ensuivant l'an m. ccc. iiiˣˣ et un, rabatu, etc., 6. s. p. par jour. Argent, 81 l. 6 s. p.

Ledit maistre Hugues, pour la creue de ses gaiges de secretaire qu'il a servi audit temps par 223 jours, du xviiiᵉ jour de novembre l'an m. ccc. iiiˣˣ, qu'il fu retenu secretaire, jusques au premier jour de juillet ensuivant m. ccc. iiiˣˣ et un, 12 s. p. par jour, si comme il appert par lectre randue à court, en ce terme. Argent, 133 l. 16 s. p.

Maistre Masse Fréron, pour ses gaiges de nottaire, de 254 jours en ce terme, du xixᵉ jour d'octobre, l'an m. ccc. iiiˣˣ, qu'il eut les bourses et gaiges par la mort de maistre Liébaut Bonnet, jusques au premier jour de juillet ensuivant m. ccc. iiiˣˣ et un, qu'il a esté en la Chancellerie et devers le Conseil, 6 s. p. par jour. Argent, 76 l. 4 s. p.

Maistre Jehan de Crespy, pour ses gaiges de not-

taire de 182 jours en ce terme, du premier jour d'octobre l'an m. ccc. iiii^{xx}, jusques au premier jour d'avril
ensuivant en cet an, qu'il a esté en la Chancellerie
et ès Requestes de l'ostel, 6 s. p. par jour. Argent,   54 l. 12 s. p.

Ledit maistre Jehan de Crespy, pour la creue de ses
gaiges de secretaire, qu'il a servi oudit temps, par 41
jours, puis le xxe jour de may qu'il fut retenu secretaire par ordenance dudit seigneur, 12 s. p. par jour.
Argent,   24 l. 12 s. p.

Maitre Pierre Manhac, pour ses gaiges de nottaire,
de 273 jours en ce terme, puis le premier jour d'octobre l'an m. cccc. iiii^{xx}, jusques au premier jour de
juillet ensuivant m. ccl. iiii^{xx} et un, qu'il a esté en
la Chancellerie et au Conseil, 6 s. p. par jour. Argent,   81 l. 18 s. p.

Ledit maistre Pierre, pour la creue de ses gaiges de
secretaire qu'il a servi oudit temps par 157 jours,
puis le xxiiiie jour de janvier, que l'ordenance du
Roy fu faicte et publiée, jusques au premier jour de
juillet ensuivant, 12 s. p. par jour. Argent, 94 l. 4 s.

Maistre Jehan d'Ailly, pour ses gaiges de nottaire,
de 273 jours en tout ce terme, qu'il a esté à court et en
la Chancellerie, 6 s. p. par jour. Argent, 81 l. 18 s. p.

Maistre Pierre Michiel, pour ses gaiges de nottaire,
de 273 jours, tout ce terme, qu'il a esté à court et en
la Chancellerie, 6 s. p. par jour. Argent, 81 l. 18 s. p.[1]

1. En marge : « Summa 1,348 l. 10 s. p. »

Nottaires.

Maistre Pierre Cramette, pour ses gaiges de nottaire, de 185 jours en ce terme, qu'il a esté à la Chancellerie et aux Requestes, 6 s. p. par jour. Argent,   55 l. 10 s. p.

Maistre Jehan Dohan, pour ses gaiges de nottaire, de 126 jours en ce terme, depuis le premier jour d'octobre m. ccc. iiiˣˣ, jusques au premier jour d'avril ensuivant, rabatu, etc., qu'il a esté en la Chancellerie et aux Requestes, 6 s. p. par jour. Argent 37 l. 16 s. p.

Maistre Michiel Mignon, pour ses gaiges de nottaire, de 182 jours en ce terme, puis le premier jour d'octobre l'an m. ccc. iiiˣˣ, jusques au premier jour d'avril, qu'il a esté en la Chancellerie et aux Requestes, 6 s. p. par jour. Argent,   54 l. 12 s. p.

Maistre Henry Leclerc, pour ses gaiges de nottaire, de 243 jours en ce terme, qu'il a esté aux Requestes et en la Chancellerie, puis le premier jour d'octobre, l'an m. ccc. iiiˣˣ, rabatu, etc., 6. s. p. par jour. Argent,   72 l. 18 s. p.

Maistre Baudouin La Miche, pour ses gaiges de nottaire, de 182 jours en ce terme, puis le premier jour d'octobre l'an m. ccc. iiiˣˣ, jusques au premier jour d'avril ensuivant, qu'il a esté en la Chancellerie et aux Requestes, 6 s. p. par jour. Argent,   54 l. 12 s. p.

Maistre Jehan Bruoy, pour ses gaiges de nottaire de 154 jours en ce terme, qu'il a esté en la Chancellerie et aux Requestes, puis le premier jour d'octobre m.ccc.iiiˣˣ, jusques au premier jour d'avril ensuivant, rabatu, etc., 6 s. p. par jour. Argent,   45 l. 6 s. p.

Maistre Pons de Dycy, pour ses gaiges de nottaire

de 231 jour en ce terme, puis le premier jour d'octobre mil ccc.iiii^{xx}, jusques au premier jour de juillet ensuivant l'an m.ccc.iiii^{xx} et un, qu'il a esté en la Chancellerie et aux Requestes, rabatu, etc., 6 s. p. par jour. Argent,   69 l. 6 s. p.

Maistre Jehan Gehe, pour ses gaiges de nottaire de 83 jours, qu'il fu retenu nottaire par résinacion de maistre Jehan de la Roiche, puis le ixe jour d'avril l'an m.ccc.iiii^{xx} et un, jusques au premier jour de juillet ensuivant, qu'il a esté en la Chancellerie et aux Requestes, 6 s. p. par jour. Argent,   24 l. 18 s. p.

Maistre Gontier Col, pour ses gaiges de nottaire de 83 jours en ce terme, puis le vi^e jour de mars m.ccc.iiii^{xx}, jusques au premier jour de juillet ensuivant m.ccc.iiii^{xx} et un, qu'il a esté en la Chancellerie et aux Requestes, 6 s. p. par jour. Argent,   24 l. 18 s.

Maistres.

Hutin d'Aunay, Henry Mauloue, Jehan de Geurre dit Forestier, Robert le Févre, Pierre de Montion, Nichole de Voesines, Gobert Thumery, Dreue Porchier, Jehan Gresle, Jehan de Savigny, Jehan de Montagu, Hugues de Guingant, Henry Judas, Guillaume de La Hussoie, Gilles Hennequin, et Jehan Berthaaut, pour leurs gaiges de 273 jours tout ce terme, qu'ils ont esté à la Chancellerie, aux Requestes de l'ostel et du Palais à Paris, en Parlement, en la Chambre des Comptes et ailleurs, du premier jour d'octobre l'an m.ccc.iiii^{xx}, jusques au premier jour de juillet ensuivant l'an m.ccc.iiii^{xx} et un; chacun de ces seize nottaires 6 s. p. par jour, à chacun 81 l. 18 s. p. Également argent,   1,310 l. 8 s. parisis.

Autres clers.

Maistre Jehan Boutin, phisicien, pour ses gaiges de 273 jours tout ce terme, 8 s. p. par jour, par l'ordenance du Roy. Argent,   109 l. 4 s. p.

Maistre Michiel de Crenay, soubzaumosnier, lequel aprant le Roy, pour ses gaiges de 150 jours qu'il a esté à court, du premier jour de février l'an M.CCC.IIIIˣˣ, qu'il commança à prandre gaiges comme soubzaumosnier, de 6 s. p. par jour, par lettre du Roy, randue en ce terme à court. Argent,   45 l. p.

Maistre Guillaume Perdrier, maistre de la Chambre aux deniers, pour ses gaiges de 273 jours tout ce terme, 6 s. p. par jour, par lectre du Roy, le vidimus randu en ce terme à court. Argent,   81 l. 18 s. p.

Maistre Laurenz Bourdon, contrerolleur, pour ses gaiges d'autant de jours, par samblables lettres, le vidimus randu comme dessus. Argent,   81 l. 18 s. p.[1]

Somme pour gaiges de Clers et de Nottaires,
3,446 l. 14 s. parisis.

GAIGES DE VALLEZ LE ROY ET D'AUTRES GENZ D'OSTEL.

Chauffecires.

Jehan Marescot, Symonnet Marescot et Jehan d'Espernon, pour leurs gaiges de 273 jours tout ce terme, puis le premier jour d'octobre CCC IIIIˣˣ, jusques au premier jour de juillet ensuivant l'an M.CCC.IIIIˣˣ et un, qu'il ont servi en la Chancellerie, chascun de ses

---

1. En marge : « Summa 2,068 l. 4 s. p. »

trois chauffecires, 2 s. 6 d. p. par jour à chascun,
34 l. 2 s. 6 d. p. égaument. Argent, 102 l. 7 s. 6 d. p.

Maistre Jaques du Bourc, cyrurgien, pour ses gaiges
de 153 jours en ce terme, qu'il n'a point mengié en sale,
26 s. 8 d. p. par jour, puis le 6ᵉ jour d'octobre ccc iiiˣˣ,
qu'il fu retenu cyrrugien, jusque au ixᵉ jour de mars
ensuivant, qu'il fu mis à gaiges et livroyson comme
maistre Jehan Boutin, phisicien; par lettre rendue à
court en ce terme   204 l. p.

Lui, pour ses gaiges de cent xiiii jours qu'il a esté
à court à gaiges et livroison, comme ledit maistre Jehan Boutin, par ordonnance du Roy. Argent 45 l. 12 s. p.

Jehan de Saumur, cordouannier et vallet de chambre, pour ses gaiges de 157 jours en ce terme du xxiiiᵉ
jour de janvier l'an m ccc iiiˣˣ, que l'ordenance de
l'Ostel fu faite, jusques au premier jour de juillet ensuivant ccc iiiˣˣ et un, par lettre du Roy, la coppie randue
à court en ce terme, 4 s. p. par jour, Argent 31 l. 8 s. p.

Guillaume Clémence, tailleur de robes et vallet de
chambre, pour ses gaiges de 157 jours en ce terme,
du xxiiiᵉ jour de janvier l'an m ccc iiiˣˣ, que l'ordenance de l'Ostel fu faicte, jusques au premier jour de
juillet ensuivant, et comme il appert par lettre, la
coppie randue en ce terme à court, 5 s. p. par jour.
Argent   39 l. 5 s. p.

Jehan Saillant, roy des Ribaux, pour ses gaiges de
157 jours en ce terme, du xxiiiᵉ jour de janvier l'an
m ccc iiiˣˣ, que l'ordenance de l'Ostel du Roy fu faicte,
jusques au premier jour de juillet ensuivant, et comme

il appert par lettre, la coppie randue à court en ce
terme, 4 s. p. par jour.   31 l. 8 s. p.

Le vallet aux frères, pour ses gaiges de 252 jours à
court, depuis que son maistre fu retenu confesseur du
Roy le xxe jour d'octobre l'an iiiixx, jusques au premier jour de juillet ensuivant l'an iiiixx et un, 12 d. p.
par jour. Argent   12 l. 12 s. p.[1]

Sommeliers de Chambre le Roy.

Jaquet de Canliers, sommelier du Corps, pour ses
gaiges de 273 jours en tout ce terme à court, 8d p.
par jour, par ordenance. Argent   9 l. 2 s. p.

Gilbert Guérart, sommelier du Corps, servant par
mois, pour ses gaiges de 88 jours, qu'il a esté à court
ès mois de février, avril et juing, 8 d. p. par jour, par
ordenance. Argent   58 s. 8 d.

Yvonnet le Breton, sommelier du Corps, servant
par mois, pour ses gaiges de 62 jours qu'il a esté à
court ès mois de mars et may, 8 d. p. par jour, par
ordenance. Argent   41 s. 4 d. p.

Jehan Doue, sommelier du Materaz, pour ses gaiges
de 157 jours, depuis le xxiiie jour de janvier l'an iiiixx,
jusques au premier jour de juillet ensuivant, audit
pris, par ordenance. Argent   104 s. 8 d. p.

Lorin du Buisson, sommelier d'Espices, pour ses
gaiges par ledit temps, audit pris   104 s. 8 d. p.

Hennequin de La Leue, sommelier des Armeures, pour ses gaiges par ledit temps, audit pris. Argent   104 s. 8 d. p.

---

1. En marge : « S. 466 l. 12 s. 6 d. p. »

Sommeliers de Chambre aux deniers.

Guiot Filleau, Jehannin Piet et Jehannin Marie,
pour leurs gaiges de II^c LXXIII jours en tout ce terme à
court, du premier jour d'octobre l'an IIII^{xx}, jusques
au premier jour de juillet ensuivant l'an IIII^{xx} et un,
chascun de ses III sommeliers 8 d. p. par jour, par
ordenance, 9 l. 2 s. égaument   27 l. 6 s. p.

Messaigiers.

Jehan de l'Espine, pour ses gaiges de 93 jours en
ce terme, 18 d. p. par jour, par ordenance du Roy.
Argent   6 l. 19 s. 6 d.

Symon de la Roiche, pour ce, par 122 jours en ce
terme à court, audit pris. Argent   9 l. 3 s.

Robin de Berville, pour ce, par 58 jours oudit
terme, audit pris. Argent   4 l. 7 s.

Jehan de la Marche, pour ce, par 88 jours, audit
pris, oudit terme   6 l. 12 s.

Guillemin Ambroise, pour ce, par 122 jours, audit
pris, oudit terme. Argent   9 l. 3 s.

Guillemin le Peletier, pour ce, par 88 jours, audit
pris, oudit terme. Argent   6 l. 12 s. p.

Millet de Bures, pour ce, par autant de jours, audit
pris, oudit terme. Argent   6 l. 12 s. p.

Henry Parisi, pour ce, par 66 jours en ce terme,
audit pris. Argent   4 l. 19 s. p.[1]

Somme pour gaiges de Vallez le Roy et d'autres
genz d'ostel 578 l. 2 s. parisis.

1. En marge : « S. 111 l. 9 s. 6 d. »

GAIGES A VIE ET EXTRAORDINAIRES.

Merlin Jolis, barbier et vallet de chambre, pour ses gaiges à vie de 157 jours en ce terme, depuis l'ordenance faicte le xxiiiᵉ jour de janvier l'an iiiˣˣ, 4 s. par jour. Argent   31 l. 8 s. p.

Jehan de Pisseleu, dit le Begue, premier mareschal du Roy, pour ses gaiges à vie de 157 jours en ce terme, depuis l'ordenance faicte le xxiiiᵉ jour de janvier l'an dessusdit, 6 l. t. par jour, par lettre du Roy, la coppie randue à court, en ce terme. Argent   37 l. 13 s. 7 d. p.

Maistre Denis de Collors, aumosnier et secretaire, pour ses gaiges à vie de 273 jours tout ce terme, du premier jour d'octobre l'an m. ccc iiiˣˣ, jusques au premier jour de juillet ensuivant, l'an m ccc iiiˣˣ et 1, 6ᵈ p. par jour, par lettre du roy Charles, que Dieux absoille, randue à court, au terme finant à Noël, l'an l xx iiii. Argent   81 l. 18 s. p.

Somme pour Gaiges à vie et extraordinaires
150 l. 19 s. 7 d. parisis.

MANTEAULX DE CHEVALIERS ET DE CLERS.

Pour le terme de Noël l'an m. ccc. iiiˣˣ, le Roy au Boys de Vincennes. Et pour le terme de Panthecouste ensuivant, l'an iiiˣˣ et 1, ledit seigneur à Saint-Pol à Paris, les ii diz termes en ce présent compte.

Chevaliers simples.

Guillaume Blondel, 2.

Clers des requestes.

Pierre de Rosny, 2.   Son compaignon, 2.
Le confesseur, 2.

Maistres des comptes.

Regnaut de Coulombes, 2.   Jehan Crete, 2.
Arnaud Raymondet, 2.

Clers des comptes.

Jehan Maulain, 2.   Jehan Musnier, 2.
Guernier de Saint-Disier, 2.   Jehan le Roy, 2.
Regnaut Raoul, 2.   Item, clers des Comptes deux :
Hugues de Colombe, 2.   Nycholas de Plancy, 2.
Jehan Fassier, 2.   Jaques de Ducy, 2.
Robert Coiffe, 2.
Guy Broichier, 2.   Robert d'Archieres, cler du tré-
Oudart de Trigny, 2.   sor, 2.

Secretaires.

Pierre Blanchet, 2.   Dreue Porchier, 2.
Philippe Ogier, 1.   Jehan de Geurre, dit Forestier, 2.
Pierre Michiel, 2.   Jehan d'Ailly, 2.
Hutin d'Aunay, 2.   Jehan Gresle, 2.
Pierre Cramette, 2.   Hugues Blanchet, 2.
Loys Blanchet, 2.   Pierre Manhac, 2,
Henry Mauloue, 2.

Nottaires.

Jehan Dohan, 2.   Jehan Bertaut, 2.
Michiel Mignon, 2.   Nichole de Voesines, 2.
Henri le Clerc, 2.   Jehan de Montagu, 2.
Baudouin la Miche, 2.   Hugues de Guingant, 2.
Robert le Fèvre, 2.   Jehan de Crespy, 2.
Guillaume de la Houssoie, 2.   Gobert Thumery, 2.
Gilles Hennequin, 2.   Gontier Col, 2.
Henry Judas, 2.   Mace Fréron, 2.
Pierre de Montyon, 2.   Jehan Gehe, 1.
Jehan Vruoy, 2.   Guillaume Perdrier, 2.
Ponce de Disy, 2.   Laurenz Bourdon, 2.
Jehan de Savigny, 2.

Somme des manteaulx 109, chascun 100 s. parisis
vallent 545 l. parisis.

ROBES DE VALLEZ LE ROY ET D'AUTRES GENZ D'OSTEL.

En ce terme, pour les ii diz termes, le Roy ès diz lieux.

Chauffecires.

Jehan Marescot, 2.   Jehan d'Espernon, 2.
Symon Marescot, 2.

Someliers de chambre.

Jaquet de Cauliers, sommeliers du corps, 2.
Gillebert Guérart ⎫ Servanz par mois ces II, une robe à Penthe-
Yvonnet le Breton ⎭   couste.
Jehan Doue, du materaz, 1.
Lorin du Buisson, des espices, 1.
Hennequin de la Leue, des armeures, 1.
Jehan de Saumeur, cordouannier, 1.
Jehan de Pisseleu, premier mareschal, 1.

Sommeliers de Chambre aux deniers.

Guiot Filleau, 2.
Jehannin Pyet, 2.
Jehannin Marie, 2.
Thevenin le Fort, vallet aux frères, 2.

Somme des robes 22, chascune 50 s. parisis, vallent   55 l. p.

Somme pour Manteaulx et Robes 600 l. p.

Somme pour Gaiges, avec Manteaulx et Robes   5617 l. 9 s. 7 d. parisis.[1]

HARNOYS.

Guillaume Viez Orge, vallet de chambre du Roy, pour despens faiz à aler querre chambres et plusieurs autres choses pour ledit seigneur, de Meleun à Paris, par iii jours, 8 s. p. par jour; par les maistres d'ostel, venredi xii jours d'octobre, le Roy à Meleun   24 s.

1. En marge : « SECUNDA GROSSA. »

Thevenin Troillart, vallet de garderobe, pour conduire 1 chariot de Meleun à Paris, qui amenoit chambres, et pour aider à charger et descharger plusieurs autres neccessitez pour le Roy; par les dessusdiz, ce jour illec   9 s. 6 d. p.

Gillet le Séneschal, pour iiii cierges de iiii livres, achatées de lui pour faire l'obsèque du Grant Hanry, jadis vallet des sommiers le Roy, 2 s. 8 d. p. la livre; par les dessusdiz, lundi xxii jours d'octobre, illec   10 s. 8 d.

Jehan le Leu, gantier, demourant à Meleun, pour une bourse de cuir blanc achetée de lui pour mettre les Heures monseigneur de Valoys[1]; par les dessusdiz, mardi xxiiie jour d'octobre, le Roy illec   8 s.

Gillet le Séneschal, pour une livre de cire blanche, achetée de lui pour dire les Heures du Roy; par les dessusdiz, ce jour illec   5 s.

Ledit Gillet, pour xxx livres de cire achetée de lui pour faire xxx cierges pour le service du Roy fait à Meleun, 2 s. 10 d. p. la livre; par les dessusdiz, jeudi xxv jours d'octobre, le Roy disner à Vitery, giste au Vivier en Brie[2]. Argent   4 l. p.

Ledit Gillet, pour porter d'espices au veage de Rains et en plusieurs lieux par v foiz, 6 s. p. pour chascune foiz; par les dessusdiz, mecredi xxxi et derrenier jour d'octobre, le Roy disner, souper et giste à Ygny l'Abbaie, et monseigneur de Valois giste à Fère[3]. Argent   30 s. p.

---

1. Le frère de Charles VI, Louis, duc d'Orléans.

2. Vitry-sur-Seine (*Seine*). Le Vivier en Brie (*Seine-et-Marne*).

3. L'abbaye d'Igny, diocèse de Reims. Aujourd'hui Igny-le-Jard (*Marne*). La Fère-Champenoise (*Marne*).

Maistre Jehan, le fol du Roy, lequel avoit adiré un cheval[1] qui fu retrouvé à Crespy, pour argent baillé à lui par le commandement dudit seigneur pour les despens dudit cheval et d'un vallet qui ala le quérir ; par les dessusdiz, venredi ix jours de novembre, le Roy et son commun disner à Boudreville, giste à Nantueil le Hodouin[2]. Argent   64 s.

Gillet le Séneschal, pour iii livres chandelle de bougie blanche, achetée de lui pour dire les Heures du Roy et de monseigneur de Valois en ce mois de novembre, 5 s. p. la livre ; par les dessusdiz, venredi xxx et derrenier jour de novembre, le Roy et noz seigneurs au Louvre. Argent   15 s.

Henriet de Mesonde, marchant estrange, pour iii faucons que mons. de Bourgoigne[3] avoit achetés de lui pour le Roy, si comme il appert par cédulle donnée iii jours de décembre, mardi iii jours dudit mois ; le Roy disner et giste au Bois de Vincennes. Argent   51 l. 4 s. p.

Gillet le Séneschal, pour iiii livres de cire à faire l'obsèque de feu Coquelet, sergent du roy des Ribaux dudit hostel, 2 s. 8 d. p. la livre ; par les dessus diz, venredi vii jours de décembre, illec   10 s. 8 d.

Ledit Gillet, pour iii livres et demie de cire pour faire l'obsèque d'un vallet appellé Lusarches, fourrier des maistres d'ostel, 2 s. 8 d. p. la livre ; par les dessusdiz maistres d'ostel, lundi x jours de décembre, le Roy au Bois de Vincennes. Argent   xii s.

Ledit Gillet le Séneschal, pour iiii livres de cire à

1. *Adiré*, égaré, perdu.
2. Nanteuil-le-Haudoin (*Oise*).
3. Philippe le Hardi, duc de Bourgogne.

faire le luminaire de Perrin Poqueteau, vallet de pié
du Roy, lequel trespassa ce jour; par les dessusdiz,
mardi xi jours de décembre, illec   10 s. 8 d.

Messire Enguerran de Dargis, maistre fauconnier
du Roy, pour ii faucons achetés par lui à 1 marchant
estrange, du commandement du Roy et de mons. de
Bourgoigne, si comme il appert par cédulle dudit seigneur; ce jour illec   36 l. p.

Le Roy, pour argent baillé à lui par commandement
de mons. de Bourgoigne, pour jouer aux dez, dymanche xxiii jours de décembre, illec   64 s.

Gillet le Séneschal, pour ii livres chandelle de bougie, une blanche et l'autre jaune, achetées de lui pour
dire les Heures du Roy et de mons. de Valois, ce jour
illec   8 s. 4 d. p.

Ledit Gillet le Séneschal, pour ii livres de bougie
blanche, à dire les Heures du Roy et de mons. de Valois; par les maistres d'ostel, lundi xxxi et derrenier
jour de décembre, illec   10 s. p.

Jehan Noble, pour iiii cierges de iiii livres, pour
faire l'obsèque de Verjus, porthechappe du Roy,
2 s. 8 d. p. la livre; par les dessusdiz, venredi xviii
jours de janvier, illec. Argent   10 s. 8 d.

Ledit Jehan, pour iiii cierges de xx livres et viii autres petiz de viii livres, pour faire le service de la
Royne[1] aux Célestins, à ce pris; par les dessusdiz,
mecredi xxx jours de janvier, à Saint-Pol à Paris. Argent   74 s. 8 d. p.

Ledit Jehan, pour xx livres de cire à faire le service

---

1. Jeanne de Bourbon, veuve de Charles V, morte le 6 février 1378.

de feu messire Adam de Villiers, jadis maistre d'ostel du Roy, fait à Saint Pol à Paris; par les dessusdiz, ce jour illec   53 s. 4 d.[1]

Gillet le Séneschal, espicier et vallet de chambre, pour ii pommes d'encenz et de mierre, à offrir à sa messe le Jour des Roys; par les dessusdiz, jeudi xxxi et derrenier jour de janvier, le Roy disner à Paris, giste au Bois de Vincennes. Argent   16 s.

Ledit Gillet le Séneschal, pour ii livres cire vermeille, achetée de lui pour la Chambre du Roy et pour la Chambre aux deniers, en tout ce mois; par les dessusdiz, ce jour illec   10 s.

Jehan Noble, pour iii livres chandelle bougie achetée de lui pour le Roy et mons. de Valoys, à dire leurs Heures, l'une blanche à 5 s. p. la livre, et les ii autres à 3 s. 4 d. p. la livre, ce jour illec. Argent   11 s. 8 d.

Gillet le Séneschal, pour ii^c xxx. livres de cire achetées de lui pour les cierges des offices de l'ostel du Roy pour le jour de la Chandelleur, 2 s. 8 d. p. la livre; par les dessusdiz, samedi ii jours de février, illec   30 l. 13 s. 4 d. p.

Ledit Gillet, pour vii cierges de x livres de cire blanche, pour le Roy et pour Nosseigneurs de France, 5 s. p. la livre; par les dessusdiz, ce jour illec   50 s.

Ledit Gillet, pour faire armoyer les diz cierges chascun à ses armes; par les dessusdiz, ce jour illec   40 s.

Ledit Gillet le Séneschal, pour xxiiii livres cire achetées de lui, à faire cierges pour l'obbit de la royne

---

1. En marge : « S. 112 l. 4 s. 6 d. p. »

mère du Roy, au Boys de Vincennes, 2 s. 8 d. p. la livre, par les dessus diz, mecredi VI jours de février, le Roy disner au Bois de Vincennes, giste à Saint-Denis en France; mons. de Valoys et madame Katherine, giste à Saint-Pol à Paris. Argent   64 s.

Messire Enguerran d'Argies, chevalier et fauconnier du Roy, pour III faucons achetés par lui d'un marchant estrange, par mandement dudit seigneur donné ce jour mecredi XX jours de février, le Roy à Saint-Denis. Argent   40 l. p.

Jehan Noble, pour mil livres de cire achetées de lui pour faire l'obsèque du Roy, que Dieux absoille, audit lieu de Saint-Denis, fait VIII jours dudit mois[1], par cédulle dudit seigneur, ce jour illec   152 l. p.

Le Roy, pour argent baillé à lui, pour bailler à 1. marchant lequel lui avoit vendu des manches à cousteaux; par commandement dudit seigneur, mardi XXVI jours de février, illec. Argent   48 s.

Gillet le Séneschal, pour une livre de chandelle de bougie blanche et II livres d'autre, achetées de lui pour le Roy et pour mons. de Valoys, à dire leurs Heures; par les maistres d'ostel, jeudi XXVIII et derrenier jour de février, illec. Argent   12 s. 4 d.

Ledit Gillet, pour III livres cire vermeille achetées de lui pour le séel du secret du Roy en tout ce mois; par les dessusdiz, ce jour illec   15 s.

Thevenin Martineau, coustelier, demourant à Meleun, pour II bazelaires, et II petiz cousteaux neufs achetés de lui pour le Roy et pour mons. de Valois;

---

1. En marge : « *Debet quictanciam. Tradidit, et ponitur cum litteris compoti sequentis in fine.* »

par les dessusdiz, dymanche x jours de mars, le Roy
disner à Poully¹, giste à Meleun. Argent   48 s.

Maistre Jehan le Fol, fol du Roy, pour argent donné
à lui par ledit seigneur, pour uns houseaux; lundi
xi jours de mars, le Roy à Meleun   16 s.

Bertran de Sablonnières, escuier de monseigneur
de Tanquarville, pour despenz des veneurs et des
chiens qui avoient chassé ès forès d'environ Meleun,
par commandement du Roy, par iiii jours, paié par
commandement de mons. de Bourgoigne et par cédulle du Roy, 20 frans; mecredi xii jours de mars, le
Roy disner à Leursaint, giste à Villeneufve-Saint-
George². Argent   16 l. p.

Jehan Noble, espicier, pour xliiii livres de cire
achetées de lui pour faire le service de madame Bonne,
mère du roy Charles, dont Diex ait l'ame, à Maubuisson, acheté de lui 2 s. 8 d. p. la livre; par les dessusdiz, lundi xviii jours de mars, le Roy audit Maubuis-
son³. Argent   117 s. 4 d. p.

Nycholas le Flament, pour iii quartiers d'escarlate,
pour faire une housse à chevaucher pour le Roy, par
les dessusdiz, samedi xxx jours de mars, le Roy
disner à Leursaint, giste à Villeneuve-Saint-George.
Argent   36 s. p.

Jehan Noble, pour ii livres cire vermeille, achetées
de lui pour le séel du secret, 5 s. p. la livre; par les
dessusdiz, dymanche xxxi et derrenier jour de mars,
le Roy au Bois de Vincennes. Argent   10 s.

_____

1. Pouilly-le-Fort (*Seine-et-Marne*).

2. Lieursaint ou Lieusaint (*Seine-et-Marne*). Villeneuve-Saint-
George (*Seine-et-Oise*).

3. L'abbaye de Maubuisson (*Seine-et-Oise*).

Nycholas de Dours, pour viii aulnes estamines, achetées de lui pour couvrir le harnois du Roy à armer, 2 s. p.
chascune aulne ; par les dessusdiz, samedi vi jours
d'avril, le Roy à Saint-Pol à Paris. Argent   16 s.

Jehanne la Briaise, pour vi aulnes de toille achetées
de lui pour ledit harnois, 2 s. 4 d. p. l'aulne, ce jour,
le Roy illec. Argent   14 s. p.

Gillet le Séneschal, pour xxiiii livres de cire, achetées de lui pour faire xii cierges, ii livres chascun,
pour l'obbit du roy Jehan, fait en la chappelle de Saint-
Pol à Paris, 2 s. 8 d. p. la livre ; par les dessusdiz,
mardi ix jours d'avril, illec. Argent   64 s.

Ledit Gillet, pour xxv livres de cire, achetées de
lui 2 s. 8 d. p. la livre, pour faire le Cierge Benoist ;
par les dessusdiz, dymanche xiiii jours d'avril, jour de
Pasques, illec. Argent,   66 s. 8 d. p.

Ledit Gillet, pour fasson dudit cierge, par les dessusdiz, ce jour illec,   6 s. p.

Raoulet, le chappelier du Roy, pour iii plumes
d'ostruce, achetées de lui pour le Roy ; par les dessusdiz, jeudi xviii jours d'avril, illec. Argent,   48 s.[1]

Guillaume Viez Orge, vallet de chambre du Roy,
pour i collier d'argent doré acheté par lui pour i des
lévriers dudit seigneur, par commandement dudit
seigneur, ce jour illec. Argent,   27 s. p.

Gillet le Séneschal, pour ii livres de bougie blanche, achetées de lui pour dire les Heures du Roy, et
une main de papier pour ledit seigneur ; par les
maistres d'ostel, mardi xxx et derrenier jour d'avril,
le Roy à Meleun. Argent,   12 s. 6 d.

---

1. En marge : « S. 274 l. 2 s. 4 d. »

Ledit Gillet, pour ii livres cire vermeille, achetées de lui pour la Chambre du Roy et sa Chambre aux deniers, en tout ce mois; par les dessusdiz, ce jour illec,   10 s.

Thevenin Martineau, coustellier, demourant à Meleun, pour ii dagues guarnies d'argent dorées, achetées de lui pour le Roy et pour mons. de Valois ou mois de septembre derrenier passé, par cédulle dudit seigneur donnée ce jour, jeudi xvi jours de may, illec,   8 l. p.

Bricon, sommelier de chappelle mons. de Valois, pour une ruille de fer, une ponce, achetées par lui pour ledit seigneur; par les maistres d'ostel, jeudi xxx jours de may, le Roy disner à Villepesque[1], giste à Villeneuve-Saint-George. Argent   12 s.

Jehan Noble, pour ii livres cire vermeille, achetées de lui pour le séel du secret; par les dessusdiz, venredi xxxi et derrenier jour de may, le Roy disner au Séjour[2] et giste à Saint-Pol à Paris. Argent,   10 s.

Gillet le Séneschal, pour une autre livre de cire pour ledit séel; par les dessusdiz, ce jour illec,   5 s.

Henry Vendredout, autrement dit de la Trente, lequel a vendu certains faucons au Roy et baillez devers les fauconniers, par cédule dudit seigneur donnée ce jour, samedi premier jour de juing, illec. Argent,   43 l. 4 s. p.

Colin le Barbier, pour pignes d'yvoire garniz de fourreaux, achetés par lui pour le Roy; par les maistres d'ostel, lundi xvii jours de juing, le Roy au Boys de Vincennes. Argent,   112 s.

1. Villepesque (*Seine-et-Oise*). — 2. A Charenton.

Gillet le Séneschal, pour IIII torches de cire blanche pesans VIII livres, achetées de lui pour la Feste-Dieu, 5 s. 4 d. p. la livre, et pour ycelles torches armoier aux armes du Roy ; par les dessusditz, mecredi XIX jours de juing, illec. Argent, 58 s. 8 d. p.

Pierre Villequin, coustellier, demourant à Paris, pour II bazelaires garnis d'argent et de gueynes, achetées de lui pour le Roy et mons. de Valoys, venredi XXI jours de juing, illec. Argent, 64 s.

Gillet le Séneschal, pour une livre chandelle de bougie blanche, à dire les Heures du Roy, et pour II livres cire vermeille achetées de lui pour le séel du secret, 5ˢ p. chascune livre; par les maistres d'ostel, dymanche XXX et derrenier jour de juing, illec. Argent, 15 s.

Jehan Noble, pour une livre ciré vermeille achetée de lui pour ledit séel, ce jour illec, 5 s.

Guillaume Perdrier, maistre de la Chambre aux deniers, pour despenz faiz par lui à Paris pour les ordenances et en recevant argent par plusieurs fois, et pour le pourchasser et vaquer illec; par les dessusdiz, ce jour illec, 12 l. p.

Laurenz Bourdon, contrerolleur, pour ce, par partie dudit temps, pour les dictes ordenances qui se faisoient devers messeigneurs et le Conseil; par les dessusdiz, ce jour illec. Argent, 6 l. p.

Frère Maurice de Collenges, confesseur, pour menues nécessitez de lui et de son compaignon en tout ce terme, par ordenance et par cédulle dudit confesseur, ce jour, illec, 24 l. p.

Guillaume Perdrier, maistre de la Chambre aux deniers, pour despenz de II clers qui ont escript,

doublé, triplé et collationné les comptes et debtes de
l'Ostel du Roy par ɪx mois en ce terme, et pour le
salaire desdis clercs, pour tout,   39 l. p.

Ledit Guillaume, pour perte d'argent reçeu en la
tour de Meleun, départi à Rains et ou chemin, au trésorier des guerres, au maistre des garnisons, aux gens
d'armes et à autres,   40 l. p.[1]

Somme pour Harnois 572 l. 2 s. parisis.

DEFFENCES MISES EN BOYS.

Riens en ce terme.

DISMES DE PAIN ET DE VIN.

Les dames de la Saussaie[2], pour le disme du vin,
livré par Estienne Porchier, maistre des garnisons,
despendu en l'ostel le Roy par xvɪ jours de novembre
qu'il a esté au Louvre et à Saint-Pol à Paris, venredi
xxx et derrenier jour dudit mois, illec. Argent, 65ˡ p.

Les dictes dames, pour la moitié du disme du vin
despendu au Palais, par ɪɪɪɪ jours, oudit mois, le Roy
estant illec, ce jour illec. Argent,   7 l. 10 s. p.

Les dames de Gif[3], pour l'autre moitié, 7 l. 10 s. p.

Les dames de la Saussaie, pour le disme du vin
despendu en l'ostel le Roy par xxx jours qu'il a esté à
Paris et au boys de Vincennes, lundi xxxɪ et derrenier jour de décembre, le Roy disner au boys de Vincennes, soupper et giste au Palais. Argent, 97 l. 12 s. p.

1. En marge : « S. 185 l. 15 s. 2 d. p.
2. L'abbaye de la Saussaie, près Villejuif (*Seine*).
3. L'abbaye de Gif (*Seine-et-Oise*).

Les dictes dames, pour la moitié du disme du vin despendu au Palais par ı soupper ce jour, le dit seigneur illec. Argent,   24 s. p.

Les dames de Gif, pour l'autre moitié du disme du vin despendu, ce jour illec,   24 s. p.

Les dames de la Saussaie, pour le disme du vin despendu en l'ostel le Roy à Paris et au boys de Vincennes par xxx jours qu'il a esté illec, jeudi xxx et derrenier jour de janvier, au boys de Vincennes. Argent,   96 l. 8 s. p.

Les dictes dames, pour la moitié du disme du vin despendu oudit hostel, par ı jour, le Roy estant au Palais, ce jour illec. Argent   67 s.

Les dames de Gif, pour l'autre moitié, ce jour illec,   67 s.

Les dames de Saint-Remi de Sauliz[1], pour le disme du pain et du vin despendu en l'ostel le Roy par ıx jours ou mois de février, ledit seigneur illec, jeudi xxvııı et derrenier jour de février. Argent,   31 l. 3 s. 4 d. p.

Les dames de la Saussaie, pour le disme du vin despendu en l'ostel le Roy, ledit seigneur estant à Paris et au boys de Vincennes, par v jours et demi oudit mois de février, que ledit seigneur a esté illec, ce jour illec. Argent,   29 l. p.

Les dictes dames, pour le disme du vin despendu oudit hostel par ııı jours ou mois de mars, que ledit seigneur a esté au bois de Vincennes, dymanche xxxı et derrenier jour dudit mois, illec,   7 l. p.

Les dictes dames, pour le disme du vin despendu

---

1. L'abbaye de Saint-Remi de Senlis.

oudit hostel par xxi jours ou mois d'avril, ledit seigneur estant à Paris et au bois de Vincennes, mardi
xxx et derrenier jour dudit mois, le Roy à Meleun.
Argent,   76 l. p.

Le maistre de Saint-Ladre de Meleun, pour le disme
du pain et du vin despendu en l'ostel le Roy par vii
jours ou mois dessusdit, le Roy estant à Meleun, ce
jour illec,   20 l. p.

Ledit maistre de Saint-Ladre, pour le disme du
pain et du vin, despendu oudit hostel ou mois de
may, par xix jours, que ledit seigneur a esté illec, venredi xxxi et derrenier jour dudit mois, à Saint-Pol à
Paris,   80 l. p.

Les dames de la Saussoie, pour le disme du vin
despendu oudit hostel en tout le mois de juing, le
dit seigneur estans à Paris et au boys de Vincennes, dymanche xxx et derrenier jour dudit mois,
illec,   80 l. p.

Les dames de Gif, pour le disme du pain despendu oudit hostel par ledit temps, ce jour, le Roy
illec,   8 l. p.

Somme pour Dismes de pain et de vin 614 l. 5 s. 4 d. p.

MESSAIGES ENVOIEZ.

Jehan le Normant, chevaucheur, envoié de Meleun
à Paris, porter lettres de par le Roy et son conseil à
mons. de Bourgoigne, à mons. de Bourbon, à messire
Guichart Dauphin et à messire Charles de Bouville,
en demourant illec et retournant à court, mardi ii
jours d'octobre, le Roy et son commun à Meleun sus
Sainne. Argent,   6 s.

Colin de Barenton, porteur d'Escuirie, envoié d'illec à Paris, porter lettres du Roy devers mons. de Bourgoigne, venredi v jours d'octobre, le Roy illec, 6 s. p.

Raoulet d'Auvillier, chevaucheur, pour porter lettres du Roy de Meleun à Paris devers mons. d'Anjou, jeudi xi jours d'octobre, le Roy illec, Argent   8 s.

Raoulet Lohier, chevaucheur, envoié de Meleun à Paris et d'illec à Maubisson, par commandement du Roy, devers mons. de Savoisy, venredi xii jours d'octobre. Argent,   12 s.

Aubert Lalement et Jehan Strain, chevaucheurs, pour porter lettres de par le Roy, de Meleun à Paris devers mons. d'Anjou et le Conseil, pour faire demourer ledit Conseil qui avoit esté mandé, ce jour illec,   16 s. p.

Girart Courtin, chevaucheur, pour porter lettres du Roy et de mons. de Bourgoigne, de Meleun à Paris devers mons. d'Anjou, samedi xiii jours d'octobre, le Roy disner et giste à Blandi[1]. Argent,   _ 8 s.

Raoulet Lorfèvre, chevaucheur, pour porter lettres du Roy, de Blandi à Paris devers mons. de Savoisy, ce jour illec,   8 s.

Albert Lalement, pour porter lettres samblablement, de Blandi à Chars[2] à mons. Domont, dymanche xiiii jours d'octobre, le Roy disner à Blandi, giste à Meleun. Argent,   20 s.

Raoulet d'Auvillier, chevaucheur, envoié porter lettres du Roy, de Meleun à Asnières[3] devers ma-

1. Blandy (*Seine-et-Marne*).
2. Chars (*Seine-et-Oise*).
3. Asnières-sur-Oise.

dame d'Orleanz[1], lundi xv jours d'octobre à Meleun,   12 s.

Jaquet de Canliers, sommelier du Corps, pour despenz faiz en alant de Meleun à Paris, par ɪɪɪ jours,
querre la chemise du sacre et autres choses pour
le Roy; pour la voiture d'un cheval et 1 vallet
qui apporta un pavillon de Paris à Meleun, ce jour
illec,   24 s. p.

Hennequin de Wasmes, chevaucheur, envoié de
Meleun à Colomiers en Brie[2] pour enquérir et savoir
s'il y avoit point de mortalité; pour ce, par ɪɪ jours,
mardi xvɪ jours d'octobre, illec,   12 s.

Guillaume le Riche, envoié semblablement d'illec
à Meaulx, ce jour illec,   12 s.

Jehan de Paillart, vallet de chambre, envoié de
Meleun à Paris, querre pluseurs besongnes pour le
Roy, pour ce, jeudi xvɪɪɪ jours d'octobre, illec, 16 s.

Jehan du Puis, envoié de Meleun à Paris, porter
lettres du Roy et de mons. de Bourgoigne, à mons. de
Cliçon et à mons. de la Rivière, venredi xɪx jours
d'octobre, illec,   8 s.

Raoullet Lohier, chevaucheur, envoié porter lettres
du Roy, d'illec à François Chanteprime, receveur général, ce jour illec,   10 s.[3]

Albert Lalement, chevaucheur, envoié de Meleun à
Renierville au capitaine d'illec et à messire Raoul
Tesson, de Vire, et à pluseurs autres capitaines en la
Basse Normandie, porter ɪx paire de lettres de par le

---

1. Blanche de France, veuve de Philippe, duc d'Orléans, frère
du roi Jean, morte en 1392.
2. Coulommiers (*Seine-et-Marne*).
3. En marge : « S. 8 l. 18 s. p.

Roy, pour venir renouveler leurs seremenz, pour ce,
samedi xx jours d'octobre, illec,   7 l. 4 d. p.

Hennequin de Wasmes, envoié de Meleun à Arques
et à Caudebec[1], en Normandie, à pluseurs autres capitaines de Caux, et à Jehannet d'Estouteville, ce
jour illec,   4 l. p.

Jehan de la Ruelle, chevaucheur, envoié de Meleun
à Paris et au Séjour, porter lettres à Colart de Tanques de par le Roy, ce jour illec,   10 s.

Guillemin le Riche, chevaucheur, envoié porter
lettres de par le Roy et mons. de Bourgoigne, de Meleun à Amiens, au bailli d'illec, dymanche xxi jours
d'octobre, illec,   40 s.

Colin Burgaut, pour porter lettres de par le Roy,
de Meleun à Paris, à messire Pierre de Chevreuse et
aux généraulx, ce jour, illec,   8 s.

Jehan de Paillart, vallet de chambre du Roy, envoié
de par les chambellanz, de Meleun à Paris, querre
certaines besongnes pour le Roy, ce jour, illec, 10 s.

Raoulet Lohier, envoié de Meleun à Auvillier[2] et à
Espernay, pour savoir et enquérir la certaineté de la
mortalité; lundi xxii jours d'octobre, illec,   30 s.

Burguevin, envoié de Meleun à Dormanz, à messire
Pierre Balocier, maistre d'ostel, pour venir servir devers le Roy, ce jour, illec,   10 s. p.

Girart Courtin, chevaucheur, envoié porter lettres
du Roy et de mons. de Bourgoigne, de Meleun à pluseurs arcevesques et évesques qui estoient à Paris, ce
jour, illec,   12 s.

1. Arques. Caudebec (*Seine-Inférieure*).
2. L'abbaye d'Hautvilliers (*Marne*).

Symon de la Roiche, messagier, envoié porter lettres du Roy, de Melun à Esmé de Savoie, qui estoit à
Paris, et retourner à Coulemiers[1], mercredi xxiii jours
d'octobre, illec,   12 s.

Girart Courtin, chevaucheur, pour porter lettres,
du Vivier en Brie, à messire Hue de Boulay et à Jehan
de Vaudeterre, qui estoient à Paris, et retourner à
Chastel-Thierry; jeudi xxv jours d'octobre, le Roy
disner à Vitery, giste au Vivier. Argent,   20 s.

Regnaut Acier, chevaucheur, envoié porter lettres
de Chastel-Thierry à Paris, devers mons. d'Anjou,
pour ce, samedi xxvii jours d'octobre, le Roy disner à
Buschieres[2], giste à Chastel Thierry[3]. Argent, 20 s. p.

Regnaut Regnier, chevaucheur, envoié de par
mons. de Bourgoigne, environ Rains[4], pour savoir
l'estat et la certaineté de la mortalité; pour ce, ce
jour, illec,   32 s.

Raoullet le Gay, somelier de Chappelle le Roy, pour
1 message de pié, envoié par lui porter lettres de par
le Roy à l'évesque de Soissons, de Chastel-Thierry à
Soissons, pour venir faire le service la veille et le jour
de la Toussains; dymanche xxviii jours d'octobre, le
Roy à Chastel Thierry. Argent,   8 s. p.[5]

Jaquet de Canliers, somelier du Corps, pour aler de
Meleun à Paris et retourner au Vivier en Brie, pour
faire faire certains vestemenz pour le sacre du Roy,
ce jour, illec,   12 s.

1. Coulommiers (*Seine-et-Marne*).
2. Bussière? (*Seine-et-Marne*).
3. Château-Thierri (*Aisne*).
4. Reims (*Marne*).
5. « S. 21 l. 16 s. »

Raoullet Lohier, chevaucheur, pour aler de Meleun à Paris, retourner au Vivier et demourer par 1 jour à Paris, pour faire faire une selle pour la haquenée du Roy et pour l'aporter; pour tout, ce jour, illec, 16 s. p.

Perrin le Voirier, chevaucheur, pour porter lettres du Roy à messire Olivier de Cliçon, connestable de France, à Angers, mecredi xxx jours d'octobre, le Roy disner à Coincy[1], et giste au chastel de Fère en Tardenois[2]. Argent, 112 s. p.

Perrin le Breton, chevaucheur, pour porter lettres du Roy de Ygny-l'Abbaie à Paris, devers l'Argentier et maistre Jehan Creté, et pour retourner à Rains; jeudi premier jour de novembre, le Roy à Ygny-l'Abbaie[3]. Argent, 40 s. p.

Thommin Deuran, chevaucheur, envoié de Neuf-chastel[4] sus Aysne à Veely[5], pour le logis du Roy qui estoit mué de Vaucler[6] à Veely au giste; mardi vi jours de novembre, le Roy disner à Saint-Thierry[7], souper et giste au Neuf-Chastel sus Aysne. Argent, 12 s. p.

Jehan Conte, chevaucheur, pour porter lettres de par le Roy à François Chanteprime, de Veely à Paris, jeudi viii jours de novembre, le Roy disner à Soissons et giste à Longpont[8]. Argent, 24 s. p.

Regnaut Regnier, chevaucheur, envoié de Longpont à Paris, porter lettres du Roy au prévost d'illec,

1. Coincy-l'Abbaye (*Aisne*).
2. La Fère en Tardenois (*Aisne*).
3. L'abbaye d'Igny (*Marne*).
4. Neufchâtel (*Aisne*).
5. Velye? (*Marne*).
6. Vaucler (*Marne*).
7. Saint-Thierry (*Marne*).
8. Longpont (*Aisne*).

venredi ix jours de novembre, le Roy disner à Boudreville, giste à Nantueil-le-Hodoin[1]. Argent, 32 s.

Raoulet Lohier, chevaucheur, envoié porter lettres
du Roy au seigneur de Houdreucourt, de Paris à
Ardre[2], dymanche xviii jours de novembre, le Roy
au Louvre. Argent, 6 l. 8 s. p.

Albert Lalemant, chevaucheur, envoié de Paris à
Veely, porter lettres dudit seigneur pour quérir et apporter draps d'or et de soye, oubliez illec au partement dudit seigneur; lundi xix jours de novembre, le
Roy illec, 48 s. p.

Colin le Page, chevaucheur, envoié porter lettres
de par les maistres d'ostel, de Paris à Gysors[3] au receveur des Aides, pour ledit seigneur; illec, mardi
xx jours de novembre, illec, 16 s. p.

Regnaut Acier, chevaucheur, envoié porter lettres
du Roy à mons. de la Rivière, lequel estoit à Roichefort[4], en demourant illec par ii jours, lundi xxvi jours
de novembre, illec, 16 s. p.

Jehan Strampt, chevaucheur, envoié porter lettres
de Paris à Bruges devers mons. d'Anjou et devers le
conte de Flandres, venredi xxx et derrenier jour de
novembre, illec, 4 l. 16 s. p.

Guillemin Ambroise, dit Moreau, messagier de pié,
envoié de Paris à Mante[5], querre Jehan Vivian,
fruittier, pour venir servir en son office; jeudi xiii jours
de décembre, le Roy au bois de Vincennes, 12 s. p.[6]

1. Nanteuil-le-Haudoin (*Oise*).
2. Ardres (*Pas-de-Calais*).
3. Gisors (*Eure*).
4. Rochefort (*Seine-et-Oise*).
5. Mantes (*Seine-et-Oise*). — 6. « S. 28 l. 4 s. p. »

Huet du Ploys, chevaucheur, envoié du bois de Vincennes à Amiens, porter un mandement du Roy au bailli d'illec et au gouverneur de Pontieu, lundi xvii jours de décembre, le Roy illec. Argent, 4 l. p.

Hermant, chevaucheur, envoié du bois de Vincennes à Meaulx, porter lettres du Roy au maire d'illec, mardi jour de Noël xxv jours de décembre, illec, 16 s. p.

Jehan le Normant, envoié du bois de Vincennes à Thérouenne[1], porter lettres du Roy à messire Guillaume d'Arraz, cappitaine d'illec, et à Pierre le Cellier, bourgeois d'ycelle, venredi xxviii jours de décembre, le Roy illec. Argent, 4 l. 16 s. p.

Symon Meredieu, chevaucheur, envoié de Paris à Senellay, porter lettres du Roy à mons. de Bourgoigne et à mons. de Savoisy, en demourant illec et retournant à court, par iiii jours, samedi xii jours de janvier le Roy illec. Argent, 64 s.

Colin Noël, chevaucheur, envoié de Paris à Bayeux, porter lettres du Roy au receveur des Aides illec, en demourant illec et retournant à court, par x jours, 8ᵇ p. par jour, mecredi xvi jours de janvier, illec. Argent, 4 l. p.

Raimbaut Beuset, chevaucheur, envoié de Paris à Bruges, porter lettres du Roy au conte de Flandres, en demourant illec jeudi xvii jours de janvier, le Roy illec. Argent, 68 s. p.

Symon Meredieu, chevaucheur, envoié de Paris à Senelay, porter lettres du Roy à mons. de Savoisy, en demourant illec, dymanche xx jours de janvier, le Roy illec. Argent, 64 s. p.

1. Thérouanne (*Pas-de-Calais*).

Huet du Ploys, chevaucheur, envoié porter lettres du Roy au Boys de Vincennes à Senelay en Bourgoigne, à mons. de Savoisy, en alant et retournant à court, jeudi xxiiii jours de janvier, illec,   64 s. p.

Perrin Bidehoust et Jehannin Rousselet, envoiez de Paris à Meleun et d'illec à Senz en Bourgoingne, dire aux bonnes genz à qui terme estoit mis de paier pour le Roy, leur dire que l'en ne paieroit point ce jour; en demourant illec et retournant à court, illec,   64 s. p.

Jehan Mouton, sergent d'armes mons. d'Anjou, envoié porter lettres du Roy, du Bois de Vincennes à Coucy [1], devers mons. le conte de Brayne et le sire de Resneval, samedi ii jours de février, illec, 4 l. 16 s. p.

Jehan de Beauvez, chevaucheur, envoié porter lettres du Roy, de Louvres en Parisi à Paris, devers messeigneurs les ducs d'Anjou et de Bourgoigne; en demourant illec et retournant à court, venredi viii jours de février, le Roy disner à Saint-Denis, soupper et giste à Louvres. Argent,   12 s. p.

Symon Meredieu, chevaucheur, envoié porter lettres du Roy et de mons. de Bourgoigne, de Senliz à Paris, au prévost des marcheans et aux genz de la province de Senz, samedi ix jours de février, le Roy disner à la Capelle en Sourval [2], giste à Senliz. Argent,   16 s. p.

Jehan de la Ruelle, chevaucheur, envoié de Senliz samblablement porter lettres à Paris, devers mons. Hue de Chastillon, maistre des arbalestriers, ce jour, illec,   16 s. p. [3]

1. Coucy (*Aisne*).
2. La Chapelle-en-Serval (*Oise*).
3. « S. 39 l. 16 s. »

Raimbaut Beuset, chevaucheur, envoié porter lettres de par le Roy et mons. d'Anjou, de Sanliz à Paris, à l'évesque de Lengres; lequel y ala toute nuit, pour ce, lundi xı jours de février, illec. Argent, 20 s. p.

Jehan de la Ruelle, chevaucheur, envoié porter lettres de par le Roy, de Sanliz à Paris, à maistre Girard de Montagu, et unes autres d'illec à Saint-Arnoul en Yveline[1], devers le connestable, mecredi xIII jours de février, à Sanliz. Argent, 32 s. p.

Symon de la Roiche, messagier de pié, pour porter lettres du Roy, de Sanliz à Paris, à sire Philippe de Saint-Père, trésorier de France, et à Jehan Chanteprime; alant et venant, par III jours, ce jour, illec, 12 s.

Monseigneur Pierre de Villiers, grant maistre d'ostel, pour ses despenz faiz en alant à Louviers pour le Roy, et retournant à court, par vIII jours, 6 l. p. par jour, par cédulle dudit seigneur donnée ce jour, ce jour, illec, 48 l. p.[2]

Symon Meredieu, chevaucheur, envoié porter une cédulle de par le Roy, de Sanliz aux vallez des chiens à Bondis, jeudi xIII jours de février, illec. Argent, 20 s. p.

Raimbaut Beuset, chevaucheur, envoié de Sanliz à Amiens et au Pontiau-de-Mer, porter lettres à mons. et à madame d'Eu, au bailli d'Amiens et à Estienne du Moustier; pour ce et son retour, dymanche xvII jours de février, illec, 4 l. 16 s. p.

1. Saint-Arnoult-en-Yveline (*Seine-et-Oise*).

2. « *Debet quictanciam. Tradidit et ponitur cum litteris hujus compoti.* »

Hennequin Kenu, chevaucheur, envoié porter lettres du Roy au conte de Flandres et à madame d'Artois, de Saint-Denis en Flandres; mardi xix jours de février, à Saint-Denis. Argent,   6 l. 8 s. p.

Symon de la Roiche, messagier de pié, envoié hastivement de Saint-Denis à Paris, devers le maistre de la Chambre aux deniers, mecredi xx jours de février, le Roy à Saint-Denis. Argent,   4 s. p.

Henry Lenfant, sergent d'armes du Roy, envoié porter lettres dudit seigneur à la femme, aux hoirs et exécuteurs de feu maistre Nycholas Martin, de Saint-Denis à Paris, pour avoir les escuelles, tasses et aiguières d'argent de la Chambre aux deniers dudit seigneur, venredi xxii jours de février, illec,   8 s. p.

Symon Meredieu, envoié porter lettres du Roy à messire Jaques de Montmor et à Morelet, son frère, d'illec à la Roichelle, samedi xxiii jours de février, illec,   9 l. 12 s. p.

Guillaume le Peletier, messagier de pié, envoié porter lettres du Roy au baillis d'Amiens, de Vermendois et de Tournesis, ou à leurs lieuxtenans à Amiens ou environ, dymanche xxiiii jours de février, illec. Argent,   32 s. p.

Raimbaut Beuzet, chevaucheur, envoié hastivement porter lettres du Roy, de Saint-Denis à Ardre [1], au capitaine et eschevins de ladicte ville, lundi xxv jours de février, illec. Argent,   6 l. 8 s. p.

Watelin, chevaucheur, envoié de Saint-Denis à Lorriz [2], porter lettres du Roy à messire Jaques de

1. Ardres (*Pas-de-Calais*).
2. Lorris (*Loiret*).

Montmor, gouverneur de la Rochelle; mecredi xxvII jours de février, illec. Argent,   20 s. p. [1].

Jehan Petit-Mouton, sergent d'armes du Roy, envoié de Saint-Denis au Vivier en Brie, porter lettres du Roy aux gardes des estans d'illec, venredi premier jour de mars, le Roy, mons. de Valois et le commun à Saint-Denis. Argent,   32 s. p.

Hennequin de Wasmes, chevauchcur, envoié de Paris porter lettres du Roy à madame d'Artois, au conte de Saint-Pol, aux bourgois et habitans des bonnes villes de Saint-Omer, d'Abbeville, d'Arraz, d'Amiens et en pluseurs autres lieux, samedi II jours de mars, le Roy disner au Bois de Vincennes et giste à Villeneuve-Saint-George. Argent,   8 l. p.

Jehan Baudet, dit Happede, chevaucheur, envoié porter lettres du Roi, de Villeneuve-Saint-George à Laon et à Soissons, au bailli de Vermendois et ailleurs, ce jour, illec.   64 s. p.

Jehan Rigaut, chevaucheur, envoié porter lettres du Roy, de Paris aux habitans des villes de Reims, de Chaalons, et au bailli de Vitery, ce jour, illec.
          64 s. p.

Guillemin le Peletier, messager, envoié de Paris porter lettres au comte d'Eu, au maréchal de Blainville, au cappitaine de Roan [2], au maire, et à autres des diz lieux, dymanche IIIe jours de mars, le Roy disner et giste à Corbeil, le commun à Meleun; Argent,   48 s. p.

Raoulet d'Auvillier, chevaucheur, envoié porter

1. « S. 83 l. 8 s. »
2. Capitaine de Rouen.

lettres du Roy, samblablement de Meleun au comte
de Harcourt, à Philippe de Harcourt, à l'évesque de
Liseux, au chappitre de Baieux et d'Évreux, ce jour,
illec,   7 l. 8 s. p.

Johannin le Normant, chevaucheur, envoié semblablement au conte d'Alençon, à l'évesque de Sès et au
chappitre de Coustances, ce jour, illec,   8 l. p.

Symon Meredieu, chevaucheur, envoié de Meleun à
Rains, porter lettres du Roy devers les nobles et non
nobles de ladicte ville, samedi ixe jours de mars, à
Meleun,   64 s. p.

Jehan Stran, chevaucheur, envoié de Saint-Denis,
porter lettres du Roy aux avoez, ville et eschevins d'Y-
pre, aux hommans et eschevins de Gant, aux brugues
maistres de Bruges, qui estoient ès diz pais, jeudi xiiii
jours de mars, le Roy disner à Franconville [1], giste
à Pontoise. Argent,   8 l. p.

Jehan Darizoles, chevaucheur, envoié de Pontoise
à Paris, porter lettres du Roy et de mons. de Bourgoigne aux évesques de Laon et de Langres, pour ce,
venredi xv jours de mars, le Roy à Pontoise. Argent,
                                          8 s.

Hennequin de Wasmes, chevaucheur, envoié de
Saint-Denis porter lettres de par le Roy aux bourgois
et habitans des villes de Nantes et de Rènes en Bretaigne, pour ce et son retour, ce jour, illec,
                                    12 l. 16 s. p.

Simon de la Roiche, messagier, envoié de Maubuisson à Rains, du commandement du grant maistre
d'ostel, porter lettres à Herbin, son clerc, pour le

1. Franconville (*Seine-et-Oise*).

fait du Roy; dymanche xvii jours de mars, le Roy à
Maubuisson. Argent,   36 s. p.[1]

Philippert de Trappes, sergent d'armes du Roy,
envoié de Pontoise à Paris, porter lettres dudit seigneur à l'Université et à l'abbé de Sainte-Geneviève,
ce jour illec,   12 s. p.

Jehan Darizoles, chevaucheur, envoié porter lettres
du Roy, de Pontoize à Briz emprès Montlehéry, à
Morelet de Montmor, lundi xviii jours de mars,
illec,   16 s. p.

Saussevert, messagier de pié, envoié de Paris à Brie-
Conte-Robert, porter lettres de par le Roy à messire
Thomas de Brie, dymanche xxiiii jours de mars, le
Roy disner à Corbeuil, giste à Meleun, argent 8 s. p.

Guillemin le Peletier, messagier, envoié de Paris
à Sanliz, porter lettres de mons. le Grant maistre
d'ostel au receveur des Aides illec, et pour son retour à court, lundi xxv jours de mars, le Roy illec.
Argent,   12 s. p.

Jehan de l'Espine, messagier, envoié porter lettres
de maitres d'ostel, de Meleun à Senz en Bourgoigne, à
François Chanteprime et au receveur d'illec pour
la despense dudit hostel, et son retour à court, mardi
xxvi jours de mars, le Roy illec,   12 s. p.

Jehannin Piet, sommelier de la Chambre aux deniers, envoié porter lettres de par mons. le Grant
maistre d'ostel au receveur de Meaulx, ce jour illec,
                                           12 s. p.

Bernart le Maire, envoié porter lettres de par mons.
de Bourgoigne, de Meleun à Paris, à mons. le Grant

1. S. 60 l. p.

maistre d'ostel et à Gillet Malet, jeudi xxvɪɪɪɪ jours de mars, le Roy illec, 8 s. p.

Jehan Darizoles, chevaucheur, envoié de Meleun à Paris, porter lettres du Roy à messire Jehan Braque, maistre d'ostel dudit seigneur, ce jour, illec 16 s. p.

Symon Meredieu, envoié porter lettres de par le Roy, de Meleun à Paris, devers mons. d'Anjou, et pour son retour à court, ce jour, illec, 16 s. p.

Symon de la Roiche, messagier, envoié porter lettres de par le Roy au conte de Dampmartin, venredi xxɪx jours de mars, le Roy illec. Argent, 12 s. p.

Jehan Darizoles, chevaucheur, envoié porter lettres de par le Roy, de Paris à Harefleu, à Estienne du Moustier, bourgois de la dicte ville, samedi xxx jours de mars, le Roy disner à Leursaint, giste à Villeufve-Saint-George, 48 s. p.

Jehan Petit-Mouston, sergent d'armes, envoié de par le Roy et mons. de Bourgoigne, de Paris à Briz, devers Morelet de Montmor, mardi ɪɪ jours d'avril, le Roy disner au Palais, giste à Saint-Pol à Paris, 16 s. p.

Jehan Darizoles, chevaucheur, envoié de Paris à Amiens, porter lettres de par le Roy au bailli d'illec ou à son lieutenant, et pour son retour à court, mardi ɪɪ jours d'avril, le Roy à Saint-Denis en France. Argent, 40 s. p. [1]

Jehan Stran, chevaucheur, envoié de Paris à Vyteri en Pertoys[2], porter lettres du Roy et de messeigneurs les ducs d'Anjou et de Bourgoigne, au bailli d'illec ou

1. « S. 9 l. 8 s.
2. Vitry-le-Brûlé (Marne).

à son lieutenant, samedi vi jours d'avril, le Roy à Saint-Pol à Paris. Argent,   4 l. 16 s. p.

Milet de Bures, messagier, envoié porter lettres du Roy, de Paris à Saint-Pol en Ternois [1], devers messire Mahieu de Humières; et pour son retour à court, ce jour, illec,   48 s. p.

Symon de la Roiche, messagier, envoié porter lettres du Roy, de Paris au séneschal d'Eu, lequel estoit à Dieppe, ce jour, illec,   40 s. p.

Guillemin le Peletier, messagier, envoié porter lettres du Roy, de Paris à Senz en Bourgoigne, au bailli de ladicte ville, ce jour illec,   28 s. p.

Symon Carne, chevaucheur, envoié de Paris à Bruges, porter lettres de par le Roy au Conseil de ladicte Ville, et poser lettres au Conseil de la ville de Gant, et pour son retour à court, ce jour, le Roy illec,   6 l. 8 s. p.

Jehan Darizoles, chevaucheur, envoié de Paris à Orléans, à Sens en Bourgoigne et à Bourges en Berry, porter lettres aux baillifs ou lieutenants des dictes villes, pour faire provision de charroy pour l'ost dudit seigneur ès diz pais, dymanche vii jours d'avril, le Roy illec. Argent,   6 l. 8 s. p.

Simon Meredieu, chevaucheur, envoié porter lettres de Paris, de par le Roy, aux baillifs de Meaulx, de Vitery et de Chaumont, ou à leurs lieutenans ès-dizlieux, pour faire provisions et autres choses pour ledit seigneur; et pour son retour à court, lundi viii jours d'avril, le Roy illec. Argent,   112 s. p.

Baudet, chevaucheur, envoié porter lettres aux

_____

1. Saint-Pol (*Pas-de-Calais*).

baillifs de Gisors et de Roan ; ou à leurs lieuxtenans ,
pour faire pourvéances de charroiz et sommiers pour
ledit seigneur ; pour ce, ce jour, illec,   48 s. p.

Jehan Coste, chevaucheur envoié de Paris aux baill-
lifs de Laon et d'Amiens , porter lettres du Roy pour
faire pourvéances de charioz et somiers pour ledit
seigneur, ce jour, illec,   4 l. 16 s. p.

Philippot de Trappes, sergent d'armes du Roy, en-
voié porter lettres dudit seigneur, de Paris au sire de
Grimoux, pour ce, dymanche xiiii jours d'avril, le
Roy illec. Argent,   4 l. p.

Jehan Baudet , dit Happede, chevaucheur , envoié
de Paris à Roen, porter lettres du Roy au viconte dudit lieu, mardi xvi jours d'avril, illec. Argent, 4 s. p.

Albert Lalement, chevaucheur, envoié porter lettres du Roy au conte d'Eu, mercredi xvii jours d'a-
vril, illec. Argent,   4 l. p.

Jehan Coulle, chevaucheur, envoié porter lettres
du Roy, du Boys de Vincennes en Flaudres, à Madame
d'Artois, dymanche xxi jour d'avril , le Roy disner à
Champigny, giste au Boys de Vincennes. Argent 8 l. p.

Thevenin Ancellemin , chevaucheur, pour porter
lettres du Roy, de Meleun à Paris, devers mons. d'Anjou, mecredi xxiiii jours d'avril, le Roy disner à Leursaint, giste à Meleun. Argent   10 s.[1]

Robinet le Sassier, envoié porter ii mandemans
ouvers, de par le Roy, l'un au bailli de Vyteri en Pertois et l'autre au bailli de Chaumont en Bassigny,
pour mettre les fors du Roy en sa main ; ce jour, illec.
Argent   4 l. p.

1. « S. 56 l. 14 s. »

Jehan de l'Espine, messagier, envoié de Meleun à
Paris, porter lettres des maistres d'ostel au maistre de
la Chambre aux deniers, pour les besongnes du Roy ;
ce jour, illec.   12 s.

Symon de la Roiche, messagier, envoié de Meleun
à Bourneval, porter lettres du Grant maistre d'ostel
au Borgne de Montdoulcet, pour venir servir ou mois
de may ensuivant ; venredi xxvi jours d'avril, le Roy
à Meleun. Argent,   24 s. p.

Jehan le Normant, chevaucheur, envoié porter
lettres du Roy à Ausseure[1], devers mons. de Bourgoigne, dymanche xxviii jours d'avril, illec. Argent,
                                                            48 s. p.

Symon Meredieu, chevaucheur, envoié porter lettres
de Villeneufve-Saint-George devers Gillet Malet, pour
venir parler au Roy et à mons. de Bourgoigne ; pour
ce jour, illec.   12 s. p.

Perrin le Breton, chevaucheur, envoié de Meleun en
Bretaigne, porter lettres du Roy devers le connestable,
lundi xxix jours d'avril, illec. Argent,   8 l. p.

Jehan le Normant, chevaucheur, envoié porter lettres de par le Roy à mons. d'Anjou, lesquelles estoient
venues d'Arragon et de mons. de Bourgoigne, mecredi premier jour de may, le Roy disner au Jaars[2] et
giste à Meleun. Argent,   16 s. p.

Symon Meredieu, chevaucheur, envoié porter lettres de par le Roy, de Meleun à Paris, à maistre Loys
Blanchet et à maistre Hugues Blanchet ; et pour son
retour à court, ce jour, illec.   12 s. p.

1. Auxerre (*Yonne*).
2. L'abbaye de Jard (*Seine-et-Marne*).

Ledit Symon, envoié porter lettres du Roy, de Meleun à Ardilly en Bourgoigne, devers mons. le duc de Bourgoigne, jeudi ıı jours de may, le Roy illec,
6 l. 8 s. p.

Jehannin Rigaut, chevaucheur, envoié de Meleun à Paris, porter lettres du Roy au maistre d'ostel Monseigneur d'Anjou, venredi ııı jours de may, illec,   10 s. p.

Jehan Darizoles, chevaucheur, envoié de Meleun à Paris, porter lettres de par le Roy à mons. d'Anjou, ce jour, le Roy illec,   10 s. p.

Ledit Jehan, envoié de Meleun à Paris, porter lettres de par le Roy à mons. d'Anjou, dymanche v jours de may, illec,   16 s. p.

Ledit Jehan, envoié de Meleun à Ennevers[1] hastivement nuit et jour, porter lettres du Roy à mons. de Labret et à l'évesque de Laon, jeudi ıx jours de may, le Roy illec,   48 s. p.

Symonnet Bouyn, chevaucheur, envoié porter lettres de par le Roy, à Lislebonne[2], devers le conte de Harecourt, ou à Harecourt, et unes autres à mons. de Coucy, lequel estoit en Picardie, et aloit ledit seigneur au traittié ; pour ce et son retour, samedi xı jours de may, le Roy illec. Argent, 4 l. 16 s. p.[3]

Symon Meredieu, chevaucheur, envoié de Meleun à Dijon, porter lettres du Roy à mons. et à madame de Bourgoigne, dymanche xııı jours de may, illec,
4 l. 16 s. p.

Thierry de la Porte, sergent d'armes, envoié de par

1. Auvers ? (Seine-et-Oise).
2. Lillebonne (Seine-Inférieure).
3. En marge : « S. 33 l. 12 s. »

le Roy convoier les ambassadours de Castelle jusques
hors de son royaume, par cédulle dudit seigneur, pour
ses despenz faiz eu demourant illec et retournant à
court, mardi xiiii jours de may, le Roy illec. Argent,   8 l. p.

Jehan Darizoles, chevaucheur, envoié hastivement
nuit et jour, porter lettres de par le Roy après Espai-
gnaux[1], lesquelx avoient esté devers lui; et les trouva à
Joigny. En demourant illec et pour son retour, mardi
xv jours de may, illec,   32 s. p.

Guillemin le Peletier, messagier, envoié de Meleun
à Paris, dire à mons. le Grant maistre d'ostel qu'il
alast parler à mons. d'Anjou pour l'estat de l'ostel;
pour ce et son retour, samedi xviii jours de may,
illec,   10 s. p.

Jehan de l'Espine, messagier, envoyé de Meleun
à Chaumes[2], querre l'abbé d'illec pour venir faire
le service à l'Ascencion; mardi xxi jours de may,
illec,   4 s. p.

Symon Meredieu, chevaucheur, envoié de Meleun
à Croissy en Brie, querre mons. de la Rivière pour
venir parler au Roy; lundi xxvii jours de may, illec,
                              16 s. p.

Jehan Darizoles, chevaucheur, envoié du Boys de
Vincennes à Maubuisson, porter lettres du Roy à l'a-
béesse d'illec, dymanche jour de la Trinité, ix jours
de juing, le Roy au Boys de Vincennes. Argent, 8 s. p.

Symonnet Bouyn, chevaucheur, envoié de Paris à
Meaulx et ou pais d'environ, porter lettres du Roy et

1. Après des Espagnols.
2. Chaunes (*Seine-et-Marne*).

de mons. d'Anjou, aux receveurs et esleuz d'illec ; jeudi xiii jours de juing, le Roy illec. Argent, 12 s. p.

Ledit Symonnet, envoié pareillement aux receveurs et esleuz d'illec, samedi xii jours de juing, le Roy illec, 16 s. p.

Jehan de Bruges, chevaucheur, envoié de Paris à Roan, porter lettres du Roy aux receveurs et esleuz d'illec, et pour son retour à court, dymanche xvi jours de juing, le Roy illec. Argent, 112 s. p.

Guillemin Clique, chevaucheur, envoié du Bois de Vincennes à Chaalons, porter lettres du Roy aux receveurs et esleuz d'illec, lundi xvii jours de juing, le Roy illec. Argent, 4 l. p.

Moreau Ambroise, messagier, envoié de Paris à Cuille[1], porter lettres du Roy à Jehan de Cuille, vallet tranchant, pour venir servir en son mois ledit seigneur ; jeudi xxvii jours de juing, le Roy au Boys de Vincennes. Argent, 16 s. p.

Symon Meredieu, chevaucheur, envoié du Bois de Vincennes à Ausseurre, porter lettres de par le Roy à Symon de Soissons et à Jehan de Beauleu, bourgois de ladicte ville, dimanche xxx et derrenier jour de juing, le Roy illec. Argent, 64 s. p.[2]

Somme pour Messaiges, 375 l. 2 s. parisis.

MENUES MISES.

Colin de Barenton, envoié de Meleun au Séjour du Roy, querre chevaux pour ledit seigneur, jeudi iiii jours d'octobre, le Roy à Meleun, 6 s. p.

---

1. Cuisle? (*Marne*). — 2. S. 31 l. 6 s.

Pierre le Conte, envoié de Meleun à Veelly en Laonnois, querre Jehan Ferry pour venir servir en son
mois devers le Roy ; pour ce et son retour à court, ce
jour, illec, 16 s. p.

Somme pour Menues mises, 22 s. parisis.
Somme pour Harnois, Dismes, Messages avec Menues
mises, 1562 l. 11 s. 4 d. parisis[1].

PANNETERIE.

Jehan de Roquemont, pannetier, pour vii journées
qu'il a mises en alant et venant de Meleun à Paris, pour
acheter nappes pour ledit hostel, et pour pourchasser le chariot et les autres choses neccessaires de la
Panneterie, qui estoient devers les genz du Roy, que
Dieux absoille, 10 s. p. par jour, par les maistres
d'ostel, jeudi xi jours d'octobre, le Roy à Meleun.
Argent,   70 s. p.

Jehanne la Briayse, demourant à Paris, pour ii[c]
aulnes et demie nappes de l'euvre de Paris, achetées
d'elle 5 s. 4 d. p. l'aune, pour l'office de Panneterie,
par les dessus diz, mecredi xxxi et derrenier jour
d'octobre, le Roy disner et giste à Ygny-l'Abbaie, et
Mons. de Valois à Fère en Tardenois. Argent,
                                              53 l. 9 s. 4 d. p.

Elle, pour iiii[c] une aulne de touailles de ladicte
euvre, achetées d'elle pour ledit office 2 s. 8 d. p. l'aune,
par les dessus diz, ce jour illec. Argent, 53 l. 9 s. 4 d. p.

Elle, pour lxxv aulnes de touailles de l'euvre de

---

1. En marge : « III[a] GROSSA. »

Rains, pour ledit office, 8 s. p. l'aune, par les dessus diz, ce jour illec.   30 l. p.

Elle, pour xxiiii aulnes de toille à faire sacs et chappes audict office, 2 s. 8 d. p. l'aune, par les dessus diz, ce jour illec.   64 s. p.

Elle, pour xxxvi aulnes de treilliz à faire sacs à pain pour ledit office, 2 s. 8 d. p. l'aune, par les dessus diz, ce jour illec.   4 l. 16 s. p.

Robinète la cousturière, pour seigner et découper lvi nappes, xvi chanevaz, et pour seigner ix^xx et xiiii touailles en Panneterie, tout à la fleur de liz et à l'espée, 3 d. p. pour pièce; par les dessus diz, ce jour illec.   66 s. 6 d. p.

Elle, pour faire seigner et découper audit saing xii sacs, et faire iii sacs et iiii nappes oudit office, par les dessus diz, ce jour illec.   18 s. p.

Jehan Gautier, demourant à Paris, pour i septain délié pour le Roy, acheté de lui pour l'office de Panneterie, contenant xvi aulnes, 10 s. p. l'aune; par les dessus diz, jeudi xv jour de novembre, le Roy au Louvre. Argent,   8 l. p.

Lui, pour ii autres septains plus rondelez, achetés de lui, contenant chascun xvi aulnes, 7 s. p. l'aune, par les desusdiz, ce jour illec.   11 l. 4 s. p.

Lui, pour vi^xx iiii aulnes de courtes touailles, achetées de lui 3 s. p. l'aune, par les dessus diz, ce jour illec. Argent,   21 l. 12 s. p.

Lui, pour ii douzaines de touailles de l'euvre de Rains, achetées de lui 10 l. p. la douzaine, par les dessus diz, ce jour illec. Argent,   20 l. p.

Robinete la cousturière, pour seigner et ouller lxx touailles, à fleurs de lix, 2 d. pour pièce; par les dessus diz, venredi xxx et derrenier jour de novembre, le Roy au Louvre. Argent,   12 s. p[1].

Guillaume Champion, pour II paire bachoues neufves, II flossoies et corde pour lyer, achetées par lui pour porter pain en l'office de Panneterie; par les dessus diz, venredi xIIII jours de décembre, au Bois de Vincennes. Argent,   40 s.

Jehannin Bietris, clerc de Panneterie, pour I papier neufs acheté par lui pour l'office de Panneterie 8 s. p.; II douzaines de parchemin 14 s. la douzaine; une escriptouere neufve, garnie de cornet, canivet et laz de soye 24 s. p.; un bureau 12 s. p.; un cent gestouers 4 s. p., pour gester et enregistrer les parties dudit office du premier jour d'octobre jusques au premier jour de janvier; lundi xxxi et derrenier jour de décembre, illec. Argent,   76 s. p.

Guillaume Champion, baschoier, pour le retour d'un chevaux qui menoit les baschoes, lequel cheval a esté mort à Corbigny au retour du sacre du Roy à venir de Rains; par les maistres d'ostel, jeudi III jours de janvier, illec. Argent,   12 l. p.

Pierre Lomme, pour une esmiouere à esmier fromage pour les gauffres du Roy, par les dessus diz, venredi xi jours de janvier, illec. Argent.   10 s. p.

Colin Bridel, sommelier de Panneterie, pour I pot d'estain acheté par lui, à servir de moustarde en sale; par les dessus diz, jeudi xxIIII jours de janvier, illec. Argent,   6 s. p.

Bietrix, femme du Galois, oubloier, pour II fers à faire oublées pour le Roy, achetés de lui par les dessus

---

1. S. 214 l. 14 d. p.

diz, mardi xxix jours de janvier, le Roy à Saint-Pol
à Paris. Argent,   12 l. 16 s. p.

Ladicte Bietrix, pour i coffin à mettre oublées; par
les dessusdiz, ce jour, illec.   32 s. p.

Elle, pour ii bassins, une hache et iii chenez; par
les dessusdiz, ce jour, illec.   32 s. p.

Thibaut de Puiseux, pannetier, pour uns fers neufs
acheté par lui pour faire gauffres pour le Roy; par les
dessusdiz, mecredi xxvii jours de février, le Roy à
Saint-Denis. Argent,   4 l. 16 s. p.

Gillet le serreurier, pour une serreure neufve achetée
de lui pour ledit office, par les dessus diz, lundi
iiii jours de mars, le Roy à Meleun,   2 s. p[1].

Jehanne la Briaise, demourant à Paris, pour iiᶜ xxxii
aulnes de toille à faire nappes pour le Roy, achetées
d'elle 6 s. p. l'aune; par les dessusdiz, dymanche
xxxi et derrenier jour de mars, le Roy au Boys de
Vincennes. Argent,   69 l. 12 s. p.

Elle, pour iiiˣˣ viii aulnes d'autres nappes, 5 s. 4 d.
l'aune; par les dessusdiz, ce jour, illec. 23 l. 9 s. 4 d. p.

Elle, pour iiiiˣˣ iii aulnes d'autres nappes, 2 s. 4 d. p.
l'aune; par les dessusdiz, ce jour, illec.   18 l. 4 s. p.

Elle, pour lii aulnes et demie d'autres nappes
lintelées, 4 s. p. l'aune; par les dessus diz, ce jour,
illec.   10 l. 10 s. p.

Elle, pour iiii nappes, contenant x aulnes, achetées d'elle pour faire dressouers en Eschançonnerie,
2 s. 8 d. p. l'aune; par les dessus diz, ce jour illec.
Argent,   26 s. 8 d. p.

Elle, pour xxiiii aulnes de toille, achetées d'elle

1. En marge : « S. 39 l. 10 s. p. »

pour faire chappes, sacs et saichez pour ledit office, 2 s. 8 d. p. l'aune; par les dessus diz, ce jour illec. Argent, 64 s. p.

Elle, pour xII touailles de l'euvre de Rains, 8 s. p. la pièce; par les dessusdiz, ce jour, illec. 9 l. 12 s. p.

Elle, pour xII autres plus petites, de ladicte euvre, à ce pris; par les dessusdiz, ce jour, illec.

4 l. 16 s. p.

Elle, pour II^c xxxII aulnes d'autres touailles, de l'euvre de Paris, 3 s. p. l'aune; par les dessusdiz, ce jour, illec. 34 l. 16 s. p.

Elle, pour vII^{xv} vII aulnes d'autres touailles plus grosses, de ladicte euvre, 2 s. 8 d. p. l'aune; par les dessus diz, ce jour, illec. Argent, 19 l. 12 s. p.

Hennequin Lilleez, serreurier, pour II clefs neufves, achetées de lui pour l'uis de Panneterie, et rappareiller III autres serreures oudit office; par les dessusdiz, jeudi absolu, xI jours d'avril, le Roy à Saint-Pol à Paris. Argent, 3 s.

Robinete la cousturière, demourant à Paris, pour seigner à la fleur de lis vIII ^{xx} nappes et touailles en chambre des nappes, et pour façon de xIII sacs treillis pour Panneterie, et pour port de linge de l'ostel du marchant jusques à l'ostel du Roy, pour tout; par les dessusdiz, dymanche II jours de juing, illec. Argent,

70 s. 8 d. p.

Jehan de Verdun, pour une paire de baschoues neufves achetées de lui pour porter pain en l'office de Panneterie; par les dessusdiz, mecredi v jours de juing, illec, 32 s. p.

Guiot Bertran, pour vI sacs de cuir, achetés de lui pour porter farine pour l'ostel du Roy, 13 s. p. chas-

cun ; par les dessusdiz, lundi x jours de juing, au Boys
de Vincennes. Argent,   78 s. p.

Pierre du Fou, coffrier, demourant à Paris, pour
ii grans coffres couvers de cuir, ferrez à bandes de fer,
garniz de serreures et de clefs, achetés de lui pour
mettre nappes, touailles et autre linge pour l'office
de chambre de nappes du Roy 9 l. 12 s. p., et pour i
plus petit coffre à mettre les fers aux oublées du Roy
32 s., et pour appareiller ii viez panniers d'esclisses à
mettre fromages 8 s. p., pour tout ; jeudi xx jours de
juing,   11 l. 12 s. p.

Geuffroy Raoul, Gillot Evrart et Jehan le Huchier,
clercs de Panneterie, pour un papier neuf 12 s. p.;
deux douzaines et demie de parchemin, 14 s. la douzaine, argent 35 s. p.; un cent de gestouers 4 s. p.;
acheté par eulx pour gister, enregistrer et transcripre
les parties dudit office en tout ce terme, depuis le premier jour de janvier jusques au premier jour de juillet
ensuivant. Pour tout, par les dessusdiz, dymanche
xxx et derrenier jour de juing, illec. Argent, 54 s. p.[1]

Somme pour Panneterie 471 l. 19 s. 10 d. p.

ESCHANCONNERIE.

Colin Remon, pour une serreure neufve mise en un
des coffineaux d'Eschançonnerie, par les maistres
d'ostel, lundi xv jours d'octobre, le Roy à Meleun.
Argent,   6 s. p.

Lui, pour garnir une serreure, ii coupplières, i
moreillon et i ressort, pour ledit office; par les dessusdiz, ce jour, illec,   10 s.

1. En marge : « S. 218 l. 8 s. 8 d. p. »

Colin de Chaumes, pour x bandes neufves, III granz courroies mis ès barils dudit office, par les dessusdiz, mecredi XVII jours d'octobre, le Roy illec,   42 s. p.

Ledit Colin, pour III bandes de fer neufves, mises en trois barils dudit office ; par les dessusdiz, mecredi XXIIII jours d'octobre, le Roy illec. Argent,   9 s. p.

Jehan le Tourneur, pour...[1] goussez de cuir, bandez de fer, et ressouder pluseurs barilz ; par les dessusdiz, mardi XX jours de novembre, le Roy au Louvre,

21 s. 2 d.

Ledit Jehan le Tourneur, pour XII grans courroies, XII gousses, VII fons neufs, VI bandes de fer neufves pour les barilz dudit office ; par les dessusdiz, samedi premier jour de décembre, le Roy à Saint-Pol à Paris. Argent,   106 s. 4 d. p.

Ledit Jehan pour III bandes de fer, IIII fons neufs, III gousses de cuir, XVI fons recharcher, II vielles bandes pour ledit office, par les dessusdiz, vendredi XIIII jours de décembre, le Roy au boys de Vincennes. Argent,

28 s. 10 d. p.

Ledit Jehan, pour IIII courroies de cuir, IIII gousses, III fons neufs, une bande de fer, v fons ressarcher pour les barils dudit office ; par les dessusdiz, samedi XXII jours de décembre, le Roy illec. Argent, 32 s. 8 d. p.

Jehan de Voutiz, pour III clefs mises en III coffineaux dudit office, ce jour, le Roy illec,   4 s. p.

Richart de Suzay, demourant à Paris, pour XIII hanaps cailliers achetés de lui pour ledit office, par les dessusdiz, mardi jour de Noël XXV jours de décembre, le Roy au bois de Vincennes. Argent, 9 l. 12 s. p.

---

1. Le nombre en blanc.

Henry Cosme, orfèvre, pour ɪɪ onces ɪ esterlin mains d'argent, à mettre ès dis cailliers ; pour or et façon à faire les esmaulx des dix cailliers, ce jour, illec,   4 l. 3 s. 4 d.

Simon Grimaut, clerc d'Eschançonnerie, pour ɪɪɪ douzaines de parchemin, une escriptouere neufve, ɪ bureau, achetés par lui pour ledit office puis le mois d'octobre jusques au premier jour de janvier, lundi xxxɪ et derrenier jour de décembre ; le Roy disner au Boys de Vincennes, souper et giste au Palais. Argent, 76 s. p.¹.

Jehan le Tourneur, pour clouer et rasseoir xxɪɪɪ vielles bandez de fer ès barilz dudit office et y mettre v bouches de fer, ɪx courroies de cuir neufves, vɪɪɪ goussez, vɪɪ fons neufs, et pour ressarcher et poissier les dis barilz ; par les dessusdiz, dymanche xxvɪɪ jours de janvier, le Roy disner et giste à Saint-Pol à Paris. Argent,   4 l. 7 s. p.

Ledit Jehan, pour ɪɪ courroies de cuir neufves, ɪɪ goussez, ɪɪ bandes de fer neufves, et vɪɪɪ bandes de fer vielles rasseoir, xxɪ fons ressarcher ; par les dessusdiz, dymanche ɪɪɪ jours de février, le Roy au Bois de Vincennes. Argent,   36 s.

Ledit Jehan, pour ɪɪɪ bandes de fer neufves, ɪɪɪ courroies de cuir, ɪɪɪ goussez, ɪɪ fons neufs, et xxɪ fons ressarcher, pour les barilz dudit office ; par les dessusdiz, mardi xɪɪ jours de février, le Roy à Sanlis. Argent,   40 s. 2 d. p.

Thomas le Serreurier, pour ɪɪ bandes de fer mises en ɪɪ barilz dudit office ; par les dessusdiz, dymanche xvɪɪ jours de février, le Roy illec,   6 s. p.

_____

1. En marge : « S. 30 l. 11 s. 4 d. p. »

Thibaut le Serreurier, pour iiii bandes de fer neufves mises ès diz barils, par les dessusdiz, ce jour illec,
                                                    12 s. p.

Jehannin le Tourneur, pour ii bandes neufves, v
bandes vielles et i vies fons rasseoir; par les dessusdiz,
jeudi xxviii jours de février, le Roy à Saint-Denis,
                                                    15 s. 10 d. p.

Colin le Serreurier, pour une clef neufve, achetée
de lui pour l'uis d'Eschançonnerie à Saint-Pol ; par
les dessusdiz, dymanche iii jóurs de mars, disner et
giste à Corbeil, le commun à Meleun. Argent, 4 s. p.

Ledit Colin le Serreurier, pour ii clefs et ii serreures mises en ii des coffineaux dudit office ; par les dessusdiz, jeudi vii jours de mars, le Roy à Meleun,
                                                    8 s. p.

Geuffroy le Vannier, pour i estuy d'osier blanc,
acheté de lui pour mettre cailliers ; par les dessusdiz,
ce jour, illec,   2 s.

Colin de Chaumes, pour vii bandes de fer, renouer
iii bandes vielles et pour cymenter iiii barilz ; par les
dessusdiz, lundi xi jours de mars, illec,   26 s. p.

Ledit Colin, pour x bandes de fer neufves mises ès
barilz dudit office, et repoissier pluseurs barilz; par les
dessusdiz, venredi xxix jours de mars, le Roy illec.
Argent,   38 s. 4 d. p.

Jehan de Chaalons, pour xii bandes de fer neufves
pour les barilz dudit office; par les dessusdiz, samedi
xiii jours d'avril, le Roy à Saint-Pol à Paris. Argent,
                                                    42 s. p.[1]

Perrin le Bourrelier, pour xxxvi gousses de cuir

---

1. En marge : « S. 15 l. 17 s. 4 d. p. »

neufs, xviii fons ressarcher; par les dessusdiz, ce jour illec, 102 s. p.

Colin de Chaumes, pour iiii bandes de fer neufves et ii bouches de fer, achetées de lui pour mettre ès barilz d'eschançonnerie; par les dessusdiz, mecredi xv jours de may, le Roy à Meleun. Argent, 14 s. p.

Cauville, pour i fons neuf mis en i des barilz d'Eschançonnerie et ressarcher xxi barilz oudit office; par les dessusdiz, ce jour, illec, 9 s. p.

Ledit Cauville, pour iiii bouches de fer neufves mises en iiii barils dudit office, et pour i bande de fer neufve en i autre baril; par les dessusdiz, jeudi xxx jours de may, le Roy disner à Villepeesque, giste à Villeneufve-Saint-George. Argent, 7 s. p.

Jehan le Tourneur, pour iii courroies neufves, iii bandes de fer, iii goussez tous neufs, i fons neuf et iii fons rasseoir et ressarcher les diz barilz pour ledit office; par les dessusdiz, samedi viii jours de juing, le Roy à Saint-Pol à Paris. Argent, 31 s. 10 d. p.

Jehan Lande, pour une broisse neufve et ii équipillons pour nettoier les hanaps du Roy; par les dessusdiz, ce jour illec. Argent, 2 s. p.

Jehan le Tourneur, pour ii bandes neufves et iiii fons neufs pour les barils dudit office, par les dessusdis, venredi xiiii jours de juing, le Roy au Boys de Vincennes. Argent, 28 s. 8 d. p.

Bouciquaut, pour un antonnouer de cuir neuf pour ledit office; par les dessusdiz, samedi xv jours de juing, illec, 16 s. p.

Jehan le Tourneur, pour une bande neufve et renfousser iiii fons ès barilz dudit office; par les dessusdiz, mardi xxv jours de juing, illec, 19 s. 8 d. p.

Ledit Jehan, pour une autre bande de fer et de fust, et mettre iiii viez fons en iiii barilz; par les dessusdiz, dymanche xxx et derrenier jour de juing, illec. Argent,   11 s. p.

Jehan Bretoys, Symon Grimaut et Martin de Poissy, clers d'Eschançonnerie, pour ii douzaines et demie de parchemin, 14 s. la douzaine, 1 papier neuf, un cent de gestouers pour gister, enregistrer et transcripre les parties dudit office en terme, du premier jour de janvier jusques au premier jour de juillet ensuivant, ce jour, illec, le Roy au Boys de Vincennes. Argent   51 s. p.[1]

Somme pour Eschançonnerie. 61 l. 10 d. p.

CUISINE.

Naudin Bouayart, pour xvii aulnes et demie de toile pour faire nappes en Cuisine et dressouers en Saússerie, 2 s. 6 d. l'aune; par les maistres d'ostel, samedi vi jours d'octobre, le Roy à Meleun sur Sayne. Argent   43 s. 9 d. p.

Perrin le Lorrin, pour iiii aulnes de toille treillissé, à faire sacs oudit office, 2 s. 8 d. p. l'aune; par les dessus diz, ce jour illec. Argent   10 s. 8 d. p.

Nycolas Remon, demourant à Meleun, pour ferrer de neuf 1 museau de beuf et rappareiller une puisète, et mettre pluseurs pièces en ii chauderons dudit office; par les dessusdiz, mecredi x jours d'octobre, le Roy illec. Argent   16 s. p.

Colin de Chaumes, pour iii crochez neufs mis ès

---

1. En marge : « S. 14 l. 12 s. 2 d. »

panniers de Sausserie, et pour rappareiller une grant
chaudière, et ressouder une broche de fer; par les dessusdiz, ce jour illec   16 s. p.

Colin de la Baste, demourant ou Cymetière-Saint-
Jehan à Paris, pour 1 coffre ferré fermant à clef,
acheté de lui pour mettre les espices de Cuisine; par
les dessusdiz, jeudi xi jours d'octobre, le Roy à Meleun   64 s. p.

Colin de Chaumes, pour appareiller la grant chaudière à cuir char et y mettre ii bandes neuves, et pour
appareiller pluseurs autres vaisseaux ; par les dessus
diz, dymanche xiiii jours d'octobre, le Roy disner à
Blandy, soupper et giste à Meleun   32 s. p.

Marie la Panneliere, pour appareiller les panniers
du garde manger de Cuisine et de Sausserie; par les
dessusdiz, lundi xv jours d'octobre, le Roy à Meleun
                                               8 s. p.

Guillaume Regnaut, pour ii panniers d'esclisses
ferrez et fermans à clefs, achetés de lui pour ledit office
de Sausserie; par les dessusdiz, jeudi xviii jours d'octobre, le Roy illec. Argent   32 s. p.

Colin de Chaumes, demourant à Meleun, pour appareiller d'arain et de fer vi paelles à boux, et appareiller la grant chaudière de Cuisine; par les dessusdiz,
samedi xx jours d'octobre, le Roy illec Argent
                                              40 s. p.

Colin le Meignen, pour ferrer et relier de neuf tout
atour iii granz paelles, et pour une cuillier percée
neufve pour eschauder la poullaille; par les dessusdiz,
mecredi xxiiii jours d'octobre, le Roy illec. Argent
                                              64 s. p.

Lui, pour ferrer de neuf une puisète à porter eaue,

et appareiller pluseurs vaisseaux de Cuisine; par les dessusdiz, ce jour illec   12 s. p.

Colin de Chaumes, pour une pelle de fer neufve, achetée de lui pour le dit office de Cuisine; par les dessusdiz, venredi xxvi jours d'octobre, le Roy disner à Faresmoutier, soupper à Coulomiers   12 s. p.[1]

Gillet le Séneschal, pour vi aulnes estamines, achetées de lui pour ledit office, 2 s. 6 d. l'aune; par les dessusdiz, mecredi xxxi et derrenier jour d'octobre, le Roy disner et soupper à Ygny-l'Abbaie   15 s. p.

Jehanne la Briaysse, pour iiii^{xx} aulnes de toille, achetées d'elle pour faire nappes en Cuisine et Sausserie, 2 s. 8 d. p. l'aune; par les dessusdiz, dymanche xi jours de novembre, le Roy disner et giste au Palais à Paris   10 l. 13 s. 4 d. p.

Symonnet Petit, pour v paires de cousteaux à viroles de fer, achetés de lui ce jour que le Roy fist sa feste au Palais; par les dessusdiz, ce jour illec. Argent   4 l. p.

Colin Robert, pour une bouticle neufve, achetée de lui par Colet Paridot, poissonnier, pour mettre les poissons des garnisons du Roy à Paris, par les dessusdiz, venredi xvi jours de novembre, le Roy au Louvre. Argent   16 l. p.

Guillaume de Laigny, pour ferrer de neuf ii belles bouches, iiii chauderons bastars et iiii autres chauderons miranz, pour l'office de Cuisine; par les dessusdiz, mardi xx jours de novembre, illec. Argent   22 l. 8 s. p.

Michelet le Breton, potier d'estain, demourant à

1. En marge : « S^a. 17 l. 10 s. 5 d. p. »

Paris, pour vi douzaines de plaz, xii douzaines d'escuelles d'estain, pesant iiii^c lxxiii mars et demi,
13 d. p. le marc; par les dessusdiz, mecredi xx jours
de novembre, illec. Argent   25 l. 12 s. 11 d. ob.

Pierre du Fou, demourant à Paris, pour 1 coffre
neuf ferré et fermant à clef, acheté de lui pour mettre
les espices en Cuisine; par les dessusdiz, dymanche
xxv jours de novembre, illec. Argent   48 s. p.

Lui, pour unes bouges de cuir, à mettre vaisselle
d'estain ; par les dessusdiz, ce jour, illec   24 s. p.

Gillet le Séneschal, pour xii aulnes estamines, achetées de lui pour Cuisine et Sausserie, ou mois de novembre, 2 s. 6 d. l'aune ; par les dessusdiz, venredi
xxx et derrenier jour dudit mois, le Roy illec. Argent   30 s. p.

Michelet le Fèvre, pour une hache de fer, achetée
de lui pour despecer char en Cuisine; par les dessusdiz, dymanche ii jours de décembre, le Roy à Saint-
Pol à Paris. Argent   20 s. p.

Guillaume de Laigny, demourant à Paris, pour un
contrerostier double, acheté de lui pour ledit office,
et rappareiller vi autres contrerostiers doubles, ressouder ii broiches de fer, reffaire la grant cuiller de
fer, rappareiller la belle bouche, et pour rappareiller
iii chauderons bastars, et mettre pièces en autres vesseaux de Cuisine; par les dessusdiz, mardi xviii jours
de décembre, au Bois de Vincennes. Argent   4 l. p. [1]

Jehanne la Briaise, demourant à Paris, pour
xxxii aulnes de toille, achetées de lui pour faire dressouers en Cuisine et Sausserie, 2 s. 8 d. p. l'aune;

1. En marge : « S^r. 89 l. 11 s. 3 d. ob. p. »

par les dessusdiz, mardi jour de Noël xxv jours de décembre, illec   4 l. 5 s. 4 d. p.

Michelet le Breton, pour vi douzaines de plaz et vi douzaines d'escuelles d'estain neufves, pesans v^c xviii mars, dont il a receu viii^{xx} x mars de viez estain, et demeure iii^c xlvii mars, 13 d. p. pour marc; par les dessusdiz, ce jour, illec   18 l. 17 s. p.

Lui, pour eschange de viii^{xx} x mars de viez estain à neuf, 3 d. p. pour marc; par les dessusdiz, ce jour illec. Argent   42 s. 6 d. p.

Gillet le Séneschal, pour vi aulnes estamines, achetées de lui pour Cuisine et Sausserie, 2 s. 8 d. pe l'aune, lundi xxi et derrenier jour de décembre, le Roy disner au Bois de Vincennes et giste au Palais. Argent   16 s. p.

Jehannin Neelle et Jehan du Mès, clers de Cuisine et de Fruicterie, pour v douzaines de parchemin xiiii s. la douzaine, argent 70 s. p.; une escriptouere neufve garnie de cornet, cannivet et laz desoye 24 s. p.; un cent de gestouers 4 s. p.; un bureau 16 s.; un papier, 12 s., un autre papier pour Fruicterie 8 s. p., tout acheté par eulx pour gister, enregistrer et escripre les parties des deux offices en partie de ce terme du premier jour d'octobre jusques au premier jour de janvier ensuivant, ce jour, illec. Argent   6 l. 14 s. p.

Jehanne la Briayse, pour x aulnes de treilliz, à faire sacs en Cuisine et Sausserie, 2 s. 8 d. p. l'aune; par les maistres d'ostel, jeudi x jours de janvier, illec   26 s. 8 d. p.

Pierre le Pannelier, pour ii panniers neufs garniz de clefs et de serreures, achetés de lui pour le garde-

manger; par les dessusdiz, mardi xxii jours de janvier,
le Roy au Bois de Vincennes. Argent   64 s. p.

Jehan le Tourneur, pour rappareiller les barilz de
la Sausserie et y mettre iii bandes de fer, iiii courroies
de cuir, iiii gousses, et y mettre une bouche de fust
et de fer pour un baril, et renfonssier et poissier lesdiz barilz; par les dessusdiz, lundi xxviiiᵉ jour de janvier, le Roy à Saint-Pol à Paris,   20 s. p.

Jehan Noble, pour vi aulnes estamines, achetées de
lui pour l'office de Cuisine et Sausserie en tout ce
mois, 2 s. 6 d. p. l'aune, par les dessusdiz, jeudi xxxi
et derrenier jour de janvier, au Bois de Vincennes.
Argent   15 s. p.

Guillaume de Laigny, pour appareiller d'arain
iiii paelles à boux, ii chauderons à potager, ii belles
bouches et plusieurs autres vesseaux de Cuisine,
pour clou et pene; par les dessusdiz, ce jour, illec.
Argent,   48 s. p. [1]

Jehan le Meignen, pour ferrer et appareiller
d'arain un grant chauderon, une paelle à queue, une
puisete et une cuiller persée, pour la Cuisine; par les
dessusdiz, samedi xvi jours de février, le Roy à
Sanlis,   24 s. p.

Jehan le Tourneur, pour ii bouches et ii bandes
de fer mises en ii barilz de Sausserie; par les dessus
diz, dymanche xvii jours de février, illec. Argent,
          12 s. p.

Jehanne de Brie, pour xxiiii aulnes de toille,
achetées de lui, pour faire dressouers et nappes en
Sausserie, 2 s. 8 d. p. l'aune; par les dessusdiz,

1. En marge : Sᵃ 41 l. 8 s. 6 d. p. »

mecredi xxvii jours de février, le Roy à Saint-Denis.
Argent,   64 s. p.

Elle, pour xvi aulnes de grous treillis, achetés de lui, à faire sacs à mettre vesselle d'estain en la
Sausserie ; par les dessusdiz, ce jour, illec. Argent,   42 s. 8 d. p.

Gillet le Séneschal, pour vi aulnes estamines, achetées de lui pour Cuisine et Sausserie, 2 s. 6 d. p. l'aune;
par les dessusdiz, jeudi xxviii et derrenier jour de février, le Roy à Saint-Denis,   15 s. p.

Michelet le Breton, pour v douzaines de plaz et
viii douzaines d'escuelles d'estain, pesans iiie l. mars,
13 d. p. le mars ; par les dessusdiz, dymanche iii jours
de mars, le Roy disner et giste à Corbueil, et le commun à Meleun. Argent,   19 l. 5 s. 8 d. p.

Jehan Noble, pour vi aulnes estamines, achetées de
lui pour Cuisine et Sausserie en tout ce mois, 2 s. 6 d.
l'aune; par les dessusdiz, dymanche xxxi et derrenier jour de mars, le Roy au Bois de Vincennes.
Argent,   15 s. p.

Guillaume de Laigny, pour ferrer de neuf viii paelles
à boux, une belle bouche, ii chauderons bastars, pour
ledit office ; par les dessusdiz, mardi ii jours d'avril,
le Roy disner au Palais et giste à Saint-Pol à Paris.
Argent,   9 l. 12 s. p.

Gillet Guillaume, pour appareiller iiii barilz de
Sausserie et mettre ii bandes neufves et ressarcher les
fons; par les dessusdiz, jeudi iiii jours d'avril, le Roy
disner et giste à Saint-Pol à Paris. Argent,   10 s. p.

Verzi, coustellier, demourant à Paris en la rue de
la Cossonnerie à Paris, pour li paire de cousteaux,
dont il y en a xxiiii paire à viroles d'argent armoiez

aux armes du Roy, et IIII paire à viroles d'argent blanc, et XXIII paire à viroles de fer, achetées de lui pour la livrée de Pasques pour les maistres d'ostel, Chambre aux deniers et les officiers de Cuisine, à divers pris; par les dessusdiz, dymanche XIIII jours d'avril jour de Pasques, le Roy à Saint-Pol à Paris. Argent, 80 l. 16 s. p.

Jehan le Bourgoignon, pour II haches de fer à despecer char en Cuisine; par les dessusdiz, ce jour, illec, 40 s. p.

Guillaume de Laigny, pour appareiller d'arain et ferrer de neuf une grant chaudière à cuire char, II belles bouches, III chauderons à potager et VI paelles à boux; par les dessusdiz, ce jour, illec, 20 l. 8 s. p. [1]

Oudin du Moncel, demourant à Paris, pour X douzaines d'escuelles d'estain neufves achetées de lui, pesant II^c XXVI mars, 13 d. p. le marc, dont l'en rabat le louage pour la veille de Pasques jusques au jour dui, 7 l. p.; ainsi demeure audit pris de 13 d. p. pour marc, par les dessusdiz, samedi XXVII jours d'avril, le Roy à Meleun. Argent, 114 s. 10 d. p.

Gillet le Séneschal, pour VI aulnes estamines, achetées de lui pour l'office de Cuisine et Sausserie, 2 s. 6 d. p. l'aune; par les dessusdiz, mardi XXX et derrenier jour d'avril, illec, 15 s. p.

Colin de Chaumes, pour appareiller d'arain IIII paelles à boux, I chauderon bastart, une puisete, et rappareiller les contrerostiers en Cuisine; par les dessusdiz, samedi IIII jours de may, à Meleun, 32 s. p.

Ledit Colin, pour une bande de fer neufve mise en

---

1. En marge : « S^a. 141 l. 4 s. 4 d. p. »

un des barilz de la Sausserie; par les dessusdiz., samedi xviii jours de may, illec,   4 s. p.

Ledit Colin, pour appareiller d'arain la chaudière de la Sausserie, et ii paelles de fer en Cuisine; par les dessusdiz, mecredi xxii jours de may, illec,   8 s. p.

Jehan Noble, espicier, pour vi aulnes estamines, achetées de lui pour l'office de Cuisine et Sausserie en tout ce mois, 2 s. 6 d. p. l'aune; par les dessusdiz, venredi xxxi et derrenier jour de may, le Roy disner au Séjour, soupper et giste à Saint-Pol à Paris. Argent,   15 s. p.

Jehanne de Brie, pour xxx aulnes de toille achetées d'elle pour faire dressouers en Cuisine et Sausserie, 2 s. 8 d. p. l'aune; par les dessusdiz, dymanche ii jours de juing, illec. Argent,   4 l. p.

Michelet le Breton, pour xii douzaines d'escuelles d'estain et vi douzaines de plaz, pesans v^cxvii mars, rabatu pour viez estain cxii mars, demeure iii^cv mars, 13 d. p. le marc; par les dessusdiz, ce jour, illec. Argent,   21 l. 18 s. 9 d. p.

Ledit Michelet, pour l'eschange de cxii mars de viez estain au neuf, 3 d. p. pour marc, par les dessusdiz, ce jour, illec,   28 s. p.

Guillaume de Laigny, pour appareiller viii paelles à boux, iiii chauderons bastars et pluseurs autres vaisseaux de Cuisine; par les dessusdiz, samedi viii jours de juing, le Roy au Boys de Vincennes. Argent,   32 s. p.

Gillet le Séneschal, pour vi aulnes estamines, achetées de lui pour ledit office et Sausserie, 2 s. 6 d. l'aune; par les dessusdiz, dimanche xxx et derrenier jour de juing, illec,   15 s. p.

Jehan Neelle, Jehan du Mes et Colinet Lommede, clers de Cuisine, pour v douzaines de parchemin, xiiii s. p. la douzaine, 72 s. p.; un papier neuf, 12 s. p.; un cent de gestouers, 4 s. p., tout acheté par eulx pour gister, enregistrer et transcrire les parties par escroes dudit office en ce terme, du premier jour de janvier jusques au premier jour de juillet ensuivant,   4 l. 6 s. p.[1]

Somme pour Cuisine, 332 l. 13 s. 1 d. ob. p.

FRUICTERIE.

Jehan Griseau, pour ii espées de fer, achetées de lui pour couper chandelles et torches en Fruicterie, par les maistres d'ostel, lundi xv jours d'octobre, le Roy à Meleun. Argent,   6 s. p.

Thomassin Gasse, demourant à Paris, pour ii coffres achetés de lui pour l'office de Fruicterie; par les dessusdiz, mecredi xiiii jours de novembre, le Roy au Palais,   48 s. p.

Jehan le Lorain, pour ii trappes de fer, achetés de lui pour cuire les poires et le fruit oudit office; par les dessusdiz, ce jour illec,   60 s. p.

Symonnet le Cirier, pour xv longues perches à faire estendars pour la feste du Palais oudit office; par les dessusdiz, ce jour, illec,   60 s. p.

Jehan Vivian, fruictier du Roy, pour i coffre long à mettre torches, et un autre carré à mettre caiers, achetés de lui pour ledit office ; par les dessusdiz, sa-

1. En marge : « Sᵃ 42 l. 18 s. 7 d. p. »

6

medi xvii jours de novembre, le Roy au Louvre. Argent,   4 l. p.

Jehan le Lorrain, pour ii aulnes de toille, achetées de lui à faire chenevaz et pour essuier les platelez dudit office, 2 s. 6 d. p. l'aune; par les dessusdiz, mecredi xxi jours de novembre, illec,   5 s. p.

Jehan des Abeaux, pour ii ais de noyer neufs, achetés de lui pour chauffer cire en Fruicterie; par les dessusdiz, lundi iiii jours de février, le Roy au Boys de Vincennes. Argent,   48 s. p.

La femme Robert au No, pour ii touailles contenant chascune ii aulnes, de l'euvre de Rains, pour servir de fruit le Roy, iiii chenevaz pour eslire le fruit, et à faire sacs à mettre le fruit de Karesme; par les dessusdiz, mecredi xxvii jours de février, le Roy à Saint-Denis. Argent,   48 s. p.

Oudart du Moncel, pour vi douzaines de plaz d'estain neufs, pesans cx marcs, 13 d. p. le marc; par les dessusdiz, ce jour, illec,   .   119 s. 2 d. p.

Perrin Cude, varlet de fruit, pour i greil acheté par lui pour cuire pommes en Fruicterie; par les dessusdiz, ce jour, illec,   16 s. p.

Jehan des Abeaux, pour garnir et ferrer de neuf i ais à porter torches en Fruicterie; par les dessusdiz, dymanche xiiii jours d'avril jour de Pasques, le Roy à Saint-Pol à Paris,   16 s. p.

Micheau le Fèvre, pour ii cousteaux de fer à trancher cire oudit office, ce jour; par les dessusdiz,   12 s. p.

Ledit Micheau, pour ii espées de fer et viii cloux pour ledit office; par les dessusdiz, ce jour, illec,   22 s. p.

Jaquin le Clerc, clerc de Fruicterie, pour ıı douzaines et demie de parchemin, 14 s. p. la douzaine,
35 s. p.; un papier, 12 s. p.; un cent gestouers,
14 s. p., achetés par lui pour gister, enregistrer et
transcripre les parties dudit office en partie de ce
terme du premier jour de janvier jusques au premier
jour de juillet ensuivant, dymanche xxx et derrenier
jour de juing, au Bois de Vincennes. Argent, 51 s. p.

Somme pour Fruicterie, 29 l. 11 s. 2 d. parisis.

ESCUIRIE.

Perrin le Cordier, de Meleun, pour ıı paire de traiz,
achetez de lui pour le chariot de la Garderobe,
par les maistres d'ostel, dymanche xxvıı jours d'octobre, le Roy et son commun à Château-Thierry. Argent,   12 s. p.

Marie la Cordière, pour ıı autres paires de traiz
et ıı paires de cordeaux, achetées d'elle pour le chariot d'Eschançonnerie; par les dessusdiz, ce jour,
illec,   16 s. p.

Elle, pour une autre paire de traiz pour le chariot
des Joyaux; par les dessusdiz, lundi xxıx jours d'octobre, illec. Argent,   3 s. p.

Colin Baillet, clerc d'Escuirie, pour ı papier acheté
par lui pour ledit office, 12 s. p.; ııı douzaines de
parchemin, 14 s. p. la douzaine, 42 s. p.; un bureau, 12 s. p.; un cent de gettouers, 4 s. p.; une
escriptouere neufve, garnie de cornet, canivet et laz
de soyes, 34 s. p., pour gister, enregistrer et transcrire les parties dudit office, en partie de ce terme,
du premier jour d'octobre jusques au premier jour de

janvier ensuivant, lundi xxxi et derrenier jour de décembre, le Roy disner au Boys de Vincennes, soupper et giste au Palais. Argent, 4 l. 14 s. p.

Guillemin le Bourrelier, pour i collier tout neuf et une paire de fourreaux, achetés de lui pour le chariot de la Garderobe, et des Nappes du Roy, et pour ii paire de traiz, achetées de lui pour les chevaux desdiz charioz, par les maistres d'ostel, venredi xv jours de février, le Roy à Sanlis. Argent, 32 s. p.

Maistre Guillaume le Bourrelier, pour iiii paire de traiz, achetées de lui pour les chevaux du chariot d'Eschançonnerie, par les dessusdiz, jeudi xxviii et derrenier jour de février, le Roy à Saint-Denis. Argent, 16 s. p.

Ledit Guillaume, pour une douzaine et demie de longes, achetées de lui pour les chevaux du Roy, 8 s. p. la douzaine; par les dessusdiz, ce jour, illec. Argent, 12 s. p.

Colin le Charron, pour un brancart, garni de flesche, de roues et de limons, acheté de lui tout neuf pour le chariot de la Cuisine du Roy; par les dessusdiz, samedi iiii jours de may, à Meleun. Argent, 4 l. p.

Colin Baillet, Martin Piet et Jehan le Houlier, clers d'Escuirie, pour iiii douzaines de parchemin, 14 d. la douzaine, 56 s. p.; un papier, 12 s. p.; un cent de gestouers, 4 s. p., tout acheté par eulx pour gister, enregistrer et escripre les parties dudit office, en partie de ce terme, du premier jour de janvier jusques au premier jour de juillet en suivant, dymanche xxx et derrenier jour de juing, au Bois de Vincennes. Argent, 72 s. p.

Somme pour Escuirie, 16 l. 17 s. parisis.

FOURRIÈRE.

Guerin Briquet, crochetier, demourant à Paris, pour iie crochez bastars, achetés de lui pour tendre les chambres du Roy et de mons. de Valois à Meleun, 3 s. 6 d. p. le cent; par les maistres d'ostel, mecredi iii jours d'octobre, le Roy à Meleun. Argent, 7 s. p.

Jehan le Lou, gantier, demourant à Meleun, pour une bourse de cuir de serf neufve, achetée de lui pour mettre crochez en Fourrière; par les dessusdiz, jeudi xi jours d'octobre, à Meleun. Argent, 14 s. p.

Noël le Tourneur, pour iiii escrans d'ozier neufs, achetés de lui pour la chambre du Roy; par les dessusdiz, lundi xv jours d'octobre, illec. Argent, 32 s. p.

Guerin Briquet, pour v^e de crochez bastars, achetés de lui pour tendre les chambres du Roy et de mons. de Bourgoigne; par les dessusdiz, mecredi xvii jours d'octobre, illec. Argent, 17 s. 6 d. p.

Ledit Guérin, pour v^e de crochez bastars, à tendre les chambres de mons. de Valois et de messire Pierre de Navarre, achetés de lui; par les dessusdiz, samedi xx jours d'octobre, à Meleun, 17 s. 6 d. p.

Ledit Guérin, pour iiii^m de crochez, achetés de lui pour tendre les chambres du Roy et de noz autres seigneurs, en alant de Meleun à Rains, au sacre, 35 s. p. le millier; par les dessusdiz, jeudi premier jour de novembre, jour de Toussains, le Roy à Ygny-l'Abbaie. Argent, 7 l. p.

Ledit Guérin, pour ii^m de crochez bastars, achetés de lui au pris dessusdiz, pour tendre les chambres du Roy à Rains; par les dessusdiz, dymanche iiii jours

de novembre, jour du sacre, le Roy disner, soupper
et giste à Rains. Argent,   70 s. p.

Jehan de Dinant, demourant à Rains, pour iii^c crochez à tendre les dictes chambres, en retournant
d'illec à Paris, 3 s. 4 d. p. le cent; par les dessusdiz,
lundi v jours de novembre, le Roy disner et giste à
Saint-Remi de Rains. Argent,   10 s. p.

Guérin Briquet, pour ii^m de crochez, à tendre les
chambres du Roy à Veesly, à Soissons et en plusieurs
autres lieux, 3 s. 6 d. p. le cent; par les dessusdiz, samedi x jours de novembre, le Roy disner à Roissy,
giste au Bourgeel,   70 s. p.

Ledit Guérin, pour iiii^m ix^c de crochez, audit pris,
pour tendre les chambres dudit seigneur en retournant de son sacre à Paris, le jour qu'il y fist feste; par
les dessusdiz, lundi xii jours de novembre, le Roy au
Palais. Argent,   8 l. 10 s. 4 d. p.

Ledit Guérin, pour vi^c de crochez, à ce pris, pour
les dictes chambres; par les dessusdiz, mardi xiii jours
de novembre, illec. Argent,   21 s. p.

Ledit Guérin, pour i millier de crochez à tendre les
dictes chambres semblablement, à Villeneufve-Saint-
George et à Meleun; par les dessusdiz, mardi xx jours
de novembre, au Louvre,   35 s. p.[1]

Henry Nycholas, demourant à Paris, pour ii marteaux de fer, à tendre les chambres; par les dessusdiz,
samedi xxiiii jours de novembre, illec,   20 s. p.

La gantière du Roy, pour ii bourses de cuir achetées de lui pour mettre crochez en Fourrière; par les
dessusdiz, ce jour, illec,   14 s. p.

1. En marge : « S^t. 30 l. 4 s. 4 d. p. »

Guérin Briquet, pour ı millier de crochez bastars, à tendre les chambres du Roy à Saint-Pol; par les dessusdiz, mecredi xxvııı jours de novembre, le Roy disner et giste à Saint-Pol à Paris. Argent,   35 s. p.

Ledit Guérin, pour ı cent de crochez à talon pour lesdictes chambres; par les dessusdiz, jeudi xxıx jours de novembre, illec. Argent,   14 s. p.

Ledit Guérin, pour vııı^c de crochez bastars, achetés de lui pour lesdictes chambres, 3 s. 6 d. le cent; par les dessusdiz, mardi ıııı jours de décembre, le Roy disner et giste au Boys de Vincennes. Argent,   28 s. p.

Ledit Guérin, pour vı^c de crochez à tendre les dictes chambres, à ce pris; par les dessusdiz, samedi vııı jours de décembre, au Boys de Vincennes. Argent,   24 s. p.

Ledit Guérin, pour vı^c de croichez à tendre les dictes chambres au Louvre; par les dessusdiz, jeudi xx jours de décembre, le Roy au Boys de Vincennes. Argent,   24 s. p.

Ledit Guérin, pour demi cent crochez à talon, pour tendre les dictes chambres; par les dessusdiz, ce jour illec. Argent,   7 s. p.

Ledit Guérin, pour v^c de croichez à tendre la sale pour le Noël au Bois de Vincennes; par les dessusdiz, dymanche xxıı jours de décembre, illec. Argent,   17 s. 6 d. p.

Noël le Tourneur, pour vııı escrans d'ozier, achetés de lui pour les chambres du Roy, 8 s. p. la pièce; par les dessusdiz, mardi jour de Noël, xxv jours de décembre, le Roy au Bois de Vincennes. Argent, 64 s. p.

Guérin Briquet, pour ıı^c chevilles de fer, achetées de lui pour la feste de Noël, 5 s. p. le cent ; par les dessusdiz, ce jour illec. Argent,   10 s. p.

Ledit Guérin, pour un cent de crochez à talon à tendre ladicte sale ; par les dessusdiz, ce jour, illec,   14 s. p.

Ledit Guérin, pour vi^e crochez bastars, 3 s. 6 d. p. le cent, et demi cent à talon, pour tendre les chambres du Roy au Palais ; par les dessusdiz, lundi xxxi et derrenier jour de décembre, le Roy au Bois de Vincennes. Argent,   28 s. p.

Martin Piet, clerc de Fourrière, pour i papier acheté par lui pour ledit office, 12 s. p.; trois douzaines de parchemin, 42 s. p.; une escriptoire neufve, 24 s. p.; un bureau 12 s. p.; un cent de gectouers, 4 s. p.; pour gister, enregistrer et transcrire les parties dudit office, puis le premier jour d'octobre jusques au premier jour de janvier ensuivant derrenier jour de décembre, le Roy disner au Boys de Vincennes, giste au Palais. Argent,   4 l. 14 s. p.[1]

Noël le Tourneur, pour ii escrans d'ozier, achetés de lui pour le Roy et mons. de Valoys; par les dessusdiz, samedi v jours de janvier, au Boys de Vincennes,   24 s. p.

Ledit Noël, pour i autre escran non compté ou mois de décembre, pour ce compte; par les dessusdiz, ce jour, le Roy illec,   8 s. p.

Guérin Briquet, pour vi^e crochez bastars, achetés de lui pour les chambres du Roy et noz autres seigneurs, 3 s. 6 d. p. le cent; par les dessusdiz, jeudi xxiiii jours de janvier, au Boys de Vincennes. Argent,   21 s. p.

1. En marge : « S^a. 19 l. 7 s. 6 d. p. »

Ledit Guérin, pour viii^c crochez bastars, à tendre lesdictes chambres, à ce pris; par les dessusdiz, dymanche xxvii jours de janvier, le Roy disner et giste à Saint-Pol à Paris,   28 s. p.

Ledit Guérin, pour demi cent croichez à talon, ce jour, le Roy illec,   7 s. p.

Ledit Guérin, pour vi^c de croichez bastars, à tendre lesdictes chambres; par les dessusdiz, jeudi xxxi et derrenier jour de janvier, au Bois de Vincennes. Argent,   21 s. p.

Ledit Guérin, pour demi cent de crochez à talon, ce jour, le Roy illec,   7 s. p.

Noël le Tourneur, pour iiii escranz d'ozier neufs, achetés de lui pour les chambres du Roy; par les dessusdiz, samedi ii jours de février, au Boys de Vincennes. Argent,   40 s. p.

Guérin Briquet, pour iii^c de crochez bastars, achetés de lui pour tendre la chambre mons. de Bourgoigne; par les dessusdiz, ce jour, le Roy, illec,   10 s. 6 d. p.

Ledit Guérin, pour iii aulnes de toille cirée, achetées par lui pour la chambre mons. d'Anjou, et pour menu clou à atacher ladicte toille; par les dessusdiz, dymanche iii jours de février, le Roi illec. Argent,   14 s. p.

Ledit Guérin, pour vi^c de crochez bastars, à tendre les chambres du Roy à Saint-Denis, 3 s. 6 d. p. le cent; par les dessusdiz, mardi v jours de février, le Roy illec. Argent,   21 s. p.

Ledit Guérin, pour i^c de crochez bastars, à tendre les chambres du Roy et de mons. de Valois; par les dessusdiz, mecredi vi jours de février, le Roy

disner au Bois de Vincennes, giste à Saint-Denis.
Argent,   24 s. p.

Ledit Guérin, pour demi cent de crochez à talon ;
par les dessusdiz, ce jour, le Roy illec,   7 s. p.

Ledit Guérin, pour vi^c crochez bastars et demi
cent crochez à talon, achetés de lui; par les dessusdiz,
venredi viii jours de février, le Roy au Louvre.
Argent,   28 s. p[3].

Ledit Guérin, pour vi^c de crochez bastars, pour
tendre les chambres du Roi et de nosseigneurs à
Saint-Denis; par les dessusdiz, lundi xviii jours de
février, le Roy disner à Louvres et giste à Saint-
Denis,   24 s. p.

Ledit Guérin, pour demi cent crochez à talon,
pour lesdictes chambres; par les dessusdiz, ce jour
illec,   7 s. p.

Ledit Guérin, pour vi^c crochez bastars, pour tendre
la chambre du Roy oudit lieu; par les dessusdiz, lundi
xxv jours de février, le Roy illec,   24 s. p.

Ledit Guérin, pour i millier crochez bastars, à tendre les chambres du Roy et de mons. de Valois à Villeneufve-Saint-George; par les dessusdiz, samedi ii jours
de mars, le Roy disner et giste au Boys de Vincennes.
Argent,   35 s. p.

Lui, un cent et demi crochez à talon, pour lesdictes
chambres, ce jour illec,   24 s. p.

Geuffroy le vannier, pour ii escrans d'ozier, achetés de lui pour le Roy, par les dessusdiz, mecredi
vi jour de mars, le Roy à Meleun,   20 s. p.

Guérin Briquet, pour i millier crochez bastars,

---

3. En marge : « S^e. 14 l. 19 s. 6 d. p. »

achetés de lui pour tendre les chambres du Roy à
Saint-Denis, 3 s. 6 d. le cent; par les dessusdiz, me-
credi xiii jours de mars, le Roy disner au Pont de
Charenton, giste à Saint-Denis. Argent,   35 s. p.

Lui, un cent crochez à talon, pour lesdictes chambres, ce jour, illec,   14 s. p.

Ledit Guérin, pour i autre millier de crochez, à
tendre lesdictes chambres à Maubuisson; par les dessusdiz, venredi xv jours de mars, le Roy à Pontoise.
Argent,   35 s. p.

Ledit Guérin, pour v^c crochez à tendre lesdictes chambres à Meleun; par les dessusdiz, mardi xxvi
jours de mars, le Roy audit lieu de Meleun. Argent,   17 s. 6 d. p.

Ledit Guérin, pour v^c autres crochez, à tendre lesdictes chambres au Bois de Vincennes; par les dessusdiz, dymanche xxxi et derrenier jour de mars, le
Roy illec. Argent,   17 s. 6 d. p.

Hennequin, sommelier des Armeures, pour une
guayne neufve achetée par lui pour mettre la dague
mons. de Valois; par les dessusdiz, samedi vi jours
d'avril, le Roy à Saint-Pol à Paris,   4 s. p.

Noël l'Escrannier, pour ii escrans d'ozier, achetés de
lui pour les chambres du Roy; par les dessusdiz, ce
jour illec,   16 s. p[1].

Jehan Gautier, pour xxvi aulnes de toille grousse,
achetées de lui, 3 s. 6 d. p. l'aune, pour le Mandé du
Roy; par les dessusdiz, jeudi absolu, xi jours d'avril.
Argent,   4 l. 11 s. p.

Lui, pour viii aulnes d'autre toille, à faire devan-

_____

1. « S^t 13 l. 4 s. p. »

tiers, 4 s. p. l'aune ; par les dessusdiz , ce jour, illec.
Argent,   32 s. p.

Lui, pour III aulnes de toille plus déliée , à faire
devantiers pour le Roy ; par les dessusdiz, ce jour,
illec,   15 s. p.

Guérin Briquet , pour I millier crochez bastars,
acheté de lui pour tendre les chambres du Roy à Saint-
Pol à Paris ; par les dessusdiz, dymanche jour de Pasques XIIII jours d'avril, le Roy audit lieu,   35 s. p.

Ledit Guérin, pour I quarteron à talon, pour tendre
les dictes chambres ; par les dessusdiz, ce jour, le Roy
illec. Argent,   3 s. 6 d. p.

Ledit Guérin, pour vᶜ crochez bastars, 3 s. 6 d. p.
le cent, et pour demi cent à talon, à tendre lesdictes
chambres et garderobes du Roy à Leursaint et à Meleun, mecredi XXIIII jours d'avril, le Roy disner à Leursaint, giste à Meleun. Argent,   24 s. 6 d. p.

Ledit Guérin, pour vᶜ crochez bastars, à tendre la
chambre mons. de Valois à Meleun ; par les dessusdiz,
lundi XXIX jours d'avril, le Roy illec.   17 s. 6 d. p.

Ledit Guérin, pour vᶜ crochez bastars , à tendre la
chambre mons. de Bourgoigne à Meleun ; par les dessusdiz, jeudi IX jours de may, le Roy illec. 17 s. 6 d. p.

Ledit Guérin , pour IIIIᶜ crochez bastars , à tendre
les chambres du Roy ; par les dessusdiz, 3 s. 6 d. p.
le cent, jeudi XXIII jours de may, à Meleun,   14 s. p.

Ledit Guérin, pour demi cent croichez à talon ; par
les dessusdiz, ce jour illec,   7 s. p.

Ledit Guérin, pour I millier crochez bastars et Iᶜ à
talon, à tendre lesdictes chambres à Villeneufve-Saint-
George, venredi XXXI et derrenier jour de may, le
Roy disner au Séjour, giste à Saint-Pol. Argent, 49 s. p.

Ledit Guérin, pour vi^c crochez bastars, achetés de lui, par les dessusdiz, x jours de juing, le Roy illec. Argent,   21 s. p.

Ledit Guérin, pour iiii^c crochez, à tendre les chambres du Roy et de Nosseigneurs; par les dessusdiz, venredi xiiii jours de juing, le Roy au Boys de Vincennes.   14 s. p.

Michelet le Prince, clerc de Fourrière, pour iiii douzaines et demie de parchemin, 14 s. p. la douzaine, argent 63 s. p.; un papier 12 s. p.; un cent de gectouers 4 s. p., achetés par lui pour gister, enregistrer et transcripre les parties dudit office, en partie de ce terme, du premier jour de janvier jusques au premier jour de juillet ensuivant, dymanche xxx et derrenier jour de juing, illec.   79 s. p[1].

Somme pour Fourrière 98 l. 15 s. 4 d. parisis.

Somme pour mises de Mestiers d'ostel, mil 10 l. 17 s. 3 d. ob. parisis[2].

CHAMBRE LE ROY.

Gillet le Séneschal, espicier et vallet de chambre, pour ii^c iiii^{xx} iiii livres et demie de plusieurs espices confites, anis, sucre rosat, citron, madrian et autres espices, prises de lui et despensées ès chambres le Roy, ou mois d'octobre, par cédulle du Roy, séellee du séel du secret, randue en ce terme à court, mecredi xxxi et derrenier jour dudit mois d'octobre, le Roy disner, soupper et giste à Ygny-l'Abbaie, mons. de Valois à Fère en Tardenois. Argent,   99 l. 3 s. 3 d. p.

---

1. « S^a. 21 l. p. » — 2. « IIII^a grossa. »

Ledit Gillet, pour vi^e iiii^{xx} xix livres de plusieurs espices confites, sucre rosat, anis, madrian, citron et
autres espices, prises de lui et despensées ès dictes
chambres, ou mois de novembre, par cédulle dudit
seigneur séellée du séel du secret, randue en terme à
court, venredi xxx et derrenier jour dudit mois, le
Roy au Louvre. Argent,   234 l. 19 s. p.

Ledit Gillet, pour vi^e lxxviii livres et demie de pluseurs espices confites, sucre en plate, anis, madrian,
noizettes et plusieurs autres espices, prises de lui et
despensées ès dictes chambres au mois de décembre,
par cédulle dudit seigneur séellée du séel du secret,
randue en ce terme à court, lundi xxxi et derrenier jour
dudit mois, au Bois de Vincennes. Argent, 226 l. 12 s. p.

Jehan Noble, espicier et varlet de chambre, pour
v^e iiii^{xx} vii livres de plusieurs espices confites, anis, madrian, noizetes et autres espices confites, prises de lui
et despensées ès dictes chambres, ou mois de janvier
par cédulle dudict seigneur, séellée du séel du secret,
randue en ce terme à court, jeudi xxxi et derrenier jour
dudit mois, le Roy illec. Argent,   195 l. 18 s. p.

Gillet le Séneschal, pour viie xxix livres de plusieurs espices confites, sucre rosat, anis, madrian, noizetes et autres espices confites, prises de lui et despendues ès dictes chambres, par cédulle dudit seigneur
séellée du séel du secret, randue en ce terme à court,
jeudi xxviii et derrenier jour de février, le Roy à Saint-
Denis. Argent,   243 l. 4 s. p.

Jehan Noble, pour vi^e xxviii livres et demie de plusieurs espices confites, prises de lui et despendues ès
dictes chambres, ou mois de mars, par cédulle dudit
seigneur séellée du séel du secret, randue en ce terme

à court, dimanche xxxi et derrenier jour de mars, le Roy au Bois de Vincennes. Argent, 209 l. 15 s. 6 d. p.

Gillet le Séneschal, pour iiiie lxix livres de plusieurs espices confites, sucre rosat, anis, madrian, citron et plusieurs autres espices confites, prises de lui et despandues ès dictes chambres, ou mois d'avril, par cédulle dudict seigneur, séellée du séel du secret, randue en ce terme à court, mardi xxx et derrenier jour d'avril, le Roy à Meleun. Argent, 159 l. 11 s. p.

Jehan Noble, pour iiie iiii^x xv livres de plusieurs espices confites, sucre rosat, anis, madrian et autres espices confites, prises de lui et despendues ès chambres du Roy, ou mois de may, par cédulle dudit seigneur, séellée du séel du secret, randue en ce terme à court, venredi xxxi et derrenier jour dudit mois, le Roy disner au Séjour, giste à Saint-Pol à Paris. Argent, 107 l. 10 s. p.

Gillet le Séneschal, pour iiiie iiii^{xx} xii livres de plusieurs espices confites, sucre rosat, anis, madrian et autres espices confites, prises de lui et despendues, ou mois de juing, ès chambres dudit Seigneur, par cédulle séellée du séel du secret, randue en ce terme à court, dymanche xxx et derrenier jour dudit mois, le Roy au Boys de Vincennes. Argent, 160 l. 8 s. p[1].

Somme pour Chambre le Roy 1637 l. 9 d. parisis.

CHAPPELLE.

Raoullet le Gay, sommelier de Chappelle, envoié de Meleun à Paris, querre draps d'or devers l'Argentier

---

1. « *Debet cedulam. Tradidit et ponitur cum litteris hujus compoti.* »

et pluseurs autres choses pour le fait de ladicte Chappelle; en demourant illec et retournant à court par
iiii jours, venredi xixe jour d'octobre, à Meleun. Argent,   16 s. p.

Ledit Raoullet, pour faire parer et déparer aubes
et amiz des chapelles du Roy et pour autres mises,
croichez, marteaulx, pour le fait de ladicte Chappelle,
puis le premier jour de juillet l'an iiii^{xx}, jusques au
premier jour de janvier ensuivant en cel an; par cédulle de messire Clément le Tellier, premier chappellain
dudit seigneur, randue en ce terme, lundi xxxi et derrenier jour de décembre, le Roy disner au Bois de
Vincennes, souper et giste au Palais. Argent, 72 s. p.

Ledit Raoulet, pour toille achetée par lui pour
couvrir les carreaux de ladicte Chappelle; samedi
vi jours d'avril, le Roy à Saint-Pol à Paris. Argent,   16 s. p.

Messire Clément, premier chappellain, pour faire
appareiller et ordener pluseurs aournemens de
chappelle, et quérir de neufves chouses qui y convient; par cédulle du Roy randue en ce terme à
court, mardi xvi jours d'avril, le Roy à Saint-Pol à
Paris,   9 l. 12 s. p.

Raoullet le Gay, sommelier de la Chappelle le Roy,
pour mises faites par lui du premier jour de janvier
iii^c iiii^{xx}, jusques au premier jour de juillet ensuivant,
l'an m.ccc.iiii^{xx} et un. C'estassavoir, en croichez granz
et petiz, corde menue, et pour parer et déparer aubes
et amiz desdictes chappelles, et pluseurs autres choses;
par cédulle dudit messire Clément, randue à ce terme
à court, dymanche xxx et derrenier jour de juing, le
Roy au Boys de Vincennes. Argent,   4 l. 10 s. p.

Jehannin Bricon , sommelier de Chappelle de mons. de Valois, pour faire parer et déparer les aubes et amiz des chappelles dudit seigneur en tout ce terme, ce jour, le Roy illec. Argent, 24 s. p.

Somme pour Chappelle. 20 l. 10 s. p.

CHAMBRE AUX DENIERS.

Pierre d'Araines, relieur de livres, demourant en la rue neufve Nostre-Dame à Paris, pour relier ii livres de grous parchemin fort, pour estraire les parties extraordinaires pour la despense de l'ostel le Roy, lundi premier jour d'octobre, le Roy à Meleun-sus-Sayne. 6 s. p.

Messire Guillaume de Gaillonnel, chevalier et maistre d'ostel du Roy, et Guillaume Perdrier, maistre de la Chambre aux deniers, pour despenz fais à aler porter lettres de par le Roy, de Meleun à Paris, à mons. de Bourgoigne et à mons. de Bourbon, pour ordener de la finance de l'ostel du veage de Rains, jeudi iv jours d'octobre, le Roy illec. Argent, 4 l. p.

Gillet le Séneschal, espicier et vallet de chambre, pour iiii mains de papier de petite fourme, achetées de lui pour la Chambre aux deniers, 2 s. 6 d. p. la main, mecredi x jours d'octobre, le Roy à Meleun. Argent, 10 s. p.

Lui, pour iiii livres cire vermeille, achetées de lui pour ladicte Chambre, ce jour, illec, 20 s. p.

Jaquet aux Connins, pour une bouteille de cuir neufve, achetée de lui pour mettre enque en ladicte Chambre, ce jour, illec, 6 s. p.

Girardin Grosselin, pour une bouteille d'enque,

7

achetée de lui pour ladicte Chambre, et pour fil et
aiguilles, lundi xv jours d'octobre, le Roy illec, 3 s. p.

Pierre du Fou, demourant à Paris, pour une somme,
achetée de lui pour 1 des sommiers de la Chambre
aux deniers, et pour unes besasces de cuir, ce jour
illec. Argent.   4 l. p.

Jehan Haussepié, demourant à Meleun, pour relier
un livre de grous parchemin, pour estraire les debtes
de l'Ostel, et pour une tablete à trancher parchemin,
venredi xix jours d'octobre, le Roy illec, 11 s. 8 d. p.

Nycholas le Flament, pour ii draps de pers de Louviers, achetés de lui pour faire bureaux en ladicte
Chambre, contenans xxxi aulnes, à mouiller et à tondre, ce jour, illec,   28 l. 16 s. p.

Jehan de Beauvez, tondeur, pour tondre, mouiller
et retondre les diz bureaux, ce jour, illec,   30 s. p.

Jehan Bernier, pour la façon de iiii bureaux ouller
tout entour, ce jour, illec,   16 d. p

Pierre du Fou, pour iiii coffres neufs, ferrez de
bandes de fer, achetés de lui pour ladicte Chambre,
touz garniz de serreures, ce jour, illec,   11 l. 4 s. p.

Ledit Pierre, pour unes granz bouges de cuir neufves, à porter argent sus un sommier, et pour unes autres
petites bouges portatives, ce jour, illec, 4 l. 16 s. p.[1]

Jehan de Brebant, demourant en la Grant rue
Saint-Denis, pour ii paires de bouges portatives,
dont les unes sont fermant à clefs, achetées de lui, ce
jour, illec,   48 s. p.

Jehan de la Chambre, pour iii pièces de feustre, achetées de lui pour ladicte Chambre, ce jour, illec, 8 s. p.

1. « Sᵉ. 57 l. 18 s. 8 d. p. »

Guillaume Perdrier, maistre de la Chambre aux deniers, pour despenz faiz à aler acheter les choses dessusdictes et besongner pour ladicte Chambre, en demourant illec par x jours, 20 s. par jour, ce jour, illec. Argent,   10 l. p.

Jehan Bourdon et Jehannin Rousselet, pour despenz faiz à aler de Meleun à Paris, querre lesdictes choses et besongner certaines besongnes pour le Roy, par v jours, ce jour, illec,   34 s. p.

Jehannin le Serreurier, pour ii serreures et ii clefs mises ès coffres de ladicte Chambre, ce jour, illec, 32 s. p.

Gillet le Séneschal, pour ii mains de papier et un quarteron cire vermeille, achetés de lui pour ladicte Chambre, mardi xxiii jour d'octobre, le Roy illec,   6 s. 3 d. p.

Girardin Grosselin, demourant à Meleun, pour iiii mains de papier, 18 d. p. la main, achetées de lui, mecredi xxiiii jours d'octobre, illec,   6 s. p.

Raymon Raguier, pour une bouteille d'enque, ce jour, illec,   2 s. p.

Symon de la Roiche, messagier, envoié de Meleun à Paris, querre les bureaux et coffres pour ladicte Chambre, jeudi xxv jours d'octobre, illec,   8 s. p.

Roquier, demourant ou Cimetière Saint-Jehan à Paris, pour appareiller unes aumoires et y mettre i ais, à mettre escriptures en ladicte Chambre, dymanche xxviii jours d'otobre, à Chastel-Thierry. Argent, 8 s. p.

Perrin Bidehout et Jehannin Tarenne, envoiez de Meleun à Paris, querre argent et autres choses pour l'ostel, mardi xxx jours d'octobre, le Roy disner à Coinssy, giste à Fère,   20 s. p.

Raimon Raguier, pour une bouteille d'enque, fil,

poincons et esguilletes, achetés par lui pour ladicte Chambre, mardi xiii jours de novembre, le Roy au Palais, 6 s. p.

Guiot Filleau, pour iii^c de gettouers, et iii chandelliers de cuivre, achetés par lui pour ladicte Chambre, mardi xx jours de novembre, le Roy au Louvre. Argent, 20 s. p.

Pierre du Fou, coffrier, demourant à Paris, pour ii petiz coffrez à mettre cédulles, et iii boursses à mettre gettouers en ladicte Chambre, jeudi xxix jours de novembre, le Roy illec. Argent, 30 s. 8 d. p.[1]

Verzi, coustellier, demourant en la Cossonnerie à Paris, pour le reste des canivès de la livrée derrenierement passée oubliée à compter, mardi xi jours de décembre, le Roy au Bois de Vincennes, 24 s. p.

Guillaume Perdrier, maistre de la Chambre aux deniers, et messire Laurens Bourdon, contrerolleur, pour despenz d'eulx et de leurs chevaux faiz à Paris, pour demourer pour les ordenances et besongnes du Roy, par iiii jours, samedi xv jours de décembre, le Roy estant au Bois. Argent, 4 l. p.

Rogier le Clousier, pour une bouteille neufve à mectre enque, et emplir ladicte bouteille, samedi xxii jours de décembre, le Roy illec, 6 s. 4 d. p.

Gillet le Séneschal, pour v mains de papier de la petite fourme, achetées de lui pour ladicte Chambre, 2 s. 6 d. p. la main, lundi xxxi et derrenier jour de décembre, illec, 12 s. 6 d. p.

Denisot Brule, pour une bouteille d'enque, mecredi ix jours de janvier, le Roy au Bois de Vincennes, 2 s. p.

---

1. « S^e. 21 l. 8 s. 11 d. p. »

Jehan Noble, pour IIII mains de papier de petite fourme, achetées de lui jeudi XXXI et derrenier jour de janvier, le Roy illec,   10 s. p.

Jehan Lescrivain, pour une bouteille d'enque pour ladicte Chambre, lundi IIII jours de février, illec,
2 s. p.

Guillaume Perdrier, maistre de la Chambre aux deniers, pour despenz faiz par lui ès mois de janvier et février, à pourchasser argent devers mons. d'Anjou pour la despense de l'Ostel, venredi VIII jours de février, le Roy disner à Saint-Denis, soupper et giste à Louvres en Parisy,   8 l. p.

Jehan de la Roiche, messagier, pour une bouteille d'enque achetée par lui pour ladicte Chambre, et II liaces corde menue, mecredi XX jours de février, le Roy à Saint-Denis,   5 s. 8 d. p.

Bernart Thibaut, envoié de Saint-Denis à Sanliz, dire aux bonnes gens d'illec que l'en ne pourroit paier ce jour, dymanche XXIIII jours de février, illec, 12 s. p.

Gillet le Séneschal, pour IX mains de pappier de la petite fourme, achetées de lui pour la chambre du Roy et Chambre aux deniers, 2 s. 6 d. p. la main, jeudi XXVIII et derrenier jour de février, le Roy illec,
22 s. 6 d. p.

Lui, pour demie livre cire vermeille pour ladicte Chambre, ce jour illec,   2 s. 6 d. p.[1]

Jehannin Marie, pour XII douzaines d'aguillettes à atacher les escroes des IV offices, plumes à escrire et ruilles de fer, mecredi VI jours de mars, le Roy à Meleun. Argent,   10 s. p.

1. « S^a. 16 l. 19 s. 6 d. p. »

Guillaume Perdrier, maistre de la Chambre aux deniers, pour ses despenz faiz à aler paier, de Meleun à Sanliz, par v jours, jeudi xiiii jours de mars, le Roy disner à Franconville et giste à Pontoise, 6 l. 8 s. p.

Colin Flamel, pour une bouteille d'enque, fil et esguilles pour ladicte Chambre, jeudi xxi jour de mars, le Roy disner et giste à Espineul, 3 s. p.

Millet de Bures, messagier, envoié de Paris à Meaulx devers le receveur de l'ordinaire d'illec, jeudi iiii jours d'avril, le Roy à Saint-Pol à Paris, 10 s. p.

Jehan le Court, pour un cent de gettouers et une boursse, achetés de lui pour le maistre de la Chambre aux deniers, ce jour, illec, 7 s. p.

Colin Flamel, pour une bouteille d'enque, mecredi x jours d'avril, illec, 3 s. p.

Gillet le Séneschal, pour viii mains de pappier, achetées de lui pour la chambre du Roy et Chambre aux deniers, lundi xxix jours d'avril, le Roy à Meleun, 20 s. p.

Lui, pour demie livre cire vermeille, achetée de lui pour ladicte Chambre, ce jour, illec, 2 s. 6 d. p.

Jehan le Parcheminier, demourant à Meleun, pour une bouteille d'enque et une peau de parchemin, mardi vii jours de may, le Roy à Meleun, 5 s. p.

Gillet le Séneschal, pour ii mains de papier pour ladicte Chambre, venredi xxiiii jours de may, le Roy illec, 5 s. p.

Girardin Grosselin, pour ii mains de papier de l'euvre de Mainssy[1], et demie livre cire vermeille pour ladicte Chambre, ce jour, illec. Argent, 5 s. 4 d. p.

---

1. Ce lieu, qui ne devait pas être éloigné de Melun, se trouve, plus bas, écrit : Meinssy.

Raymon Raguier, pour fil, esguilles et autres menues chouses, achetées par lui pour ladicte Chambre,
dymanche xvi jours de juing, le Roy au Bois de Vincennes. Argent, 8 s. p.

Ledit Raimon, pour une bouteille d'enque, achetée
par lui pour ladicte Chambre, mardi xxv jours de juing,
le Roy illec, 2 s. 4 d. p.

Jehan de Caux, parcheminier, pour xii grosses botes
de parchemin, achetées de lui au Lendit pour ladicte
Chambre, 20 s. p. la bote, dymanche xxx et derrenier jour de juing, le Roy au Bois de Vincennes. Argent, 12 l. p.

Jehan le Parcheminier, demourant à Paris, pour
rère ledit parchemin de deux pars, 6 s. p. pour bote,
ce jour, illec, 72 s. p.

Jehan le Bossu, gaynier, demourant en la Tablete-
rie, Verzi, coustellier, demourant en la Cossonnerie,
et Jehanne l'Estoferresse de boursses, demourant en
ladicte rue, pour xii escriptoueres neufves, garnies de
cornez, canivez, et laz de soye, pour la Chambre aux
deniers, achetées d'eulx 26 s. 8 d. p. la pièce, ce
jour, illec, 16 l. 16 s. p.[1]

Somme pour Chambre aux deniers,
139 l. 4 s. 3 d. parisis.

QUERRE DENIERS.

Jehannin Piet, pour portaige de 2000 l. t. que ledit
Jehannin fist porter, de l'ostel Francois Chanteprime
jusques en l'ostel Guillaume Perdrier, maistre de la

1. « Sᵃ. 42 l. 17 s. 2 d. p. »

Chambre aux deniers, demourant en la Viez rue du Temple, et pour panniers achetés par lui à porter ledit argent, jeudi IIII jours d'octobre, le Roy à Meleun,   12 s. p.

Guillaume Perdrier, maistre de la Chambre aux deniers, pour despenz de lui, I clerc, I varlet et III chevaux, faiz en alant du Boys à Meleun, querre 4000 franz qui estoient en la tour du chastel, pour la despense de l'Ostel, mardi IIIIe jours de décembre, le Roy à Saint-Pol. Argent,   32 s. p.

Jehannin Marie, sommelier de la Chambre aux deniers, pour les despenz de lui et d'un cheval, faiz en alant de Paris à Meaulx, querre argent devers le receveur, pour la despense dudit Hostel, par III jours, 6 s. p. par jour, samedi XXIIe jours de décembre, le Roy au Bois de Vincennes. Argent,   18 s. p.

Guiot Filleau, envoié du Bois de Vincennes à Meleun, paier la despense madame Katherine de France, en demourant illec et pour son retour, par III jours, 6 s. p. par jour, lundi XXXIe et derrenier jour de décembre, le Roy disner aux Bois de Vincennes, soupper et giste au Palais,   18 s. p.

Jehannin Marie, pour despenz faiz à compter et recevoir argent du Trésor, par la main Pierre de Soissons, changeur dudit Trésor, et pour portaige de 1735 francs dudit Trésor jusques en l'ostel Guillaume Perdrier, maistre de la Chambre aux deniers, demourant en la Viez rue du Temple, mecredi IXe jours de janvier, le Roy illec,   6 s. p.

Jehannin Piet et Jehannin Marie, pour despenz faiz à recevoir argent du Trésor, par la main dudit Pierre de Soissons, pour la despense dudit Hostel, et pour portaige dudit argent en l'ostel Guillaume Perdrier, maistre de la Chambre aux deniers, en la Viez rue du Temple, samedi xixe jour de janvier, illec, 6 s. p. ¹.

Maistre Jehan Perdrier, clerc de la Chambre aux deniers, pour despenz faiz à pourchasser argent au Trésor, par la main des trésoriers, par jour et demi, mecredi xxxe jour de janvier, à Saint-Pol,   8 s. p.

Jehannin Piet, envoié querre argent de Paris à Meaulx, par ii jours, alant et venant, venredi viiie jour de février, disner à Saint-Denis, giste à Louvres. Argent,   12 s. p.

Jehannin Marie, pour despenz faiz à Paris, en pourchassant argent pour la despense de l'Ostel par devers le receveur de Paris, par i jour, lui deuxième, ce jour, illec,   6 s. p.

Guiot Filleau, envoié de Paris à Meaux, querre argent devers le receveur, pour la despense de l'Ostel du Roy, lequel estoit deu avant qu'il feust sacré, et apporta 40 frans; pour ce, alant et venant, mecredi xiiie jours de février, le Roy à Sanliz, argent, 12 s. p.

Maistre Jehan Perdrier, clerc de la Chambre aux deniers, pour despens faiz en alant de Sanliz à Paris, querre argent et escripz pour ladicte Chambre; en alant et venant, par ii jours, mecredi xiiie jours de février, le Roy illec,   12 s. p.

Jehannin Marie, envoié de Pontoise à Paris, querre argent pour la despense de l'Ostel, et son retour, samedi xvie jour de mars, le Roy disner et giste à Maubuisson. Argent,   6 s. p.

Guiot Filleau et le Bigois, envoiez de Meleun à

1. « S^t. 4 l. 12 s. p. »

Senz, porter une descharge pour la despense de l'Ostel au receveur d'illec, et pour leur retour, samedi
xxx⁰ jours de mars, disner à Leursaint et giste à Villeneuve-Saint-George. Argent,   40 s. p.

Jehannin Marie, envoié lui deuxiesme, de Meleun à
Paris, querre argent devers les trésoriers pour la despense de l'Ostel, par iii jours, venredi iii⁰ jour de
may, à Meleun. Argent,   28 s. p.

Jehannin Pict et Jehannin Marie, pour despenz faiz
Paris en recevant argent du Trésor et portaige dudit
argent en l'ostel du maistre de la Chambre aux deniers, venredi x⁰ jours de may, illec,   5. p.

Jehannin Marie, pour despenz faiz en alant de Meleun à Paris, querre argent pour la despense de l'Ostel, et pour porter ledit argent, et son retour, venredi
xvii⁰ jours de may, illec,   13 s. p.

Ledit Jehannin Marie, envoié de Meleun à Paris,
querre argent pour la despense de l'Ostel, en demourant illec et pour son retour xxv⁰ jours de may, le Roy
à Meleun,   12 s. p. [1].

Somme pour Querre deniers, 12 l. 7 s. parisis.

Somme pour Chambre le Roy, Chapelle, Chambre
aux deniers avec Querre deniers 1809 l. 12 d. p. [2].

DONS.

Messire Mahieu de Boissy, prestre lequel avoit
présenté au Roi i coffre fait en manière d'une tour,
pour don fait à lui par le commandement dudit sei-

1. « Sᵃ 7 l. 14 s. p. »
2. « QUINTA GROSSA. »

gneur, mardi ɪɪᵉ jours d'octobre, le Roy à Meleun.
Argent,   32 s. p.

Maistre Jehan Arcemalle, fol du roi, pour don fait
à lui par commandement dudit seigneur, pour avoir
chausses et souliers et autres menues nécessitez,
lundi xvᵉ jours d'octobre, illec,   16 s. p.

Monseigneur Domont, chambellan, pour argent
donné à ɪ varlet qui avoit présenté ɪ genest et une
espée au Roy de par le mareschal de Sanseurre,
randu audit mons. Domont qui les avoit prestez, par
cédulle dudit seigneur, séellée du séel du secret,
jeudi xvɪɪɪᵉ jours d'octobre, illec,   8 l. p.

Maistre Jehan, le foul, pour argent donné à lui par
commandement du Roy, présent mons. Adam de
Gaillonnel, pour avoir uns estiveaux à aler au sacre,
mecredi xxɪɪɪɪᵉ jours d'octobre, à Meleun,   16 s. p.

Perrin l'Oiseleur, pour don fait à lui pour gouverner les oyseaux du Roy qui sont en geole à Meleun, par
cédulle dudit seigneur, donnée xvᵉ jours d'octobre, ce
jour le roi disner à Vitry, soupper et giste au Vivier.
Argent,   4 l. 16 s. p.

Le Roy, pour don fait par lui à l'église de Barbeau, le vɪɪɪᵉ jour d'octobre, qu'il fut reçeu à procession en son premier advenement, 20 frans, lesquelx
furent randus au sire de Vergy qui les avoit prestez, si
comme il appert par cédulle dudit seigneur, dymanche xxvɪɪɪᵉ jours d'octobre, le roy à Chasteau-Thierry.
Argent,   16 l. p.

Les héraux du duc de Brebant, qui estoient venuz
devers le Roy à Rains, pour don fait à eulx, par
cédulle dudit seigneur, 60 frans, mardi vɪᵉ jours
de novembre, le Roy disner à Saint-Thierry l'Ab-

baie, soupper et giste au Neuf-Chastél sus Aisne. Argent, 48 s. p.

Sausset de Fretin, huissier d'armes du Roy, pour argent presté par lui, à donner aux ménestriers qui avoient joué devant le Roy de bassins et d'un ours, par commandement dudit seigneur et de mons. de Bourgoigne, 3 frans, venredi ix jours de novembre, le Roy disner à Boudrevillle, giste à Nantueil-le-Hodouin. Argent, 48 s. p.

Monseigneur Philebert de l'Espinace, pour 2 frans presté par lui par commandement du Roy, à donner à I varlet qui avoit aporté I chardonnerel blanc audit seigneur, dymanche xxv jours de novembre, le Roy au Louvre. Argent, 32 s. p.

Ledit messire Philebert, pour argent donné à I foul par commandement dudit seigneur, ce jour, illec, 4 frans [1], vallent 64 s. p.

Jehan de Clichi en la Garanne, lequel avoit aporté I esmérillon au Roy, pour don fait à lui, par commandement dudit seigneur, lundi xxvi jours de novembre, illec, 8 s. p.

Jehan le Sage et Cuillemin, ménestriers, lesquelx avoient joué de leur mestier devant le Roy, pour don fait à eulx par commandement dudit seigneur, à la relacion du Grant maistre d'Ostel, jeudi vi jours de décembre, au Boys de Vincennes. Argent, 4 l. 16 s. p.

Messire Olivier de Jussy, par argent baillé à lui par le commandement du Roy et de mons. de Bourgoigne, pour donner à certains messagers qui avoient amené chiens de par le conte de Flandres, qui les

1. « Sª 87 l. 4 s. p. »

donnoit au Roy, pour ce 30 frans, si comme il appert par cédulle, mardi xi jours de décembre , illec. Argent, 24 l. p.

Agasse d'Anjou (ou Daniou), demeurant à Meleun, pour don fait à elle, pour ce qu'elle avoit nourry i petit servot[1] par l'espace de demi an ou environ, à la relacion de mons. Domont, venredi xiiii jours de décembre, illec, 48 s. p.

Maistre Jehan le Foul, pour don fait à lui, par commandement du Roy et de mons. de Bourgoigne, pour quérir ses neccessitez, dymanche xvi jours de décembre, illec, 16 s. p.

Les Enfans de la Sainte-Chappelle du Palais à Paris, lesquelx estoient venuz aider à dire le service le jour de Noël au Boys de Vincennes, pour don fait à eulx pour une foiz, par cédulle dudit seigneur, 10 frans, mardi xxi jours de décembre, jour de Noël, illec. Argent, 8 l. p.

Le père grant Jehan , fol du Roy, qui estoit venuz devers le Roy, pour don fait à lui, par commandement dudit seigneur, pour s'en retourner en son pais, venredi xxviii jours de décembre , illec. Argent, 4 l. 16 s. p.

Lyonnet le Ménestrel, lequel avoit joué de son mestier devant le Roy, pour don fait à lui, par commandement dudit seigneur et de mons. de Bourgoigne, ce jour illec, 4 l. p.

Bakart, de la Fruicterie monseignenr de Flandres, lequel avoit aporté ii petiz singes et ii poulles d'Ynde de par mondit seigneur de Flandres, pour don fait à

1. Il y au texte : *suot*, avec signe d'abréviation sur l'*s*.

lui par commandement du Roy et de mons. de Bourgoigne, si comme il appert par cédulle, 20 frans,
mardi premier jour de janvier. Argent,   16 s. p. [1].

Robin le Rousselet, oyseleur du Boys de Vincennes,
pour don fait à lui par cédulle du Roy, à la relacion
de mons. le duc de Bourgoigne, pour acheter fil à
faire roiz à tendre au Boys de Vincennes, 10 frans,
mecredi ii jours de janvier, le Roy disner et giste au
Boys de Vincennes. Argent,   8 l. p.

Maistre Jehan le Fol, pour don fait à lui, par commandement du Roy, et de mons. de Bourgoigne, pour
avoir plusieurs de ses neccessitez, venredi iiii jours de
janvier, illec,   32 s. p.

Boce le Mareschal, héraut de monseigneur de
Brebant, lequel avoit apporté lettres au Roy, pour
don fait à lui par commandement dudit seigneur et
par cédulle, 20 frans, mardi xxii jours de janvier,
le Roy illec,   16 l. p.

Maistre Jehan le Fol, pour don fait à lui par commandement du Roy et de mons. d'Anjou, pour avoir
chausses et souliers, par ii foiz, mecredi xxiii jours
de janvier, illec,   18 s. p.

Jehan François, de Neelle en Santois, lequel avoit
présenté au Roy ii soingnées[2], l'une en façon d'un
dragon et l'autre en façon d'un signe, pour don fait à

1. « Sª 65 l. 4 s. p. »
2. *Deux soingnées.* Sans doute des ouvrages en cire. On lit
dans les lettres de rémission de l'an 1398 (JJ. 154, nº 2) : « Certaine rente ou redevance annuelle appelée soignée.... laquelle soignée vault trois achins d'avoine, un septier de vin, deux *soignées*
de cire, etc. »

lui par commandement du Roy et de mons. de Bourgoigne, 3 frans, ce jour, illec,   48 s. p.

Pieron, palefrenier de mons. de Bourgoigne, lequel
avoit présenté une haquenée au Roy de par monditseigneur de Bourgoigne, pour don fait à lui par cédulle dudit seigneur, 12 frans, samedi ıx jours de février, le Roy, disner à la Chappelle-en-Sourtval, souper et giste à Sauliz. Argent,   9 l. 12 s. p.

Jehan, frère meneur, lequel avoit présenté au Roy
xxıııı chappons lombars de par le conte de Flandres,
pour don fait à lui par cédulle dudit seigneur, 10
frans, lundi xı jours de février, à Senliz,   8 l. p.

Maistre Jehan le Fol, pour don fait à lui par commandement du Roy et de M. de Bourgoigne, pour avoir
des soulers, venredi xxv jours de février, illec, 6 s. p.

Guillaume d'Orenge, lequel présenta au Roy 1 genest
de par le conte de Tancarville, pour don fait à lui par
commandement dudit seigneur, si comme il appert
par cédulle, 10 frans, mardi v jours de mars, le Roy
à Meleun. Argent,   8 l. p.

Le clerc à l'évesque de Dol, lequel avoit présenté
au Roy anguilles salées du pais de Bretangne, pour don
fait à lui par commandement dudit seigneur et de
mons. de Bourgoigne, jeudi vıı jours de mars, à Meleun. Argent,   32 s. p.

Jehan, frère meneur, poullaillier, lequel avoit présenté quocs et gelines gregeoys au Roy de par le
conte de Flandres, pour don fait à lui, par cédulle
dudit seigneur et du commandement de mons. de
Bourgoigne, 10 frans, mecredi xııı jours de mars, le
Roy disner au Pont de Charenton, giste à Saint-Denis.
Argent,   8 l. p.

Jehan Prévost, héraut de Trie, lequel avoit aporté
nouvelles au Roy, pour don fait à lui par cédulle dudit seigneur, 12 frans, dymanche xvii jours de mars,
le Roy à Maubuisson. Argent,   9 l. 12 s. p.

Le palefrenier de mons. de Bourbon, lequel avoit
présenté au Roy un roncin de par mondit seigneur de
Bourbon, pour don fait à lui par cédulle du Roy,
14 frans, mecredi iii jours d'avril, le Roy disner à
Saint-Pol, giste à Saint-Denis. Argent, 11 l. 4 s. p.

Jehan de Roquemont, pannetier, et Adenet de Gaillonnel, vallet tranchant, pour don fait à eulx, sur un
giste en quoy les habitans de la ville de Veesli estoient
tenuz au Roy à son joyeux advènement, si comme il
appert par cédulle dudit seigneur, samedi vi jours
d'avril, à Saint-Pol à Paris,   100 l. p.

Jehan le Chien et Symon le Poullaillier, lesquelx
avoient apporté en la Chambre aux deniers du Roy
un lou; pour don fait à eulx, lundi viii jours d'avril,
le Roy à Saint-Pol à Paris,   5 s. p[1].

Messire Adam de Gaillonnel, chambellan, pour don
fait par lui à un povre enfant qui n'avoit nulles mains,
par commandement du Roy, mecredi x jours d'avril,
illec,   16 s. p.

Frère Pierre de Cloye et frère Guillaume, son compaignon, confesseurs du commun, pour argent donné
à eulx pour leurs robes d'une année, comptée en ce
terme, par cédulle du Roy, dymanche xiiii jours
d'avril, jour de Pasques, illec. Argent,   32 l. p.

---

1. « S°. 85 l. 4 s. p. »
Cette prime de cinq sous parisis pour la capture d'un loup
n'avait pas varié depuis le xiiie siècle.

Le clerc de la paroisse de Saint-Pol, lequel avoit
apporté eaue benoiste devers le Roy, pour don fait
à lui par commandement dudit seigneur, ce jour,
illec,   16 s. p.

Les compaignons qui jouèrent de la Passion devant
le Roy, pour don fait à eulx par commandement dudit seigneur, mardi xvj jours d'avril, illec,   32 s. p,

Jehan Hellouis, pallefrenier mons. d'Anjou, lequel
avoit présenté au Roy un courcier de par ledit seigneur d'Anjou, pour don fait à lui par cédulle du Roy,
20 frans, venredi xxvj jours d'avril, le Roy à Meleun.
Argent,   16 l. p.

Jehan du Val, povre enfant, lequel avoit joué de
l'aubeleste devant le Roy[1], pour don fait à lui par commandement dudit seigneur, pour avoir une aubeleste,
mardi vij jours de may, illec. Argent,   16 s. p.

Thevenin Lami et iii autres compaignons basteliers,
lesquelx pridrent 1. cerf en Saine devant le Roy;
pour don fait à eulx par commandement dudit seigneur, dymanche xiii jours de may, le Roy disner au
Liz, giste à Meleun. Argent,   16 s. p.

Le filz Jehanne de la Roiche, de l'aage de iiii ans,
lequel chanta ce jour; pour don fait à lui par commandement dudit seigneur, mardi xiiii jours de may,
illec,   16 s. p.

Jehannin Poquet, povre enfant, lequel le Roy envoia querre pour jouer aux barres devant lui avec les
autres enfanz de son hostel, pour don fait à lui par
commandement dudit seigneur, jeudi xvi jours de may,
illec,   16 s. p.

---

1. C'est-à-dire tiré de l'arbalète.

Maistre Jehan le Fol, pour don fait à lui par commandement du Roy, pour avoir de la robe à l'Ascencion, 4 frans, lundi xx jours de may, illec,   64 s. p.

Geuffroy de Cossigny, basteleur, lequel avoit joué
devant le Roy de son mestier; pour don fait à lui par
commandement dudit seigneur, mardi xxɪ jours de
may, illec,   32 s. p. [1]

Martin Dancart, Hennequin Dancart, Jehan Thomas,
Symonne Luiliere et Regnaut le Baut, de Bretangne,
qui avoient fait mestier devant le Roy; pour don fait
à eulx par cédulle dudit seigneur, lundi xxɪɪɪ jours de
may, illec,   40 l. p.

Hennequin Callemadin, ménestrel, lequel a dit Diz
de bouche, devant le Roy, pour don fait à lui par cédulle dudit seigneur, 10 frans, ce jour, illec,   8 l. p.

Les galopins de la Cuisine, lesquelx avoient apporté
xxɪɪ jeunes choues[2] au Roy pour son esbatement; pour
don fait à eulx par commandement dudit seigneur,
samedi xxv jours de may, le Roy disner et giste au
Boys de Vincennes,   16 s. p.

Jehan de Roustat, lequel avoit présenté au Roy
ɪɪ ars d'if; pour don fait à lui par commandement
dudit seigneur, dymanche xxvɪ jours de may, le
Roy disner à Meleun, soupper et giste à Meinssy.
Argent,   32 s. p.

Brizcion, joueur de la corde, lequel avoit joué de
son mestier devant le Roy, pour don fait à lui par
commandement dudit seigneur, mardi xxvɪɪɪ jours de
may, à Meleun,   32 s. p.

1. « Sᵃ. 159 l. 9 s. p. »
2. Chouettes.

Jehan le Picart, joueur de basteaux, pour samblable don à lui fait par commandement dudit seigneur, ce jour, illec,   16 s. p.

Jehan Quatre-Costes, demourant à Croisenay, lequel a présenté au Roy des oyseaulx et chappeaux de roses par pluseurs foiz; pour don fait à lui par cédulle dudit seigneur, 3 frans, mecredi xxix jours de may, illec,   48 s. p.

Guiart de l'Escluze, lequel présenta au Roy 1 canon de bois et 1 petit engin à traire; pour don fait à lui par cédulle dudit seigneur, 10 frans, ce jour, illec,   .   8 l. p.

Colinet le Charpentier, povre enfant, lequel avoit soigné les chaces du Roy au jeu de paume, pour don fait à lui par ledit seigneur, ce jour, illec,   16 s. p.

Jehan le Noble, mercier, lequel a baillé au Roy par pluseurs foiz esteufs à jouer à la paume, pour don fait à lui par ledit seigneur, ce jour, illec,   4 l. 16 s. p.

Jehan le Héraut, foul, pour don fait à lui par commandement du Roy, dymanche ii jours de juing, le Roy à Saint-Pol à Paris. Argent,   16 s. p.

Les héraux et ménestriers qui ont esté devers le Roy le dymanche iie jour de juing, le jour de Penthecouste, pour don fait à eulx par cédulle dudit seigneur, ce jour, illec,   80 l. p.

Colinet Parent, Germain Gasteblé, Jehan le Prévost et Symonnet le Prévost, ménesterelx mons. le connestable de France, lesquelx jouèrent ce jour devant le Roy; pour don fait à eulx par cédulle dudit seigneur, mardi iiii jours de juing, illec,   16 l. p.

Sausset de Fretin, huissier d'armes du Roy, pour argent donné à une povre femme par lui, du com-

mandement dudit seigneur, randu ledit argent audit
Sausset, mardi xı jours de juing, au Bois de Vincennes.
Argent,   32 s. p.

Jehan de Paris, basteleur, lequel avoit joué de son
mestier devant le Roy, pour argent donné à lui par
commandement dudit seigneur, samedi xv jours de
juing, illec,   16 s. p.

Colin le Franc, lequel avoit présenté 1 cheval à
mons. de Valois de par le Maistre des aubalestriers,
pour don fait à lui du commandement du Roy, 4 frans,
dymanche xxx et derrenier jour de juing, illec. Argent,   64 s. p.

Les ménesterelx de la ville de Monstereul, qui faisoient la feste de la ville le jour Saint Père, lesquelx
jouèrent devant le Roy; pour don fait à eulx par commandement dudit seigneur, ce jour, illec,   64 s. p.

Jehan de la Marche, foul, lequel prescha devant le
Roy, pour don fait à lui par commandement dudit
seigneur, ce jour, illec,   16 s. p. [1]

Somme pour Dons, 572 l. 5 s. parisis.

AUMOSNES.

Sausset de Frétin, huissier d'armes du Roy, pour un
franc donné pour Dieu, par commandement du Roy,
à un pauvre devant le Palais, en alant disner en l'ostel de Bourgoigne devers les dames de Poissy, dymanche
ix jours de décembre, le Roy disner illec, giste à Saint-
Pol. Argent,   16 s. p.

Le clerc de la parroisse de Monstereul, lequel ap-

1. « Sª. 175 l. 4 s. p. »

porta eaue benoiste devers le Roy, au Boys de Vincennes, pour aumosne faite à lui du commandement
dudit seigneur, dymanche xvi jours de décembre, au
Boys de Vincennes. Argent,   16 s. p.

Frère Maurice de Collenges, confesseur du Roy, pour
aumosne secrete faicte par lui pour ledit seigneur le
jour de Noël qu'il fut commenié, par cédulle dudit
confesseur, séellée de son séel, randue en ce terme à
court, mardi xxv jours de décembre, le Roy au Boys
de Vincennes. Argent,   40 s. p.

Le clerc de la parroisse de Monstereul, lequel avoit
apporté eaue benoiste devers le Roy, pour aumosne
faicte à lui par commandement dudit seigneur et de
mons. de Bourgoigne, dymanche xxx jours de décembre, illec,   16 s. p.

Ledit clerc, pour samblable cause, dymanche
vi jours de janvier, illec,   16 s. p.

Ledit clerc, semblablement, dymanche xiii jours
de janvier, illec,   16 s. p.

Ledit clerc, pour ce, dymanche xx jours de janvier,
illec,   16 s. p.

Les enfans de cueur de Nostre-Dame de Sanliz, lesquelx avoient apporté eaue benoiste devers le Roy,
pour aumosne faicte à eulx, dymanche xvii jours de
février, à Senliz. Argent,   16 s. p.

Le clerc de la parroisse de Monstereul, lequel
avoit apporté eaue benoiste devers le Roy, pour
aumosne faicte à lui par ledit seigneur, dymanche
xxxi et derrenier jour de mars, au Bois de Vincennes. Argent,   16 s. p.

Le clerc de la parroisse de Saint-Pol, lequel avoit
apporté eaue benoiste devers le Roy, dyman-

che vii jours d'avril, le Roy à Saint-Pol à Paris.
Argent, 16 s. p.

Frère Maurice de Collenges, confesseur du Roy,
pour aumosne faicte par lui pour ledit seigneur, le
jour de Pasques qu'il fut commenié, si comme il appert par cédulle dudit confesseur, dymanche xiii jours
d'avril, à Saint-Pol. Argent, 40 s. p.

Le clerc de la parroisse de Saint-Étienne à Meleun,
lequel avoit apportée eaue benoiste au disner du Roy,
pour aumosne faicte à lui par commandement dudit
seigneur, dymanche xxviii jours d'avril, à Meleun.
Argent, 16 s. p.

Ledit clerc, pour samblable aumosne, dymanche
v jours de may, illec, 16 s. p.

Ledit clerc, samblable aumosne, dymanche xix jours
de may, illec, 16 s. p.

Ledit clerc, samblable aumosne, dymanche xxvi
jours de may, illec, 16 s. p.

Le clerc de la parroisse de Saint-Pol, samblablement, dymanche ii jours de juing, le Roy à Saint-Pol.
Argent, 16 s. p.

Le clerc de la parroisse de Monstereul, samblable
aumosne, dymanche ix jours de juing, jour de la Trinité, le Roy au Boys de Vincennes. Argent, 16 s. p.

Frère Maurice de Collenges, confesseur, pour aumosne secrette faicte par lui pour ledit seigneur, le
jour de la Trinité qu'il fut commenié, par cédulle dudit confesseur, ce jour, illec, 40 s. p.

Le clerc de la parroisse de Montereul, qui avoit
apportée eaue benoiste devers le Roy, pour aumosne
faicte à lui, dymanche xxiii jours de juing, le Roy
illec, 32 s. p.

Ledit clerc, pour ce, dymanche xxxi et derrenier jour de juing, illec,   16 s. p.

Somme pour Aumosnes, 20 l. 8 s. parisis.

LE COMPTE DE L'AUMOSNE.

Maistre Michiel de Crenay, soubz aumosnier, pour xxxvi pourceaux achetés par lui d'un marchant de Paris, pour départir et donner en aumosne à pluseurs maladeries, religieux, hospitaux, hostelx-Dieu, à Paris et ailleurs, par cédulle dudit maistre Michiel randue en ce terme à court, chascun 43 s. p. Argent,   77 l. 8 s. p.

Lui, pour iiii sextiers de sel à saler lesdiz pourceaux, 20 s. p. le sextier, par ladicte cédulle; et pour tuer lesdiz pourceaux,   8 l. 8 s. p.

Lui, pour lxxviii milliers de haranz sors, achetés par lui de Jehan le Bossu, poissonnier ès halles de Paris, pour départir comme dit est, par ladicte cédulle randue comme dessus, chascun millier 6 l. 16 s. 1 d. ob. p. Argent,   530 l. 17 s. 9 d. p.

Ledit maistre Michiel, pour faire charier et charger, amener ledit haranc, de l'ostel Jehan le Boçu jusques en l'ostel dudit soubz aumosnier, et autres menuz fraiz, par ladicte cédulle randue comme dessus. Argent,   30 s. 3 d. p.

Somme pour le Compte de l'aumosne,
618 l. 4 s. parisis.

DENIERS EN COFFRES ET OFFRANDES.

Le Roy, pour les offrandes cotidiennes faictes par lui, par iie lxxiii jours en tout ce terme, du premier jour d'octobre ccc 𝚗𝚗𝚟𝚒, jusques au premier jour de juillet ensuivant, ccc 𝚗𝚗𝚟𝚒 et un, lui estant en pluseurs lieux, 6 d. p. par jour, baillez à Raoulet le Gay, qui les avoit prestez, vallent   6 l. 16 s. 6 d. p.

Monseigneur de Valois, pour ses offrandes cotidiennes en tout ce terme, par autant de jours, lui estant en pluseurs lieux, 3 d. p. par jour, baillez à Bricon, clerc de Chappelle dudit seigneur, qui les avoit prestez. Argent,   68 s. 3. d. p.

Madame Katherine de France, pour ses offrandes cotidiennes faictes à sa grant messe, par vii𝚟𝚟xi jours en ce terme, qu'elle a esté ou gouvernement du Roy, puis le premier jour d'octobre, jusques au premier jour de mars ensuivant, qu'elle ala devers madame de Bourbon la Grant, à Saint-Marcel, 3 d. p. par jour, baillez à messire Philippe Chappellier, chappellain, qui les avoit prestez. Argent,   37 s. 9 d. p.

Le Roy, pour offrandes faictes à la croiz au Vivier en Brie, venredi xxvi jours d'octobre qu'il commança à offrir chascun venredi 1 franc, par cédulle, ce jour illec,   16 s. p.

Le Roy, pour offrandes faictes à la croiz par xxiii venredis, puis le premier jour de novembre jusqu'au premier jour de juillet, en ce terme, pour chascun venredi 1 franc. Argent,   26 l. 8 s. p.

Raoullet le Gay, sommelier de Chappelle du Roy, pour offrandes faictes par ledit seigneur, ce jour qu'il fu feste à Saint-Denis, à sa grant messe, randue audit Raoullet, qui les avoit prestez, mardi ix jours d'octobre, à Meleun,   3 s. 4 d. p.

Ledit Raoullet, pour les offrandes du Roy, faictes à sa grant messe ce jour que l'en fist le service du roy Charles, son père, que Dieux absoille, à Meleun, envoiez à lui par ledit Raoullet, mecredi xxiiii jours d'octobre, illec,   4 s. 4 d. p.

Ledit Raoullet, pour les offrandes du Roy faictes à sa grant messe le jour de Toussainz, à Ygny-l'Abbaie, envoiez à lui par ledit Raoullet, jeudi premier jour de novembre, le Roy à Ygny-l'Abbaie. Argent,   4 s. 4 d. p.

Jehan Bricon, sommelier de chappelle mons. de Valois, pour les offrandes dudit seigneur, faictes à sa grant messe le jour dessusdit, ou chastel de Fère en Tardenois, ce jour, le Roy comme dessus. Argent,   16 d. p.[1]

Le Roy, pour offrandes faictes le jour des Mors, que il oy sa grant messe à Ygny-l'Abbaie, venredi ii jours de novembre, giste à Gueux. Argent,   20 d. p.

Ledit seigneur, pour offrandes faictes à sa messe en l'église Nostre-Dame de Rainz, le jour qu'il fut sacré, envoiez à lui par Raoullet le Gay, sommelier de Chappelle, 13 frans, si comme il appert par cédulle dudit seigneur, dymanche iiii jours de novembre, le Roy disner et giste à Rainz. Argent,   10 l. 8 s. p.

Ledit seigneur pour offrandes faictes aux reliques de Saint-Remi de Rains, lundi v^e jour de novembre, qu'il oy sa messe illec, en son premier advenement, envoiez à lui par ledit Raoullet, par cédulle dudit seigneur, 16 frans; ce jour le Roy disner et giste à Saint-Remi de Rains. Argent,   12 l. 16 s. p.

Ledit seigneur, pour offrande faicte à la Sainte Oppolle (la Ste Ampoulle) et aux reliques de Saint-Remi

---

1. « S^a. 39 l. 19 s. 10 d. p. »

de Rains, où il ouy sa grant messe, mardi vi jours de novembre, le Roy disner à Saint-Thierry, giste au Neuf-Chastel sur Aysne, 4 frans, vallent,   64 s. p.

Ledit seigneur, pour offrande faicte à Nostre-Dame de Paris, qu'il ouy sa messe illec, samedi premier jour de décembre, à la revenue du sacre, en son premier advenement, 20 frans, par cédulle dudit seigneur, et baillé à mons. de Savoisy, lequel les avoit prestez; ce jour le Roy à Saint-Pol à Paris. Argent,   16 l. p.

Ledit seigneur, pour offrandes faictes aux reliques des religieuses de Poissy, à Paris, dymanche ix jours de décembre, qu'il ouy sa messe illec, envoiez à lui par Le Moyne, sergent d'armes, par cédulle dudit seigneur, lundi x jours de décembre, le Roy disner et giste au Boys de Vincennes. Argent,   16 l. p.

Ledit seigneur, pour offrande faicte par lui le jour de Noël, à sa grant messe, 3 frans, envoiez à lui par Raoullet le Gay, sommelier de Chappelle, mardi xxv jours de décembre, le Roy au Bois de Vincennes. Argent,   48 s. p.

Ledit seigneur, pour offrandes faictes par lui le jour de la Concepcion Nostre-Dame, à sa grant messe, envoiez à lui par ledit Raoulet, lundi xxi et derrenier jour de décembre, le Roy disner au Boys, soupper et giste au Palais. Argent,   4 s. 4 d.

Ledit seigneur, pour offrandes faictes par lui aux reliques de Poissy, dymanche ix jours de décembre, qu'il oy sa grant messe illec, envoiez à lui par ledit Raoulet, ce jour illec,   20 d. p.

Raoullet le Gay, pour offrandes faictes par le Roy à sa grant messe, à la Sainte-Chappelle du Palais, le premier jour de l'an, envoiez à lui par ledit Raoullet, mardi premier jour de janvier, le Roy au Palais. Argent,   4 s. 4 d. p.[1]

Jehannin Bricon, sommelier de la chappelle mons. de Valois, pour les offrandes dudit seigneur faictes à sa grant messe le premier jour de l'an, aux chanoines du Bois de Vincennes, envoiez à lui par ledit Bricon, mecredi II jours de janvier, illec,   16 d. p.

Le Roy pour offrandes faictes à sa grant messe, le jour des Roys qu'il ouy sa messe au Boys de Vincennes, 3 frans, baillez à Raoullet le Gay, sommelier de Chappelle, pour lui porter, dymanche VI jours de janvier, au Boys. Argent,   48 s. p.

Ledit seigneur, pour offrande faicte le jour de la Chandelleur, qu'il ouy sa messe au Boys de Vincennes, 5 frans, envoiez à lui par Raoullet le Gay, samedi II jours de février, le Roy audit lieu. Argent,   4 l. p.

Raoullet le Gay, pour les offrandes du Roy faictes à sa grant messe, VIII jours de février, que l'en fist le service du roy son père en l'église Saint-Denis, 13 blans, envoiez à lui par ledit Raoulet, venredi VIII jours de février, le Roy disner à Saint-Denis, soupper et giste à Louvres. Argent,   4 s. 4 d. p.

Le Roy, pour offrande aux reliques Saint-Denis, par ordenance de mons. d'Anjou, par cédulle dudit seigneur, 15 frans, ce jour, illec,   12 l. p.

Bricon, pour les offrandes de mons. de Valois, faictes XIX jours de février, en l'église Saint-Denis, envoiez à lui par ledit Bricon, mardi XIX jours de février, à Saint-Denis. Argent,   2 s. p.

1. « S^a. 61 l. 8 s. p. »

Le Roy, pour offrandes faictes au chief saint Denis, le jour de la Dédicace, qu'il ouy sa grant messe en ladicte église, envoiez à lui par Raoullet le Gay, par cédulle dudit seigneur, 15 frans, dymanche xxiiii jours de février, à Saint-Denis. Argent,   12 l. p.

Ledit seigneur, pour offrande faicte à sa messe, ce jour qu'il l'ouy illec, envoiez à lui par ledit Raoullet, 2 frans, ce jour, illec,   32 s. p.

Raoullet le Gay, pour les offrandes du Roy, faictes à sa grant messe le jour de la Cendre, envoiez à lui par ledit Raoullet, jeudi xxviii et derrenier jour de février, illec. Argent,   12 d. p.

Le Roy, pour offrande faicte à Nostre-Dame de Pontoize, samedi xvi jours de mars, qu'il ouy sa messe en son premier advenement, 5 frans, envoiez à lui par Guillaume Roussel, sergent d'armes dudit seigneur, samedi xvi jours de mars, le Roy disner et giste à Maubuisson. Argent,   4 l. p.[1]

Regnaut, sommelier de Chappelle du Roy, pour les offrandes dudit seigneur, faictes par lui à Maubuisson, à sa messe, le jour que l'on fist l'obsèque du roy Charles et de sa mère la duchesse; envoiez à lui par ledit Regnaut, 3 francs, lundi xviii jours de mars, illec. Argent,   48 s. p.

Le Roy et mons. de Valois, pour offrande faicte par eux aux reliques de Saint Denis, 12 frans, desquelx le Roi en offri 9, et mons. de Valois 3; jeudi 4 jours d'avril, le Roy à Saint-Pol. Argent,   9 l. 12 s. p.

Les diz seigneurs, pour offrande faicte par eulx à la croiz, ce jour qu'il fu Venredi Aouré, 8 frans, cest-

---

1. « Sª. 36 l. 8 s. 8 d. p. »

assavoir le Roy, 5, et mons. de Valois, 3; venredi
aouré, xii jours d'avril, illec. Argent,   6 l. 8 s. p.

Le Roy, pour offrande faicte le jour de Pasques, en
l'ostel de Saint-Pol, à sa grant messe, dymanche xiiii
jours d'avril, illec 3 frans. Argent,   48 s. p.

Le curé de Villeneufve-Saint-George, pour les offrandes du Roy faictes aux saintuaires, à sa grant
messe, le jour de la feste saint George, 4 frans; mardi
xxiii jours d'avril, le Roy à Villeneufve-Saint-George.
Argent,   64 s. p.

Raoullet le Gay, pour offrandes faictes par le Roy à
Saint-Pol, au Palais, à Saint-Denis et en pluseurs lieux
par pluseurs foiz, senz son offrande cotidienne; mardi
xxx et derrenier jour d'avril, le Roy à Meleun. Argent,   19 s. p.

Le Roy, pour offrande faicte par lui à la croiz, le
jour de Sainte Croiz en may, qu'il ouy sa grant messe
à Meleun, 3 frans; venredi 3 jours de may, le Roy
illec,   48 s. p.

Ledit seigneur, pour offrande faicte par lui à Nostre-
Dame du Liz, dymanche xii jours de may, qu'il ouy
sa grant messe illec, à son premier advenement; par
cédulle dudit seigneur, 10 frans, dymanche xii jours
de may dessus nommé, le Roy disner au Liz, giste à
Meleun. Argent,   8 l. p.

Raoullet le Gay, pour offrande faicte par le Roy à
sa grant messe le jour de l'Ascencion, envoiez à lui
par ledit Raoullet, jeudi xxiii jours de may, le Roy à
Meleun. Argent,   4 s. 4 d. p.

Ledit Raoullet, pour l'offrande du Roy faicte à sa
grant messe le jour de la Trinité, dymanche xxx et
derrenier jour de juing, au Bois de Vincennes, 12 d. p.

Ledit Raoullet, pour offrande faicte par ledit seigneur à sa grant messe le jour de la Feste-Dieu, ce jour, illec, 16 s. p.

Ledit Raoullet, pour offrande faicte par ledit seigneur le jour de la saint Jehan, ce jour, il-lec, 4 s. 4 d. p.

Ledit Raoullet, pour l'offrande dudit seigneur, le jour de la saint Jehan, ce jour, illec, 4 s. 4 d. p.

Ledit Raoullet, pour l'offrande dudit seigneur faicte à Monstereul-sur-le-Boys, le jour de la saint Père, qu'il ouy sa messe illec, ce jour, illec, 16 s. p.

Messire Pierre de Villiers, grant maistre d'ostel, pour offrande baillée par lui au Roy, à offrir à l'église et aux reliques de Monstereul, par cédulle dudit seigneur, 20 frans, ce jour, illec. Argent, 16 l. p.[1]

Somme pour Deniers en coffres et Offrandes,
191 l. 5 s. 2 d. parisis.

CHEVAULX ACHETEZ.

Nulx en ce terme.

RETOURS DE CHEVAUX.

Nulx en ce terme.

AUBALLESTIERS ET SERGENS D'ARMES.

Nulx en ce terme.

1. « Sᵃ. 53 l. 8 s. 8 d. p. »

GENS D'ARMES.

Messire Jehan de Blaisy, chevalier, capitainne de VI chevaliers et XIIII escuiers, gens d'armes estans en la compaignie du Roy par retenue vérifiée en la Chambre des comptes, pour leurs gaiges du moys de février, l'an IIII^{xx}, par mandement du Roy et quittance dudit capitaine, randues en ce terme à court, la monstre veue par messire Pierre de Villiers, grant maistre d'ostel ; pour ce, jeudi XIIII jours dè février, le Roy à Senlis. Argent,   436 l. p.

Somme par soy 436 l. parisis.

Somme pour Dons, Aumosnes, le Compte de l'aumosne, Deniers en coffres et offrandes, avec Gaiges de gens d'armes,   1838 l. 2 s. 2 d. parisis[1].

Somme toute de la despence de ce présent compte contenant II c. LXXEII jours 66907 l. 7 s. 10 d. ob. p.

Debentur ei 13954 l. 12 s. 9. d. p.

Et debita per eum curie tradita descendencia de isto tempore, que sunt solvenda per Regem, ascendunt ad   11124 l. 9. s. 8 d. parisis.

Sic debentur ei 2830 l. 3 s. 1 d. p. Que redduntur eidem in fine compoti sequentis, et nichil hic[2].

---

1. « *Collacio facta*. SEXTA GROSSA. »
2. *Auditus Parisius ad Burellum* XXII^a *die aprilis* CCC IIII^{xx} II *post Pascha.*

COMPTE

DE L'HOTEL DE LA REINE

ISABEAU DE BAVIÈRE

POUR LE TERME DE LA SAINT-JEAN

1401.

(Archives de l'Empire. Registre coté KK. 45, fol. 87 à 101.)

S. Jo. M. CCC. I[1].

C'est le xxxi° compte des despens de l'Ostel la Royne, pour le terme commençant le premier jour de janvier l'an mil cccc, et fenissant le derrenier jour de juing inclus, l'an mil cccc i, rendu par maistre Jehan le Perdrier, maistre de la Chambre aux deniers de ladicte dame, et par maistre Pierre Floriot, contrerouleur d'icelle.

[RECETTE]

RECEPTE EN DENIERS COMPTANS.

Des trésoriers de France, par la main de Jehan Chaux, changeur du trésor du Roy nostre sire, sur la

---

1. « *Littere hujus compoti ponuntur in saco litterarum bailliviarum Francie de termino Asrencionis Domini* MCCCC, *cum litteris compoti termini Nativatatis Domini sequentis, inferius suti.* »

despense de l'Ostel la Royne, par lectre de Jehan le Perdrier, maistre de la Chambre aux deniers de ladicte dame, faicte xviii jours de février, comptans par les receveurs de Mante, en 160 l. p., et de Victri, en 293 l. 6 s. 8 d. p. pour le terme de la Chandelleur derrenièrement passé. Pour ce,   353 l. 6 s. 8 d. p.

D'eulx, par la main dudit Chaux, sur ladicte despense, par lectre dudit Jehan le Perdrier, faicte xxviii jours de mars, compté par Perrin Gencien, général maistre des monnoies et receveur du prouffit d'icelles, en rabat et déducion de ce qui estoit pieçà deu pour ladicte despence. Pour ce,   400 l. p.

D'eulx par la main dudit Chaux, sur ladicte despense, par lectre dudit Jehan faicte le xxiᵉ jour d'avril, compté par les receveurs de Rouen et de Caudebec, chascun en 240 l. p., pour le terme de Pasques. Pour ce   480 l. p.

Des trésoriers dessusdiz, par la main dudit Chaux, changeur du trésor, par lectre dudit Jehan le Perdrier dessusdit, faicte le xxviᵉ jour de may, compté par les receveurs de Mante en 160 l. p., de Victry en 293 l. 6 s. 8 d. p., pour le terme de l'Ascencion derrenièrement passé ; par le receveur de Tournésis, pour le terme de la Saint-Jehan, 80 l. p. ; et par le prévost de la cité de Laon, pour les trois termes acoustumez, 160 l. p. Pour ce,   693 l. 6 s. 8 d. p.[1]

D'eulz, par la main de Jehan Chaux, par lectre de Jehan le Perdrier, faicte xxviii jours de may, sur ladicte despense, comptant en pluseurs descharges sur

1. « *Corrigitur in thesauro. Capiuntur iste* iiiiᵒʳ *partes accolate per thesaurarium ad S. Jo.* mcccc.iᵒ *in summa* 4426 l. 13 s. 4 d. p. *Et ibi corrigitur.* »

pluseurs receveurs. C'estassavoir, par le receveur de
Crièvecuer, 80 l. p.; par le receveur de Chaumont,
240 l. p.; par le receveur de Mascon, 240 l. p.; par
le receveur de Tourainne, 40 l. p.; par le receveur de
La Rochelle, 480 l. p.; par le receveur de Nismes,
400 l. p.; par le receveur de Carcassonne, 160 l. p.;
par le receveur de Tholouse, 160 l. p.; par le receveur de Rouergue, 80 l. p.; par le viconte de Caudebec, 80 l. p.; par le viconte d'Arques, 240 l. p.; par
le prévost de Nogent, 40 l. p.; par le viconte d'A-
vranches, 80 l. p.; par le viconte de Valloingnes,
80 l. p. : de certain emprunt fait à eulz par le Roy
dont, pluseurs se excusent. Pour ce,   2400 l. p.[1]

Summa 4426 l. 13 s. 4 d. parisis.

AUTRE RECEPTE.

De Alexandre le Boursier, receveur général des Aides
ordonnez pour la guerre, sur la despense de l'Ostel la
Royne, par lectre de Jehan le Perdrier, faicte quin-
ziesme jour de février, comptant par lui en blans de

1. « *Capitur ista pars per thesaurarium ut supra.* »
« Quamvis reddantur hic 400ᵉ L. p. de receptore Nemausi, tamen nihil fuit receptum de eisdem per dictum Johannem Perdrier,
prout constat par certificacionem dicti receptoris a tergo cedule
Thesauri, virtute cujus dictus Johannes Perdrier capit dictam
summam in expensa compoti sui de termino Sancti Johannis
ᴍᴄᴄᴄɪɪ. Quam cedulam reportavit super dicto compoto. Et similiter de 240 L. p. de receptore Matisconensi in alia parte precedenti.
Et similiter de aliis 240 L. p. de vicecomite d'Arques. Et similiter
de receptore Corpicordii de L. p., de quibus nihil fuit receptum,
prout constat per certificacionem dicti receptoris a tergo dicte cedule factam, virtute cujus capiuntur per compotum magistri Jo-

8 d. p. la pièce, pour le mois de janvier derrenièrement passé. Pour ce,   2780 l. parisis.

De lui, sur ladicte despense, par lectre dudit Jehan,
faicte derrenier jour de mars, comptant par lui en
blans de 8 d. p. la pièce, pour le mois de février derrenièrement passé. Pour ce,   2780 l. p.

De lui, sur ladicte despense, par lectre dudit Jehan,
faicte derrenier jour d'avril, comptant en blans de
8 d. p. la pièce, pour le mois de mars derrenièrement
passé. Pour ce,   2780 l. p.[1]

De lui, sur ladicte despense de l'Ostel la Royne, par
lectre de Jehan le Perdrier, faicte xvie jour de may,
comptant par lui en blans de 8 d. p. la pièce, pour
le mois d'avril derrenier passé. Pour ce,   2780 l. p.

Dudit Alexandre le Boursier sur ladicte despense,
par lectre dudit Jehan, faicte le premier jour de juing,
comptant par lui en blans, pour le mois de may derrenièrement passé. Pour ce,   2780 l. p.

De lui, sur ladicte despense, par lectre dudit
Jehan, faicte derrenier jour de juing, pour ledit mois.
Pour ce,   2780 l. p.

De lui, sur ladicte despense, par lectre dudit Jehan,
faicte derrenier jour de juing dessuz dit, sur ce qui
puet estre deu oultre l'ordinaire plus despensé en
l'Ostel de ladicte dame, pour ceste présente année

hannis de termino Sancti Johannis mcccc° iii° dicte 80 L. p. Et
similiter de 80 L. p. de receptore Ruthenensi, que capiuntur per
compotum dicti magistri Jo. Perdrier de termino Sancti Johannis
mcccc p°. »

1. « *Corrigitur. Capiuntur iste* iiies *partes accolate per secundum
compotum dicti Alexandri finitum ad ultimam marcii* mcccc *ante
Pascha. Et ibi corrigitur.* »

commençant le premier jour d'octobre l'an mil cccc.
Pour ce, 960 l. p.[1]

De lui, sur ladicte despense, par lectre dudit Jehan ·
le Perdrier, faicte le viiie jour de mars, pour tourner
et convertir, tant en la despense de la crue de l'Ostel
la Royne, comme pour la creue de la despense de
Madame de Nevers et autres, comptans par pluseurs
receveurs. C'estassavoir par Yvon Huart, receveur des
Aides à Caen, en 400 l. p.; par Guillaume Dugray,
receveur à Lisieux, en 160 l. p.; par Jehan de Lattre,
receveur à Gisors, en 480 l. p.; par Rodemare, receveur à Rouen, en 160 l. p.; par Jehan de Roulot, receveur à Beauvais, en 240 l. p.; par Raoul de Bre-
mont, receveur à Soissons, en 160 l. p.; par Guillaume
Charuel, receveur à Caudebec, en 240 l. p.; par
Gaultier de Vasvic, receveur à Arques, en 400 l. p.;
et par Simon Marchant, receveur à Coustances......[2]
Pour ce, 2624 l. p.[3]

1. « *Corrigitur. Capiuntur iste* iiii[or] *partes accolate per ter-
tium compotum dicti Alexandri, finitum ad ultimam septembris*
mcccc *primo. Et ibi corrigitur.* »

2. Ici un blanc.

3. « *Capitur ista pars per secundum compotum dicti Alexandri
finitum ad ultimam Marcii* m[o] cccc[o] *ante Pascham. Et ibi corrigitur.* »

« Quamvis reddantur hic 400 L. p. de Yvone Huart, receptore
subsidii Cadomi, tamen nihil fuit receptum de eodem, prout constat par certificacionem ejusdem a tergo cedule, quam reaportavit
dictus magister Jehan Perdrier super compoto suo de termino
Sanct Johannis mccccii, in quo ipse capit summam. Et similiter de
summa 480 L. p. de Johanne de Latre, receptore Gisorcii; et similiter de summa 400 L. p. de Galtero de Vasvic, receptore
d'Arques; et similiter de 80 L. p. per ipsum granaterium apud
Therache. »

De lui, sur la somme de 6000 frans, que le Roy a ordonnez estre bailliez de certain emprunt fait sur pluseurs receveurs, tant du Demainne comme des Aides, tant pour la creue de la despense de l'Ostel la Royne, comme feu monseigneur de Guienne. C'est-assavoir sur Jehan Lescuier, grenetier establi à Théraiche, en 80 l. p.; sur le grenetier de Caudebec, en 48 l. p.; et sur pluseurs autres, comptant par eulx, en blans de 8 d. p. la pièce. Pour ce,   1920 l. p.[1]

Summa Recepte ordinarie ab Alexandro le Boursier receptore generali, 22184 l. parisis.

AUTRE RECEPTE.

De Alixandre dessus dit, sur la somme de 4000 frans, que le Roy avoit ordonnée à moy estre bailliez pour les pensions du confesseur, dames, damoiselles et autres estans en la compaignie de la Royne, pour ceste présente année commençant le premier jour d'octobre l'an mil cccc, comme il appert par mandement dudit seigneur fait sur ce, par lectre dudit maistre Jehan le Perdrier, faicte le xviie jour de juing l'an mil cccc ung. Pour ce,   880 l. parisis.

De lui, sur ladicte somme de 4000 frans, pour tourner et convertir en la pension de Madamoiselle de Luxembourc, pour ceste présente année, par lectre dudit Jehan, faicte le xxixe jour de juing. Pour ce,   160 l. parisis[2].

Summa, 1040 l. parisis.

1. « *Capitur ista pars per* iii^{cium} *compotum dicti Alexandri Burserio finitum ad ultimam septembris* mcccci°. »

2. « *Corrigitur. Capiuntur iste* iie *partes per* iii^{um} *compotum dicti Alexandri finitum ad ult. sept.* m.cccc 1°. *Et ibi corrigitur.* »

AUTRE RECEPTE POUR VINS[1].

De iii^{c}xx muys, xii stiers, ii cartes, de vin de Beaune, prins ès garnisons du Roy et de la Royne, estimé à 50 s. le muy. Argent,   164 l. 9 s. ob. picte parisis.

De vi^{c}xxx muys, xiiii stiers, de vin de Bourguoingne, pris ès dictes garnisons, estimé à 30 s. le muy. Argent,   946 l. 6 s. 3 d. parisis.

De vi^{xx}viii muis, vi stiers, vin de Saint-Poursain, pris èsdictes garnisons, estimé audit pris de 30 s. le muy argent,   192 l. 11 s. 3 d. parisis.

De mil liiii muis, ix stiers, ii cartes, vin francois, desdictes garnisons, estimé à 20 s. le muy. Argent,   1054 l. 11 s. 10 d. ob. parisis[2].

Summa pro Vinis 2997 l. 18 s. 5 d. parisis.

AUTRE RECEPTE POUR CONNINS.

De ix^{xx}xii connins, prins en la garenne de Crael, estimez à 2 s. parisis la pièce, au pris de l'Ostel. Argent,   19 l. 4 s. parisis.

De vii^{xx}xvii connins, pris en la garenne de la queue Fontainnes, estimez comme dessuz à 2 s. la pièce. Argent,   15 l. 14 s. parisis.

De lvi connins, pris en la garenne du Glandas, estimez au pris de l'Ostel à 2 s. la pièce. Argent,   112 s. parisis.

De lxviii connins, pris en la garenne du Boys de

1. « *Corrigitur in compoto Garnisionum.* »
2. « *Corrigitur in* xii *compoto dicti magistri Garnisionum pro istis* iiii^{or} *partibus.* »

Vincennes, estimez au pris de l'Ostel à 2 s. la pièce.

Argent, 6 l. 16 s. parisis.

Summa pro Cugniculis, 47 l. 6 s. parisis.

Summa totalis Recepte hujus compoti,
30695 l. 17 s. 9 d. parisis.

[DÉPENSE.]

DESPENS DES JOURNÉES.

A Paris, à Saint-Pol, en la chambre monseigneur le Grant maistre, mardi premier jour de février l'an mil cccc, fut compté des despens de l'Ostel la Royne pour le mois de janvier précédent, contenant xxxi jours, en la présence de monseigneur Yon, seigneur de Garencières, grant maistre d'ostel la Royne, de mess. Loys et Charles de Villiers, chevaliers et maistres d'ostel de ladicte dame, et pluseurs autres chiefz des offices et gens de l'Ostel. Et monta la despense 4200 l. 7 s. 4 d. poictevine.

C'est pour jour 135 l. 9 s. 10 d.

Plus 2 s. 6 d. poict.

A Paris, en la chambre monseigneur le Grant maistre, mardi premier jour de mars l'an dessuz dit, fut compté des despens de l'Ostel de ladicte dame pour le mois de février précédent, contenant xxviii jours, en la présence de mondit seigneur, de mess. Loys de Villiers et Jehan de Montanglant, chevaliers, et autres maistres d'ostel de ladicte dame, pluseurs autres chiefz d'office et autres gens d'Ostel. Et monta la despense, 4362 l. 18 s. 3 d. poict.

C'est par jour 135 l. 16 s. 3 d.

Plus 1 s. 2 d. poict.

A Paris, au Palais, en l'ostel maistre Jehan le Perdrier, samedi ii jours d'avril l'an dessusdit, veille de Pasques escommichans, fut compté des despens de l'Ostel de ladicte dame pour le mois de mars précédent, contenant xxxi jours, en la présence de monseigneur le Grant maistre, de messeigneurs Guillaume Cassinel et Oudart le Hongre, chevaliers et maistres d'ostel de ladicte dame, et pluseurs autres chiefz des offices et gens d'Ostel. Et monta la despense,   3916 l. 2 s. parisis.

C'est pour jour, 136 l. 6 s. 6 d. parisis.

Plus 6 deniers.

A Paris, en l'ostel de Saint-Pol, en la chambre monseigneur le Grant maistre, dimanche premier jour de may de l'an mil cccc ung, fut compté des despens de l'Ostel de ladicte dame pour le mois d'avril précédent, contenant xxx jours, en la présence mondit seigneur, de messeigneurs Guillaume Cassinnel et Jehan de Seure, chevaliers et maistres d'ostel de ladicte dame, et pluseurs autres gens d'Ostel. Et monta la despense,   3063 l. 10 s. 8 d. ob.

C'est pour jour, 102 l. 2 s. 4 d. parisis.

Plus 8 d. ob.

Item, pour la despense de monseigneur messire Loys, duc de Guienne et Daulphin de Viennois, monseigneur de Tourainne, noz dames la duchesse de Bretaingne et Michiele de France, estans hors de la compaignie la Royne, par iii jours, en ce présent mois d'avril. Pour ce,   89 l. 3 s. 9 d. ob. poict.

A Paris, à Saint-Pol, en la chambre monseigneur le Grant maistre, mercredi premier jour de juing l'an

dessuz dit, fut compté des despens de l'Ostel de ladicte
dame pour le mois de may précédent, contenant xxxɪ
jours, en la présence de mondit seigneur, de messeigneurs Loys et Charles de Villiers, chevaliers et maistres d'ostel de ladicte dame, et pluseurs autres chiefz
des offices. Et monta la despense, 3224 l. 3 s. parisis.

C'est par jour, 103 l. 18 s. 1 d.

Plus 2 s. 5 d. parisis.

A Paris, en la Chambre aux deniers lez Saint-Pol,
vendredi premier jour de juillet l'an dessusdit, fut
compté de la despense dudit Hostel pour le mois de
juing précédent, contenant xxx jours, en la présence
de messeigneurs Guillaume Cassinnel et Jehan de
Montanglant, chevaliers et maistres d'ostel de ladicte
dame, et pluseurs autres chiefz d'offices et gens d'Ostel.
Et monta la despense,   3100 l. 18 s. 4 d. parisis.

Summa pro Expensis dietarum,

24954 l. 3 s. 5 d. ob. p. parisis.

GAIGES DE CLERS.

Maistre Girart de Lacombe, phisicien de la Royne,
pour ses gaiges de ɪxˣˣɪ jours en ce terme à court,
par cédule du Roy rendue en un des comptes précédens, 8 s. parisis par jour. Argent, 72 l. 8 s. parisis.

Maistre Guillaume Cardonnel, phisicien de monseigneur le Daulphin, pour ce semblablement de vɪɪɪˣˣɪɪɪɪ
jours qu'il a esté à court en ce terme, c'estassavoir
depuis le xvɪɪ^e jour de janvier l'an mil cccc, jusques
au premier jour de juillet l'an mil cccc ung, par cé-

dule du Roy rendue à court en un des comptes précédens, 8 s. p. par jour. Argent, 65 l. 12 s. parisis[1].

Maistre Jehan le Perdrier, maistre de la Chambre
aux deniers de la Royne, pour ses gaiges à vie de
$ix^{xx}i$ jour en ce terme, 6 s. parisis par jour, comme
il appert par lectres du Roy rendues à court en un
des comptes précédens. Argent,   54 l. 6 s. parisis[2].

Maistre Pierre Flouriot, contreroulleur, pour ses
gaiges de xli jour en ce terme, 6 s. par jour, pour
don fait à lui si comme il appert par lettres du
Roy données xxe de may cccc et 1, rendues issy. Argent,   12 l. 6 s.[3]

Robin Crete, clerc de la Chambre aux deniers de
la Royne, pour ses gaiges de ix^{xx} 1 jour à court en ce
terme, c'estassavoir du premier jour de janvier l'an
dessuz dit, jusques au premier jour de juillet l'an mil
cccc ung, viii d. par jour. Argent,   6 l. 8 d. parisis.

Summa pro Vadiis officiorum, 192 l. 6 s. parisis.

---

1. « *Loquatur quia dicitur quod amotus fuit ad terminum Na-
tiv. Domini* cccc.

*Transeat causa et prout in compoto sequenti ex ordinatione do-
minorum.* »

2. « *Caveatur quod nichil capiatur ista de causa per compotum
Camere denariorum dni. Regis.* »

3. Les sommes de cet article et du suivant sont soulignées, et on
lit en marge :

« *Loquatur quia non est consuetum. Ideo de ordinatione dominorum, videlicet supradicti magistri hospicii domini regis et dominio-
rum compotorum, radiantur iste due partes.* »

MENUES.

Le clerc de la paroisse Saint-Pol à Paris, lequel avoit aporté l'eaue benoiste devers la Royne en l'ostel de Saint-Pol, où elle a esté par v dimenches en ce présent mois de janvier ; c'estassavoir dimenche IIᵉ IXᵉ XVIᵉ XXIIIᵉ et XXXᵉ jours dudit mois de janvier, la Royne à Saint-Pol. Argent,   20 s. parisis.

Ledit clerc, lequel avoit aporté l'eaue benoiste devers la Royne oudit hostel, où elle a esté par IIII dimenches en ce présent mois de février ; c'estassavoir dimenche VIᵉ jour, XIIIᵉ XXᵉ et XXVIIᵉ jours dudit mois de février, la Royne à Saint-Pol. Argent, 16 s. parisis.

Ledit clerc de ladicte parroisse Saint-Pol, lequel avoit aporté l'eaue benoiste devers ladicte dame ou dit hostel, par IIII dimenches en ce présent mois de mars ; c'estassavoir dimenche VIᵉ jour, XIIIᵉ XXᵉ et XXVIIᵉ jours dudit mois de mars, la Royne ilec. Argent,   16 s. parisis.

Le clerc de la parroisse Saint-Barthelemi, lequel avoit aporté l'eaue benoiste devers la Royne au Palais, dimenche III jours d'avril, ladicte dame au Palaiz. Argent,   4 s. parisis.

Le clerc de la parroisse Saint-Pol, lequel avoit aporté l'eaue benoiste devers la Royne à Saint-Pol, où elle a esté par III dimenches en ce présent mois d'avril ; c'estassavoir dimanche Xᵉ jour, XVIIᵉ et XXVIIIᵉ jours dudit mois d'avril, la Royne à Saint-Pol, 12 s. parisis.

Le clerc de la paroisse Saint–Pol à Paris, lequel avoit aporté l'eaue benoiste devers la Royne en l'ostel de Saint-Pol, où elle a esté par v dimenches en ce présent mois de may, ladicte dame à Saint-Pol. Argent, 20 s. parisis.

Le clerc de ladicte parroisse, lequel avoit aporté l'eaue benoiste semblablement par IIII dimenches en ce présent mois de juing ; c'estassavoir dimenche V^e jour, XIIe XXIXe (*sic*) et XXVIe dudit mois de juing, la Royne à Saint-Pol. Argent, 16 s. parisis.

Summa pro Misiis, 104 s. parisis.

ROBES.

Robin Crete, clerc de la Chambre aux deniers, pour sa robe de Pasques, en ce terme, 50 s. parisis[1].

MANTEAULX.

Maistre Jehan Le Perdrier, clerc du Roy et maistre de la Chambre aux deniers de la Royne, pour son mantel de Penthecouste. Argent, 100 s. parisis.

Maistre Pierre Flouriot, clerc du Roy et contrerouleur de la Chambre aux deniers de la Royne, pour son mantel de Penthecouste. Argent, 100 s.

Summa pro Paliis, 10 l. parisis.
«PRIMA GROSSA.» Summa, 2246 l. 13 s. 5 d. ob. p. parisis.

HARNOIS.

Guillaume Testart, espicier, pour VI^{xx}VIII livres de cire, dont on a fait les cierges de Nostre-Dame de Chandelleur pour la Royne, nosseigneurs les ducs de Guienne et de Touraine, noz dames la du-

---

1. « *Loquatur ut supra.* »

chesse de Bretaingne et Michiele de France, madame la contesse de Nevers et mesdemoiselles de Nevers ses filles, et autres gens officiers de l'Ostel, acheté de lui par les maistres d'ostel, 2 s. 9 d. la livre. Argent, 17 l. 12 s. parisis[1].

A lui, pour viii livres de cire blanche, pour faire autres cierges pour la Royne, Nosseigneurs et Dames dessusdiz, acheté de lui par les dessuz diz, 6 s. la livre, 48 s. parisis. Et pour avoir paint et armoié les diz cierges aux armes de la Royne et de Nosseigneurs et Dames dessus diz, 14 s. parisis; mercredi ii° jour de février, la Royne à Saint-Pol. Argent, 62 s. parisis.

A lui, xviii livres cire mises en xii cierges pour l'anniversaire de la royne Jehanne de Bourbon, acheté de lui par les maistres d'ostel, viii jours de février, la Royne à Saint-Pol. Argent, 49 s. 6 d. parisis.

Ledit Testart, pour xiii livres de cire mises à faire le cierge benoist, achetées de lui par les maistres d'ostel samedi ii jours d'avril, la Royne au Palais. Argent, 35 s. 9 d. parisis.

Ledit Guillaume Testart, pour xviii livres de cire mises en xii cierges pour la feste du Saint-Sacrement, acheté de lui, 2 s. 9 d. la livre, jeudi ii jours de juing, la Royne à St-Pol. Argent, 49 s. 6 d. parisis.

Le maistre de la Chambre aux deniers, pour faire escripre, doubler, tripplier, gicter et collacionner ce présent compte, 8 l. parisis.

Summa pro Harnesiis, 35 l. 8 s. 9 d. parisis.

---

1. « *Per quictanciam de* 1000 *L. p. que servit hic et in expensis presentis compoti et compoti termini sequentis dictum Guillelmum tangentis.* »

DISMES.

Les nonnains d'Yerre, pour le disme du pain despensé en l'Ostel la Royne par tout le mois de janvier, contenant xxxı jours, ladicte dame estant à Saint-Pol, lundi xxxı⁰ et derrenier jour de janvier. Argent,   14 l. parisis[1].

Les dames de La Saussoye, pour ce semblablement, du vin despensé par lesdiz temps et lieu, ce jour, ilec. Argent,   36 l. parisis[2].

Les nonnains d'Yerre, pour le disme du pain despensé en l'Ostel de ladicte dame par tout le mois de février, contenant xxvııı jours, elle estant à Saint-Pol, lundi xxvıı jours de février. Argent,   14 l. parisis.

Les dames de La Saussoie, pour ce semblablement, du vin despensé par ledit temps et lieu, ce jour, la Royne ilec. Argent,   32 l. parisis.

Les nonnains d'Ierre, pour le disme du pain despensé en l'Ostel de ladicte dame pour tout le mois de mars, elle estant à pluseurs hostelz à Paris, jeudi xxxı⁰ et derrenier jour de mars. Argent.   14 l. parisis.

Les dames de La Saussoie, pour ce semblablement, du vin despensé par lesdiz temps et lieux, ce jour, la Royne ilec. Argent,   32 l. parisis.

Les nonnains d'Ierre, pour le disme du pain despensé en l'Ostel de ladicte dame estant à Saint-Pol et

---

1. « *Per quictanciam de C. L. pro dictis religiosis de Edera que servit hic et in presenti capitulo de* ɪxxvııı. *L. p. et in compoto sequenti de* xxıı. *L. p.* »

2. « *Per quictanciam de* 270 *L. p. que hic servit et in compoto de* 56 *L. p.* »

à la Porte-Barbette, par xxvⅡ jours en ce présent
mois d'avril; samedi xxxᵉ et derrenier jour dudit
mois. Argent,   12 l. p.

Les dames de La Saussoie, pour ce semblablement,
du vin despensé par lesdiz temps et lieux, ce jour,
ladicte dame ilec. Argent,   32 l. p.

Les nonnains d'Yerre, pour le disme du pain despensé en l'Ostel de la Royne estant à Saint-Pol et à la
Porte-Barbette par tout le mois de may, contenant
xxxI jours, ladicte dame disner et soupper à la Porte-
Barbette, et giste à Saint-Pol. Argent,   12 l. p.

Les dames de La Saussoie, pour ce semblablement,
du vin despensé par lesdiz temps et lieux, ce jour,
ilec. Argent,   36 l. p.

Les nonnains d'Ierre, pour le disme du pain despensé en l'Ostel de la Royne estant à Saint-Pol et
à Saint-Ouin par tout le mois de juing, xxx et
derrenier jour de juing, la Royne à Saint-Pol. Argent,   12 l. p.

Les dames de La Saussoie, pour ce semblablement,
du vin despensé par esdiz temps et lieux, ce jour,
ilec. Argent,   36 l. p.

Summa pro Decimis, 282 l. parisis.

MESSAIGES.

Jehan le Charron, envoié porter lectres de la Royne
au receveur de Crécy, et pour enquérir ès villes d'environ se il y avoit point de mortalité; pour ce et son
rectour à court, samedi premier jour de janvier, la
Royne à Saint-Pol. Argent,   18 s. p.

Jacquemin, envoié porter lectres à l'évesque d'Evreux à Evreux; pour ce et son rectour à court, ce jour, ilec. Argent,   32 s. p.

Jehan le Charron, envoié hastivement toute nuit à Crécy en Brie, pour savoir et enquérir se il y avoit point de mortalité; pour ce et son rectour à court, samedi VIII jours de janvier, ladicte dame à Saint-Pol. Argent,   16 s. p.

Lui, envoié porter lectres de la Royne à la prieure de Poissi et à l'évesque d'Evreux à Evreux; pour ce et son rectour à court, dimenche XVI jours de janvier, la Royne à Saint-Pol. Argent,   32 s. p.

Guiot Sélerion, envoyé porter des lettres de la Royne à l'abbé de Sainte-Katherine du Mont de Rouen; pour ce et son retour à court, mercredi XXVI jours de janvier, ladicte dame à Saint-Pol. Argent,   32 s. p.

Thevenin Courtin, envoié porter lectres de la Royne aux généraulx à Beauvais; pour ce et son rectour à court, venrredi IIII jours de février, la Royne à Saint-Pol. Argent,   24 s. p.

Ledit Thevenin Courtin, envoié porter lectres de la Royne à monseigneur le grant maistre à Mante, qui estoit devers les généraulx; pour ce et son rectour à court, dimenche VI jours de février, la Royne à Saint-Pol. Argent,   12 s. p.

Guillemin Hacquenée, envoié porter lectres de la Royne à monseigneur le Vidame, à Marcoussis, à Mante et à Beauvais; pour ce et son rectour à court, mardi VIII jours de février, la Royne à Saint-Pol. Argent,   32 s. p.

Jehan le Charron, envoié de Paris à Crael, quérir des champignons et truffes; pour ce et son rectour à

court, jeudi x jours de février, la Royne à Saint-Pol.
Argent,   16 s. p.

Ledit Charron, envoié porter lectres de la Royne à
Compiengne, à Hennequin Yoncre, marchant de chevaulx ; pour ce et son rectour à court, samedi xxvi
jours de février, la Royne à Saint–Pol. Argent, 32 s. p.

Caisin de Basanton, envoié porter lectres de la
Royne à monseigneur d'Auceure à Auceurre et illec environ; pour ce et son rectour à court, dimanche xxvi
jours de février, la Royne à Saint-Pol. Argent, 53 s. p.

Regnault Bernier, envoié porter lectres de la Royne
aux généraulx à Mante ou ilec environ ; pour ce et son
rectour à court, mardi viii jours de mars, ladicte dame
à Saint-Pol. Argent,   16 s. p.

Jehan le Charron, envoié à Creel, pour quérir des
champignons et autres choses croissans illec environ;
pour lui et son rectour à court, samedi vᵉ jour de
mars, la Royne ilec. Argent,   16 s. p.

Thevenin Courtin, envoié porter lectres du Roy, de
la Royne, des Généraulz et de monseigneur le Vidamme,
aux receveurs de Meaulx, Provins et Montereau; pour
ce et son rectour à court, jeudi xvii jours de mars, la
Royne Saint-Pol. Argent,   56 s. p.

Germain le Charron, envoié porter lectres du
Roy, de la Royne et de monseigneur le Vidamme, à
Beauvais et à Soissons, devers les receveurs desdiz
lieux; pour ce et son rectour à court, ce jour, ilec.
Argent,   56 s. p.

Caisin de Basanton, envoié porter lectres de la
Royne à madame d'Orléans à Coucy en Picardie; pour
ce et son rectour à court, mercredi xxx jours de mars,
à Saint-Pol. Argent,   36 s. p.

10

Ledit Caisin de Basanton, envoié porter lectres à monseigneur le vidamme de Laonnois, de par la Royne, à Marcoussis; pour ce et son rectour à court, jeudi IIII jours d'avril, la Royne à Saint-Pol. Argent,   8 s.

Guiot Clergeau, envoié toute nuit à Crécy et à Saint-Fiacre en Brie, par deux foiz, savoir se il y avoit point de mortalité; pour ce et son rectour, ce jour, illec. Argent,   32 s. p.

Jaquemin, envoié porter lectres de la Royne à madame d'Orléans à Coussi; pour ce et son rectour à court, lundi xxv jours d'avril, la Royne à Saint-Pol. Argent,   32 s. p.

Jehan le Charron, envoié porter lectres de la Royne à madame d'Orléans à Coucy; pour ce et son rectour à court, samedi xxx et derrenier jour d'avril, la Royne à Saint-Pol. Argent,   32 s. p.

Ledit Jehan, envoié hastivement quérir monseigneur d'Orléans à Nanteuil; pour ce et son rectour à court, lundi ix jours de may, la Royne à Saint-Pol. Argent,   10 s. p.

Jehan Polite, chevaucheur de l'Escuirie de la Royne, envoié porter lectres de ladicte dame à Boissi, à la dame de Varennes à Boissi sur Aynne; pour ce et son rectour à court, lundi xxx jours de may, la Royne à Saint-Pol. Argent,   40 s. p.

Caisin de Basanton, envoié porter lectres au receveur de Crécy; pour ce et son rectour à court, samedi IIII jours de juing, la Royne à Saint-Pol. Argent,   16 s. p.

Thevenin Courtin, envoié porter lectres à madame d'Orléans à Coucy; pour ce et son rectour à court, ce jour illec. Argent   40 s. p.

Jehan le Charron, envoié porter lectres de la Royne à monseigneur d'Orléans à Pierrefons ou ilec environ; pour ce et son rectour à court, ce jour, ilec. Argent, 36 s. p.

Caisin de Basanton, envoié porter lectres de la Royne à monseigneur le Vidamme de Laonnois à Chantelou; pour ce et son rectour à court, mercredi quinze jours de juing, ladicte dame à Saint-Pol. Argent, 12 s. p.

Le Charron, envoié porter lectres de la Royne à monseigneur le Vidamme de Laonnois au Bois de Males-Herbes ou ilec environ; pour ce et son rectour à court, jeudi xvi jours de juing, la Royne à Saint-Ouin. Argent, 20 s. p.

Thevenin Courtin, envoié porter lectres de la Royne à monseigneur d'Orléans à Coucy ou ilec environ; pour ce et son rectour à court, ce jour. Argent, 40 s. p.

Caisin, envoié porter lectres de la Royne à l'abbé de Coulons, pour avoir une lictière, et pour les despens des varletz qui ont amené ladicte lictière; pour tout, samedi xviii jours de juing, la Royne à Saint-Ouin. Argent, 32 s. p.

Gervaise, envoié porter lectres de la Royne à Guillaume de La Fauconnière, en Beausse; pour ce et son rectour à court, mardi xxi jours de juing, la Royne à Saint-Pol. Argent, 32 s. p.

Caisin de Basanton, envoié porter lectres de la Royne à monseigneur de Senliz à Sanlis, et d'ilec à Crespy en Valois, où il ala toute nuit; pour ce et son rectour à court, ce jour. Argent, 18 s. p.

Ledit Caisin, envoié porter lectres de la Royne à

monseigneur d'Orléans à Coucy et ilec environ; pour
ce et son rectour à court, venrredi xxvIII jours de
juing, la Royne à Saint-Pol. Argent, 40 s. p.

Le Charron, envoié porter lectres de la Royne
à monseigneur le Vidame de Laonnois à Chantelou;
pour ce et son rectour à court, ce jour, ilec. Argent, 10 s. p.

Summa pro Nunciis 46 l. 10 s. parisis.

MISES DE MESTIERS.

PANNETERIE.

Colin Marc, pour vIII^{xx}III aulnes de nappes de l'ouvrage de Lavalguion, dont l'en a fait LIII nappes,
c'estassavoir deux nappes contenans chascune vI aulnes, vI nappes chascune de v aulnes, vIII nappes
contenans chascune IIII aulnes, xv nappes contenans
chascune trois aulnes, et xxII nappes contenans chascune deux aulnes, qui font en somme vIII^{xx}III aulnes,
achetées de lui par les maistres d'ostel et les panne-
tiers, 3 s. 4 d. l'aune, samedi vIII jours de janvier, la
Royne à Saint-Pol. Argent, 27 l. 3 s. 4 d. p. [1]

Ledit Colin Marc, pour vIII^{xx}II aulnes et demie
de touailles dudit ouvrage, dont l'en a fait IIII^{xx}
touailles, c'estassavoir vIII touailles contenans chascune v aulnes, x touailles contenans chascune IIII
aulnes, vII touailles chascune de III aulnes, douze
touailles chascune de aulne et demie, xLII touailles
chascune d'une aulne, et une autre d'aune et demie,

1. « *Quictancia de* 77. *L. p. serviet in compoto sequenti de* 11
12 s. 6 d. p. »

qui font en somme viiiˣˣii aulnes et demie, achetées
de lui par les dessusdiz, 20 d l'aune, ce jour ilec.
Argent,   13 l. 10 s. 10 d. p.

Ledit Colin, pour xxiiii aulnes de touailles de l'ouvrage de Tournay, dont l'en a fait xxiiii touailles, achetées de lui par les dessusdiz, 4 s. l'aune, ce jour ilec.
Argent,   4 l. 16 s. p.

Ledit Colin, pour xxiiii aulnes de treilliz, dont on a
fait viii aulnes sacs, chascun sac contenant iii aulnes,
pour mectre le pain de Bouche et de Commun, achetées de lui par les dessus diz, 2 s. 4 d. l'aune, ce jour,
ilec. Argent,   56 s. p.

Ledit Colin, pour xii aulnes de grosse toille dont
l'en a fait chappes à servir de pain en salle et iii sachietz à sel, achetées de lui par les dessusdiz, 2 s. 8 d.
l'aune, ce jour, ilec. Argent,   32 s. p.

Asselot, lingière, pour avoir signé viiˣˣ xviii pièces
de nappes et touailles à demie fleur de lis, chascune
pièce singnée aux deux boutz, 1 d. la pièce, valent
13 s. 1 d. Et pour la façonde de viii sacs, iii sa-
chiez et iii chappes, 12 d. pour pièce, 14 s.,
acheté de lui par les dessus diz, ce jour, ilec. Argent, pour le tout,   27 s. 1 d. p.

Robert le Cigne, pour uns fers à gauffres pour faire
les gauffres de la Royne en ceste année, achetez de
lui par les maistres d'ostel, jeudi xxxi et derrenier
jour de mars, la Royne au Palais. Argent,   4 l. p.

Colin Marc, pour xviii aulnes demie et demy quartier de nappes de l'ouvrage de Paris, dont l'en a fait iiii
nappes pour monseigneur le Dauphin, achetées de
lui à divers pris par les maistres d'ostel, jeudi xiiii jours
d'avril, la Royne à Saint-Pol. Argent, 6 l. 7 s. 3 d. p.

Ledit Colin, pour xxxii aulnes de nappes de l'ouvraige de Paris, pour la Royne et monseigneur de
Tourainne, dont l'en a fait vii nappes, c'estassavoir iiii
nappes contenans chascune cinq aulnes et iii autres
nappes contenans chascune iiii aulnes, achetées de lui
par les dessus diz, 6 s. l'aulne, lundi ix jours de may,
ladicte dame à Saint-Pol. Argent,   9 l. 12 s. p.

Jehan de Paris, pour une douzainne de touailles de
Rains, pour la Royne, achetée de lui par les dessusdiz,
ce jour, ilec. Argent,   72 s. p.

Thoumas le Bourgne, pour cviii aulnes de nappes
de l'ouvrage de Lavalguion dont l'en a fait xxxv nappes, c'estassavoir iiii nappes contenans chascune v aulnes, vii nappes contenans chascune iiii aulnes, xii autres nappes chascune de iii aulnes, et xii autres nappes contenant chascune deux aulnes, qui font la somme de cviii aulnes, achetées de lui par les dessus diz,
3 s. 4 d. l'aulne, lundi xx jours de juing, ladicte
dame à Saint-Pol. Argent,   18 l. p.

Ledit Thoumas le Bourgne, pour cii aulnes de touailles dudit ouvrage, dont l'en a fait lx touailles, c'estassavoir iiii touailles contenans chascune v aulnes,
iiii touailles chascune de iiii aulnes, iiii autres chascune de iii aulnes, xii autres touailles chascune d'une
aune et demie et xxxvi autres touailles contenans
chascune une aune, qui font la somme de cii aulnes,
achetées de lui par les dessusdiz, 20 d. p. l'aune, ce
jour, ilec. Argent,   8 l. 10 s. p.

Guillaume le Madre et ses compaignons, clercs de
Panneterie, pour un papier neuf 10 s. p.; deux douzainnes de parchemin, 14 s. la douzainne, 28 s. p.; et un
cent de gictouers 4 s.; tout acheté par eulx pour en-

registrer, transcripre et gicter les parties dudit office ,
jeudi xxx et derrenier jour de juing, la Royne à Saint-
Pol. Argent,   42 s. p.

  Summa pro Panneteria, 103 l. 8 s. 6 d. p.

ESCHANÇONNERIE.

  Jehan de La Mare et ses compaignons, clercs d'Eschançonnerie, pour un papier nueuf 10 s.; deux
douzainnes de parchemin, 14 s. la douzainne, 28 s. p.;
et un cent de gictouers 4 s. p. ; tout acheté par eulx
pour enregistrer, transcripre et gicter les parties dudit office, jeudi xxx et derrenier jour de juing , la
Royne à Saint-Pol. Argent,   42 s. p.

  Summa per se 42 s. parisis.

CUISINE.

  Jehan de Richebourc, chauderonnier, pour xɪɪ
paelles d'arain à bout, pesans vɪɪɪˣˣvɪɪ livres d'arain,
à 13 l. 10 s. le cent, 22 l. 14 s. 4 d. p.; pour avoii
ferré lesdictes paelles, chascune pièce 16 s. p., valent
9 l. 12 s. p. Une belle bouche nueve ferrée, 6 l. 8 s.
Un chauderon bastart 4 l. 16 s.; six chauderons à po-
tagier, 28 s. la pièce, 8 l. 8 s. Un chauderon moien
56 s. trois paelles de fer à queue double, 60 s. p. Deux
paelles d'arain à queue, 16 s. la pièce, valent 32 s. p.
Deux puisetes, 16 s. la pièce, valent 32 s. p. quatre
coupples de contreroutiers, 40 s. la couple, 8 l. 6 s.
six broches de fer, 24 s. la pièce, 7 l. 4 s. Deux cuillers de fer percées, 12 s. la pièce, 24 s. Deux raables
et une pele de fer 40 s. et une chaudière pour Sauce-

rie 64 s. p.; tout acheté .pour la Cuisine la Royne
par les maistres d'Ostel, les escuiers et queux de Cuisine, jeudi XIII jours de janvier, la Royne à Saint-Pol.
Argent pour tout, 82 l. 10 s. 4 d. p.

Colin Marc, pour XVI aulnes de toilles à faire dressouers en Cuisine et Saucerie, achetées de lui par les
maistres d'ostel, 2 s. 4 d. l'aune, mercredi XVI jours
de février, la Royne à Saint-Pol. Argent, 32 s. p.

Jehan de Montrousti, potier d'estain, pour IX
douzainnes plats, pesans III^c XLVI mars, et XXIIII douzaines d'escuelles, pesans IIII^c XXXXVI mars, qui
font en somme VII^c IIII^xx II mars, achetez de lui par
les maistres d'ostel II d. le marc, pour servir en l'office, venredi XVIII jours de février, la Royne à Saint-
Pol. Argent, 35 l. 16 s. 6 d. p.

Maistre Henrry de Savoisi, pour une bouticle
nueuve achetée de lui pour mectre les poissons, achetez de lui, amenez de Chaalons à Paris, pour les
garnisons de la Royne, par les maistres d'ostel,
lundi XXI jours de février, la Royne à Saint-Pol.
Argent, 7 l. 4 s. p.

Jehan de Montrousti, pour VI douzainnes escuelles
d'estain, pesans VI^xx I marc, sur ce baillié à lui en vieille
vaisselle VI^xx I marc, par marchié à lui fait pour eschange
d'estain viez à neuf, 2 d. pour marc, par les dessusdiz, mercredi XXIII jours de mars, la Royne à Saint-
Pol. Argent, 20 s. 2 . p.

Jehan de Richebourc, chauderonnier, pour avoir
ferré de neuf et rapparaillié d'arain la grant chaudière
où l'en cuist la char de l'Ostel la Royne, par le marchié par lui fait par les maistres d'ostel, samedi II
jours d'avril, la Royne au Palaiz. Argent, 6 l. 8 s. p.

Colin Marc, pour xii aulnes de toille à faire dréçouers en Cuisine et Saucerie, achetées de lui par les
dessuz dis, 2 s. l'aune, dimanche iiie jour d'avril, la
Royne au Palaiz. Argent,   24 s. p.

Jehan de Montrousty, pour deux douzainnes platz et
iiii douzaines escuelles d'estain, pesanz vii^{xx}vi mars, sur
ce baillié à lui en vieille vaisselle vi^{xx}xii mars, demeure
que on lui doit xiiii mars, achetez de lui par les dessus diz, ii d. le marc, dimenche xv jours de may, la
Royne à Saint-Pol,   12 s. 10 d. p.

A lui, pour l'eschange vi^{xx}xii mars d'estain vielz à
neuf, par les dessusdiz, 2 d. pour marc, ce jour ilec.
Argent, 22 s. p.

Ledit Montrousti, pour vi douzaines de plats, pesans
ii^exxxii mars et xiiii xii^{ce} escuelles, pesans ii^elx mars
et demy, qui font en somme iiiie iiii^{xx}xii mars et demy,
achetez de lui par les maistres d'ostel, 11 d. le marc,
samedi xxi jours de may, la Royne à Saint-Pol.
Argent,   22 l. 11 s. 5 d. p. [1]

Colin Marc, pour xxxvii aulnes et demie de toille
pour faire dréçouers en Cuisine et Saucerie, pour la
feste que la Royne fist au duc de Guelre, achetées
de lui par les maistres d'ostel, 2 s. l'aune, ce jour;
ilec. Argent,   75 s. p.

Martin le Simon et ses compaignons, clercs de Cui-
sine, pour un papier neuf, 10 s.; trois xii^{nes} et demie de
parchemin, 14 s. la douzaine, 49 s.; pour un cent gictouers, 4.; tout acheté par eulx pour enregistrer,
transcripre et gister les parties dudit office, jeudi

1. « *Per quictanciam.* »

xxx et derrenier jour de juing, la Royne à Saint-Pol.
Argent,   63 s. p.

Summa pro misiis Coquine, 166 l. 19 s. 7 d. p.

Pierre Jarret, pour deux panniers neufs, ferrez, garniz de serreures et de clefz, pour mectre la vaisselle
et fruit de la Royne, achetez de lui pour les maistres
d'ostel, lundi xvii jours de janvier, la Royne à Saint-
Pol. Argent,   20 s. p.

Jehan Blondeau, pour ii espées neuves, pour ou-
vrer en Fruicterie la Royne, achetées de lui pour tran-
chier l'ouvraige dudit office, par les maistres d'ostel,
6 s. la pièce, venrredi xxviii jours de janvier, la
Royne à Saint-Pol. Argent,   12 s. p.

Colin Marc, pour viii aulnes de toille pour faire
channevatz et sachietz pour mectre les fruitz de la
Royne, achetées de lui par les dessusdiz, 2 s. 4 d.
l'aune, mercredi xvi jours de février, la Royne ilec.
Argent,   18 s. 8 d. p.

Jehanne la Coustière, pour la façon desdiz sachietz,
channevatz, ourler deux touailles et signer aux armes
de la Royne, par les dessusdiz, ce jour, illec. Argent.   3 s. 4 d. p.

Jehan le Fèvre, pour un grant greil pour cuire les
pommes en Quaresme, par les dessusdiz, par marchié fait, ce jour, ilec. Argent.   10 s. p.

Jehan de Montrousti, pour ix xii^es plateletz et un
grant plat, pesans ix mars; pour servir de fruit en
salle, achetées de lui par les maistres d'ostel, 11 d. le

marc, venrredi xviii jours de février, la Royne à
Saint-Pol. Argent.   8 l. 5 s. p.

Colin Marc, pour deux touailles nueuves, contenans chascune deux aulnes, achetées de lui pour servir de fruit la Royne, par les maistres d'ostel, 5 s.
l'aune, dimanche xx jours de février, la Royne à Saint-
Pol. Argent.   20 s. p.

Martin le Simon et ses compaignons, clercs de
Fruicterie, pour un papier neuf, 10 s.; deux douzaines parchemin, 14 s. la douzaine, 28 s.; et pour un
cent de gictouers, 4 s.; tout acheté par eulx pour enregistrer, transcripre et gicter les parties dudit office;
jeudi xxx et derrenier jour de juing, la Royne à Saint-
Pol. Argent.   .   42 s. p.

Summa 14 l. 11 s. parisis.

ESCUIRIE.

Guillaume le Madre et ses compaignons, clers d'Escuirie, pour un papier nueuf, 10 s.; deux douzainnes
et demie de parchemin, 14 s. la douzainne, 25 s.; et
pour un cent de gictouers, 4 s.; tout acheté par eulx
pour enregistrer, transcripre et gicter les parties dudit
office, jeudi xxx et derrenier jour de juing, la Royne
à Saint-Pol. Argent.   49 s. p.

Summa per se 49 s. parisis.

FOURRIÈRE.

Arnoul des Granches, escrannier, pour ii escrans
nueufz pour la Royne, achetez de lui par les maistres
d'ostel, 8 s. la pièce, venrredi vii jours de janvier, la
Royne à Saint-Pol. Argent   16 s. p.

Guérin Briquet, pour un milier crochetz bastars, à
3 s. 6 d. le cent, et un cent à tallon, à 14 s. le cent,
pour tandre les chambres et retrais de la Royne, de
nosseigneurs les ducs de Guienne et de Tourainne, et
de noz dames la duchesse de Bretaingne et Michiele
de France ; achetés de lui par les maistres d'ostel,
lundi xxxi et derrenier jour de janvier, la Royne à
Saint-Pol. Argent,   49 s. p.

Colin Marc, pour viii aulnes de toile pour essuier
et couvrir la vaisselle d'or et d'argent de la Royne,
que Gilbert a en garde, achetées de lui, par les dessusdiz, 2 s. 4 d. l'aune, samedi xix jours de février, la
Royne à Saint-Pol. Argent,   18 s. 8 d. p.

Guérin Briquet, pour crochietz bastars, à 3 s. 6 d.
le cent ; vii^c et demi cent à tallon, à 14 s. le cent, pour
tandre les chambres et rectrais de la Royne, comme
dessus, pour le mois de février, achetez de lui, par les
dessusdiz, lundi xxviii et derrenier jour de février, la
Royne à Saint-Pol. Argent pour tout,   49 s. p.

Colin Marc, pour viii aulnes de toille, à 2 s. 8 d.
l'aune, et pour xii aulnes et demie d'autre toille, à 2 s.
6 d. l'aune, pour faire les davantiers pour servir aux
povres le Jeudi absolu pour le Mandé, achetées de lui
par les maistres d'ostel, jeudi xxx et derrenier jour de
mars, la Royne au Palais. Argent,   51 s. 4 d. p.

Guérin Briquet, pour xvii^c crochietz bastars, à 3 s.
6 d. le cent, et pour iii quarterons et demy à talon,
à 14 s. le cent, pour tendre les chambres et rectrais
de la Royne, Nosseigneurs et Dames, comme dessus,
pour le mois de mars, achetez de lui, par les dessusdiz, ce jour la Royne au Palais. Argent, 71 s. 6 d. p.

Ledit Guérin Briquet, pour xiii^c crochetz bastars,

à 3 s. 6 d. le cent, et pour demi cent à talon, à 14 s.
le cent, pour tandre les chambres et rectrais de la
Royne, nosseigneurs et dames de France les enfans,
pour ce présent mois d'avril, achetez de lui, par les
dessusdiz, samedi xxxe et derrenier jour d'avril, la
Royne à Saint-Pol. Argent,   56 s. p.

Ledit Guérin, pour xii^c crochietz bastars, à 3 s. 6 d.
le cent, et pour un cent à talon, à 14 s. le cent, pour
tendre les chambres et rectraiz de la Royne, nosseigneurs et dames les enfans, pour ce présent mois de
may, achetez de lui, par les maistres d'ostel, mardi
xxxi et derrenier jour de may, la Royne à disner et
soupper à la Porte Barbecte, et giste à Saint-Pol.
Argent,   56 s. p.

Ledit Guérin, pour xiiii^c crochietz bastars, à 3 s. 6 d.
le cent, et pour un cent à talon, 14 s. le cent, pour
tandre les chambres de la Royne et de nosseigneurs et
dames les enfans, pour ce, présent mois de juing,
achetez de lui, par les dessusdiz, jeudi xxx et derrenier jour de juing, la Royne illec. Argent,   64 s. p.

Jehan Delamare et ses compaignons, clers de Fourrière, pour un papier neuf 9 s.; iii xii^{es} et demie de
parchemin, 14 s. la douzaine, 49 s.; et pour un cent
de gictouers, 4 s, p.; tout acheté par eulx pour enregistrer, transcripre et gicter les parties dudit office,
jeudi xxx et derrenier jour de juing, la Royne à Saint-
Pol à Paris. Argent,   63 s. p.

Summa pro Fourreria, 24 l. 13 s. 6 d. parisis.

CHAMBRE LA ROYNE.

Guillaume Testart, pour LXVIII livres, un quarteron, de pluseurs espices conflctes, prinses et achetées de lui à divers pris pour la Royne, nosseigneurs les ducs de Guienne et de Tourainne, et noz dames la duchesse de Bretaigne et Michelle de France. C'est assavoir anis et noix confltes, sucre rosat, manuchristi, madrien, paste de Roy, pingnolat, dragée perlée, coriande et canelle perlée, pour le mois de janvier, contenant XXXI jours, l'an mil CCCC, par cédule de la Royne rendue à court, par les maistres d'ostel, lundi XXXIᵉ et derrenier jour de janvier, la Royne à Saint-Pol. Argent,   32 l. 1 s. 3 d. p. [1]

Ledit Guillaume Testart, pour IIᶜ. VII. livres et demy quarteron de pluseurs espices conflctes, comprinses les livraisons de Quaresme, achetées de lui à divers pris, pour la Royne, Nosseigneurs et Dames. C'est assavoir anis, noix confictes, sucre rosat, manuchristi, madrien, paste de Roy, pingnolat et dragée perlée, pour le mois de février, contenant XXVIII jours, l'an dessusdit, par cédule rendue à court, par les maistres d'ostel, lundi XXVIIIᵉ et derrenier jour de février, ladicte dame à Saint-Pol. Argent,   70 l. 1 s. 3 d. p.

Ledit Guillaume Testart pour VIˣˣ VI livres, quarteron et demy, de pluseurs espices confltes, prinses et achetées de lui à divers pris, pour la Royne et nosseigneurs et dames de France les enfans. C'est assavoir

---

1   « *Per* VI *cedulas sub sigillo secreto domine Regine et per quictanciam superius redditam.* »

anis, noix confites, sucre rosat, manuchristi, madrien,
pingnolat, paste de Roy, coriande et anis perlé, pour
ce présent mois de mars, contenant xxxi jours, l'an
dessuz dit, par cédule de la Royne rendue à court,
par les maistres d'ostel, jeudi xxxi et derrenier jour de
mars, ladicte dame au Palaiz. Argent 40 l. 10 s. 7 d.
Et pour apothicairerie pour nosseigneurs et dames,
livrées par Jehan Bouller, 7 l. 6 s. Argent pour
tout,   47 l. 16 s. 7 d. p.

Ledit Guillaume, pour xx livres et demie de pluseurs espices confictes, prinses et achetées de lui à
divers pris pour les Chambres de la Royne et de nosseigneurs et dames les Enfans. C'est assavoir anis, noix
confites, sucre rosat, manuchristi, orengat, madrien,
dragée perlée et coriande, pour ce présent mois d'avril,
contenant xxx jours, l'an mil cccc et ung, par cédule
de la Royne rendue à court, par les maistres d'ostel,
samedi xxx et derrenier jour d'avril, ladicte dame à
Saint-Pol. Argent 7 l. 9 s. p. Et pour apothicairerie
pour nosseigneurs les ducs de Guienne et de Tourainne, livrée par Jehan Bouller, 46 s. p. Ce jour, illec.
Argent pour tout,   9 l. 15 s. p.

Ledit Guillaume, pour xl livres de pluscurs espèces
espices confictes, prinses et achetées de lui à divers
pris, pour les Chambres de la Royne et de nosseigneurs
et dames les Enfans dessusdiz. C'est assavoir anis,
noix confictes, sucre rosat, citron, manuchristi et coriande, pour le mois de may, contenant xxxi jours,
l'an dessuz dit, par cédule de la Royne rendue à court,
par les maistres d'ostel, mardi xxxi et derrenier jour
de may, la Royne disner et soupper à la Porte Barbette, et giste à Saint-Pol. Argent, 15 l. 2 s. Et pour

apothicairerie pour nosseigneurs de Guienne et de
Tourainne, livrées par Jehan Bouller, 15 s. Ce jour,
ilec. Argent pour tout,   15 l. 17 s. p.

Ledit Guillaume Testart, pour xxii livres et demie
de pluseurs espices confictes, prinses et achetées de
lui à divers pris, pour les Chambres de la Royne, nosseigneurs les ducs de Guienne et de Tourainne et de
noz dames la duchesse de Bretaigne et Michiele de
France. C'est assavoir anis, noix confictes, sucre rosat,
manuchristi, citron, sucre rosat vermeil et coriande,
pour le mois de juing, contenant xxx jours, l'an dessuz dit, par cédule de la Royne rendue à court, par
les maistres d'ostel, jeudi xxx et derrenier jour de
juing, la Royne à Saint-Pol. Argent 8 l. 15 s. Et pour
apothicairerie pour nosseigneurs les Enfans, livrée
par Jehan Boullier, 28 s. Ce jour, ilec. Argent pour
tout,   10 l. 3 s. p.

Summa 175 l. 14 s. 1 d. parisis.

CHAMBRE AUX DENIERS.

Guillemin Lenfant, pour une boutaille d'encre,
achetée par lui pour Chambre aux deniers, les secrétaires et autres genz d'ostel, samedi premier jour de
janvier, la Royne à Saint-Pol. Argent,   4 s. p.

Lui, pour v mains de papier, achetées par lui
comme dessus pour ladicte Chambre, 20 d. la main,
ce jour, ilec. Argent,   8 s. 4 d. p.

Jehan de Thiais, gaingnier, pour viii escriptoires
pour la livrée de la Chambre aux deniers, garnies es-
toffées de cornetz, canivetz, bourses et lacs de soie,

achetées de lui 28 s. la pièce, venrredi vii jours de janvier, la Royne à Saint-Pol. Argent,   11 l. 4 s. p.

Guillemin le Cousteux, pour une boutaille d'encre,
achetée par lui pour la Chambre aux deniers, les secretaires et autres gens d'Ostel, mardi premier jour de
février, la Royne à Saint-Pol. Argent,   4 s. p.

A lui, pour v mains de papier, achetées par
lui pour ladicte Chambre, ce jour, ilec. Argent,   8 s. 4 d. p.

Ledit Guillemin, pour une bouteille d'ancre, achetée par lui pour la Chambre aux deniers, les secretaires et austres gens d'Ostel, mardi premier jour de
mars, la Royne à Saint-Pol. Argent,   4 s. p.

Lui, pour v mains de papier, achetées par lui
pour ladicte Chambre, ce jour illec. Argent,

8 s. 4 d. p.

Ledit Guillemin, pour une bouteille d'ancre, achetée par lui pour la Chambre aux deniers, les secretaires et autres gens d'Ostel, dimanche iii jours d'avril,
la Royne au Palaiz. Argent,   4 s. p.

Lui, v mains de papier achetées par lui pour ladicte
Chambre, ce jour, ilec. Argent,   8 s. 4 d. p.

Ledit Guillemin le Cousteux, pour une bouteille
d'ancre, achetée par lui pour la Chambre aux deniers,
les secretaires et autres gens d'Ostel, dimanche premier jour de may, la Royne disner et soupper à Bain-
gnolct, et giste à Saint-Pol. Argent,   4 s. p.

Lui, v mains de papier, achetées par lui pour
ladicte Chambre aux deniers, ce jour ilec. Argent,   8 s. 4 d. p.

Lui, dit Guillemin le Cousteux, pour une bouteille d'ancre, achetée par lui pour la Chambre aux

11

deniers, les secretaires et autres gens d'Ostel, mercredi premier jour de juing, la Royne à Saint-Pol. Argent, 4 s. p.

Lui, pour v mains de papier achetées par lui pour ladicte Chambre, ce jour, ilec. Argent, 8 s. 4 d. p.

Jehan le Parcheminier, pour vi bottes de parchemin, pour faire les comptes, journaulx, extrais et contreroulle de la Chambre aux deniers, achetées de lui 24 s. la botte, jeudi xxx et derrenier jour de juing, la Royne, à Saint-Pol. Argent, 7 l. 4 s. p.

Lui, pour rère, poncer et nectoier les dictes vi bottes de parchemin, 6 s. la botte, ce jour, illec. Argent, 36 s. p.

Jehan le Gras, pour iiiie de gictouers pour ladicte Chambre, achetés de lui 6 s. p. le cent, ce jour ilec, Argent, 24 s. p.

Summa pro Camera denariorum 25 l. 2 s. p.

QUERRE DENIERS.

Thevenin Lenfant, envoié à Gisors devers le receveur ilec, quérir cent frans pour la despense de l'Ostel la Royne, pour ce et son rectour à court, par iii jours, 8 s. par jour, venrredi iiii jours de février, la Royne à Saint-Pol. Argent, 24 s. p.

Jehannin Gaugain, clerc des offices, envoié porter lectres du Roy de la Royne, et de messeigneurs les Générauls, aux receveurs de Gisors, d'Arques, Dieppe, Caudebec, Caen, Coustances, Saint-Lô et Lisieux, pour faire venir et apporter argent pour la despense de l'ostel de ladicte dame; ouquel voiage il a vaqué par xx jours, alant, demourant ès-diz lieux et rectournant à court, 8 s. par jour, dimenche III jours d'avril, la Royne au Palais. Argent, 8 l. p.

Belot Galleret et Jehan Barbette, messagiers à pié, envoiez porter lectres du Roy nostresire et des trésoriers, aux receveurs de la Rochelle, de Tourainne, Chartres et Nogent-le-Roy, aux vicontes du Pont-de-l'Arche, de Gisors, Rouen, Caudebec, Monstiervillier et Arques, pour faire venir argent pour la despense de l'Ostel de la Royne, avecques autres lettres qu'ils portoient semblablement pour le Roy; pour ce et leur rectour à court, jeudi XII jours de may, ladicte dame à Saint-Pol. Argent, 108 s. p.

Pierre le Borgne, envoié exécuter les receveurs de Senz, de Montereau-ou-sourt-Yonne, pour assignacion de la despense de l'Ostel de la Royne; pour ce et son rectour à court, par XI jours, 8 s. p. jour, mercredi xxv jours de may, la Royne à Saint-Pol. Argent, 48 s. p.

Regnault Vauldry et Jean Barbette, messagiers de pié, envoiez porter lettres des trésoriers aux vicontes de toute la Basse-Normandie et au viconte de Caulx, pour faire venir argent pour la despense de l'Ostel de la Royne; pour ce et pour leur rectour à court, jeudi xvi jours de juing, la Royne à Saint-Ouin, en 7 escus. Argent, 6 l. 6 s. p.

Jehan de Gaye, sergent à cheval, envoié exécuter les contreroulleurs de Troyes, Langres, Bar-sur-Aube, Saulieu, Mascon, la Rochelle et plusieurs autres pour faire venir argent pour la despense de l'Ostel de ladicte dame; pour ce, alant, demourant ès-diz lieux et rectournant à court, jeudi xxx et derrenier jour de juing, la Royne à Saint-Pol. Argent,   8 l. p.

Summa 31 l. 6 s. p.

Summa 910 l. 4 s. 5 d. parisis[1].

OFFRANDES.

La Royne, pour offrandes faictes par elle à sa grant messe le jour de la Circoncision Nostre-Seigneur, samedi premier jour de janvier, la Royne à Saint-Pol à Paris. Argent,   4 s. 4 d. p.

Ladicte dame, pour offrandes faictes par elle à sa grant messe le jour de la Thiphannie, 16 s.; et pour mire et encens 12 s., jeudi vi jours de janvier, la Royne à Saint-Pol. Argent, pour tout,   18 s. p.

Ancelet, sommelier de Chappelle, pour les offrandes cothidiannes la Royne pour le mois de janvier, contenant xxxi jours, 12 d. par jour, rabatu les jours de la Circoncision et de la Thiphainne, lundi xxxi et derrenier jour de janvier, la Royne à Saint-Pol. Argent,   29 s. p.

Le curé de Saint-Pol, pour les offrandes de nosseigneurs les ducs de Guienne et de Tourainne par xviii jours, pour noz dames de Bretaingne et Michiele de France, chascune 4 d. par jour, ce jour, ilec. Argent, pour tout,   32 s. 8 d. p.

La Royne pour offrandes faictes par elle à sa grant messe le jour de Nostre-Dame Chandelleur, mercredi ii jours de février, la Royne à Saint-Pol. Argent,   4 s. 4 d. p.

---

1. « SECUNDA GROSSA. »

Ancelet, sommelier de Chappelle, pour les offrandes cothidiannes de la Royne pour le mois de février, 12 d. par jour, lundi xxviii et derrenier jour de février, la Royne à Saint-Pol. Argent, 27 s. p.

Le curé de Saint-Pol, pour ce semblablement, pour noz seigneurs et dames les enfans, chascun 4 d. par jour, ce jour, ilec. Argent, 37 s. 4 d. p.

La Royne, pour offrandes faictes par elle à sa grant messe le jour de Notre-Dame en mars, venrredi, xxv jours de mars, la Royne à Saint-Pol. Argent, 4 s. 4 d. p.

Ladicte dame, pour offrandes faictes par elle à sa grant messe le jour de Pasques fleuries, dimenche xxvii jours de mars, la Royne à Saint-Pol. Argent, 4 s. 4 d. p.

Ancelet, sommelier de la Chappelle, pour les offrandes cothidiannes de la Royne pour le mois de mars, 12 d. par jour, rabatu, etc.; xxxi et derrenier jour de mars, la Royne au Palais. Argent, 29 s. p.

Le curé de Saint-Pol, pour ce semblablement, pour nosseigneurs les ducs de Guianne et de Tourainne et noz dames la duchesse de Bretaingne et Michiele de France pour le mois de mars, chacun 4 d. par jour, ce jour, ilec, Argent, 41 s. 4 d. p.

La Royne, pour ses offrandes faictes par elle à la croix, le Venrredi Aouré, venrredi premier jour d'avril, la Royne au Palais, En 3 franz, argent, 48 s. p.

Guillaume Dubois, pour ce semblablement, pour les offrandes de nosseigneurs les ducs de Guienne et de Touraine, noz dames la duchesse de Bretaingne et Michiele de France, faictes par eulx, chascun 7 s., ce jour, ilec. Argent, 32 s. p.

La Royne, pour offrandes faictes par elle à sa grant
messe le jour de Pasques Escomminchans, dimenche
III jours d'avril, la Royne au Palais. Pour ce argent, 16 s. p.

Ancelet, sommelier de Chappelle, pour les offrandes
cotidianne de la Royne pour le mois d'avril, 12 d.
par jour, samedi xxx et derrenier jour d'avril, rabatu, etc. La Royne à Saint-Pol. Argent, 28 s. p.

Le curé de Saint-Pol, pour ce semblablement, pour
nosseigneurs et dames de France les enfans, chascun
4 d. par jour, ce jour, ilec. Argent, 40 s. p.

La Royne, pour offrandes faictes par elle à sa grant
messe le jour de l'Ascencion, jeudi xII jours de may,
la Royne à Saint-Pol. Argent, 4 s. 4 d. p.

La Royne pour offrandes faictes par elle à sa grant
messe le jour de la feste de Penthecoste, dimenche xxII
jours de may, la Royne à Saint-Pol. Argent, 16 s. p.

Ancelet, sommelier de Chappelle, pour ses (sic) offrandes cotidiannes de la Royne pour le mois de may,
12 d. par jour, mardi xxxI et derrenier jour de may, la
Royne disner et soupper à la Porte Barbette, et giste à
Saint-Pol. Argent, 29 s. p.

Le curé de Saint-Pol, pour les offrandes cotidiennes de nos seigneurs et dames de France les enfans,
chascun 4 d. par jour, ilec. Argent, 41 s. 4 d. p.

La Royne, pour offrandes faictes par elle à sa grant
messe le jour du Saint-Sacrement, jeudi II jours de
juing, la Royne à Saint-Pol. Argent, 4 s. 4 d. p.

Ancelet, sommelier de Chappelle, pour les offrandes cothidiennes de la Royne pour le mois de juing,
12 d. par jour, mercredi xxx et derrenier jour de
juing, la Royne à Saint–Pol. Argent, 29 s. p.

Le curé de Saint-Pol, pour ce semblablement, pour
nosseigneurs les ducs de Guienne et de Tourainne et
noz dames la duchesse de Bretaingne et Michiele de
France, chascun 4. d. par jour, ce jour, ilec. Argent,   40 s. p.

Summa pro Offertoriis, 28 l. 9 s. 8 d. parisis.

GRANT ESCUIRIE.

Pierre Denis, masson, pour avoir fait, en une salle
par terre emprès la court de Saint-Pol, une soubz-
pendue, quérir pour ce faire plusieurs potences de
boys, pour mectre les bons harnois, comme selles,
colliers et brides; pour plastre, boys et painne, par
l'ordonnance de la Royne et des escuiers d'Escuirie,
par marchié fait à lui. Argent   4 l. p.

Guillaume Michiel, pour ii paires de lieures pour les
chariotz de garderobe de la Royne, achetées de lui
par les escuiers et les charretiers.   20 s. p.

Raoulet Dugué, huchier, pour ix chevrons à faire
aumoyres et fenestres pour mectre en la chambre
des varletz, les harnois courans chascun jour, par
marchié fait à lui par les dessusdiz. Argent   40 s. p.

Gillequin, serreurier, pour avoir fait pluseurs
bandes et lieures de fer mises ès fenestres et soupp-
pendues dessuzdiz, verroux, vertevelles pour les
clourre; par marchié fait à lui par les dessus diz.
Argent   32 s. p.

Robin Garnier, pour avoir rappareillié et rembouré
toutes les sommes pour les sommiers de la Royne, et
en aucunes fait panneaulx, pluseurs couroyes et cu-
relles (*ou* civelles); par marchié faict à lui comme des

suz, toutes les parties dessuz dictes veues sur le bureau. Pour ce   40 s. p.

Loys Pouillet, escuier, pour ung cheval gris pom-
melé, acheté de lui par Robert de Ponteaudemer, premier escuier d'Escuirie la Royne, pour mectre à un des
chars de ladicte dame. Pour ce, par quictance 45 l. p.[1]

Thibaut le charron, demourant à Paris, pour les
fustz de II chariotz de garderobe, neufz, fournis de
roes, banquars, esseaulx, limons et autres choses neccessaires auxdiz chariotz, pour chascun chariot 8 l. p.;
par marchié à lui fait par les maistres d'ostel, Robert
du Ponteaudemer, premier escuier d'Escuirie, et la
Chambre aux deniers, les parties veues sur le bureau.
Argent   16 l. p.

Lui, pour VI paires de roes neuves mises en III autres chariotz, et pluseurs autres menues parties neccessaires à remonter lesdiz chariotz, les parties veues
sur le bureau par les dessusdiz. Argent   8 l. 5 s. p.

Jehan Alban, mareschal, pour ferrer de neuf les
deux chariotz dessusdiz de bandes mises ès roues,
happes, hurtouers, chevilles de fer et pluseurs autres
fournitures ès diz chariotz; par marchié à lui fait par
les dessusdiz, pesans VI^c L. livres, 8 d. la livre. Argent   11 l. 13 s. 4 d. p.

Lui, pour embatre et asseoir les bandes ès VI autres
chariotz dessusdiz, et pour cloux, happes, hurtouers,
comme autres fournitures neccessaires aux diz chariotz, pesans VII^c L. livres, 8 d. la livre, par marchié
à lui fait par les dessusdiz, les parties veues sur le
bureau. Argent   15 l. p.

---

1. « *Per quictanciam.* »

Berthault de Monieaux, pour une paire de trez cuiriez, achetez de lui 5 s. 4 d. la paire. Argent 26 s. 8 d. p.[1]

Lui, pour III paires de fourreaulz pour les chariotz de garderobe, achetez de lui 8 s. la paire. Argent			24 s. p.

La Royne, pour argent baillié à Saint-Fiacre et au Palais, à faire dévocions et offrandes en ce mois de may, par sa lectre donnée VIIe dudit mois, 18 l. 12 s. p.

Drouin Maynnart, demourant à Paris, pour un cheval gris pommelé, acheté de lui par la Royne et autres commis de par elle, avecques Robert de Ponteaudemer, son premier escuier d'Escuirie, mis au char des damoiselles, ou lieu d'un des autres, rendu à l'ostel de La Saussoie pour ce qu'il estoit usé et affollé. Pour ce			40 l. p.

Jehan de La Cloche, receveur de Paris, pour rente qu'il prent à cause de sa recepte sur une maison séant devant Saint Pol, qui est à la Royne; pour les termes de Noel l'an mil CCCC, et Pasques mil CCCC ung, 36 s. pour terme. Valent les VI termes			7 l. 10 s. p.

Le Cornu, pour avoir osté les fiens, gravois et autres choses de la court de l'Escuirie la Royne, par marchié à lui fait, en 7 escus valent			6 l. 6 s. p.

Ymbelot de Lions, pour XI couvertures arconnières, 24 s. p. la pièce, 13 l. 4 s.; XLIe autres couvertures, 20 s. la pièce, argent 41 l. p.; XXIIII sacs de treilliz, 8 s. la pièce, argent 9 l. 12 s. p.; IIII autres petiz sacs, 4 s. la pièce, argent 16 s. p.; XLVIII espoucettes,

---

1. « *Per quictanciam.* »

2 s. la pièce, argent 4 l. 16 s. p. Pour toutes ces
parties   69 l. 8 s. p.

Guillaume de Jumeaulx, pour LII brides à abreuver
les chevaulx de l'Escuirie la Royne, achetées de lui
12 s. la pièce, argent 31 l. 4 s.; LII chevestres, 6 s.
la pièce, 15 l. 12 s.; LII collainnes, 3 s. la pièce, argent 7 l. 16 s.; deux douzainnes d'entraves, 4 s. la
pièce, argent 4 l. 16 s.; XLVIII sangles à chevauchier,
16 d. la pièce, argent 64 s.; LII seursangles, à ce
pris, argent 69 s. 4 d.; et XII sangles doubles, 2 s.
8 d. la pièce, argent 32 s. Pour toutes ces par-
ties,   67 l. 13 s. 4 d. p.

Jehan le Barbitte, pour deux douzainnes et demie d'estrilles, achetées de lui, 2 s. la pièce. Argent   60 s. p.

Guillaume Blondel, pour XVI cribles, 20 d. la pièce,
argent 26 s. 8 d.; deux douzainnes estrilles, 60 s.;
XVI picotins, 8 d. la pièce, 10 s. 8 d.; XXIIII pingnes,
4 d. la pièce, argent 8 s.; VI broisses, 8 d. la pièce,
argent 4 s.; et XII espurges. Tout acheté de lui par les
escuiers d'Escuirie. Argent   6 l. 1 s. 4 d. p.

Robert du Ponteaudemer, pour don fait aux varlès
de l'abbé de Coulons qui ont amené une lictière devers la Royne, XXVI jours de juing. Pour ce   36 s. p.

La Royne, pour argent baillié à pluseurs marchans
qui ont livré denrées à une feste faicte en may par
ladicte dame en son hostel de la Porte Barbète à messeigneurs les ducs de Geules, d'Orlians et pluseurs
autres seigneurs, en festoient ledit de Geule (Gueldre);
lesquelles parties extraordinaires ne furent pas comp-
tées ès escroes en la despence ordinaire pour ce que
ladicte dame avoit promis de la paier appart. Pour ce,

par sa lectre, donnée le xxiie jour de juillet, mil cccc
et ung. Pour ce   277 l. 6 s. p.[1]
Summa pro Magna Scutiferia 606 l. 13 s. 8 d. parisis.
               Summa 635 l. 3 s. 4 d. p.[2]
Summa totalis Expense hujus compoti :
                         23707 l. 1 s. 2 d. ob. p.
Debet dictus magister Camere denariorum :
                         6998 l. 16 s. 6 d. ob. p.
Et debentur ei per compotum suum de termino
Nativitatis m°cccc^mo immediate precedentis :
                         3430 l. 2 s. 3 d. p.[3]
Restat quod debet dictus magister Camere :
                         3558 l. 14 s. 3 d. ob. p.[4]
Redduntur Regi in statu compotis immediate se-
quentis.
    Auditus ad Burellum in presencia superioris ma-
gistri Hospicii domini Regis, die penultima aprilis
m° cccc^mo secundo.

1. « *Per mandatum Regine.* »
2. « TERTIA ET ULTIMA GROSSA. »
3. « *Corrigitur.* »
4. « *Corrigitur.* »

EXTRAITS

DU

DEUXIÈME COMPTE DE L'HOTEL

DU ROI CHARLES VI

POUR LE TERME DE NOEL

1381.

(Archives de l'Empire. Registre coté KK. 30, fol. 26 à 47.)

Pro dimidio anno finito ad primum januarii
CCC IIII^{xx}I [1].

C'est le IIe compte des despenz de l'ostel le Roy
Charles, du premier jour de juillet l'an M. CCC. IIII^{xx} et
un, jusques au premier jour de janvier ensuivant en
cel an, randu par Guillaume le Perdrier, son clerc
en sa Chambre aux deniers, et par Laurens Bourdon,
contrerolleur de ladicte Chambre.

[RECETTE.]

Recepte en deniers comptans, des Trésoriers,

6288 l. parisis.

1. *Littere reddite per presentem compotum ponuntur cum litteris compoti precedentis.*

Du receveur général des Aides de la province de Rouen,   5800 l. p.

Du receveur général des Aides du diocèse de Châlons,   4960 l. p.

Du receveur général des Aides d'Évreux, Seez, Rouannois et la conté de Harcourt,   12 240 l.

Somme toute de la recepte en deniers comptans,   29 288 l. parisis.

Autre recepte pour blez — des garnisons du Bois de Vincennes — des greniers de Meaux, 90 l. 15 s. p.

Autre recepte pour vins — vin de Beaune — vin de Bourgogne — vin de Bar — vin françois,   6507 l. 11 s. 10 d. ob. p.

Autre recepte pour connins — des garennes de Vincennes, Creil, St Cloud, La Queue de Fontaines, la Queue de Glandas,   73 l. 14 s. p.

Autre recepte pour poissons des étangs du Roy — de la fousse de Beauté, de Gouvieux, de Roye — quarreaux — anguilles — brochets — bresmes — perches — carpeaux,   219 l. 11 s. 4 d. p.

Autre recepte des Garnisons du Bois de Vincennes — lard — pois — huile — vin aigre — sel — charbon — fèves — cire — foing — chandelle de suif,   285 l. 14 s. 7 d. p.

Somme toute de la Recepte de ce présent compte, 36 465 l. 6 s. 9 d. ob. parisis.

[DÉPENSE.]

DESPENS DES JOURNÉES.

A Crécy en Brie, le 2 aout 1381, en la présence de Pierre de Villiers, chevalier, souverain maitre de l'Hotel, et de Jean Braque, chevalier, maitre de l'hôtel,   4349 l. 13 s. 5 d. ob. p.

Sans gaiges et menues.

« Item, pour la despence de madame Katherine, en tout ce mois de juillet, lui (*lisez* : elle) estant devers madame de Bourbon à Saint Marcel, par l'ordonnance du Roy et de Nosseigneurs ses oncles,   200 l. p. »

A Compiègne, le 3 sept. 1381, en présence de Pierre de Villers, et des maitres de l'hôtel Guillaume de Gaillonnel et Taupin de Chantemelle,

4245 l. 8 s. 10 d. ob. p.

Article de Catherine de France, comme dessus.

Audit lieu de Compiègne, 2 octobre — Pierre de Villiers et Arnoul de Puisieux et Taupin de Chantemelle,   5286 l. 2 s. 3 d. p.

C'est par jour 176 l. 4 s. p. Plus 2 s. 3 d. parisis.

Article de Catherine de France.

A Senlis, le dimanche 3 novembre — Pierre de Villiers, Pierre Balotier et Guillaume de Gaillonnel,   5505 l. 10 s. p.

Article de Catherine de France.

Au Bois de Vincennes, mardi 3 décembre — Pierre de Villiers, Guillaume de Gaillonnel et Taupin de Chantemelle,   5894 l. 8 d. p.

Article de Catherine de France.

Audit lieu du Bois de Vincennes, jeudi 2 janvier —
Pierre de Villiers — Arnoul de Puisieux, Guillaume
de Gaillonnel et Hanry Maazier, 7180 l. 19 s. 4 d. p.

Article de Catherine de France [1].

Somme pour les despences des Journées pour les
ix^{xx} iiii jours dessusdiz,   32 461 l. 14 s. 7 d. parisis.

C'est par jour 176 l. 8 s. 5 d. p. Plus 5 s. 11 d. p.

Item, pour la despence Madame Katherine, elle
estant devers Madame de Bourbon à Saint Marcel,
comme dessus,   1200 l. p.

Prima grossa. Total, 33 661 l. 14 s. 7 d. parisis.

Gages de Chevaliers banerez. — Clers des Requestes
— Chevalier fauconnier — Somme pour gaiges de
chevaliers,   375 l. 16 s. p.

Gaiges de clers et de nottaires. — Clers des Requestes — Secretaires — Notaires — Autres clercs.

Somme pour gaiges de clers et de notaires,
                   2225 l. 6 s. p.

Gaiges de vallez le Roy et d'autres gens d'ostel. —
Chauffecires — Gens communs (un chirurgien, un
tailleur, un cordonnier, valets de chambre) — Sommeliers de Chambre le Roy — Sommeliers de Chambre aux deniers — Messagiers.

Somme, 354 l. 8 d. parisis.

1. *Sine litteris quia non fuit soluta, et ideo debet poni in debitis.*

Gaiges à vie et extraordinaires. — Maistre Denis de Collors, aumosnier et secretaire, etc., etc.

Somme, 1000 l. 3 s. 2 d. obole parisis.

Manteaulx de chevaliers et de clers, pour le terme finant à Noël, l'an mil ccc iiii^{xx} et un, le Roy au Boys de Vincennes.

Summa pro Vadiis unacum Mantellis et Robis,

Secunda grossa. 4265 l. 5 s. 2 d. obole parisis.

Harnois. Guillaume, capitaine des Arbalestriers, pour faire faire des butes à Crécy pour l'esbatement du Roy et de monseigneur de Bourgoigne — Jehan de Roquemont, pannetier du Roy, envoié semblablement de Meaulx à Nostre-Dame de Pontoise, pour tenir lieu pour mons. de Valois, qui estoit de ladicte confrarie.... 12 s. p. par jour. — Raoullet Legay, somelier de Chapelle, pour deux peaulx de parchemin achetées par lui, pour le Roy, à Compiengne, à escripre examplaires et ses matières; pour ce jour, illec, 2 s. 8 d. p. — Gillet le Séneschal, pour iii livres cire vermeille achetée de lui 5 s. p. la livre, pour le séel secret du Roy par les maistres d'ostel. — Mahieu de Tournay, fourbisseur d'espées, pour ii espées larges achetées de lui pour le Roy et mons. de Valois, à tuer le sanglier. — Le Roy, pour argent baillé à lui pour jouer à la paume, à ii enfans, en l'ostel Saint-Cornille de Compiègne, envoiez à lui par Poinssonnet, huissier d'armes; ce jour illec. Argent, 8 l. p. — Robert d'Oregny, fèvre, demourant à Senliz, pour appareiller l'oreloge du Roy qui estoit despeçée; par les dessusdiz (les maistres de l'Hotel) ce jour illec. Argent, 16 s. p. — Le Roy, pour

argent baillé à lui par Aubelet, vallet de porte, pour
jouer aux dez, 4 frans. — Pour une main de papier
à faire lettres secretes en la Chambre du Roy, 2 s.
6 d. p. — Merlin Jolis, pour 1 pigne, 1 mirouer et
1 estui, achetés par lui pour le fol du Roy, venredi
vi jours de décembre, le Roy au Bois de Vincennes.
Argent, 20 s. p. — Pour faire le service du Roy Philippe de Vallois au Bois de Vincennes, lundi xvi jours
de décembre, illec. Argent, 60 s. p. — Frère Maurice
de Coullenges, confesseur.

Somme pour Harnoys, 175 l. 16 s. 6 d. parisis.

Dismes de pain et de vin. Les dames d'Yerre —
les dames de la Saussoie — l'abbesse et couvent du
Pont-aux-Dames — l'abbesse de S. Jean-au-Bois de
Compiègne — les dames de S. Remi lez Senliz — les
dames de Gif — la maladerie de Meleun.

Somme pour Dismes, 511 l. 11 s. parisis.

Messaiges envoiez. — Jehan Darizolles, chevaucheur, envoié de Crécy en Brye porter lettres de par
le Roy à Paris, devers Gillet Malet, pour avoir 1 mou-
vement (d'horloge) qui devoit estre à Beauté; dymenche vii jours de juillet, le Roy à Crécy en Brye. Argent, 12 s. p. — Maistre Jaques du Val, secretaire du
Roy, par 1 message envoié par lui du commandement
du Roy et de mons. de Bourgoigne, de Crécy à Har-
fleu, pour savoir certaines nouvelles d'aucuns Englois
que l'en disoit avoir esté pris sur la mer. — Simon de
la Roche, messagier, envoié de Compiègne à Paris,
porter lettres du Roy à messeigneurs Guill. de Meleun,
Guill. de Gaillonnel et Philippe d'Aunay, chevaliers,

12

Moreau de Dissy, escuier, et plusieurs autres, pour
venir servir le Roy à la venue du duc de Bretangne. —
Le même, envoié de Compiègne à Senliz porter lettres
du Roy au prévost d'illec et à III ou IIII chevaliers
d'environ, pour avoir des chiens à chasser, pour le
Roy. — Huet du Ploys, chevaucheur, envoié de Compiègne à Bruges et à Yppre, au conte de Flandres; en
demourant illec et son retour, venredi XI jours d'octobre, le Roy illec, 80 l. 16 s. p. — Jehan Rousselet,
envoié de Senliz à Paris, pour aler quérir 1 roulle de
la retenue aux sergens d'armes du Roy, lequel mons.
le Connestable avoit demandé. — Jehan Baudet dit
Happede, envoié de Senliz à Roan, porter lettres du
Roy aux religieux et chappistres qui doivent service
au Roy pour aler hors en guerre. — Mardi XII jours
de novembre, le Roy disner à Lieusaint, souper et
giste à Villeneuve-Saint-George. — Raimbaut Beuset,
envoié hastivement de nuit de Meleun à Paris, porter
lettres du Roy à mons. d'Anjou, jeudi XXI jour de
novembre. — Michelet Boucher, envoié du Bois de
Vincennes à Auton en Beausse, porter lettres du Grant
maistre d'ostel à Symon de Gravelle, eschançon, pour
venir servir.

Somme pour Messaiges, 314 l. 2 s. parisis.

Menues mises. — Messire Pierre de Villiers, grant
maitre d'ostel, pour argent baillé par lui au Roy, pour
jouer aux dez; dymanche premier jour de décembre,
le Roy au Bois de Vincennes. Argent, 10 s. p.

Somme pour Menues mises, 33 s. parisis.

Tercia grossa. Somme pour Harnois, Dismes, Messages avec Menues mises, 1003 l. 2 s. 6 d.

Panneterie. — Pour ii serreures neufves — pour
mectre ès huis de la Panneterie et de la Chambre des
nappes — Samedi xiii jours de septembre le Roy disner à Compiègne, soupper et giste à Soizi. — Robinete la Cousturière, demourant à Paris, pour saigner à
la fleur de lis le linge dessusdit, où il a vᶜ xlviii fleurs
de lis, 45 s. 8 d. p. — pour ii clefs d'argent mises ou
coffin d'argent des oublées du Roy — pour ii paires
de bachoues à apporter le pain pour le Roy — pour
ii flossoies à couvrir ledit pain ès dictes bachoues —
pour corde pour lyer lesdictes bachoues — nappes de
l'euvre de Valguion — pour ii barilz de fust neufs
ferrez de bandes de fer... pour porter moustarde.

Gillot Everart, Geuffroy Raoul et Jehan le Huchier, clers de Panneterie, pour ii douzainnes et demie
de parchemin, 14 s. la douzaine, vallent 35 s. p.; un
papier neuf, 12 s. p.; une escriptouère neufve, garnie
de cornet, canivet et laz de soye, 28 s. p.; un bureau,
12 s. p.; iᶜ de gettouers, 4 s. p., acheté par eulx pour
gister, enregistrer et escripre par escroes les parties
dudit office en tout ce terme, mardi xxxi et derrenier
jour de décembre le Roy disner au Bois, giste au Palais à Paris. Argent,   4 l. 11 s. p.

Somme pour Panneterie, 276 l. 2 s. 8 d. parisis.

Eschançonnerie. — Pour une clef neufve mise en
l'uis de la cave de l'ostel du Roy à Compiègne. — Richart du Susay, demourant ès halles à Paris, pour
xviii caillers achetées de lui pour la despence de l'Ostel. — Henry Cosme, orfèvre du Roy, pour xviii boueil-
lons d'argent armoiez aux armes du Roy, 6 l. 8 s. p.

Trois clercs de l'Echançonnerie.

Somme pour Eschançonnerie, 96 l. 8 d. parisis.

Cuisine. — Michelet le Breton, pour ɪɪ douzaines de plaz et ɪɪ douzaines d'escuelles d'estain neufves, pesans 333 marcs, don l'en lui a baillé 91 mars de viez estain, demeure 242 mars de neuf estain, acheté de lui pour l'office de Cuisine et Sausserie, par les maistres d'ostel, samedi xx jours de juillet le Roy à Crécy. Argent, 12 l. 2 s. p.; lui, pour eschange de ɪɪɪ^{xx} xɪ mars dessusdiz, 3 d. de soulte pour chascun marc, par les dessusdiz, ce jour illéc, 22 s. 9 d. p. Symonnet le Maignien, pour appareiller d'arain vɪ paelles à boux et vɪ chauderons à potage pour ledit office de Cuisine; par les dessusdiz, ce jour, illec, 64 s. p. — Pour une cuiller persée — estamines... pour l'office de Cuisine et Sausserie — ɪɪ chauderons bastars, ɪɪ chauderons à potage, une paelle à queue et une de fer — toille pour faire dressouers en Cuisine et nappes en Sausserie — pour ɪɪ seaulx de bois ferrez de bandes de fer — pour rappareiller la grant chaudière à cuire char, la belle bouche, xɪɪɪ paelles à boux, ɪ chauderon bastart, v chauderons moiens, ɪɪ paelles à queue et plusieurs vaisseaux de cuisine — pour une belle bouche neufve, 6 l. p. — vɪ paelles de fer à queue double — vɪ puisètes neufves — pour ɪɪɪɪ chaudières pour Sausserie — pour ɪɪɪɪ cuillers de fer percées — pour ɪɪ autres petites cuillers de fer pour eschauder poullaille — pour ɪɪ museaulx de beuf — pour ferrer de neuf une belle bouche — desquelx plaz et escuelles on a perdu à la venue du duc de Bretangne xvɪ plaz et x escuelles d'estain — pour renouer les contrerostiers — pour ferrer les coffres des espices de Cuisine — pour ii grans panniers d'esclisses neufs... pour le garde manger de Cuisine.... pour yceulx garnir de clefs et les ferrer de neuf — pour renouer ii broches de fer et i rouable audit office — sur ce qu'on lui rabat pour le louage desdictes escuelles (à un potier d'étain).

Trois clercs de Cuisine.

Somme pour Cuisine, 406 l. 1 s. 3 d. parisis.

Fruicterie. — Guillaume de Laigny, chauderonnier, pour une chaudière neufve ferrée de bandes de fer, achetée de lui au Lendit pour l'office de Fruicterie — pour appareiller le coffre au cierge de la Chambre du Roy et y appoinctier une douzaine de cloux, et pour aguisier les cousteaux de quoy on despèce le cire en Fruicterie — pour une espée de fer.... pour coupper chandelle et torche oudit office — pour iiii douzaines de petis plaz d'estain pes. lxviii mars 13 d. p. le marc... pour l'office de Fruicterie — pour une serreure neufve... pour mectre en l'uis de la Fruicterie à Meleun — pour xxiiii livres de cire et xii cierges pour l'obsèque de feu la royne Jehanne de Bourgogne[1] — pour une aulne de toille.... pour essuier les plaz de Fruicterie.

Deux clercs de la Fruiterie.

Somme pour Fruicterie, 24 l. 10 s. 4 d. parisis.

Escuirie. — Colin le Charron, pour i chariot de fust

1. Jeanne de Bourgogne, veuve de Philippe le Long, morte le 21 janvier 1329.

neuf, garni de bancart, de roues et d'autres choses —
Robin le bourrelier, pour une selle de limons, une selle
de faute et une doussière — Colin le serreurier, pour
une fleur de liz de fer achetée de lui pour saigner un
cerf[1], lequel le Roy chassoit en la forest de Compiègne,
lequel cerf se vint rendre en une estable en la maladerie de Choisy, et fu seigné ledit cerf à ladicte fleur
de liz, et puis ot congié de retourner en la forest par
le commandement dudit seigneur, mardi 17 jour de
septembre[2].

Trois clercs de l'Écurie.

Somme pour Escuirie, 28 l. 2 s. parisis.

Fourrière. — Pour xiie crochez bastars — pour
tendre les chambres et garderobes — crochez à talon
— Noël Lescrannier, demourant à Paris, pour ii escrans d'ozier neufs, achetez de lui pour la Chambre
du Roy, 10 s. p. la pièce — mercredi vi jours de septembre, le Roy disner à la Chappelle en Serval et giste
à Louvres.

Trois clercs de la Fourrière.

Somme pour Fourrière, 57 l. 12 s. 6 d. parisis.

Quarta grossa. Somme pour mises de Mestiers
d'ostel,   888 l. 9 s. 5 d. p.

Chambre le Roy. — Sucre rosat. — Anis. — Madrien. — Noizetes et plusieurs espices confites. —
pour 499 livres, un quarteron de plusieurs autres es-

1. *Pour saigner un cerf :* le marquer d'une fleur de lys.
2. Ceci cadre avec l'anecdote racontée par le religieux de
Saint-Denis. (Voy. sa Chronique, publiée et traduite par M. L.
Bellaguet. Paris, 1839, in-4. T. Ier, p. 71.)

pices confites, sucre rosat, orangat, paste le Roy, pignolat et plusieurs autres espices. — pour le mois de
décembre   133 l. 16 s., 10 d. parisis.

Somme pour Chambre le Roy, 748 l. 17 s. 10 d.
                    parisis.

Chappelle. Messire Clément Petit, premier chappellain, pour faire essorer, buer et rappareiller les chappelles du Roy au Palais, au Louvre et en l'Ostel du
Roy.
        Somme pour Chappelle 20 l. 2 s. parisis.

Chambre aux deniers. Pierre Daraines, relieur de
livres, en la rue Neufve Nostre-Dame, pour relier
II livres et yceulx couvrir de grous parchemin pour
la Chambre aux deniers, — pour une bouteille d'enque, 2 s. 4 d. p. — pour II mains de papier, 5 s. p.
— Bouteille d'enque à 3 s. p. — autre à 4 s. — pour
une bouteille de cuir neufve.... et pour la faire emplir
d'enque, — pour une bouteile d'enque, II boiste de
verniz, et pour plumes à escripre. — Guillaume Perdrier, maistre de la Chambre aux deniers, pour despenz faiz à Paris par VIII jours, pour compter en la
Chambre, des derreniers comptes de l'ostel monseigneur le Dauphin de Viennois.... 8 l. p. — Messire
Laurenz Bourdon, contrerolleur. —

Somme pour Chambre aux deniers, 89 l. 19 s. 2 d.
                    parisis.

Querre deniers. Jehannin Marie, pour despens de
lui, un cheval, fais en venant de Paris à Crécy, pour
apporter argent pour la despense de l'Ostel ; par

ɪɪ jours, 6 s. par jour. — Messire Arnoul de Puisieux.
chevalier et maistre d'ostel, envoié de par le Roy
à mons. de Bourgoigne, de Compiègne à ...[1] et ou
pais de Normandie, devers mons. de Harecourt et
les Esleuz et Généraulx du pais, pour avoir finance
pour la despence de l'Ostel du Roy. — Guiot Filleau
et Jehannin Piet, sommeliers de la Chambre aux deniers, pour portage de 1300 l. t. en menue monnoie, du Palais en l'ostel maistre Guillaume le Perdrier, maistre de la Chambre aux deniers, demourant
en la Viez rue du Temple.

Somme pour Querre deniers, 107 l. 4 d. parisis.

Somme pour Cambre le Roy, Chappelle, Chambre
aux deniers, avec Querre deniers,

965 l. 19 s. 4 d. parisis.

Dons. Messire Olivier de Mauny, chambellan du
Roy, pour don fait par lui à une bonne femme qui
avoit joué des basteaulx devant ledit seigneur, lundi
premier jour de juillet, le Roy au bois de Vincennes.
Argent, 16 s. p. — Maistre Jaques du Val, pour don
fait par lui par le commandement du Roy, à ɪɪ bonnes femmes qui estoient à la cave de Crécy, lundi vɪɪɪ
jours de juillet, le Roy à Crécy, 16 s. p. Guillaume
Guichart, demourant à Crécy, pour don fait à lui par
le Roy, pour ce que ledit seigneur tint son enfant sur
fons, empruntez à messire Jehan Braque et randus à
lui, 4 frans, mardi ɪx jours de juillet illec, 64 s. —
Quatre faucheurs qui fauchoient les prez du Roy ou
chastel de Crécy, pour don fait à eulx pour leur vin,

1. Le nom en blanc.

ce jour illec, 32 s. p. Le Borgne de Meaulx, prisonnier
à Crécy, lequel y estoit pour cause de debtes, pour
don fait à lui par commandement du Roy, ce jour illec,
40 s. p. — Jaques le Charron, sergent de la forest de
Légle, lequel avoit apporté vi esperviers devers le Roy,
3 francs, arg. 48 s. p. — Raoul Cappellier, lequel avoit
présenté un esturjon au Roy, de par Bette du Jardin,
bourgeoise de Bruges.... 4 l. 16 s. p. — Jehan, hai-
raut du duc de Gironne.... 32 s. p. Les ménestriers
du duc de Guelles, lesquelx avoient esté et joué devant
le Roy en sa court, par xii jours, 24 l. p. Belon de
Lèze, qui avoit présenté au Roy, fleurs et rosètes en un
pommier, pour don fait à elle.... 16 s. p. Jehan de
Boissy, lequel a plungé en la rivière d'Aize devant
le Roy, pour don fait à lui, dimanche 25 aout, le
Roy à Compiègne, 16 s. p. — A trois menesterelx, qui
avoient joué d'entreget despartie et des basteaus devant
le Roy, à Soisy, par iii jours, 64 s. p. — Chevalier,
joueur de basteaux, lequel joua devant le Roy de
cousteaux et des faussilles. — Le roy des héraulx et
les autres héraulx et menesterelx du duc Aubert, qui
ont joué de leur mestier devant le Roy..., le 19 sept.
à Compiègne, 80 s. p. — Mons. de la Rivière, pour
don fait par lui par commandement du Roy, à un her-
mite que ledit seigneur trouva à Balfoul emprès la ville
de Neelle, 6 frans et 4 s. p., dymanche xxii jours de
septembre, lé Roy illec. Argent 100 s. — Jaques d'Au-
benton, faiseur de Diz, lequel avoit fait par plusieurs
fois Diz devant le Roy, pour don fait à lui par le commandement de mons. de Bourgongne, 2 fr., mecredi
xxv jours de septembre, le Roy illec. Argent 32 s. p.
— Nycholas le Viellart, ménesterel de bouche mons.

d'Anjou. — Le Roy, pour don fait par lui aux massons qui ouvroient en son chastel de Compiègne ; et le prindrent lesdiz massons pour ce qu'il onvroit de leur mestier ; ce jour, illec. Argent 16 s. p. — Joueurs d'espertise qui avoient joué de plusieurs esbastemans devant le Roy, — un homme qui avoit apporté truffes au Roy, 32 s. p. — Marie de Beaumont, povre gentilfemme, grosse, pour don fait à elle par commandement du Roy, 3 frans.

Somme pour Dons, 623 l. parisis.

Aumosnes. — La dame de Baiencourt, demourant près de Compiègne, laquelle a esté mise à povreté ou temps des guerres, et est venue devers le Roy demander son aumosne, pour don fait à elle, mardi viii jours d'octobre, le Roy à Compiègne. Argent 32 s. p. Ysabel de Pierrefons, damoiselle, laquelle vint demander au Roy son aumosne, pour don à elle fait, ce jour, 32 s. p. — Agnès la Durande, povre femme, demourant à Senliz emprès l'ostel du Roy, laquelle a tousjours nectié et tenu nectement une ruelle qui est derrier une chambre où se retrait le Roy souvent, pour aumosne fait à lui par ledit seigneur, lundi xxi jour d'octobre, illec 64 s. p.

Somme pour Aumosnes 20 l. 12 s. parisis.

Le Compte de l'aumosne. — Maistre Michiel de Crenay, soubz aumosnier, pour xxxvi pourceaulx achetés par lui de deux marcheans, pour donner et départir en aumosnes à plusieurs povres maladeries, hospitaulx et maisons-Dieu, de Paris et d'ailleurs — 35 s. 6 d. p. le pourceau. — sel à saler lesd. pourceaulx.

Somme du Compte de l'aumosne, 62 l. 5 s. 10 d. par.

Deniers en coffres et Offrandes. — Mons. le grant maistre d'ostel, pour les offrandes faittes à l'abbaye de Laigny sus Marne, qu'il y fu la première foiz en son advenement, samedi vi jours de juillet, le Roy disner audit lieu de Laigny, soupper et giste à Crécy en Brie, 8 l. p. — Pour les offrandes cotidiennes du Roy faictes à sa grand messe et aux corporaux. — Le Roy pour offrandes faittes par lui aux reliques de la Sainte-Chappelle du Palais, lundi xi jours de novembre, le Roy disner à Saint-Marcel et giste à Villeneuve-Saint-George, 3 l. argent 48 s. p.

Somme pour Deniers en coffres et Offrandes, 93 l. 18 s. 8 d. parisis.

Chevaulx achetez. — Nulz en ce terme.
Retour de chevaulx. — Riens en ce terme.
Aubalestriers et sergens d'armes. — Nulx en ce terme.

Ouvraiges. — Jaquet de Caulers, sommelier du Corps du Roy, pour argent baillé à lui sus l'ouvrage d'une viz faicte en l'ostel du Roy à Compiègne à descendre de la chambre dudit seigneur ès jardins, par cédulle dudit seigneur, donnée mardi premier jour d'octobre, le Roy à Compiègne. Argent 8 l. p. Jehan Trousse et Laurencin Chanteraine, massons, demourans à Paris,

pour ouvrage fait de leur mestier et pour plastre mis
en la Chambre aux deniers du bois de Vincennes,
oultre la tâche qui leur avoit esté baillée par messire
Pierre de Villiers, grant maistre d'ostel, qui la fist refaire et recouvrir tout de neuf depuis qu'elle avoit esté
arsse; pour seurcrois d'ouvrage de ladicte tasche, samedi xxviii jours de décembre, le Roy au Bois de Vincennes. Argent 24 l. 16 s. p. Colin de la Baste, demourant à Paris ou Viez cimetière Saint-Jehan, pour
x huis, iii fenestres, ii fourmes, ii selles et ii tresteaulx
neufs, achetés de lui pour ladicte Chambre aux deniers,
mardi xxxi et derrenier jour de décembre, le Roy disner au Bois de Vincennes, giste au Palais à Paris, ce
jour, illec. Argent 6 l. 12 s. p. Jehan de Voutiz, serreurier, pour ferrer lesdiz huis et fenestres, et iii serreures à clefs pour ladicte Chambre, ce jour, illec 4 l.
4 s. p.

Somme pour Ouvraiges, 43 l. 12 s. parisis.

SEXTA GROSSA. — Somme pour Dons, Aumosnes, le
Compte de l'aumosne, Deniers en coffres et offrandes, avec Ouvraiges,
          853 l. 8. s. 6 d. parisis.

Somme toute de la Despense de ce présent compte
contenant 184 jours,
          41638 l. 2. d. ob. parisis.
Sic debentur ei,   5172 l. 13 s. 5 d. p.
Item, debentur ei pro fine compoti sui precedentis,
debitis deductis,   2830 l. 3 s. 1 d. p.
          Sic ei 8002 l. 16 s. 6 d. p.
Et debita per eum tradita descendentia de isto tem-

pore, que deducuntur eidem, ascendunt ad 7797 l.
15 s. 7 d. parisis.

Sic ei, 205 l. 11 d. p., que redduntur ei in compoto
sequenti, et quictus hic Rex.

Auditus Parisius ad burellum xxiii^a die aprilis,
ccc iiii^{xx} iii^{de} post Pascha.

EXTRAITS

DU

CINQUIÈME COMPTE DE L'HOTEL

DU ROI CHARLES VI

POUR LE TERME DE LA SAINT-JEAN

1383.

(Bibliothèque impériale. Ms. fonds français 6740, fol. 9 à 26.)

S. Jo. ccc iiii^{xx}iii^{o 1}.

C'est le ve compte des despens de l'Ostel du roy Charles, du premier jour de janvier, l'an mil ccc iiii^{xx} et deux,
jusques au premier jour de juillet, l'an mil ccc iiii^{xx} iii;
rendu par Guillaume Perdrier, son clerc en sa Cham-
bre aux deniers, et par Laurens Bourdon, contrerolleur de ladicte Chambre.

[RECETTE.]

RECEPTE EN DENIERS COMPTANS.

Des trésoriers de France, sur la despence de l'Ostel
le Roy, par lectre de Guillaume Perdrier, son clerc, en

1. *Littere presentis compoti ponuntur cum litteris baillivie Fran-
cia de termino Ascensionis* ccc iiii^{xx} iii^o.

sa Chambre aux deniers, faicte xxii jours de janvier, l'an mil ccc iiiˣˣ et trois, par la main de Pierre de Soissons, changeur du Trésor, compté par Guillaume la Plote, en 100 fr. d'or, 16 s. p. la pièce, et le demourant en blans de 4 d. p. la pièce, 240 l. p. [1]

Desdiz trésoriers, sur ladicte despence, par lectre dudit Guillaume,   480 l. p.

Desdiz trésoriers, sur ladicte despence,   1720 l. p.

Desdiz trésoriers, sur ladicte despence,   1200 l. p. [2]

Desdiz trésoriers, sur ladicte despence,   500 l. p.

En blans 12 d. p. la pièce, et le demourant en blans 4 d. p. la pièce,   5600 l. p. [3]

Desdiz trésoriers, sus ladicte despence,   899 l. p.

Desdiz trésoriers, sus ladicte despence,   320 l. p.

Desdiz trésoriers, sus ladicte despence,   960 l. p. [4]

Desdiz trésoriers, sus ladicte despence, en escus de Philippe, 19 s. p. la pièce, et moutons d'or, 20 s. p. la pièce,   2400 l. p. [5]

---

1. *Corrigitur.*

2. Dans le texte, ces quatre articles sont en accolade, et on lit en marge cette correction de la Chambre des comptes : *Iste iiiiᵒʳ partes capiuntur per extractum thesauri de termino S. Johannis* m ccc iiiiˣˣ iiiᵒ.

3. *Ista pars capitur per secundum compotum G. d'Anfrenet thesaurarium guerrarum, finitum ultima februarii* ccc iiiiˣˣ iiᵒ, *qui dictam summam tradidit de facto dicto G. Perdrierii, licet faciat hic receptam de thesaurariis. Et ibi corrigitur.*

4. *Iste tres partes capiuntur per extractum thesauri de termino S. Jo.* m. ccc iiiiˣˣ iiiᵒ.

5. *Non potuit corrigi quia in Jornale thesauri non dicitur sub qua data littera ipsius magistri G. fuit data. Capiuntur per thesaurum ad S. Jo.* ccc iiiiˣˣ iiᵒ *sub* xxix *maii. Et ibi corrigitur.*

Desdiz trésoriers, sus ladicte despence, 120 l. p.[1]
Desdis trésoriers, sus ladicte despence, 2400 l. p.
Desdiz trésoriers, sus ladicte despence, 1600 l. p.[2]
Item, des trésoriers de France, sur ladicte despence, 800 l. p.
Desdiz trésoriers, sus ladicte despence, 2400 l. p.[3]
Desdis trésoriers, sus ladicte despence, 2400 l. p.[4]

Somme de trésoriers, 23539 l. 16 s. p.

AUTRE RECEPTE, DE ESTIENNE DE LA FONTAINE[5].

De Estienne de La Fontaine, receveur des Aides pour la guerre en Weuguessin, sus la despence de l'Ostel le Roy, par lectre de Guillaume Perdriel dessus nommé, faicte xxvi jours de janvier l'an mil ccc iii^{xx} et deux, compté par ledit Estienne, en 700 frans d'or, 16 s. parisis la pièce, et le demourant en blans, 4 d. p. la pièce, 2240 l. p.

De lui, sus ladicte despence, par lectre dudit Guillaume, faicte vii jours de may mil ccc iii^{xx} et trois, compté par lui à plusieurs fois et en plusieurs monnoiez, 2060 l. p.

De lui, sus ladicte despence, par lectre dudit Guillaume, faicte derrenier jour de juing l'an des-

1. *Capiuntur per extractum thesauri de termino nativitatis Domini* m ccc iiii^{xx} iii^o.
2. *Iste due partes capiuntur per extractum thesauri de termino S. Jo.* m ccc iiii^{xx} iii^o.
3. *Capiuntur ut supra* (les deux articles).
4. *Capiuntur per extractum thesauri de termino Nat. Domini* m ccc iiii^{xx} iii.
5. *Corrigitur ante.*

sus dit, compté par ledit Estienne en 100 frans d'or,
16 s. p. la pièce, et le demourant en blans 4 d. p.
la pièce,   340 l. p.

Somme de Estienne de La Fontaine, 4640 l. p.

RECEPTE COMMUNE.

De Regnault Huve, viconte de Caudebec, sur la
despence de l'Ostel le Roy, par lectre de Guillaume
Perdrier dessus nommé, faicte xxiii jours de janvier,
l'an mil ccc iiii^{xx} et deux, compté par Robert Assire,
en frans d'or, 16 s. p. la pièce, et blans, 12 d. p. la
pièce,   128 l. p.[1]

De Johan Baudouin, viconte d'Avranches, sur ladicte despence, par lectre dudit Guillaume faicte xxiii
jours dudit moiz l'an dessus dit, comptens par ledit
Robert Assire,   158 l. 5 s. 8 d. p.[2]

De Guillaume de Longueil, viconte de Monstiervil-
ler... en escuz de Philippe, frans et moutons, 128 l. p.[3]

ITEM, RECEPTE COMMUNE.

De Johan de Villuis, receveur général au diocèse de Sens, de l'Aide nouvellement ordonnée pour
le fait de la guerre, sus la despense de l'Ostel le
Roy,   224 l. p.[4]

De sire Johan le Flamenc, trésorier des guerres du

1. *Corrigitur ad Pascha* ccc iiii^{xx} iii.
2. *Corrigitur ad S. Mich.* ccc iiii^{xx} ii.
3. *Corrigitur ad. S. Mich.* ccc iiii^{xx} ii.
4. *Corrigitur. Capiuntur per compotum dicti Jo. de anno finito*
ccc iiii^{xx} ii°.

roy nostre sire.... pour acheter nappes et touailles
pour l'office de Penneterie. . . .   320 l. p.[1]

De Guillaume d'Enfrenet, trésorier des guerres,...
pour bailler à plusieurs perssonnes pour denrées prises d'eulx ou terme de saint Jehan derrenièrement
passé, et les rens en recepte oudit an,   4000 l. p.[2]

Des bourgois et habitans de la ville de Chartres,
pour IIII mois de blé à la mesure dudit lieu présentez par eulx au Roy à son joyeux advenement en
ladicte ville, comptens par maistre Jehan Henic, procureur de ladicte ville, 15 l. 7 s. 10 d. p. Et une cédule de moy de ladicte somme.

De Johan de Pacy, receveur et grenetier à Orléans,
pour LXXV muis, II septiers, avoine, à la mesure dudit
lieu, qui font à la mesure de Paris IX muis V septiers,
à 70 s. p. le muy de Paris, argent   33 l. 18 s. p.[3]

De Jehan Coquerel, receveur général des Aides or-
denées pour la guerre à Paris, sus ladicte despence,
par lectre dudit Guillaume faicte derrenier jour de
juing l'an dessusdit, compté par Jehan de Jausy, en cent

---

1. *Iste* 320 *l. p. capiuntur per compotum dicti thesaurarii fini-*
tum ad ultimum junii CCC IIII^{xx} III, *in majori summa, et ibi corri-*
gitur.

2. *Dictus G. d'Enfrenet non habet litteras magistri denariorum,*
prout idem asseruit. Habuit dictam litteram datam XV *novembris*
CCC IIII^{xx} III, *de* III^{m} VI^{c} IIII^{xx} *l. p. qui tenet locum dicti d'Enfrenet*
in tercio compoto suo. Et ibi corrigitur pro dictis III^{m} VI^{c} IIII^{xx} *l. p.*
Sic minus reddit hic III^{c} XX *l. p. Redduntur ei inferius in statu suo*
in fine ultimi compoti sui. Et ibi corrigitur.

3. *Capiuntur per compotum granorum baillivie Aurelianensis de*
anno finito ad sanctum Johannem CCC IIII^{xx} III, *per litteram dicti*
magistri Guillelmi Perdrerii LXXV *modii et* IIII *minas avene ad*
mensuram Aurelianensem. Et ibi corrigitur.

frans d'or, 16 s. la pièce, et le demourant en blans,
4 d. la pièce,   340 l. p.[1]

Somme pour Recepte commune 5347 l. 11 s. 6 d. p.

Somme toute de la Recepte en deniers comptans
33527 l. 7 s. 6 d. parisis.

AUTRE RECEPTE, POUR VINS DES GARNISONS DU ROY,
FAICTES PAR ESTIENNE, POURVEOUR D'ICELLES[2].

De iii⁰xxvi muis, x septiers, vin de Beaune, despensé en l'Ostel le Roy en ce terme, estimez en fin de
gaiges à 4 l. parisis le muy, argent   1306 l. 10 s. p.

De v⁰iii muis, viii septiers, ii quartes vin de Bourgongne, despensé oudit Hostel en ce terme, estimez à
60 s. parisis le muy, argent 1510 l. 11 s. 10 d. ob. p.

De ii⁰xxxvii muis, xv septiers, ii quartes, vin de
Saint-Poursain, despensé oudit Hostel en ce terme,
estimez audit pris, argent   713 l. 18 s. 1 d. ob. p.

De xii⁰ lxx muis, iii septiers, iii quartes, vin françois, despensé oudit hostel en ce terme, estimez à 40
s. par. le muy, argent   2540 l. 9 s. 4 d. ob. p.

Somme pour Vins, 6071 l. 9 s. 4 d. ob. p.

AUTRE RECEPTE, POUR CONNINS, DES GARENNES DU ROY,
DESPENSÉS EN SON HOSTEL EN CE TERME.

De iiii⁰ˣˣiiii connins de la garenne du Bois de Vincennes, despencé en l'Ostel le Roy en ce terme, esti-

1. *Capiuntur per compotum dicti Coquerel finitum ad primam
marcii ccc iiiˣˣ iiⁿⁱ, in majori summa.*

2. *Corrigitur.*

mez en fin de gaiges, 2 s. parisis la pièce, au pris de
l'Ostel. Argent   8 l. 8. s. p.

De ix^{xx} xxiiii connins de la garenne de Saint-
Cloud, despencé audit Hostel, estimez audit prix.
Argent   19 l. 8 s. p.

D'illec, iiii^{xx} vii connins, despensés oudit Hostel en ce terme, estimez à 2 s. 6 d. la pièce. Argent   10 l. 17 s. 6 d. p.

De xlii connins de la garenne de Creel, estimez 2
s. par. la pièce au pris de l'Ostel. Argent 4 l. 4 s. p.

De iiii^{xx} connins de la garenne de Glandas, estimez
audit pris. Argent   8 l. p.

De xx lappereaux de la garenne de Chateau-Neuf,
estimez 2 s. 6 d. p. la pièce. Argent   50 s. p.

De vi connins de la Queue de Fontaines, despensés
oudit Hostel, estimez audit pris, argent   15 s. p.

Somme pour Connins, 54 l. 2 s. 6 d. parisis.

AUTRE RECEPTE, POUR POISSONS DES ESTANS DU ROY, DESPENCÉ OUDIT HOSTEL.

De xvii carreaulx de l'estant de Gouvieux, despensés oudit Hostel, estimez 24 s. par. la pièce, argent   20 l. 8 s. p.

D'illec, lxxvii brochez, estimez 8 s. par. la pièce,
argent   30 l. 16 s. p.

D'illec, iiii^{xx}iii bresmes, estimez en fin de gaiges 12
s. p. la pièce. Argent   49 l. 16 s. p.

D'illec, viii carpes, estimées audit pris. Argent
4 l.   16 s. p.

D'illec, xiii tanchez, estimez à 3 s. par. la pièce.
Argent   39 s. p.

D'illec, ı^e xxxııı rosses, estimées 18 d. par. la pièce.
Argent   17 l. 9 s. 6 d. p.[1]

De xıııı carreaux, des fossez de Paris, despensés oudit Hostel, estimez 20 s. p. la pièce. Argent   14 l. par.

D'illec, vıı^xx vıı brochès, despensés oudit Hostel, estimez 2 s. par. la pièce. Argent   14 l. 14 s. par.

D'illec, vı tanches, audit pris. Argent   12 s. par.

Du receveur de Senlis, pour autres poissons pris
oudit estant de Gouvieux, despensé oudit Hostel en ce
terme, compté par les escroes sur ledit receveur, et
comptés devers monseigneur de Valois, qui tenoit
son hostel à part[2].   394 l. 8 s. 2 d. par.

Et en est le compte fait en l'estrait commun de ce
terme, dont il a esté baillé audit receveur, appellé Johan Séjourne, par l'ordenance des trésoriers, pour
peupler ledit estanc, par ıı cedulles dudit receveur,
l'une donnée xvı jours de décembre ccc ıııı^xx et ııı, et
l'autre xıı^e jour de janvier ensuivant en cel an, rendues
en ce terme à court, 240 l. p. Reste 254 l. 8 s. 2 d. p.[3]

De Guillaume le Tur, receveur de l'ordinaire à
Meaulx, pour autres poissons pris en l'estanc de Bési-
nes, compté sus lui par les escroes de Cuisine, en
somme et hors somme, par lesdictes escroes en ce
terme, 127 l. 16 s. p. Dont j'ay baillé audit receveur
par sa cédulle du xve jour de juing ccc ıııı^xx et ııı, ren-

---

1. Au texte, ces six premiers articles sont en accolade, avec
cette correction de la Chambre : *De istis partibus acquittatur
Jo. Sejourne, receptor Silvanectensis, in statu compoti sui de pisca-
tura dicti stagni, in majori summa.*

2. C'est Louis, frère cadet de Charles VI, plus tard duc de Touraine, et enfin duc d'Orléans.

3. *De ista parte acquittatur dictus Jo. Sejourne prout supra in-
clusa in hiis partibus suprascriptis.*

due en ce terme à court, pour réparer et peupler ledit estant, par l'ordennance des trésoriers du domainne, 80 l. p. Reste 47 l. 16 s. p. Et de ce est le compte fait au journal et en l'estrait commun dudit terme[1].

Somme pour Poissons 364 l. 6 s. 8 d. p.
Somme toute de la Recepte de ce présent compte
40117 l. 6 s. ob. parisis.

1. *Declaret dictus magister numerum piscium quos recepit et precia , qui in littera recognicionis Coleti Perridot et Johannis Neelle reddita super compoto Meldensi ad Magdalenam* ccc iiii[xx] iii, *concionantur* xv[c] lxxv *carpe et* xxxviii *brocheti rotundi.*

[DÉPENSE.]

DESPENS DES JOURNEEZ.

A Paris, en l'ostel de la Chambre aux deniers près le Louvre, mecredi iiii jours de février l'an mil ccc iiii^{xx} et deux, fu compté de la despence de l'Ostel le Roy pour le mois de janvier précédant, contenant xxxi jours, en la présence de messeigneurs Pierre de Villiers, grant maistre d'ostel, Guillaume de Galonnel, Taupin de Chantemelle et Gauvain de Dreux, chevaliers et maistres dudit hostel.   6498 l. 3 s. 4 d. par.

Sans gaiges et menuez. C'est par¹....

Plus (*sic* au texte.)

Item, pour la despence madame Katherine de France² en tout ledit mois de janvier, elle estant devers madame de Bourbon la grant, aux despens du Roy³, par l'ordenance de messeigneurs ses oncles   200 l. p.

Bailliez aux gens madame de Bourbon par lectre de madicte dame, donnée le iiie jour de juillet l'an mil ccc iiii^{xx} et trois, rendue en ce terme à court.

Audit lieu, ii jours de mars.... (L'article comme dessus, mais pour le mois de février, et parmi les maîtres de l'hôtel Guillaume de Galonnel remplacé par Philippe d'Aunoy.)   6785 l. 7 s. 10 d. p.

1. Il devait y avoir ici l'estimation de la dépense par jour, comme on le verra plus loin.

2. Catherine de France, sixième fille de Charles V, née le 4 février 1377. Elle avait six ans.

3. Son frère.

Sans gaiges et menuez. C'est par jour 242 l. 6 s. 9 d. p.

Item, pour la despence madame Katherine de France...... (Comme dessus.)   200 l. p.

Audit lieu, jeudi II jours d'avril, l'an mil ccc IIII^{xx} et trois après Pasques... (Comme dessus. Maîtres de l'hôtel Philippe d'Aunoy, Guillaume de Gaillonnel et Philippe des Essars.)   6389 l. 16 s. 3 d.ob. p.

Somme sans gaiges et menuez. C'est par jour 206 l. 2 s. 5 d. ob. par.   Plus 1 d. p.

Item, pour la despence madame Katherine de France.....   200 l. p.

A Meleun, en la Chambre aux deniers, samedi II jours de may.... en la présence de messires Arnoult de Puisieux, Guillaume de Gaillonnel, Philippe d'Aunoy et Robert de Boissay, chevaliers et maistres dudit hostel.   4829 l. 2 s. 2 d. ob. parisis.

Sans gaiges et menuez. C'est par jour 160 l. 19 s. 4 d. p. Plus 2 s. 2 d. ob. p.

Item, pour la despence madame Katherine de France...   200 l. p.

A Paris.... en la présence de messires Philippe d'Aunoy, Arnoul de Puisieulx, Pierre Balocier, Jehan Bracque, Gauvain de Dreux et Robert de Boissay, chevaliers et maistres dudit hostel (pour le mois de mai).   5246 l. 15 s. 5 d. ob. p.

Sans gaiges et menus. C'est par jour 89 l. 5 s. p. Plus   5 d. ob. paris.

Item, pour la despence madame Katherine de France......   200 l. p.

A Saint-Germain en Laye, en l'ostel de la Chambre aux deniers, le jeudi II jours de juillet.... pour le

mois de juing précédent.... en la présence de monseigneur Pierre de Villiers, grant maistre d'ostel, et
messire Taupin de Chantemelle, chevaliers et maistres
(*sic*) dudit hostel   4773 l. 18 s. 8 d. p.

Sans gaiges et menus. C'est par jour 159 l. 2 s. 7 d. p.
Plus   14 d. p.

Item, pour la despence madame Katherine de
France...   200 l. p.

PRIMA GROSSA. Somme des Despenz de journéez par
les ix^{xx} i jour dessus diz   35713 l. 3 s. 9 d. ob. p.

GAIGES DE CHEVALIERS BANNEREZ. Monseigneur Raoul
de Resneval, pannetier de France, pour ses gaiges et
services du jour de Pasques qu'il servi le Roy au Palais, l'an mil ccc iiii^{xx} et trois. Argent 32 l. parisis.
Monseigneur Guillaume Chastellain, de Beauvez, queu
de France, pour ses droiz et services du jour de Pasques qu'il servi le Roy au Palaiz à Paris, l'an dessus
dit 32 l. par. Messire Eustace de Campremi, chevalier
tranchant, pour ses droiz et services qu'il servi le Roy
au Palais à Paris, l'an dessusdit. Argent 32 l. p.
Lui, ... qu'il servi le Roy à Meleun l'an dessusdit
32 l. par. CHEVALIER FAUCONNIER. Messire Enguerran
Dargies, maistre fauconnier du Roy, pour ses gaiges
de ix^{xx} i jour tout ce terme, qu'il a servi à court et
hors.... Argent 247 l. 4 s. par. CHEVALIERS DES RE-
QUESTES. Messire Almaury d'Orgemont, pour ses
gaiges de viii ^{xx} v jours qu'il a servy à court.... Argent   247 l. 10 s. p.

Somme pour Gaiges des chevaliers 592 l. 14 s. p.

GAIGES DE CLERS ET DE NOTTAIRES. *Clers des re-*

questes. Maistre Pierre de Rosny, pour ses gaiges de
xxviii jours qu'il a servi à court ou mois de février,
24 s. p. par jour, par lectre.... Argent 33 l. 12 s. p.
Maistre Thomas d'Estouteville.... Argent 73 l. 8 s. p.
Secretaires. Maistre Loys Blanchet, pour ses gaiges de
nottaire de viii^{xx} xvii jours en ce terme, qu'il a
servi à court et devers le conseil.... rabatu, etc.,
6 s. par jour. Argent 53 l. 2 s. par. Lui, pour la creue
de ses gaiges de secretaire qu'il a servi comme dessus
par ledit temps, 12 s. parisis par jour. Argent 106 l.
4 s. par. Maistre Huguet Blanchet, pour ses gaiges de
nottaire.... 6 s. par jour. Argent 54 l. 6 s. p. Lui,
pour la creue de ses gaiges de secretaire... 12 s. p.
par jour. Argent 108 l. 12 s. par. Maistre Pierre Manhac, pour ses gaiges de nottaire.... Argent 54 l. 6 d.
Lui, pour la creue de ses gaiges de secretaire.:.. Argent 108 l. 12 s. p. Maistre Jacques du Val, pour ses
gaiges de nottaire.... Argent 14 l. 8 s. par. Lui, pour
la creue de ses gaiges de secretaire... Argent 28 l.
16 s. par. Maistre Johan de Montagu, pour ses gaiges
de nottaire.... Argent 54 l. 6 s. p. Lui, pour la creue
de ses gaiges de secretaire. .. Argent 34 l. 4 s. par.[1]
Nottaires. Maistre Hutin d'Annicy, pour ses gaiges de
nottaire de lxix jours en ce terme qu'il a servi en la
chancellerie et aillieurs, du premier jour de janvier
l'an iiii^{xx} et deux, jusques à le xie jour de mars ensuivant, qu'il résigna son office à maistre Guillaume
d'Annicy, son fils, 6 s. par jour. Argent 20 l. 4 s. par.
Maistre Dreue Porchier, pour ses gaiges de nottaire
de vii^{xx} x jours, en ce terme, qu'il a servis en la chan-

1. S. 724 l. 16 s. p.

cellerie, en la chambre des généraulx devers le con-
seil.... Argent 45 l. par. Lui pour ses gaiges de not-
taire... Argent 137 l. 2 s. par. Maistre Jehan de
Rains.... jusques au xxvᵉ jour de fevrier exclus, qu'il
ala de vie à trespassement, 6 s. par jour. Argent 16 l.
16 s. par. Maistre Johan Gresle... Argent 45 l. p.
Maistre Michiel Mignon.... qu'il a servy en la chancellerie et ès requestes du palais...... Argent 49 l.
16 s. par. Maistre Nicole de Voisines.... Argent 45 l.
6 s. par. Maistre Johan Yvon.... Argent 49 l. 16 s. par.
Maistre Johan Boutier..., du xviiiᵉ jour de février qu'il
fu retenu nottaire ou lieu de feu maistre Denis de Cou-
lors.... Argent 39 l. 12 s. par. Maistre Hébert Bul-
teit... Argent 7 l. 12 s. par. Maistre Gontier Col.....
Argent 46 l. 10 s. par. Maistre Guillaume Dauvray....
Argent 33 l. 12 s. parisis. Maistres. Pierre Michiel,
Henry Mauloue, Johan Degueurre dit Forestier, Johan
de Hain, Robert Lefèvre, Guillaume de La Houssaie,
Gilles Hennequin, Pierre de Montion, Ponce de Disy,
Johan de Savigny, Hugues de Guingant, Johan de
Crespi, Gaubert Thumery, Pierre Chrestien, Johan
Gehe, Nichaise Bougis, Johan du Bois, Johan Dailli,
Guy de Guingant et Lucas Benoist, pour leurs gaiges
de nottaire de ixˣˣ i jour, tout ce terme qu'ils ont esté
en la Chancellerie et requestes de l'ostel du Palais à
Paris, en Parlement, en la Chambre des comptes et
ailleurs, du premier jour de janvier l'an mil iiiˣˣ et ii,
jusques au premier jour de juillet ensuivant, l'an iiiˣˣ
et iii, chascun de ces xx nottaires, 6 s. par jour à
chascun, 54 l. 6 s. par. égaument. Argent mil 406 l. p.[1]

1. S. 1272 l. 14 s. p.

AUTRES CLERS. Maistre Johan Boutin, phisicien, pour ses gaiges de xxxv jours en ce terme, du premier jour de janvier l'an mil iiii^{xx} et ii jusqu'au iiiie jour de février ensuiant en cel an, qu'il ala de vie à trespassement, 8 s. p. par jour... Argent 14 l. par. Maistre Jehan de Marle, phisicien du Roy, pour ses gaiges de vi^{xx} vii jours en ce terme, à court, du xxe jour de février exclus, l'an iiii^{xx} et ii, qu'il fu retenu phisicien ou lieu de feu maistre Jehan Boutin, jusques au premier jour de juillet, l'an iiii^{xx} et trois ensuiant, 8 s. par jour... Argent 52 l. 8 s. par. Maistre Guillaume des Landes, phisicien de monseigneur de Valoiz.... Argent 72 l. 8 s. par. Maistre Jaques du Bourc, cirurgien du Roy, pour ses gaiges de viii^{xx} jours en ce terme, à court, du xxiie jour de janvier exclus, l'an iiii^{xx} et ii, qu'il fu retenu cirurgien ou lieu de feu maistre Jaques du Bourc son père... Argent 74 l. parisis. Maistre Michiel de Creney, soubz aumosnier, pour ses gaiges.... 6 s. par jour.... Argent 27 l. par. Guillaume Perdrier, maistre de la Chambre aux deniers... pour ses gaiges.... 6 s. p. par jour... Argent 54 l. 6 s. par. Laurens Bourdon, contrerolleur de ladicte Chambre aux deniers, pour ses gaiges d'autant de jours... Argent 54 l. 6 s. par. Maistre Pierre de Faux, pour ses gaiges de nottaire... 6 s. par jour. Argent 37 l. 16 s. p.[1]

Somme pour Gaiges de clers et de nottaires,
2731 l. 8 s. parisis.

GAIGES DE VALLEZ LE ROY ET D'AUTRES GENS D'OSTEL. *Chauffecires.* Jehan Marescot, Symonnet Marescot et

1. S. 394 l. 4 s.

Jehan d'Espernon, chauffecires, pour leurs gaiges de
ix^{xx} i jour tout ce terme, du premier jour de janvier
l'an iiii^{xx} et ii, jusques au premier jour de juillet ensuiant l'an iiii^{xx} et trois, qu'ils ont servi en la Chancellerie, chascun de ces trois, 2 s. 6 d. par jour, à
chascun 22 l. 12 s. 6 d. p. égaument. Argent, 77 l.
15 s. 6 d. p. *Gens communs*. Guillaume Climence,
tailleur et vallet de chambre, pour ses gaiges de ....
5 s. par jour.... Argent 45 l. 5 s. par. Jehan de Saumur, cordouanier et varlet de chambre, pour ses
gaiges d'autant de jours tout ce terme, 4 s. p. par
jour.... Argent 26 l. 4 s. par. Johan Saillant, roy des
Ribaux, pour ses gaiges.... 4 s. p. par jour.... Argent
34 l. par. Thierry de Nuefville, varlet aux frères, pour
ses gaiges.... 12 d. p. par jour, par ordenance. Argent
9 l. 12 d. par. Jaquet du Moncel, fauconnier, pour ses
gaiges de ix^{xx} i jour tout ce terme, qu'il a gardé les
oiseaux du Roy et n'a point mengié en salle.... 3 s. p.
par jour.... Argent 27 l. 3 s. par.[1] Lui, pour ses gaiges
de iiiie v jours.... Argent 60 l. 15 s. par.[2] SOMMELIERS
DE CHAMBRE LE ROY. Jaquet de Cauliers, premier sommelier du Corps le Roy, pour ses gaiges de ix^{xx} i jour....
8 d. p. par jour, par ordenance. Argent 6 l. 8 d. par.
Gillebert Guérart et Yvonnet le Breton, sommeliers
du Corps servans par mois, pour leurs gaiges.... Argent 6 l. 8 d. par. Jehan Dove et Berthaut des Paux,
sommeliers du Materaz[3], servans par mois, pour leurs
gaiges.... Argent 6 l. 8 d. par. Lorin Dubuisson, sommelier des Espices.... Argent 6 l. 8 d. par. Hennequin

1. *Corrigitur.*
2. S. 380 l. 5 s. 6 d. p.
3. Matelas.

de Laleue, sommelier des Armeures.... 6 l. 8 d. par.
Jehan Briçon, sommelier de Chappelle monseigneur
de Valois.... Argent 6 l. 8 d. par. SOMMELIERS DE
CHAMBRE AUX DENIERS. Guiot Filleau, Johan Piet et
Johan Marie, sommeliers de la Chambre aux deniers,
pour leurs gaiges.... 8 d. p. par jour. Argent 18 l.
2 s. p. *Messagiers*. Symon de La Roche, messaigier,
pour ses gaiges.... 18 d. par. par jour.... Argent 6 l.
13 s. 6 d. p. Johan de L'espine, pour ce.... 69 s. par.
Johan de La Marche, messagier.... Argent 6 l. 12 s.
par. Guillaume Ambroise, messaigier.... Argent 6 l.
12 s. par. Guillaume le Pelletier, messaigier.... Argent
4 l. 17 s. 8 d. par. Johan Tigier, messager.... Argent
6 l. 19 s. 6 d. par. Robin de Barville, messaigier....
Argent 115 s. par.[1]

Somme pour Gaiges de vallez le Roy et d'autres gens
d'ostel,   375 l. parisis.

GAIGES A VIE ET EXTRAORDINAIRES. Maistre Denis de
Collors, aumosnier et secretaire, pour ses gaiges à vie
de XLIX jours en ce terme, du premier jour de janvier
l'an IIII^{xx} et II, jusques au XVIIIe de février ensuiant en
cel an, exclus, qu'il ala de vie à trespassement, 6 s. p.
par jour.... Argent 14 l. 14 s. par. Merlin Jolis, barbier, pour ses gaiges à vie de IX^{xx} I jour.... Argent 26 l.
4 s. par. Maistre Jehan Pisseleu dit Le Bègue, premier
mareschal, pour ses gaiges à vie d'autant de jours,
oudit terme, 6 s. t. par jour.... Argent,
                                        43 l. 8 s. 9 d. par.
Somme pour Gaiges à vie et extraordinaires,
                93 l. 6 s. 9 d. parisis.

1. S. 94 l. 14 s. 6 d. p.

MANTEAULX DE CHEVALIERS ET DE CLERS. Pour le terme finant à la Saint Jehan l'an mil ccc iiiɪˣ et trois, le Roy au Louvre à Paris.

Chevaliers simples.

Nuls en ce terme.

Clers des requestes.

Maistre Pierre de Rosny, 1.   Son compaignon, 1.
Le confesseur, 1.

Maistre des comptes.

Regnault de Coulombes, 1.   Johan Crete, 1.
Arnaut Raymondet, 1.

Clers des comptes.

Johan Maulain, 1.   Oudart de Trigny, 1.
Guarnier de Saint-Dizier ¹. 1.   Johan Manier, 1.
Regnault Raoul, 1.   Johan le Roy, 1.
Hugues de Coulombay, 1.   Nicholas de Plancy, 1.
Johan Fayier, 1.   Jaques de Ducy, 1.
Robert Coiffe, 1.   Robert d'Archieres, clerc du tré-
Guy Brochier, 1.   sor, 1².

Secrettaires.

Pierre Blanchet, 1.   Johan Dailli, 1.
Pierre Michiel, 1.   Johan Gresle, 1.
Pierre Cramette, 1.   Hugues Blanchet, 1.
Loys Blanchet, 1.   Pierre Manhac, 1.
Henry Mauloue, 1.   Jaques du Val.
Dreue Porchier, 1.   Jehan de Montagu, 1.
Johan du Geurre dit Forestier, 1.

Nottaires.

Michiel Mignon, 1.   Johan Dohein, 1.
Robert Lefèvre, 1.   Nichole de Voisines, 1.
Guillaume de Lahoussaie, 1.   Hugues de Guingant, 1.
Gilles Hennequin, 1.   Henry Judas, 1.
Pierre de Montion, 1.   Johan de Crespi, 1.
Johan Urnoy, 1.   Gobert Thumeri, 1.
Ponce de Disi, 1.   Johan Yvon, 1.
Johan de Savigny, 1.   Mace Fréron, 1.

1. En marge : *Obiit.*
2. En interligne : *Adam Richeux.*

Johan Gehe, 1.   Guy de Guingant, 1.
Pierre Christian, 1.   Johan Boutier, 1.
Lucas Benoit, 1.   Pierre de Saux, 1.
Gontier Col, 1.   Guillaume d'Aunay, 1.
Nichaise Bougis, 1.   Guillaume Perdrier, 1.
Johan du Bois, 1.   Laurens Bourdon, 1.

Somme pour Manteaulx, 300 l. parisis.

ROBES DE VALLEZ LE ROY et d'autres gens d'Ostel, oudit terme de Pasques l'an IIII^{xx} et III, le Roy au Palais à Paris.

Chauffecires (trois).

Sommeliers de Chambre le Roy (dix).

Sommeliers de Chambre aux deniers (quatre).

Somme pour Robes de valès le Roy et d'autres gens d'ostel, 80 l. parisis.

SECUNDA GROSSA. Somme pour Gaiges avec Manteaulx et Robes, 4173 l. 8 s. 9 d. parisis.

HARNOIS. Maistre Hugues Blanchet, pour parchemin acheté par lui pour faire plusieurs lettres closes pour ledit seigneur ou voyage de Flandres, mardy VI jours de janvier, le Roy à Compiengne. Argent 32 s. par. Jaquet de Caulers, premier sommelier du Corps, pour lances et fers de lances achettés par lui du commandement du Roy, samedi XXIIII jours de janvier le Roy au Palais. Argent 4 l. 16 s. par. Jehan le Courant, huissier d'armes, pour vessies de beuf, achettés par lui pour l'esbatement du Roy, dymanche XXV jours de janvier le Roy illec. Argent 16 s. parisis. Le Roy, pour jouer à croiz et à pille, 2 frans, bailliez à lui par Pierre Le Borgne, escuier de messire Johan de Harcourt, mercredi XXVIII jours de janvier, le Roy illec

Argent 32 s. par. Johan Noble, espicier et vallet de chambre, pour ɪɪɪɪ livres de cire vermeille achetée de lui, 5 s. p. la livre, pour le séel du secret en tout ce mois de janvier, samedi xxxɪ et derrenier jour de janvier, le Roy au Louvre à Paris; Argent 20 s. par. Lui, pour ɪɪɪɪ livres de bougie blanche achatée de lui, 5 s. 4 d. p. la livre, à dire les Heures du Roy et de monseigneur de Valois en tout ce mois, ce jour illec; Argent 21 s. 4 d. par. Lui, pour vɪɪ livres de cire blanche achetée de lui, 5 s. 4 d. par. la livre, pour faire v cierges pour le Roy et nosseigneurs Berry, Bourgogne, Valois et Bourbon, le jour de la Purification Nostre-Dame, lundi ɪɪ jours de février, le Roy au Louvre. Argent 37 s. 4 d. par. Lui, pour 280 livres d'autre cire jaune à faire autres cierges pour les chevaliers, officiers et gens de l'Ostel le Roy, ledit jour, 2 s. 10 d. p. la livre, ce jour illec; Argent 39 l. 13 s. 4 d. par. Johan Quillet, pour façon desdiz v cierges de cire blanche pour le Roy et Nosseigneurs devant diz, ce jour illec, 8 s. p. Colart de Laon, paintre, pour yceulx paindre aux armes desdiz seigneurs et y mettre plusieurs devises, ce jour illec 64 s. p. Johan Noble, pour xɪɪ cierges de xxɪɪɪɪ livres de cire, achetée de lui 2 s. 10 d. p. la livre, pour faire l'obsèque de la royne Johanne de Bourbon, dont Dieux ait l'ame, mère du Roy qui est à présent[1], venredi vɪ jours de février, le Roy illec; Argent 68 s. p. Lui, pour xɪɪ livres de cire achetée de lui 2 s. 10 d. p. la livre, pour faire l'obsèque de feu Grant Johan le fol, qui est enterré à

---

1. Elle était morte en couches de Catherine de France le 6 février 1377 (V. S.) et avait été enterrée à Saint-Denis.

Saint-Germain l'Osserrois, mardi x jours de février illec; Argent 34 s. par. Messire Taupin de Chantemelle, maistre d'ostel, pour menuez nécessitez paiéez par lui pour ledit obsèque par commandement du Roy, ce jour illec; Argent 4 l. 16 s. par.[1] Hennequin de la Leue, sommelier des Armeures du Roy, pour lances et baselaires achetéez par lui à plusieurs fois pour ledit seigneur, par son commandement, merquedi xi jours de février illec. Argent 7 l. 4 s. p. Lui, pour les manches à i bazelaire et petit coutel, tout de madre, achetés par lui pour ledit seigneur, ce jour illec, 32 s. p. Johan Rostat, artilleur, pour plusieurs arcs achetés de lui pour le Roy par son commandement, samedi xiiii jours de février illec. Argent 64 s. par. Symon de Longue-Rue, pour ii dagues achetées de lui par Hennequin de la Leue pour le Roy et monseigneur de Valois, dymanche xv jours de février illec, 64 s. p. Le Roy, pour un bazelaire acheté par lui à Brizecol, pour donner au Connestable, 4 frans, dymenche xxii jours de février illec. Argent 64 s. parisis. Regnault Hure, pour iii pommeaux dorez achetez de lui pour mettre ès dardes du Roy et de monseigneur de Valois, jeudi xxvi jours de février illec, 12 s. parisis. Hennequin de la Leue, sommelier des Armeures, pour houppez et franges de soie achetéez par lui pour lesdictes dardes, ce jour illec, 12 s. par. Johan Noble, pour iii livres cire vermeille achetez de lui pour le séel du secret en tout ce mois de février 5 s. p. la livre, samedi xxviii et derrenier jour de février illec, Argent 15 s. par. Lui, pour ii livres de bougie blanche achetée de

1. S. 65 l. 18 s. p.

lui 5 s. 4 d. p. la livre, à dire les Heures du Roy et de
monseigneur de Valois en tout ce mois de février, ce
jour illec. Argent 10 s. 8 d. p. Lui, pour viii livres de
cire achetée de lui 2 s. 10 d. p. la livre, pour faire le
service de feu Hennequin Lehot, vallet servant de
l'escuelle, jeudi v jours de mars, le Roy au Louvre.
Argent 22 s. 8 d. p. Lui, pour ii cierges offers à Nostre-
Dame de Paris pour l'entrée du xiiᵉ an de monseigneur
de Valois, par cédulle donnée xiii jours de mars, samedi xiiii jours de mars. Argent 16 l. par. Hennequin
de la Leue, pour deux bazelaires achetés par lui pour
le Roy et monseigneur de Valois, mardi xvii jours de
mars illec, 42 s. p. Johan Noble, espicier, pour
xxv livres de cire pour le Cierge Benoist, samedi
xxi jours de mars et veille de Pasques, achetées de lui
2 s. 8 d. p. la livre, pour ce, mardi xxiiii jours de mars,
le Roy au Louvre à Paris. Argent 66 s. 8 d. p. Maistre
Johan Boutier, secrettaire de monseigneur de Valois,
pour argent qu'il a baillié au Roy et à mondit seigneur
de Valois pour acheter des musètes et autres petis
instrumens, merquedi xxv jours de mars, le Roy illec.
Argent 35 s. p. Jehan Noble, espicier, pour iii livres
cire vermeille achetée de lui 5 s. p. la livre, pour le
séel du secret tout ce mois, mardi xxxi et derrain jour
de mars illec. Argent 15 s. p. Lui, pour iii livrez de
bougie blanche, achetée de lui 5 s. 4 d. p. la livre, à
dire les Heures du Roy et de monseigneur de Valois
en tout ce mois, ce jour illec, 16 s. par. ¹ Gilles Cousin,
demourant à Chartres, pour iiiᶜ livres de cire à faire
v cierges pour le Roy à offrir devant Nostre-Dame de

1. S. 46 l. 15 s. p.

Chartres, où ledit Seigneur estoit alez en pélerinage, achetez de lui 14 l. 8 s. par. le cent, samedi xɪ jours d'avril, le Roy à Chartres. Argent 43 l. 4 s. par. Richart Chauvain, pour lui ɪɪɪɪᵉ à faire lesdis cierges, et pour huille et limeignon et despens faiz à asseoir lesdiz cierges devant Nostre Dame, ce jour illec. Argent 68 s. par. Gillet Dannyau, paintre, pour xxx escussons des armes de France achetez de lui à armoier lesdiz cierges, ce jour illec. Argent 16 s. parisis. Le Roy, pour argent baillié à lui par maistre Jehan de Montagu, secrettaire, et par Jehan Neelle, clerc de Cuisine, à jouer aux dez par ɪɪ fois, dymanche xɪɪ jours d'avril, le Roy disner à Voues en Chartrain, souper et giste à Yenville en Beausse. Argent 6 l. par. Ledit seigneur, semblablement pour argent baillé à lui par ledit maistre Jehan de Montagu et Regnault d'Engennes, vallet tranchant, pour soy esbattre et jouer aux dez, lundi xɪɪɪ jours d'avril, le Roy disner, soupper et giste à Artenay en Beausse. Argent 6 l. 14 s. par. Ledit seigneur, samblablement pour argent envoyé à lui par Jehan Perdrier, clerc de la Chambre aux deniers, pour soy esbatre et jouer aux dez, jeudy xvɪ jours d'avril, le Roy à Orléans. Argent 2 l. par. Jehan Noble, espicier, pour cierges pesans xxɪɪɪɪ livres de cire, achetté de lui 2 s. 8 d. p. la livre, pour le service du roy Jehan, que Dieux absoille, ce jour illec. Argent 64 s. par.[1] Le Roy, pour argent baillié à lui par messire Robert de Boissay, maistre d'ostel, pour soy esbatre et jouer à la seugnée monseigneur de Bourgongne, merquedi xxɪɪ jours d'avril, le Roy à Orléans. Argent 4 l. 16 s.

1. S. 67 l. 2 s. p.

par. Messire Gauvain de Dreux, chevalier, maistre
d'ostel, pour ses despenz faiz en alant d'Orléans à
Paris convoier les Escoz qui estoient devers le Roy à
Orléans, par commandement dudit seigneur, en alant
et retournant à court par v jours 32 s. p. par jour,
dymanche xxvi jours d'avril, le Roy illec. Argent 8 l.
par. Henry Lenfant et Philippot de Trappes, sergens
d'armes, envoiez de par le Roy d'Orléans, faire vuidier les gens d'armes qui estoient environ Yenville en
Beausse, mardi xxviii jours d'avril le Roy disner au
Bois Males-Herbes, souper et giste à Milli en Gastinois. Argent 32 s. par. Jehan Noble, espicier, pour
iii livres de bougie blanche achetée de lui 5 s. 4 d. p.
ia livre, à dire les Heures du Roy et de monseigneur
de Valois en tout ce moiz d'avril, jeudi xxx et derrenier jour dudit mois, le Roy à Meleun. Argent 16 s.
par. Lui, pour deux livres cire vermeille achetée de
lui 5 s. p. la livre pour le séel du secret en tout le
mois d'avril, ce jour illec. Argent 10 s. par. Jehan de
Sampi, eschançon, pour argent baillié au Roy par lui
à jouer à la paume en la terrasse, merquedi vi jours
de may, le Roy à Meleun. Argent 4 l. 16 s. par. Jaquet
du Moncel, fauconnier, pour argent baillié à lui pour
les fraiz et paine de la mue d'un tiercelet d'ostouer,
par cédulle du Roy donnée ce jour jeudi vii jours de
may, le Roy illec. Argent 8 l. par. Le Roy, pour argent
envoié à lui par Pouppart, vallet de chambre, pour
jouer à la paume, vendredi xv jours de may, le Roy à
Beauté sur Marne, et le commun au Bois de Vincennes.
Argent 48 s. par. Jaquet de Cauliers, sommelier du
Corps, pour ii colliers nuefs achetez par lui pour deux
des levriers du Roy par commandement dudit seigneur,

mardi xix jours de may, le Roy au Louvre à Paris.
Argent 32 s. p. Johan Noble, espicier, pour iiii torches pesans x livres, de cire blanche, achetée de lui
5 s. 6 d. p. la livre, pour le Roy, à porter à la pour-
cession le jour de la Feste-Dieu, jeudi xxi jours de
may, le Roy illec. Argent 55 s. par. Johan le Barbier,
pour paindre et armoier lesdictes torches aux armes
de France, ce jour illec. Argent 24 s. par.[1] Johan
Noble, pour xii cierges pesans xxiiii livres de cire,
achetées de lui 2 s. 9 d. p. la livre, pour la chappelle
le jour de la Feste-Dieu, et délivrez aux chappellains
pour leur droit des festes nouvelles après le service,
venredi xxiie jour de may, le Roy au Louvre disner,
soupper à Saint Marcel, le commun au Louvre et giste
illec. Argent 66 s. par. Lui, pour ii livres de bougie
blanche, achetées de lui 5 s. 4 d. p. la livre, à dire les
Heures du Roy et de monseigneur de Valois en tout le
mois de may, dymanche xxxi et derrain jour de may,
le Roy au Louvre. Argent 10 s. 8 d. par. Lui, pour
iiii livres cire vermeille, achetée de lui 5 s. p. la livre,
pour le séel du secret en tout le mois de may, ce jour
illec. Argent 20 s. parisis. Lui, pour iiii cierges pesans
iiii livres de cire, achetées de lui 2 s. 6 d. p. la livre,
pour l'obsèque de Aubelet, varlet de porte, mardi
ix jours de juing, le Roy disner au Louvre, souper et
giste à Saint-Pol. Argent 11 s. 4 d. p. Hugues Dars,
chambellam de monseigneur de Valois, pour pampes,
roses et lavande, acheté par lui pour mectre avecques
le linge de mondit seigneur, dymanche xiiii jours de
juing, le Roy à Saint-Pol. Argent 64 s. par. Pierre

1. S. 36 l. 9 s. p.

Cardeau, limosin, pour ɪɪ tabliers de ciprès, ouvrez et garniz de tablez et eschaiz, achetés de lui 6 frans la pièce, pour l'ébatement du Roy, par commandement dudit seigneur, xɪx jours de juing, le Roy illec. Argent 9 l. 12 s. p. Johan Noble, espicier, pour ɪɪɪɪ livres de cire vermeille achettée de lui 5 s. par. la livre, pour le séel du secret en tout le mois de juing, mardi xxx et derrain jour de juing, le Roy disner à Montjoie, souper et giste à Saint-Germain en Laye. Argent 20 s. par. Frère Guillaume de Valen, évesque de Bethleam, confesseur du Roy, pour les menues necessités de lui et de son compaignon en tout ce terme, du premier jour de janvier l'an mil ccc ɪɪɪɪˣˣ et ɪɪ, jusques au premier jour de juillet ensuiant l'an ɪɪɪɪˣˣ et ɪɪɪ, par cédulle dudit confesseur rendue en ce terme à court, ce jour illec. Argent 14 l. par. Maistre Guillaume Perdrier, maistre de la Chambre aux deniers, pour despence de ɪɪ clers qui ont escript doublé, triplé et collationné les comptes et debtes de l'Ostel le Roy en ce terme, et pour salaire des dis ɪɪ clers, pour tout, ce jour illec. Argent 26 s. p. [1]

Somme pour Harnois 275 l. 8 s. parisis.

Dɪsᴍᴇs. — Les dames de Saint Johan ou Bois, pour le disme du pain et du vin despensé à Compiègne par vɪ jours, le Roy illec, ou mois de janvier, samedi xxxɪᵉ et derrenier jour de janvier, le Roy au Louvre à Paris. Argent 20 l. p. Les dames de Saint Remi de Sanlis.... despensé audit lieu de Senlis par 1 souper..... 24 s. p. Les dames d'Ierre.... despensé au Palais et au Lou-

1. S. 59 l. 4 s. p.

vre.... 12 l. 15 s. 6 d. p. Les dames de Gif, pour la
moitié du disme.... par xviii jours..... 43 l. 8 s. p. Les
dames de La Saussoie, pour l'autre moitié.... et par
iii jours au Louvre.... 56 l. 10 s. 6 d. p. Les dames de
la Madeleine lez Orléans.... Le maistre de la maladrerie de Meleun.... Les dames de Saint-Cir, pour la
disme du pain et du vin despencé à Saint-Germain en
Laie, le Roy illec, par 1 jour, oudit mois de juing, ce
jour illec. Argent 60 s. p.

Somme pour Dismes, 633 l. 10 s. parisis.

Messaiges. — Jaquet le Petit Romas, chevaucheur,
envoié porter lettres de messire Gilles Galois devers
nosseigneurs de Berry, Bourgongne et Bourbon, à
Noyon, pour ce vendredi ii jours de janvier, le Roy
disner, souper et giste à Compiègne. Argent 48 s. p.
Johan Andelle de La Coulle, chevaucheur, envoié porter lettres du Roy, de Compiègne à Paris, aux Prévost
des Marchans et Eschevins de ladicte ville de Paris, pour
ce et son retour à court, mardi vi jours de janvier, le
Roy à Compiègne. Argent 20 s. p. Thevenin Ancellemin, chevaucheur, envoié porter lettres du Roy de
Paris à Bruges, aux bourgois, eschevins et gouverneurs
de ladicte ville, pour ce et son retour à court dimanche xi jours de janvier, le Roy disner, souper et giste
au Palais à Paris. Argent 4 l. 16 s. p. Messire Orengat
de Rely, chevalier, pour 1 messaige envoié par lui, de
Paris à Ardre, devers le sire de Sampi, par le commandement du Roy, et d'illec à Amiens, au receveur d'illec,
pour ce, jeudi xv jours de janvier, le Roy illec. Argent
64 s. p. Guillaume Ambroise, messaiger, envoié porter lettres du Roy, de Paris à Pontoise, au receveur

d'illec pour le fait de la despense de l'Ostel le Roy, et
d'illec à l'Isle Adam; pour ce et son retour, jeudi xx
jours de janvier, le Roy illec. Argent 10 s. p. Jehan
Baudet dit Happède, chevaucheur, envoié porter lettres
du Roy, de Paris aux receveurs du domaine de Troiez,
Chaumont et Vitry en Pertois, pour le fait de la despence de l'Ostel.... 6 s. p. Guillaume le Pelletier, messaiger,... de Paris à Harefleur et à Monstiervillier, à
Estienne Du Moustier et Guillaume d'Enfrenet trésorier des guerres au païs de Normandie.... 48 s. p.
Jehan Happède, messaigier de la Chambre des comptes.... de Paris à Meaulx et à Troiez, aux receveurs desdiz lieux.... 40 s. p. Perrin de Chambeli, messaigier
de la Chambre des comptes.... de Paris à Noyon, à
Johan Coquerel, receveur général en la province de
Rains.... 23 s. p. Guillaume Aguenot, chevaucheur....
de Paris à Lisle, au comte de Flandres.... 112 s. p.
Pietrequin de Trèves, chevaucheur.... de Paris à Pontoise, au receveur d'illec.... 12 s. p[1]. Johan Folet,
chevaucheur, envoié hastivement porter lettres du
Roy, de Paris à Chartres, au receveur d'illec.... 40 s. p.
Jehan le Normant, chevaucheur, envoié porter lettres
des maistres d'ostel, de Paris à Mente, à Jehan Vivien,
fruitier.... 16 s. p. Pierre Dacheu, chevaucheur.... de
Paris à Bray sur Saine, au capitaine d'illec.... 40 s. p.
Guillemin le Pelletier, messaiger.... de Paris à Maas-
con, au receveur d'illec.... 6 l. 8 s. p. Messire Nicholas Brac, chevalier et maistre d'ostel, pour plusieurs
messaiges et chevaucheurs envoiez par lui porter lettres en plusieurs lieux, c'est assavoir ou païs de Nor-

1. S. 19 l. 4 s.

mandie, à Orléans, à Chartres, à Arraz, à Troiez et ailleurs, aux receveurs desdiz lieux, pour avoir finance pour la despence de l'Ostel le Roy.... 9 l. 19 s. p. Symonnet Diger, chevaucheur de monseigneur de Bourgoigne, envoié porter lettres du Roy au seigneur de Torchi, chambellan, en Normandie, et à Serisi, à l'abbé d'illec.... Thomassin de Mareschon, chevaucheur, envoié porter lettres du Roy, de Paris aux villes de Laon, Raains, Chaalons et ailleurs, aux bourgois et habitans desdictes villes.... Jehan Gaugain, clerc de Fruiterie, envoié porter lettres du Roy, de Laans en Artois à Noyon, à Jehan Coquel, receveur général en la province de Rains.... Le clerc de messire Nicolas Brac, chevalier, maistre d'ostel, pour argent baillé par lui à Johan Baudet dit Happède, chevaucheur, pour aller de Péronne en Flandres porter lettres devers le Roy.... Symon Carne, chevaucheur, envoié porter lettres du Roy, de Paris à Chartres, au receveur d'illec.... Johan Audelin dit La Coueille, chevaucheur, envoié porter lettres du Roy, de Paris à Monstiervillier, au viconte d'illec.... Philippot Martin, chevaucheur, envoié porter lettres du Roy, de Paris au conte d'Alençon, à Alençon. Johan Folet, chevaucheur, envoié de Paris à Chartres et en chemin, pour faire retourner les officiers du Roy qui estoient alez devant pour le partement dudit seigneur, qui devoit aler audit lieu de Chartres.... Perrin le Breton, chevaucheur, envoié porter lettres du Roy, de Paris au duc de Bretaigne et au sire de Rey, en Bretaigne.... Johan de Bruges, chevaucheur, envoié porter lettres du Roy, de Paris à Rouen, à messire Johan de Vienne, admiral de la mer.... Symon de la Roche, messaiger, envoié porter lettres

du Roy, de Paris à Nevers, à l'évesque d'illec, et à Johan de Villuis, receveur des Aides à Senz.... Thevenin
Ancellemin, chevaucheur, envoié porter lettres du
Roy, de Paris à Rains, aux receveurs et esleuz d'illec....
Philippot Martin, envoyé porter lettres du Roy, de Paris à Boulongne, au conte et aux bourgois et habitans
de ladicte ville de Boulongne, aux maieurs et eschevins
de Thérouanne audit lieu.... Guillemin le Peletier,
messaiger, envoié porter lettres du Roy, de Paris au
receveur de Pontoise, et d'illec à Noyon, à Johan Coquel, receveur général en la province de Rains.... Girart Courtin, chevaucheur, envoié quérir 1 des levriers
du Roy, de Chartres à Paris.... Le Bascon de Gisolles,
chevaucheur, envoié porter lettres du Roy et de monseigneur de Bourgongne, de Chartres à maistre Philippe de Moulins, François Chanteprime et à plusieurs
autres à Paris.... Perrin Perier, chevaucheur, envoié
porter lettre du Roy et du maistre de la Chambre aux
deniers, à Noyon, à Regnault de La Chappelle, trésorier de France.... Ave-Maria, chevaucheur, envoié
hastivement de Chartres au Séjour, au pont de Charenton, querre le bacinet et l'espée du Roy, pour
donner à Nostre-Dame de Chartres.... Girart Courtin,
chevaucheur, envoié hastivement porter lettres du
Roy d'Artenay en Beausse aux trésoriers de France et
à plusieurs autres du conseil, à Paris.... Johan Baudet
dit Happède, chevaucheur, envoié porter lettres du
Roy, d'Orléans à Paris, à Bertault Aladent, receveur
général sus les Aides ordonnées pour la guerre.... Estiennot Dupuis, chevaucheur, envoié porter lettres de
monseigneur de Bourgongne, pour le fait du Roy,
d'Orléans à Rouen, ou Refourmateurs commis par ledit

seigneur ou païs de Normandie.... Pierre Dacheu,
chevaucheur, envoié porter lettres du Roy, d'Orléans
au seigneur de Resneval, à Lisle en Flandres.... Philippot Martin, chevaucheur, envoié porter lettres du
Roy, d'Orléans à monseigneur de Berry, à Bourges....
Gillet des Pierres, chevaucheur, semblablement envoyé porter lettres du Roy, d'Orléans à monseigneur
de Berry, à Bourges.... Maistre Johan le Mol, secretaire de monseigneur de Bourgongne, pour argent
baillié par lui à 1 chevaucheur envoié d'Orléans à Laon,
querre maistre Johan de Poulli, physicien de monditseigneur de Bourgongne, par commandement dudit
seigneur.... Thevenin Ancellemin, chevaucheur, envoié
porter lettres du Roy, d'Orléans à monseigneur de Valois, au bois de Vincennes.... Perrin le Breton, chevaucheur, envoié porter lettres du Roy, d'Orléans à
Paris, aux généraux et à Johan le Flamenc, trésorier
des guerres, et d'illec à Johannequin le Champenois,
garde du Clos des galées à Rouen, et d'illec à Guillaume Bernart, sergent d'armes au Crotoy.... Philippot Martin, chevaucheur, envoié porter lettres du Roy,
d'Orléans à monseigneur de Berry, à Bourges.... Albert Lalainne, chevaucheur, envoié porter lettres du
Roy, d'Orléans à monseigneur de Valois, au Bois de
Vincennes, et Johan le Flamenc, trésorier des guerres,
à Paris.... Guillemin le Pelletier, messaiger, envoié
porter lettres du Roy, d'Orléans au sire de Saveuses,
environ Beauvez, et d'illec à messire Gobert de la
Bove.... Girart Courtin, chevaucheur, envoié porter
lettres du Roy et de monseigneur de Bourgongne, d'Orléans à Nicholas de Fontenay, trésorier en la Dauphiné, pour avoir argent pour la despence de l'Ostel....

Perrin de Préaux, vallet d'escurie, envoié d'Orléans
mener une des haqueneez du Roy à monseigneur de
Valois, au Bois de Vincennes.... Philippot Martin, chevaucheur, envoié porter lettres du Roy, d'Orléans à
monseigneur de Berry, à Meun sus Yèvre.... Estiennot
du Puis, chevaucheur, envoié porter lettres du Roy et
de monseigneur de Bourgongne, aux Refourmateurs
commis par ledit seigneur ou païs de Normandie....
Dymanche, chevaucheur, envoié porter lettres du Roy
et de monseigneur de Bourgongne, d'Orléans à monseigneur de Valois, à Beauté sus Marne.... Pierre Dacheu, chevaucheur, envoié porter lettres du Roy,
d'Yèvre le Chastel aux trésoriers de France, à Paris....
Thevenin Ancellemin, chevaucheur, envoié porter
lettres du Roy et de monseigneur de Bourgongne, de
Meleun à la royne Blanche, à Neauffle le Chastel....
Berthelot Pichart, porteur d'Escurie, envoié porter
lettres du Roy, de Meleun au sire de Saveuses, environ Beauvez, et d'illec à Noyon à Johan Coquel, receveur général en la province de Rains, et à messire
Gobert de La Bove, près de Rains.... Dymenche, chevaucheur, envoié porter lettres du Roy et de monseigneur de Bourgongne, de Meleun au conte de Flandres, à Lille.... Johan le Flamenc, trésorier des guerres
pour 1 chevaucheur envoié par lui porter lettres du
Roy, de Meleun aux Refourmateurs ou pais de Normandie, à Rouen et à Caen.... Johannin Bigois, valet
d'Escuirie envoié porter lettres du maistre de la Chambre aux deniers, de Paris à Meleun.... Bernart Thibaut,
aide de Fourriere, envoié porter lettres de monseigneur
de Berry, de Meleun à monseigneur de Bourgongne,
qui s'en aloit oudit pais de Bourgongne.... Colin Mo-

reau, pour un messaige envoié par lui de Braye-Conte-
Robert à Meleun, quérir unes lettres du Roy qui y estoient demourez.... Perrin Bidehoust, envoié porter
lettres du Roy, de Paris à Pontoise, au receveur
d'illec.... Guillemin le Pelletier, messaiger, envoié
porter lettres du maistre de la Chambre aux deniers,
de Paris à Noyon, à Johan Coquel, receveur général
en la province de Rains.... Johan Hébert, chevaucheur,
semblablement envoié porter lettres du Roy et de monseigneur de Berry, de Paris à monseigneur de Bourgongne, à Dijon.... Philippot Martin, chevaucheur,
envoié porter lettres du Roy et monseigneur de Bourgongne, à Saint-Glaude oultre la Saine.... Thomas Paignon, chevaucheur, envoié porter lettres du Roy, de
Paris à monseigneur l'Admiral, en Normandie.... Perrin le Voirrier, chevaucheur, envoié porter lettres du
Roy, de Paris à monseigneur de Bourbon, en Bour-
bonnoiz, et de là en Savoie.... Le Bascon, chevaucheur,
envoié porter lettres, de Paris à monseigneur le maréchal de Sanseurre, ou pais d'Auvergne.... Messire
Gilles Galois, maistre d'ostel, pour plusieurs messaiges
envoiez par lui aux receveurs de Normandie et en plusieurs autres lieux, si comme il est venu relater au
bureau devant les maistres d'ostel.... Johannet d'Estouteville, pour un chevaucheur envoié porter lettres
du Roy ou pais de Picardie, par ii fois, à mons. de
Torcy et autres.... Johan de Bruges, chevaucheur, envoié porter lettres du Roy, de Paris à monseigneur de
Sampi, à Ardre ou environ.... Johan Darizoles, chevaucheur, envoié porter lettres du Roy, de Paris à
Troiez, à Nicholas de Fontenay, trésorier.... Johan An-
delin dit la Coueille, chevaucheur, envoié porter lettres

du Roy, de Paris à Pontoise, au receveur d'illec.... Berthelot Pichart, porteur d'Escurie, envoié porter lettres du Roy, de Paris à Meleun, au bailli d'illec.... Johan le Flamenc, trésorier des guerres, pour un che- vaucheur envoié par lui porter lettres du Roy, de Pa- ris à monseigneur le connestable de France, en Bre- taigne.... Laoullet d'Auviller, chevaucheur, envoyé porter lettres du Roy, de Paris à monseigneur l'ad- miral à Abeville.... Pierre Dacheu, chevaucheur, en- voyé semblablement porter lettres du Roy, de Paris à monseigneur l'Admiral à Abeville.... Guillemin Am- broise, messaigier, envoié porter lettres du Roy, de Paris à Gisors, à monseigneur le Grant maistre d'ostel.... Jaquet le Petit Rommas, chevaucheur, envoié porter lettres du Roy, de Paris au conte d'Eu, à Eu.... Johan Barreau, chevaucheur, envoié porter lettres du Roy, de Paris au devant de monseigneur le mareschal de Sansseurre, venant à court du pais d'Auvergne.... Johannin Tigier, messagier, envoyé porter lettres du Roy, de Saint-Germain en Laye aux trésoriers de France, à Paris, pour ce mardi xxxᵉ et derrenier jour de juing, le Roy disner à Montjoye, souper et giste à Saint-Germain en Laye. Argent 6 s. p.

Somme pour Messaiges, 292 l. 15 s. p.

MENUES MISEZ. Johan Briçon, sommelier de chap- pelle monseigneur de Valois, pour deux peaulx de parchemin et une main de pappier, achetéez par lui, pour escripre les examples de mon dit seigneur de Valois, en tout ce mois de janvier, samedi xxx et der- nan jour de janvier, le Roy au Louvre à Paris. Ar- gent 3 s. 4 d. p. Heinsselicoq, fol du Roy, lequel avoit

luitié devant ledit seigneur et estoit sa robe linge des-
peciée, pour argent baillié à son varlet pour lui en
acheter, par commandement dudit seigneur, samedi
xxvii et derrain jour de février, le Roy au Louvre.
Argent 16 s. p. Raoullet le Gay, sommelier de Chappelle, pour une peaue de parchemin achetée par lui pour
escripre les exemples du Roy en tout le mois de février, ce jour illec. Argent 20 d. par. Johan Bricon,
sommelier de chappelle monseigneur de Valois, pour
une peau de parchemin achetée par lui, à escripre les
examples de mondit seigneur de Valois, en tout ledit
mois de février, ce jour illec. Argent 20 d. par. Ledit
Bricon, semblablement pour ii peaulx de parchemin
achettéez par lui, pour escripre les exemples de monseigneur de Valois, en tout le mois de mars, mardi
xxxi et derrain jour de mars, le Roy au Louvre à Paris. Argent 3 s. parisis. Raoullet le Gay, sommelier de
Chappelle, pour ii peaulx de parchemin, achetées par lui,
20 d. p. la peau, pour plumes pour escripre exemples
pour le Roy, en tout le mois d'avril, et pour laz de
soye pour l'auloge dudit seigneur, pour tout xxx et
derrain jour d'avril, le Roy à Meleun. Argent 13 s.
4 d. p. Johan Bricon, sommelier de chappelle monseigneur de Valois, pour une peau de parchemin
achetée par lui, pour escripre les exemples de mondit
seigneur, en tout le mois d'avril, ce jour illec. Argent
20 d. p.

Somme pour Menuez mises, 40 s. 8 d. p.

TERCIA GROSSA. Somme pour Harn   , Dismes, Messaiges avec Menuez mises, 1193 l. 13 s. 8 d. p.

PANNETERIE. Germain Rideau, serrurier, demourant

à Paris, pour une serrure à deux loquès miz an la Panneterie du Roy au Palais à Paris, pour ce, xvii jours
de janvier, le Roy au Palais. Argent 4 s. parisis.
Guillaume Champion, pour deux paires de bachoes
neufves, ii flossoiez neufves, i baz garny neuf, et pour
cordes achettés par lui pour porter le pain en l'office
de la Panneterie du Roy.... 4 l. par. Johanne la Buoise,
lingière à Paris, pour x aulnes de toile blanche, achetée d'elle, 2 s. 8 d. p. l'aulne, à faire viii sacs et sachès pour mettre pain, nappes, touailles et sel en l'office de la Chambre des nappes.... 26 s. 8 d. p. Elle,
pour lxxii aulnes de treillis acheté d'elle, 2 s. 8 d. p.
l'aulne, à faire xxiiii sacs, pour mettre pain de bouche
et de commun..., 19 l. 2 s. par. Robinete la Cousturière, pour la façon dessus diz viii sacs et sachès de
toille blanche et xxiiii sacs de treillis, 12 d. p. pour
pièce, valent 32 s. parisis. Et pour seigner les diz sacs
et sachès à la fleur de lis, s. d. p. pour pièce ; avec le
portaige, valent 4 s. 8 d. par.; pour tout, ce jour illec,
32 s. 8 d. p. Benoist Bacinet, oublier du Roy, pour
un bacin d'arain et une esmiouère à fromage, achetée
par lui à faire gauffres pour ledit seigneur.... 16 s. p.
Colinet Bordel, sommelier de la Chambre des nappes,
pour un pot d'estain pesant x mars, acheté par lui
pour servir de moutarde en Sale,... 10 s. par. Johanne la Brioise, marchande à Paris, pour vi septains
contenant xlviii aulnes, 6 s. p. l'aulne, valent 14 l. 8 s.
p. Et pour xxvi nappes de l'euvre de Paris contenans
iiii^{xx} xv aulnes, 6 s. 4 d. p. l'aulne, valent 25 l. 8 d.
par. Et pour xxxvi touaille d'icelle euvre, contenant
lv aulnes. 3 s. p. l'aune, 8 l. 5 s. par.; tout acheté
d'elle pour l'office de la Chambre des nappes; pour

15

tout, samedi xi jours d'avril, le Roy à Chartres. Argent 47 l. 19 s. 8 d.... [1]. Rennol le Coutelier, pour un parepain acheté de lui pour parer le pain du Roy.... 16 par. Jaquet aux Connins, pour un coffin neuf en cuir boulli, ferré,... pour oublées pour monseigneur de Valois 48 s. p... Jaquet Adam, pour une queux et estui.. pour afiler les couteaux du Roy.... 8 s. p. Johanne la Brioise, marchande à Paris, pour xx septains pour la table du Roy contenant chascun viii aulnes de Paris, font viii^{ax} aulnes, 6 s. par. l'aune, valent 48 l. p. (Autre toile) acheté d'elle par Mahieu Boudard, premier pannetier, pour l'office de la Chambre des nappes et de Panneterie, pour le voiage que le Roy entent à faire au pais de Languedoc... v autres sachès pour mettre frommages, sel blanc et ciboulez... Gillot Evart, Gieuffroy Raoul et Johan le Huchier, clers de Panneterie, pour i pappier neuf, 12 s. p.; deux douzaines et demie de parchemin, 14 s. p. la douzaine, valent 35 s. et un cent de gectouers, 4 s. p.; acheté par eulx pour gecter, enregistrer et escripre les parties dudit office en tout ce terme, mardi xxx et derrain jour de juing, le Roy disner à Montjoie, souper et giste à Saint-Germain en Laye. Argent 51 s. p. [2].

Somme pour Panneterie, 399 l. 18 s. 3 d. parisis.

Eschançonnerie. Cauville, barillier, pour une bande de fer nuefve mise en un doubleau d'eschanconnerie, 2 s. 8 d. p., et i fons neuf mis en un baril, 2 s., et pour iii fons ressarchier ès diz barilz.... Johan le Tour-

1. S. 66 l. 5 s. p.
2. S. 333 l. 13 s. 3 d. p.

neur, demourant à Paris, pour xvii bandes de fer...
courroies de cuir.... goussès de cuir neufs... et pour
deux bouches de fer et de fust... tout mis ès barils et
doubleaux d'Eschançonnerie.... Boucicaut, garde
huche, pour un antonueur de cuir neuf embouché de
laton... Martin le Charretier, pour unes bouteilles
d'acier couvertes de cuir, achetés de lui pour porter
vin avecques le Roy quant il va en déduit..... Guillaume Tireverge, pour unes autres boutailles d'acier
et unes petites à mettre eaue, acheté de lui pour monseigneur de Valois..... Perrin du Fou, coffrier, pour
ii coffres et iiii coffineaux garniz de ii bahuz, achetés
de lui pour mettre les vaisseaux et tasses d'argent de
l'Eschançonnerie.... Gillet Voisin, serrurier.... bouches à barilz... Jehan le Tourneur, demourant à Paris, pour xii barilz nuefs, garnis de bandes, courroiez,
bouches et goussez, achetés de lui 40 s. p. la pièce....
Johannin Bittois, Symon Grimaut et Martin de Poissi,
clers d'Eschançonnerie, pour i papier, neuf, etc.....
Somme pour Eschançonnerie 63 l. 18 s. 6 d. parisis.

CUISINE. Guillaume de Laigny, demourant à Paris,
aideur de cuisine et meigneu, pour appareiller d'arain
x paelles à boux, ii paelles à queue, i chauderon
moyen à potaige, le museau de beuf, et pour ressouder
une broche de fer.... 32 s. p. Michelet le Breton
pour iiii douzaines de plaz et xx douzaines escuelles
d'estain, pesans v^c lix mars, achetez de lui 12 d. p.
le marc, pour l'office de Cuisine et Sausserie.... Perrin
le Pennelier, pour deux penniers d'esclisses, achetez
de lui, pour mettre la vesselle d'argent de la Cuisine et
Sausserie.... 48 s. p. Laurens le Chien, pour ferrer de

nuef les dessusdiz ii penniers et y mettre ii serrures à
bosse et iii clefs neufves et iiii grans croichez... Oudin
du Moncel, pour viii douzaines de plaz et xx douzaines d'escuelles d'estain... 39 l. 6 s. p. De ce rabatu
pour le louaige desdictes escuelles par v jours, 30 s. p.
par jour 7 l. 10 s.... Argent 31 l. 10 s. 6 d. p. Michelet le Breton, potier d'estain, pour eschange de
cxix mars de viez estain au nuef en ii douzaines de
plas d'estain, 3 d. par. pour marc, valent 29 s. 9 d. p.
Et pour eschange de lxxix mars de viez potain à nuef
en iiii pos de Sausserie et iiii chandeliers pour le dres-
souer, 6 d. p. pour marc valent 39 s. 6 d. p......
Johan Noble, espicier, pour viii aulnes d'estamines,
achetées de lui 2 s. 6 d. l'aune pour l'office de Cuisine et Sausserie.... Johanne la Brioise, pour xlv aulnes
de toille achetée d'elle 2 s. 4 d. p. l'aune, pour faire
nappes et dressouers en Cuisine et Sausserie.... Pierre
le Pennelier, pour une paire de penniers, achetés de
lui pour le garde mangier de la Cuisine... 48 s. p.
Johan le Chien, pour ii serrures et iiii clefs nuefves
mises esdiz panniers... Colin de la Baste, pour i grant
coffre à mettre les espices de Cuisine, et pour un autre petit coffre à mettre le papier et escrips de la Cuisine.... Guillaume de Laigny, pour ung grant greil
nuef... 16 s. p. Lui, pour appareiller d'arain v paelles
à boux, i chauderon et une puisecte.... Pierre le Coutelier, pour liiii paires de couteaux achetés de lui à
divers pris, pour la lyvrée de la Cuisine... pour xii aulnes d'étamine... 2 s. 6 d. p. l'aune... Pour ii mortiers nuefs... Pour i minot de bois ferré... pour mesurer sel ès garnisons du Roy.... Gillet Guillaume,
pour ii seaulx de fust nuefs, ferrés, achetés de lui pour

le puis de Saint-Pol... Johannin Neelle, Johan du Mes
et Colin le Mende, clers de Cuisine.....

Somme pour Cuisine 304 l. 15 s. 7 d. parisis.

FRUITTERIE. Lorin le Balencier, demourant à Paris,
pour unes balences nuefves avecques le pois, acheté
de lui pour peser cire en Fruitterie.... 24 s. p. Michelet le Breton, potier d'estain, demourant à Paris, pour
VI dousaines de platelès d'estain, pesans VIˣˣ XIII mars,
achetez de lui 12 d. p. le marc, pour l'office de Fruicterie, à servir de fruit parmi la Sale... 6 l. 13 s. p.
Gillet Evrart, pour II dez de bois, l'une à froser torches et rouller cierges, et l'autre à chauffer la cire en
Fruicterie.... Pour III chenevaz, VIII sacs à mettre
fruit.... Pour un greil de fer pesant XXVI livres.... pour
cuire pommes en Fruicterie.... Regnault Gauguain,
Jaquin le Clerc, et Johannin Bourdon, clers de Fruicterie....

Somme pour Fruicterie 21 l. 14 s. parisis.

ESCUIRIE. Johan le Houlier, Colin Baillet et Martin
Piet, clers d'Escurie....

Somme pour Escurie 72 s. parisis.

FOURRIÈRE. Guérin Briquet, demourant à Paris,
pour IIIIᶜ crochès bastars, achetés de lui 3 s. 6 d. p.
le cent, pour tendre les sales et chambres du Roy et
de Nosseigneurs, à Compiègne..... au Palais, à Paris...
Noel Lescrannier, pour deux petits escrans d'osier
achetez de lui pour la chambre du Roy.... Pour perches à faire les brandons... Pour un martel de fer,
acheté de lui, pour tendre la chambre de monseigneur

de Valois.... Pour xxviii aulnes de toille achetée d'elle
2 s. 8 d. p. l'aune, pour le Mandé du Roy fait au Palais à Paris... Michelet le Prince, Pierre Denise, Johan
d'Auberrive et Johan le Beau, clers de Fourrière...

Somme pour Fourrière   45 l. 10 s. 8 d. parisis.

QUARTA GROSSA. Somme pour mises de Mestiers
d'Ostel 839 l. 9 s. p.

CHAMBRE LE ROY. Jehan Noble, espicier, pour iiiieiii
livres et demie de plusieurs espices confites, sucre rosat, blanc, vermeil et en plate, orengat, anis, madrien,
noizettes, manuchristi, pignolat, paste de Roy....
despensées ès Chambres du Roy et de Nosseigneurs
ou mois de janvier.... 117 l. 14 s. par. Lui, semblablement... ou mois de février.... 176 l, 7 s. par. Lui,
semblablement.... ou mois de mars....170 l. 6s. par.
.... avril.... 120 l. par. .... may... 80 l. par. Lui, pour
iie liii livres de plusieurs espices confites, sucre rosat,
en table, manuchristi, citron, sucre rosat vermeil,
anis confis, noizettes, oices doreez, et plusieurs autres
espices confites, prises de lui et despensées ès Chambres du Roy et de Nosseigneurs, ou mois de juing....
100 l. par.

Somme pour Chambre le Roy 764 l. 7 s. parisis.

CHAPPELLE. Messire Climent Petit, premier chappellain du Roy, pour faire relier plusieurs livres de la
chappelle dudit seigneur, et rappareillier aournemens
de la chappelle monseigneur de Valois.... 16 s. p.
Raoullet le Gay, sommelier de chappelle du Roy, pour
plusieurs mises qu'il a faictes en ce présent terme....
c'est assavoir en crochès, grans et petits, encens, cor-

des, portages de coffres, et, en faire aubes et amiz, aournemens de ladicte Chappelle, 50 s. p. Et pour faire laver lesdictes aubes, amiz et linge de ladicte Chappelle, 40 s. p. Comme il appert par cédulle de messire Climent Petit, premier chappellain.

Somme pour Chappelle 20 l. 10 s. parisis.

CHAMBRE AUX DENIERS. Pierre d'Arainez, relieur de lyvres, demourant à Paris, pour relier III lyvres pour la Chambre aux deniers.... 16 s. par. Remon Raguier, pour une bouteille d'anque, achetée par lui pour la Chambre aux deniers, et pour II serrures et II clefs neufves mises en II coffres de ladicte Chambre 3 s. p. Guillaume Perdrier, maistre de la Chambre aux denieres pour despens fais en alant de Compiègne à Paris besongner pour le fait de l'Ostel le Roy.... 40 s. par jour.... Guillemin Ferry, sergent d'armes, envoié de Louvres en Parisi à Compiègne avec ledit Guillaume Perdrier, pour doubte des gens d'armes.... 32 s. par jour.... Johan l'espicier, pour une main de pappier pour la Chambre aux deniers, et pour portage mil frans, en blans, du Trésor en l'ostel de la Chambre, en la Viez rue du Temple.... Martin Piet, clerc d'Escurie, pour unes bouges de cuir neufves achetées par lui à Rouen, pour porter argent par le pais.... 12 s. par. Johannin Piet, sommelier de la Chambre aux deniers, pour vᶜ de gectouers et bourses à les mectre, ruilles, ponces, poinçons, plumes et une bouteille d'enque, tout acheté par lui pour ladicte Chambre aux Deniers.... 38 s. Johan Noble, espicier, pour v mains de pappier, achetées de lui, 2 s. 6 d. p. la main, et demie livre de cire vermeille pour la Chambre aux deniers...

Guillaume Perdrier, maistre de la Chambre aux deniers, pour despens faiz en alant de Paris à Bray-Conte-
Robert à Villeneufve-Saint-George, à Meleun et d'illec
à Meaulx, pour paier menuez parties quant le Roy fu
ès diz lieux.... 40 s. par jour. Johannin Tarenne,
changeur demourant à Paris, pour l'eschange de xii
cuilliers d'argent vielles à xii neufves, et pour ycelles
faire soigner, pour la Chambre aux deniers.... 24 s.
par. Henri Cosme, orfèvre, pour la façon d'une escuelle et d'une tasse d'argent, pesant ii mars v onces,
pour la Chambre aux deniers, dont l'escuelle avoit
esté perdue à Compiègne, et la tasse en Flandres, lesquelles furent faittes de la vielle vaisselle du Roy,
pour façon et ycelle seigner, déchié d'argent, pour
tout, ce jour illec, argent 20 s. par. Jaques Amours,
vallet de Fourrière, pour don à lui fait en récompensacion des fourmes du bureau de la Chambre aux
deniers, qui sont au Barbeau à Paris et au Bois de
Vincennes, qu'il disoit estre sciennes dès le temps du
Roy Charles, que Dieux absoille, ce jour illec, argent
32 s. par.... Guillaume Perdrier, maistre de la Chambre aux deniers, pour despens faiz à Paris après le
partement du Roy, et en venant à court après ledit
seigneur, à Chartres, par iii jours, 32 s. p. par jour,
dymenche xii jours d'avril, le Roy disner à Voues en
Chartan, souper et giste à Yenville. Argent 4 l. 16 s. p. [1].
Jehan Lefèvre, demourant à Meleun, pour ii ruilles de
fer achetées de lui, à ruiller les escrips de la Chambre

[1]. *Loquatur et videantur compoti precedentes si consuevit caperc
pro simili causa.*

*Transeunt de ordinatione dominorum, visis compotis preceden-
tibus.*

aux deniers.... 6 s. p.... Laurenz Bourdon, contreroleur de ladicte Chambre aux deniers, semblablement pour despens faiz à Paris en comptant en laditte
Chambre des Comptes et en faisant collacion desdiz
comptes par viii jours, audit mois de may 20 s. par.
par jour.... Johannin Chausse, pour escripre et doubler les ordonances de l'Ostel, faictes par le Roy, monseigneur de Bourgongne et le Conseil, lundi viii jours
de juing, le Roy au Louvre. Argent 32 s. par. Maistre
Pierre de Baune, chantre du Palais, pour xii bottes
de parchemin froutin, achetées par lui à ce présent
Landit, 27 s. p. la botte, pour faire les escriptures de
la Chambre aux deniers, valant 16 l. 4 s. p.; et pour
rère et poncer ledit parchemin 6 s., par. la botte, valent 72 s. par. Pour tout xvi jours de juing, le Roy à
Saint-Pol. Argent 19 l. 16 s. par.

Somme pour Chambre aux deniers,
103 l. 16 s. parisis.

QUERRE DENIERS. Johan Perdrier, clerc de la Chambre aux deniers, envoié de Paris en Normandie, devers les Généraulx esleuz oudit pais, pour avoir argent
pour la despence de l'Ostel.... 16 s. p. par jour....
Martin Piet, clerc d'Escuirie, semblablement envoyé
de Paris en Normandie avecques ledit Johan Perdrier,
armé, pour conduire l'argent, pour la doubte des gens
d'armes.... Guiot Filleau, sommelier de la Chambre
aux deniers, pour despens et portage d'argent du Trésor en ladicte Chambre aux deniers au Lion de Flandres près le Louvre....

Somme pour Querre deniers 18 l. 8 s. 8 d. parisis.

QUINTA GROSSA. Somme pour Chambre le Roy,

Chappelle, Chambre aux deniers, avec Querre deniers, 907 l. 1 s. 8 d. parisis.

Dons. Maistre Johan le fol, pour don fait à lui par commandement du Roy, pour avoir chausses et souliers, mecredi xiiii jours de janvier, le Roy au Palais à Paris. Argent 16 s. par. Johanne la fole, pour don fait à elle par commandement du Roy, pour avoir une cotte hardie.... 4 l. 16 s. par. Maistre Johan le fol.... pour avoir un cheval.... 64 s. par. Le Roy, pour don fait par lui à Colin d'Armentières, fol du conte de La Marche.... pour avoir i arc et des saestes.... 16 s. par. Guiot Filleau, sommelier de la Chambre aux deniers.... 24 l. par. Colin, maistre fol de monseigneur le mareschal de Sanceurre.... pour avoir unes chausses et pour aler en pélérinage à Nostre-Dame de Clary.... 16 s. par. Messire Johan le Mercier, pour argent donné à certaines personnes du commandement du Roy.... 8 l. par. Maistre Johan le fol, pour don fait à lui en ce moiz de février pour quérir ses menues necessités, 2 frans, et doresnavant pour chascun mois 2 frans, sans plus autre chose demander, par commandement du Roy et ordenance de monseigneur de Bourgongne.... Guillaume le Voirrier, lequel avoit présenté au Roy voirres.... 64 s. par. Les galopins de la Cuisine du Roy, pour don fait à eulx pour avoir de la robe (*sic*).... 8 l. par. Johannin, le voirrier de la forest d'Otte, lequel avoit présenté au Roy voirres par plusieurs fois.... 64 s. par. Hainsselicoq, fol du Roy.... pour aler aux estuves.... 16 s. par. Le Roy, pour don fait par lui aux charpentiers de la Bastille Saint-Anthoine, lesquelz il estoit alez veoir pour veoir l'ouvraige de la-

dicte Bastille, pour ce, baillé à Colin Guéret, samedi
xxvIII jours de mars, le Roy illec. Argent 48 s. par.
Regnault Dupuis, fourrier, pour don fait par lui à
II veneurs qui avoient chassé devant le Roy.... le Roy
disner à Ramboillet, souper et giste à Galardon. Argent 32 s. p. Maistre Johan de Montagu, secrettaire,
pour don fait par lui aux voirriers près de la forest de
Chevreuze, où le Roy estoit alez veoir faire les voirres....
7 l. 4 s. p. Haisselicoq, fol du Roy.... pour lui et
son vallet.... 64 s. p. Johan du Boschet, sommelier
d'Eschançonnerie, pour don fait par lui à une bonne
femme, pour ce que le Roy, qui estoit alez en esbat, se
bouta en la maison de ladicte femme pour la pluie,
par commandement dudit seigneur, dymanche xxvi
jours d'avril, le Roy à Orléans. Argent 64 s. par.
Heinsselicoq.... pour avoir une cote vert le premier
jour de may.... 112 s. p. Johan d'Artois, sergent
d'armes, pour argent baillié au Roy pour donner à
Hainsselicoq, lundi xi jours de may, le Roy à Meleun.
Argent 16 s. p. Marie d'Arraz, chanteresse, laquelle
avoit chanté devant le Roy, pour don fait à elle par
commandement dudit seigneur, dymenche, que ledit
seigneur fu escoumihé, par cédulle dudit confesseur
escripte ce jour, lundi II jours de novembre, le Roy
disner au Palais à Paris, souper et giste au Louvre.
Argent 40 s. par. Johannin Margaut, pour aumosne
par lui faicte à ix ladres par commandement du Roy....
16 s. p. Guillaume d'Aunay, secrettaire, pour aumosne faicte par lui as povres malades par commandement du Roy.... 16 s. p. Le sire de Crux, pour
aumosne faicte par lui à povres gens par commandement du Roy.... 32 s. p. Hannequin de Laleue,

sommelier des Armeures, pour aumosne faicte par lui
as povres malades.... 16 s. p. Simon de Gravelle,
eschançon, pour aumosne faicte par lui au clerc de la
parroice de Saint-Estienne de Meleun, lequel apporta
l'eaue benoiste devers le Roy, à son disner.... 16 s.
par. Le clerc.... semblablement..,. 16 s. p. Monseigneur de La Rivière, pour aumosne faicte par lui à
povres gens par commandement du Roy.... 16 s. par.
Frère Guillaume, évesque de Bethléam, confesseur du
Roy, pour aumosne secrette faicte par lui pour ledit
seigneur, le xviiie et le xixe jour de décembre, jeûne
des iin temps, et pour son escoumihe du jour de Nouel,
par cédulle dudit confesseur.... 6 l. par.

Somme pour Aumosnes 34 l. 19 s. parisis.

LE COMPTE DE L'AUMOSNE. Maistre Jehan Fassier,
soubz aumosnier, pour xxxvi pourceaux achetez par
lui, et pour sel à saller yceux pors, et pour autres fraiz
d'iceux pors, pour donner et départir à plusieurs ma-
laderiez, hospitaulx et maisons-Dieu, si comme il appert par cédulle dudit sous-aumosnier rendue en ce
terme à court. Argent   76 l. 16 d. p.

Somme par soy 76 l. 16 d. parisis.

DENIERS EN COFFRES ET OFFRANDES. Raulet Legay,
sommelier de Chappelle du Roy, pour les offrandes
dudit seigneur, faictes aux reliques de l'esglise Nostre-
Dame de Poissy, ce jour qu'il y oy sa messe, envoiez
à lui par ledit Raulet, merquedi premier jour de juillet
l'an iiixx et trois, le Roy disner à Poissy, souper aux
Loges, et giste à Saint-Germain en Laye. Argent
                                    4 l. par.....

(Semblables offrandes à la Sainte-Chapelle, à Notre-
Dame, aux Chartreux, aux Jacobins, à Notre-Dame de
Senlis, à Notre-Dame de Noyon, à Saint Côme et Saint
Damiens de Lusarches; pour ses vendredis, pour les
obits de la duchesse de Bourbon, du roi Charles V,
de la duchesse de Normandie et de la Reine Jeanne de
Bourgogne.)

.... Le Roy, pour offrandes extraordinaires faictes à
ses grans messez, en plusieurs lieux, ou mois d'aoust,
envoiez à lui par Raoullet Legay, sommelier de Chappelle, lundi xxxi et derrenier jour d'aoust, le Roy en
son ost à Maumez sur la rivière du Liz. Argent

15 s. 8 d. par.

Somme pour Deniers en coffres et offrandes

82 l. 2 s. 6 d. parisis.

ULTIMA GROSSA. Summa 304 l. 14 s. 10 d. parisis.

Summa totalis Expense hujus compoti

49348 l. 6 s. 8 d. parisis.

Sic ei 6631 l. 6 s. 9 d. ob. parisis.

Et debet pro fine compoti precedentis

1050 l. 16 s. 1 d. ob, parisis.

Ita ei 5580 l. 10 s. 8 d. parisis.

Et debita per eum curie tradita, que sunt descendentia de isto tempore, et que deducuntur eidem,
ascendunt ad   5368 l. 16 s. 8 d. parisis.

Sic debentur ei, omnibus deductis

211 l. 14 s. parisis.

Redduntur ei in compoto sequenti, et nichil hic [1].

1. *Auditus ad burellum* xix^a *die marcii* ccc iiii^{xx} iii^o.

DU XVE COMPTE DE L'HOTEL

DU. ROI CHARLES VI

POUR LE TERME DE LA SAINT-JEAN

1388.

(Bibliothèque impériale. Ms. fonds fr. 6740, fol. 1 à 8.)

C'est le xve compte des despens de l'Ostel le Roy Charles, du premier jour de janvier mil ccc iiii^{xx} et sept, jusques au premier jour de juillet ensuivant m. ccc iiii^{xx} et viii, rendu par Guillaume le Perdrier, son clerc en sa Chambre aux deniers, et par Laurens Bourdon, contrerolleur de ladicte Chambre.

[RECETTE.]

Recepte en deniers comptans   1220 l. p.
Autre recepte de Jehan Chanteprime, receveur gé-néral des aides   33160 l. p.
Summa Denariorum traditorum 35380 l. p.

Autre recepte pour vins (vin de Beaune à 50 s. le muid. Vin de Bourgogne à 30 s. le muid. Vin de

Saint-Pourçain, vin de Bar, vin de Loire, au même
prix. Vin de Galardon, vin françois, à 20 s. le muid).

Somme pour Vins 4069 l. 18 s. 2 d. ob. p.

Autre recepte pour connins (des garennes de Saint-
Cloud, de Glandas et de Vincennes, à 2 s. 2 d. le
connin).

Somme pour Connins 94 l. 1 s. 10 d. p.
Summa totalis Recepte presentis compoti
39543 l. 19 s. 9 d. ob. p.

[DÉPENSE.]

DESPENS DES JOURNÉES.

A Paris, en l'ostel de l'Escu de France lez Louvre,
où estoit la Chambre aux deniers, mardi ɪɪɪɪ jours de
février ᴍ. ᴄᴄᴄ. ɪɪɪɪˣˣ et vɪɪ, fu compté des despens des
journées de l'Ostel le Roy, pour le mois de janvier
précédent contenant xxxɪ jour, en la présence de messeigneurs Guy, grant maistre d'ostel, le sire de Novion,
Jehan Bracque, Gauvain de Dreux et Gillet Mallet,
chevaliers et maistres dudit hostel
6702 l. 4 s. 3 d. ob. poit.

Sanz gaiges et menus.
C'est par jour 216 l. 4 s.   Plus 3 d. ob. p.
A Meleun (pour le mois de février, en la présence
de Jehan Bracque et Gilles Malet)
6286 l. 14 s. 6 d. ob. poit.
Au bois de Vincennes (pour le mois de mars, en la
présence de Guy, sire de Cousant, Tauppin de Chantemelle et Philippe des Essars)   5665 l. 14 s. 10 d. p.

A Paris, en l'ostel de l'Escu de France (pour le mois d'avril, en présence des mêmes)   6092 l. 11 s. 6 d.

Audit lieu de Paris, en l'ostel de Barbeau, où estoit la Chambre aux deniers (pour le mois de mai, en la présence de Guy de Cousant, Gauvain de Dreux, Robert du Boissay et mons. de Novion) 7618 l. 5 s. 8 d.

Audit lieu de Paris, en l'ostel de l'Escu de France (pour le mois de juin, en présence de Guy de Cousant, Gauvain de Dreux et Robert du Boissay)

5407 l. 17 s. 4 d.

Prima grossa. Somme pour Despens des journées de l'Ostel le Roy 37293 l. 8 s. 2 d. obole, pite parisis.

GAIGES DE CHEVALIERS BANNEREZ.

Monseigneur Raoul de Rayneval, pannetier de France, pour ses droiz et services du jour de Pasques et du jour de Penthecouste m. ccc. iiii^{xx} et viii, qu'il a servi le Roy de sondit office à Paris, à chascune de ses ii festes 32 l. p. Argent   64 l. p.

Messire Morelet de Campremy, pour ses droiz et services du jour de Pasques qu'il servi le Roy de son dit office à Paris. Argent   32 l. p.

Mons. Guillaume Chastellain, de Beauvez, queu de France, pour ses droiz et services du jour de Pasques et du jour de Penthecouste, qu'il servi le Roy de son dit office au Pallais à Paris, à chascune de ses ii festes 32 l. Argent   64 l.

Somme pour Gaiges de chevaliers 160 l. parisis.

GAIGES DE CLERS ET DE NOTTAIRES.

Clers des Requestes (maistre Thomas d'Estouteville. L'archidiacre de Dijon. Maistre Robert, cordelier).

Secretaires (Me Jaques du Val. Me Johan de Montagu. Me Guillaume d'Aunoy. Me Guillaume de Lafons. Me Mace Fréron. Me Domenique de Montchalvet).

Nottaires (Me Michiel Mignon. Me Enguerrain Terrage. Me Gobert Thumeri. Me Jehan du Bois. Me Hebert Bultet. Me Gontier Col. Me Nicolas Bernart. Me Jaques Raymon. Me Estienne de La Charité).

Maistres. Pierre Michiel. Dreue Porcher. Henri Mauloue. Robert Lefevre. Guillaume de le Houssaie. Gilles Hennequin. Ponce de Disy. Jehan de Savigny. Hugues de Guingaut. Nicole de Voisines. Henri Judas. Jehan de Crespy. Jehan Yvon. Jehan Gehe. Lucas Benoist. Nicaise Bougis. Pierre de Saux. Jehan Boittier. Pierre Christian. Jehan Bretaut. Jehan Perdrier. Jehan de Sains. Jehan Salaut. Pierre de Montyon et Guillaume Maignier, pour leurs gaiges de ix^{xx} ii jours qu'ils ont servi à Court, en la Chancellerie, aux Requestes de l'Ostel et du Palais à Paris, en Parlement, en la Chambre des comptes et ailleurs, tout ce terme, à chascun de ses xxv nottaires 6 s. p. par jour, à chascun 54 l. 12 s. Egaument, argent   1365 l. p.

Autres clers (Me Regnaut Fréron, phisicien du roy. Me Mahieu Regnaut, phisicien de mons. de Touraine. Me Dreue du Bourc, cirurgien du roy. Guillaume Per-

16

drier, maistre de la Chambre aux deniers. Laurens Bourdon, contrôleur de cette chambre).

Somme pour Gaiges de clers et de nottaires 2886 l. 14 s. p.

Gaiges de varlez le Roy et autres gens d'ostel.
Gaiges à vie et extraordinaires.
Manteaulx de chevaliers et de clers.
Robes de varlez le Roy et autres gens d'ostel.

Somme pour Gaiges avec Manteaulx et Robes SECUNDA GROSSA. 3988 l. 18 s. 1 d. parisis.

Harnois (mention du roi d'Armenie. Deux palmes pour le Roy et monseigneur de Touraine, pour le jour des Pasques Fleuries, et pour les peindre).

Dismes (Les dames d'Ierre. Les dames de la Saussaie. Les dames de Gif. Le maistre de la maladerie de Moret en Gastinois. Les dames de S. Leger en Yveline. La maladerie de Corbeil. La maladerie de Melun. Les dames de Morugoson. Le prieur du Gué de Lourme. Les dames de Curgy. Les dames de l'ostel-Dieu emprès Orléans. Les dames de Nemours. Les dames de Saint-Cir. La maladerie de Pontoise).

MESSAGES.

Guillemin Mescrot, chevaucheur, envoié porter lettres de Paris à messire Philippe de Florigny, qui s'en aloit en Lombardie....

Paris, lui iiii° chevaucheurs, envoiez d'illec à Meleun, à Chantelou et à Saint-Germain en Laye, enquérir se il y avoit point de mortalité, pour ce mercredi

VIII jours de janvier, le Roy au Louvre à Paris. Argent   40 s.

.... Gournay, sergent d'armes, envoié de Paris en Wequecin, faire voidier gens d'armes qui y estoient....

Guillemin Ferry et Gournay, sergens d'armes, envoiez d'illec en Wequecin, querre un prisonnier qui avoit bastu un sergent d'armes en faisant le commandement du Roy....

Michelet Tranchant, messager, envoié d'illec (de Melun) porter lettres à Paris, à Colin Brun, pour avoir du craspois pour la despense de l'Ostel....

.... Guillemin de Claville, chevaucheur, envoié porter lettres d'Orléans à Paris devers la Royne, pour ce et son retour à court, lundi XIII jours d'avril, le Roy à Orléans. Argent   32 s. p.

(Ce compte, qui est mutilé, s'arrête ici et n'a que huit feuillets.)

EXTRAITS

DU

XVIIIᴱ COMPTE DE L'HOTEL

DU ROI CHARLES VI

POUR LE TERME DE NOEL

1389.

(Archives de l'Empire. Registre coté KK. 30, fol. 59.)

C'est le xviiiᵉ compte des despens de l'Ostel le Roy Charles, du premier jour de juillet, l'an mil ccc iiiˣˣ et ix, jusques au premier jour de janvier ensuivant en cel an, rendu par Guillaume le Perdrier, son clerc en sa Chambre aux deniers, et par Laurens Bourdon, contrerolleur de ladicte Chambre.

RECETTE.

RECEPTE EN DENIERS COMPTANS.

Autre recepte, de Jaquet Hemon, receveur général des Aides ordonnez pour la guerre (le franc d'or à 16 s. parisis, les blans à 4 d. parisis).

De lui, sus ladicte despense, par lettre dudit Guillaume (le Perdrier) faicte xv jours dudit mois d'aoust l'an dessus dit, sus la feste qui prouchainement se doit faire à Paris au joyeux advenement de la Royne.   3440 l. p.

De Jehan Chanteprime, trésorier des guerres, sus la despense de l'Ostel le Roy, qu'il enttent présentement faire au pays de Languedoc, par lettre de Guillaume le Perdrier dessus nommé, faite xvii jours de septembre ccc iiii^{xx} et ix.   1600 l. parisis.

De l'évesque de Mascon, sus la despense de l'Ostel le Roy, par cédule faite xiiii jours d'octobre ccc iiii^{xx} et ix, baillée aux vicaires dudit évesque, compté par les diz vicaires en fleurins et blans, pour un past ou giste que ledit évesque doit audit Seigneur en ladite ville de Mascon, par composition faicte avec les diz vicaires.   160 l. p.

De Pierre Jaude, receveur général de toutes finances ordonnées estre levées pour les provisions du Roy ou pays de Languedoc, sus ladicte despense, pour la despense de messeigneurs Jehan Bracque et Taupin de Chantemelle, chevaliers, maistres d'ostel du Roy, et de pluseurs autres officiers venus au pays de Languedoc en leur compaignie pour faire certaines provisions pour la venue du Roy qui devoit prouchainement venir ou pays, par lettre faicte xviii jours de décembre ccc iiii^{xx} et ix.   3520 l. p.

De l'évesque de Nevers, pour un past ou giste qu'il

doit au Roy à son joyeux advenement en ladicte ville, par modération du Roy faicte audit évesque, pour ce qu'il avoit fait présens audit Seigneur et fraiz, en son hostel, pour sa venue, si comme il appert par lettre dudit seigneur rendue en ce terme à court.   24 l. p.

Des habitants de la ville de Dreux, qui avoient présenté au Roy, à son joieux advenement en ladicte ville, 4 queues de vin, qui ne furent mie despensées en l'Ostel; venduz par l'ordennance des maistres d'ostel aux genz du sire de Labret. Pour ce   28 l. p.

De Jehan le Houlier, clerc d'Escurie du Roy, pour 2 mines d'avenne qui estoient au Roy en un grenier à Montereil-ou-Fourt-Yonne, qu'il a venduz par l'ordenance des dis maistres d'ostel, en ladite ville. Pour ce   11 l. 4 s.

Des habitans de la ville de Chastillon sur Loing, qui avoient présenté au Roy à son joieux avenement en ladite ville, 2 mines d'avenne, dont il en fu despensé en l'Ostel dudit Seigneur 2 mines et demi, et en demoura 6 sestiers, qui furent venduz en ladicte ville par Colin Baillet, clerc de l'Escurie dudit Seigneur, par l'ordenance des dessus diz. Pour ce   4 l. p.

Des habitans de la ville de Vienne, lesquelx avoient semblablement présenté au Roy cent asnées de vin, estimées par les diz habitants à 6 queues de vin; qui ne furent mie despensées en l'Ostel, venduz par maistre Guillaume Budé, maistre des garnisons, par l'ordenance des dessus diz maistres d'ostel. Pour ce   52 l. 16 s.

Autre recepte pour vins (vin de Beaune à 50 s. parisis le muid. Vin de Bourgogne 30 s. Vin de St Pourcain, vin de S. Jangon, vin de Bar, vin d'Avignon et

Languedoc, au même prix de 30 s. parisis le muid.
Vin de Galardon et de Mantes, 20 s. Vin françois,
même prix).

Autre recepte pour connins des garennes du Roy
(de S. Cloud, de Morel, de Ferrière, de Glandas, de
Creil, de Vincennes, de Sancerre, 2 sous parisis chaque connin).

Summa totalis Recepte hujus compot!
97334 l. 19 s. 7 d. picte parisis.

[DÉPENSE.]

DESPENS DES JOURNÉES[1].

A Meleun, en la Chambre aux deniers, dymanche
premier jour d'aoust m . ccc iiiiˣˣ et ix, fu compté des
despens des journées de l'Ostel le Roy pour le mois
de juillet précédent, contenant xxxi jours, en la présence de monseigneur le Grant maistre, messeigneurs
Philippe des Essars, Arnoul de Puisieux et le Borgne
de la Queue, chevaliers, maistres d'ostel dudit Seigneur,   5788 l. 9 s. 4 d. ob.

    C'est par jour...[2]   Sans gaiges et menues.

Item, pour la despense mons. de Thouraine[3] lui estant à Beauté[4], par xviii jours ou mois de juillet, hors

1. Ce chapitre est donné ici *in extenso*.
2. Le compte n'y est pas.
3. Louis, duc d'Orléans, frère de Charles VI.
4. Beauté-sur-Marne. Ce château touchait le village de No-
gent-sur-Marne. La partie du parc de Vincennes sur laquelle il
était situé s'appelait encore sous la Restauration *Le fond de
Beauté*.

de l'Ostel du Roy, pour les vi offices, compté ens vin et espices confictes, 1088 l. 1 s. 2 d. obole poitevine parisis.

A Paris, en l'ostel du Barbeau, ou estoit la Chambre aux deniers, jeudi ii jours de septembre m . ccc. iiii[xx] et ix, fu compté des despens des journées de l'Ostel le Roy pour le mois d'aoust précédent, contenant xxxi jour, en la présence de messeigneurs Philippe des Essars et le Borgne de la Queue, chevaliers maistres d'ostel du dit Seigneur, 18504 l. 4 s. 6 d. ob. p.

C'est par jour 596 l. 18 s. 2 d.   Plus 16 d. ob.

Item, pour la despense madame de Thouraine[1] faicte quand elle vint nouvellement en France, c'est-assavoir depuis Mascon jusqu'à Paris, par xlii jours, comprins ens le vin   6561 l. ob.

A Nevers, où estoit la Chambre aux deniers, dymanche iii jours d'octobre m. ccc iiii[xx] et ix, fu compté des despens des journées de l'Ostel le Roy pour le mois de septembre précedent, contenant xxx jours, en la présence de messeigneurs Arnoul de Puisieux, Philippe des Essars et le Borgne de la Queue, chevaliers, maistres dudit hostel,   7768 l. 11 s. 7 d. poit.

C'est par jour 256 l. 5 s. 8 d.   Plus 19 d. ob.

Item, pour la despense madame de Thouraine, faicte à Paris par xiiii jours, tant au mois d'aoust, comme ou dit mois de septembre, sanz vin. 805 l. 1 s. 8 d.

A Villeneuve emprès Avignon, où estoit la Chambre aux deniers, venredi v jours de novembre m . ccc. iiii[xx] et ix, fu compté des despens des journées de

1. Valentine de Milan.

l'Ostel le Roy pour le mois d'octobre précédent, contenant xxxi jour, en la présence de messire Philippe
des Essars, Gauvain de Dreux, Arnoul de Puisieux et
Guillaume de Gaillonnel, chevaliers, maistres dudit
hostel.   7493 l. 3 s. 5 d. p.

Sains gaiges et menues.

C'est par jour 236 l. 5 s. 3 d.   Plus 8 d.

A Toulouse, où estoit la Chambre aux deniers,
jeudi ii jours de décembre m . ccc . iiiˣˣ et ix, fu compté
des despens des journées de l'Ostel le Roy pour le mois
de novembre précédent contenant xxx jours, comprins
ens les gaiges des services dudit hostel par xl jours,
en la présence de messeigneurs Guy de Cousant, grant
maistre d'ostel, Guillaume de Gaillonnel et Gauvin
de Dreux, maistres dudit hostel. 19753 l. 7 s. 8 d.
ob. poit.

Sans gaiges et menues.

C'est par jour 658 l. 8 s. 11 d. Plus 2 d. ob. poit.

Audit lieu de Toulouse, où estoit la Chambre aux
deniers, dymenche ii jour de janvier m . ccc . iiiˣˣ et
ix, fu compté des despens des journées de l'Ostel le
Roy pour le mois de décembre précédent, contenant
xxxi jour en la présence de mons. le Grant maistre
d'ostel et de messeigneurs Guillaume de Gaillonnel,
Philippe des Essars et Gauvin de Dreux, chevaliers,
maistres dudit hostel.   18957 l. 1 s. 9 d. ob. p.

Sans gaiges et menues.

C'est par jour 607 l. 12 s. 3 d.   Plus 2 s. ob.

Item, se monte la despense de messeigneurs Jehan
Bracque et Taupin de Chantemelle, chevaliers, maistres d'Ostel du Roy et de pluseurs autres officiers estans en leur compaignie jusques à la somme de l per-

sonnes et LIII chevaux. C'est assavoir depuis le xxvIIIᵉ
jour de may M . CCCC . IIIIˣˣ et IX, jusques au premier
jour de décembre ensuivant en cel an, si comme il appert par un roulle séellé de leurs seaulx et certificaciou
d'eulx rendu en ce terme à court, que les dessus diz
ont esté et sont venuz ou pays de Languedoc pour
faire certaines garnisons pour la despense de l'Ostel le
Roy[1]. Pour ce, argent   3626 l. 5 s. 1 d. p.

Somme pour Despens des journées.
Prima summa : 90245 l. 6 s. 5 d. ob. pict. p.

GAIGES DE CHEVALIERS BANNEREZ.

Monseigneur Charles d'Ivry, chevalier tranchant,
pour ses droiz et services du jour de Noël qu'il servi
le Roy dans son office, à Toulouse. Argent,   32 l. p.

Monseigneur Loys de Gyac, grant eschançon de
France, pour ses droiz et services du jour de Noël
qu'il servi le Roy de son office, à Toulouse. Argent,   32 l. p.

Chevaliers et clers des requestes.
Gaiges de clercs, nottaires, secretaires.
Gaiges de varlez le Roy et autres gens d'ostel.
Gaiges à vie et extraordinaires.
Manteaulx de chevaliers et de clercs.
Robes de varlez le Roy.

Somme pour Gaiges, avec Manteaux et Robes.
Secunda grossa : 4901 l. 12 s. 8 d. parisis.

---

1. Vise fuerunt partes et examinate per jactum cum dicto rotulo.

HARNOIS.

Pouppart, varlet de chambre du Roy, pour un tabart acheté par lui pour ledit Seigneur, pour ce que l'argentier n'étoit pas à court pour ce jour (dernier novembre) le Roy à Toulouse. Argent,   9 l. 18 d.

Dismes (Les dames d'Ierre, les dames de la Saussaie, la maladerie de Corbeil, la maladerie de Melun, la maladerie de Moret et de Corbuisson, les dames de Gif, les dames de Nemours, les dames de Montgouson).

MESSAGES.

... Hincelin de Bergues, envoié porter lettres de Nilli à mons. de Bourbon et à madame de Thouraine, à Digon (Dijon), pour ce et son retour à court, lundi ıı jours d'aoust, le Roy à Milli. Argent,   48 s. p.

Perrin de Préaux, chevaucheur, envoié de Meleun à Paris, porter lettres à Colart de Tanques, pour faire avancier le harnois des joustes du Roy, pour ce et son retour, venredi vı jours d'aoust, le Roy à Meleun. Argent,   16 s.

... Paris, chevaucheur, envoié porter lettres de Paris à Beauvez, à Corbie, à Saint-Quentin et à Ourquans (Ourscamp), pour avoir charios pour aler en Languedoc, pour ce et son retour, mercredi premier jour de septembre, le Roy à Paris. Argent,   4 l. p.

... Michelet de Villeneuve, chevaucheur, envoié de Montargis à Paris, porter lettres à maistre Regnaut Fréron, phicicien du Roy, pour ce et son retour, mer-

252 COMPTES DE L'HOTEL

credi xv jours de septembre, le Roy à Montargis. Argent, 32 s. p.

... Guillemet de Mert, chevaucheur, envoié toute nuit de la Charité à Nevers, pour enquérir se la mortalité y estoit, pour ce et son retour, jeudi xxiii jours de septembre, le Roy à la Charité sus Loire. Argent, 16 s. p.

Olivier Bacquet, chevaucheur, envoié hastivement de la Charité à Nevers, pour quérir poisson pour le Roy....

Paris, chevaucheur, envoié de la Charité sus Loire porter lettres au commandeur des Bordes en Berri, pour avoir chiens pour le Roy....

Michelet Hamon, chevaucheur, envoié de Nevers à Paris, porter lettres à la Royne, pour ce et son retour à court lundi xxvii jours de septembre, le Roy à Nevers. Argent, 6 l. 8 s. p.

... Paris et le Bourguignon, chevaucheurs, envoiez porter lettres et mandemens ouvers de Saint-Vallier aux séneschaux de Carcassonne et de Thoulouse, pour faire vuider gens d'armes qui estoient environ le pays, pour ce et leur retour à court, jeudi xxi jour d'octobre, le Roy disner et giste à Vienne. Argent, 23 l. 8 s. p.

Thierri Gaudri, chevaucheur, envoié porter lettres de Romans à Paris, devers la Royne, pour ce et son retour dymanche xxiiii jours d'octobre, le Roy à Romans. Argent, 6 l. 8 s. p.

Somme pour Harnois, Dismes avec Messages.
781 l. 17 s. 3 d. p.

TERCIA GROSSA.

PANNETERIE.

Colin Marc, marchant à Paris, pour ʟ aulnes de grans nappes de l'euvre de Tournay, pour faire ɪɪɪ nappes pour la table de mabre du Pallais à Paris, achatté de lui, 16 s. l'aune, vallent   40 l.

.... Robin Broutille, pour ɪɪ paire de baschoues neufves et ɪɪ flossaies, achatté par lui pour porter pain de bouche et de commun pour l'office de Panneterie, 16 s. p. la paire....

Carpentras, pour ɪɪ bulteaux achattés par lui pour faire pain de Carpentras, 8 s. la pièce....

Huet Bricquet, pour un sac de cuir de serf fermant à clef, pour porter farines à faire pain de Carpentras pour le Roy, et pour un autre sac de mouton pour mettre fleur à faire oublées, pour tout, ce jour illec. Argent   112 s. p.

Robin Broutille, pour cordes achattées par lui pour lier les flossaies dessusdictes....

Jourdain Auberot, pour un minot à blé à la mesure de Paris, achatté par lui pour mesurer blé aval le pais   24 s. p.

.... Pour un fer à faire oublées pour le Roy   40 s.

.... Pour une aulne et demie de bulteaux de Reins — pour faire pain de Carpentras pour le Roy   10 s.

ESCHANÇONNERIE.

Jehan le Tourneur, pour xɪɪ barilz neufs touz garnis achactés de lui pour la feste de la venue de la Royne,

pour lundi xxⅢ jours d'aoust, le Roy et la Royne au
Pallais à Paris. Argent   24 l. p.

(Deux flacons d'acier à porter vin. et un petit pour
l'eau — vingt hanaps de madre à 24 s. la pièce — vint
esmaux d'argent armoiez aux armes du Roy, mis ès
diz hanaps, 6 s. la pièce.)

CUISINE.

Oudin du Moncel, pour six vingts douzaines d'escuelles et quatre vingts douzaines plas d'estain, tout
pesant six mille quatre cents mars d'estain, pour marc
12 d., achattées de lui pour la feste de la venue de la
Royne, jeudi xxvi jours d'aoust, le Roy et la Royne à
Saint-Pol à Paris. Argent   320 l. p.

Jehan Bouyn et Jehan Gantier, pour six cent
vingt trois livres de fer, achactées par eulx 31 s. le
cent, pour faire deux paelles, un rouable, un eschau-
douer et les piés des contreroustiers pour la Cuisine
du Roy   10 l. 10 s.

Fruitterie. (Platelets d'étain pour le fruit.)

Escurie.

FOURRIÈRE.

Gilbert de Boullenois, pour Ⅱ bources de cuir de
serf, pour mettre croches et marteaulx pour tendre les
chambres et salles   44 s.

Oyart le Lorrain, pour une douzaine de verges
achattée pour nettoier les robes monseigneur de Thouraine   16 s.

... Pour vi^c de croches bastars portez à Chaliau, en
l'ostel mons. de Thouraine, oudit mois de juillet, ce

jour illec. Argent 21 s. Ledit Guérin, pour iiii^c de croches bastars, baillés à mons. de la Rivière quant il ala au devant de madame de Thouraine à Mascon ...

QUARTA GROSSA. Somme pour mises de mestiers d'ostel 1241 l. 12 s. 10 d. parisis.

Chambre Le Roy.

CHAPELLE.

Raoulet le Gay, sommelier de chappelle le Roy, pour pain à chanter achatté par lui pour les messes dudit Seigneur ou voyage de Languedoc, pour ce lundi xix jours de novembre, le Roy à Toulouse. Argent   8 s. p.

CHAMBRE AUX DENIERS.

Pierre d'Araines, relieur de livres, pour relier, tailler, poncer et mettre à point iii livres pour la Chambre aux deniers....   ·   28 s.

Jehan Tarenne, pour l'eschange de mil frans, qui estoient en blans 4 d., à escuz neufs, pour porter ou voyage de Languedoc, 32 s. le cent, ce jour illec. Argent   16 l. p.

Querre deniers.

Somme pour Chambre le Roy, Chappelle, Chambre aux deniers avec Querre deniers 804 l. 10 s. 8 d. p.

QUINTA GROSSA.

DONS [1].

Jehanne la Preude femme, laquelle avoit présenté

---

1. Cet article est donné ici *in extenso.*

au Roy des raisins nouveaux, pour don fait à elle par commandement dudit Seigneur, venredi xxix jours de juillet, le Roy à Meleun. Argent   16 s.

Le Roy, pour argent donné par son commandement aux charpentiers qui faisoient salles et barrières en la forest de Bière (Fontainebleau) pour apporter à Paris pour la feste de la venue de la Royne, mardi x jours d'aoust, le Roy au Louvre à Paris. Argent   48 s.

Tevenin Jouan, de Villers le Duc, lequel avoit apporté truffes au Roy, pour argent donné à lui par commandement dudit Seigneur, jeudi xvi jours de septembre, le Roy à Montargis. Argent   48 s.

Philippot de Courcelles, page du Roy, pour don fait à lui par ledit seigneur pour faire ses offrandes à Saint-Anthoine, et pour ses autres necessitez, pour ce, mardi xxvi jours d'octobre, le Roy à Montélimart. Argent   4 l. 16 s. p.

Héraumont, sommelier d'Eschançonnerie, pour une chuette, achactée par lui, et pour don fait à un varlet qui avoit fait la pippée pour le Roy, pour ce, lundi premier jour de novembre, le Roy en Avignon. Argent   34 s. p.

Le Roy, pour argent donné par lui à ii varlez qui lui avoient apporté lettres et oyseaux, l'argent rendu à messire Guillaume de Gaillonnel qui l'avoit presté audit Seigneur, mardi xxx et derrenier jour de novembre, le Roy à Toulouse. Argent   16 l.

Ledit Seigneur, pour argent donné par lui à un pouvre homme qui avoit eu son cheval tué en menant la Panneterie dudit Seigneur, pour ce, ce jour illec. Argent   6 l.

Huguet la Ville Dieu, lequel avoit i chien cou-

chant que le Roy a voulu avoir, pour argent donné à
lui par commandement dudit Seigneur, venredi xxxi
et derrenier jour de décembre, le Roy à Toulouse.
Argent   6 l. 8 s. p.

Mess. Jehan Bracque et Robert du Boissay, maistres
d'ostel du Roy, pour argent donné à eulx en recom-
pensacion de certaines paines et travaulx que ilz avoient
euz en Flandres, derrenierement que ilz y alèrent faire
faire garnisons pour le passage que le Roy nostredit
seigneur avoit entancion de faire ou pays d'Engleterre;
si comme il appert par cédule dudit seigneur, donnée
le iiiᵉ jour de juillet ccc iiiˣˣ et viii, rendue en ce
terme à court. Argent   480 l. p. ¹

Estiennot de Leurs Maisons, escuier d'Escurie
du Roy, pour ce semblablament, si comme il appert
par cédulle dudit seigneur, donnée le viiᵉ jour de
janvier ccc iiiˣˣ et vii, rendue en ce terme à court.
Argent   160 l. p.

Bertaut des Landes, varlet de chambre du Roy, pour
don fait à lui quant le Roy deust passer pour aler en
Angleterre, par cédulle dudit seigneur rendue en ce
terme à court. Argent   32 l.

Summa 712 l. 10 s. parisis.

Aumosnes.

1. *Queratur quare dicta summa fuit radiata de termino Nativi-
latis Domini ccc iiiˣˣ viᵒ de ordinacione dominorum magni Consi-
lii, prout arrestatur in fine dicti compoti.*

*Transeunt de consensu domini Johannis Mercerii et dominorum
Compotorum.*

LE COMPTE DE L'AUMOSNE [1].

Maistre Jehan Fassier, clerc de l'Aumosne, pour
xxxvi pourceaulx achattés par lui ou marché de Paris
à pluseurs fois et de pluseurs marchans, ou mois de
décembre m. ccc. iiii^{xx} et ix, chascun pourcel l'un par
l'autre 36 s., vallent 64 l. 16 s. Pour yceux pourceaux
langoier, tuer, saller, appareiller, et pour le salaire
des trippières qui ont appareillé et lavé les essues et
fait les boudins, 4 l. Pour poz de terre à mettre le sain
desdiz pourceaux, chaume à les bruler, vin et chan-
deille despensée pour yceulx appareiller, 24 s. Pour
4 sestiers de sel pris sanz gabeler, ou grenier à sel de
Paris, pour chascun sestier 29 s. 2 d., vallent 106 l.
2 d. Pour portage dudit sel du grenier jusques aux
xv^{xx} (Quinze-Vingts) 8 s. Et pour mesurage dudit sel
16 d. Si comme il appert par cédulle dudit clerc d'Aumosne. Pour tout   75 l. 16 s.

Somme par soy 75 l. 16 s.

Deniers en coffres et offrandes.

DESPENSE COMMUNE [2].

Guillaume le Perdrier, maistre de la Chambre aux
deniers, pour despens faiz à Paris pour compter en la
Chambre des comptes de la dépense de ce présent
terme et du terme précédent cestui, et en besoingnant
illec pour le fait de l'Ostel, par viii jours, 16 s. par
jour. Argent   6 l. 8 s. p.

1. Cet article est donné ici *in extenso*.
2. Cet article est donné ici *in extenso*.

Laürens Bourdon, contrerolleur, pour ce, par
xɪɪ jours qu'il estoit venuz de Beauvez à Paris, et
pour son retour à Beauvez, où est à présent sa demeure et a esté près ce Sᵗ Jehan, qu'il se parti de
court à sa requeste, et fut mis en son lieu de contrerolleur maistre Jehan d'Aigny par la voulente dudit
messire Laurens, 12 s. p. par jour. Argent 7 l. 4 s. p.

Sᴇxᴛᴀ ᴇᴛ ᴜʟᴛɪᴍᴀ ɢʀᴏssᴀ. Summa 914 l. 15 s. 10 d,
parisis.

Summa totalis Expense presentis compoti
    97789 l. 15 s. 8 d. obole picte parisis,
    Ei 1554 l. 16 s. 1 d. obole parisis.

Auditus vɪɪᵃ januarii ᴍ. ᴄᴄᴄ. ɪɪɪɪˣ xɪɪᵈᵒ.

EXTRAITS

DU XIXE COMPTE DE L'HOTEL

DU ROI CHARLES VI

POUR LE TERME DE LA SAINT-JEAN

1390.

(Archives de l'Empire. Registre coté KK. 30, folio 75.)

C'est le xixe compte des despens de l'Ostel le Roy
Charles, du premier jour de janvier l'an mil ccc iiii^{xx}
et neuf, jusques au premier jour de juillet l'an M. ccc
iiii^{xx} et dix ensuivant, rendu par Guillaume le Perdrier, son clerc en sa Chambre aux deniers, et par
Laurens Bourdon, contrerolleur de ladicte Chambre.

[RECETTE.]

RECEPTE....

Autre recepte, de Berthaut des Landes, maistre des
monnoies et receveur général du proufit d'icelles....

RECEPTE COMMUNE.

Des bourgois et habitans de la ville de Digon, les-
quielx avoient présenté au Roy à son joieux advene-

1. Cet article est donné ici *in extenso*.

ment en ladicte ville, vi beufs et cent moutons, les-
quielx ne furent mie despensez en l'Ostel le Roy, pour
ce que oudit pays il estoit aux despens monseigneur
de Bourgoingne, vendus par l'ordonnance des maistres
d'ostel. Pour ce   92 l.

Des bourgois et habitans de la ville de Châlon, les-
quielx avoient pareillement présenté au Roy, x queues
de vin, qui pareillement ne furent mie despensez et
furent vendues par l'ordonnance des dessus diz. Pour
ce   33 l. 12 s. p.

De Colin Baillet, clerc de l'Escurie du Roy, pour
iii muis d'avene qu'il a venduz par l'ordonnance desdiz maistres d'ostel, laquelle avene estoit demourée à
despenser, et de autres avenes qui avoient esté présen-
tées au Roy ès villes de Romans et de Lyon sur le
Rosne, en venant de Languedoc. Pour ce   16 l. 3 s.

De Tronchey, clerc de Cuisine du Roy, pour verjus
vendu par lui à Nysmes, lequel verjus y estoit demouré des garnisons que les maistres d'ostel avoient
faictes ou pays de Languedoc, et ne avoit mie esté tout
despensé. Pour ce   6 l. 8 s.

Summa 148 l. 4 s. p.
Summa totalis Recepte presentis compoti
52208 l. 17 s. 1 d. ob. pict. parisis.

[DÉPENSE.]

DESPENS DES JOURNÉES.

A Lyon sur le Rosne, où estoit la Chambre aux deniers (le 6 février 1389 v. s. compté la dépense du
mois de janvier, en présence de Gauvain de Dreux et

de Philippe des Essars) comprins ens les gaiges des officiers de l'ostel   16194 l. 19 s. 8 d. ob. poit.

A Paris, en l'ostel du Barbeau (jeudi 4 mars 1389 dépense de février, en présence du Grand-maître, de Philippe des Essars et de Guillaume de Gaillonnel)   6619 l. 8 s. 4 d. poit.

A Paris, en l'ostel de l'Escu de France (samedi 2 avril 1389, dépense de mars, en présence du Grand Me de Tauppin de Chantemelle et du Borgne de la Queue)   9030 l. 3 s. 5 d.

Audit lieu de Paris, en l'ostel du Barbeau (mardi 3 mai 1390, dépense du mois d'avril, en présence de Arnoul de Puiseux et Philippe des Essars)   6463 l. 14 s. 3 d. ob.

Audit lieu de Paris (samedi 4 juin 1390, dépense du mois de mai, Philippe des Essars et Robert du Bois-say)   15289 l. 18 s. 9 d. ob. poit.

Audit lieu de Paris (vendredi 1er juillet 1390, dé-pense du mois de juin, le Grand maître, Gauvain de Dreux et Philippe des Essars)   6767 l. 4 s. p.

Item, pour la despense de plusieurs des varlez et chevaux de mons. de Thouraine, faicte à Nysmes ou mois de janvier derrenierement passé, après le parte-ment du Roy....   35 l. 4 s. p.

Summa 60400 l. 12 s. 7 d. ob. pict. parisis.

Gaiges de chevaliers bannerez. (Mons. de Resneval, grand pannetier, Charles d'Ivry, chevalier tranchant, Guillaume Chastellain, queu de France.)

Mons. Loys de Giac, eschançon de France, pour ses droiz et services du jour de Pasques qu'il servi le Roy de son office comme dessus. Argent   32 l. p.

Gaiges de clers et nottaires.

Gaiges de varlez le Roy et d'autres gens d'Ostel.

Gaiges à vie et extraordinaires.

Manteaulx de chevaliers et de clers.

Robes de varlez le Roy et d'autres gens d'Ostel.

Secunda summa. Summa 3909 l. 1 s. 5 d. ob. p.

HARNOIS.

Jaques le Lombart, de Toulouse, pour un drap achetté de lui par commandement du Roy pour mettre sur le corps de feu Guillaume de Chantemelle, jadis eschançon du Roy; pour ce, lundi x jours de janvier, le Roy à Maisières et son commun à Bran. Argent   11 l. 4 s.

Frère Jehan Angelart et frère Pierre, confesseurs du commun du Roy, pour unes bulles empétrée par eulx en Avignon, c'est assavoir qu'ilz ont telle puissance en esperituaulté sur les officiers de l'Ostel le Roy de absouldre, et touz autres sacremens de l'Esglise, comme a un évesque en son eveschié....

Dismes.

MESSAGES.

.... Huet du Ploich, chevaucheur, envoié porter lettres de Bésiers à Nerbonne, pour faire crier la salière du Roy qui estoit perdue; pour ce et son retour, mercredi xii jours de janvier, le Roy disner à Gens et giste à Carcasonne. Argent   18 s.

.... Jehan Mathelot, chevaucheur, envoié porter lettres à Valence pour faire quérir une salière du Roy qui estoit adirée (perdue); pour ce et son retour,

lundi vii jours de février, le Roy à Lion sur le Rosne.
Argent   18 s.

Tercia summa. Summa pro Harnesio, Decimis et
   Messagerie 692 l. 15 s. 3 d. parisis.

PANNETERIE.

Sauvage de Jeucourt, premier pannetier, pour une
paire de fers à gauffres   4 l. 16 s. p.
   (Pour un pannier d'esclise tout neuf, garni de clef
et serreure pour mettre fromages 32 s. p. — Pierre le
Balencier, pour une balences neuves avec le pois de
plont contenant xxiiii onces pour pièce, pour peser
pain de bouche et de commun, avec une bourse de
cuir à mettre lesdites balences et pois, 24 s. p.)

ESCHANÇONNERIE.

   .... Colin de la Baste, pour un chaalis fait en l'Eschançonnerie du Roy à Saint-Pol, pour ce que l'Eschançonnerie estoit trop moitte; pour ce, venredi
xxiiii jours de juing, le Roy à Saint-Pol à Paris. Argent   32 s.

CUISINE.

   .... Colin le Mortelier, pour vi mortiers neufs
achattés de lui 16 s. la pièce, pour l'office de Cuisine
et Sausserie....

   Fruitterie (pour vi aulnes de toille à faire sacs et
chanevas pour eslire et mettre figues et raisins — pour
. un greil de fer à cuire les pommes en Karesme —

pour ferrer de neuf un coffin à mettre les cierges du
Roy — pour deux coupperes pour despecier la cire en
fruiterie).

Escurie.

Fourrière.

QUARTA GROSSA. Summa 754 l. 11 s. 10 d. parisis.

Chambre le Roy. (Paste de roy, citron, madrien,
pignolat, sucre rosat et sucre en pierre.)

Chapelle.

Chambre aux deniers. (Pour IIII mains de papier et
un poinçon — une bouteille de cuir plaine d'enque
— pour une bouteille d'enque, plumes et fil.)

Querre deniers.

QUINTA GROSSA. Summa 764 l. 4 s. parisis.

DONS [1].

Jehan Audier, clerc de l'abbé de Saint Guillaume du
Désert, lequel avoit présenté lévriers au Roy de par
ledit abbé, don fait à lui par commandement dudit
Seigneur, dymanche XXIII jours de janvier, le Roy à
Montpellier. Argent   64 s.

Cordelier de Giresme, pour argent donné à une
sotte femme par commandement du Roy, en venant
de Troies à Paris, mardi V jours d'avril, le Roy à Saint-
Pol à Paris. Argent   72 s.

Frère Pierre Guibaut et son compaignon, confesseurs du Commun, pour argent donné à eulx par le

---

1. Article *in extenso.*

Roy pour leurs robes de Pasques l'an iiii^{xx} et x, si
comme il appert par cédule dudit Seigneur, donnée
le xviiie jour de mars l'an mil iiii^{xx} et ix; pour ce, samedi xxxe et derrenier jour d'avril, le Roy disner à
Saint-Pol, soupper et giste au Bois de Vinciennes. Argent   32 l. p.

Maistre Jehan Bertaut, pour argent donné par lui
par commandement du Roy à un homme qui avoit
donné un rossignol audit Seigneur, l'argent rendu audit maistre Jehan; pour ce, samedi xxx et derrenier
jour d'avril, le Roy à Saint-Pol à Paris. Argent 74 s. p.

Jehan Coignet, lequel avoit apporté truffes au Roy,
pour don fait à lui par commandement dudit Seigneur,
mardi iii jours de may, le Roy à Saint-Pol à Paris.
Argent   48 s. p.

Perrin le Picart, lequel avoit apporté au Roy pois
et fèves nouvelles, pour don fait à lui par commandement dudit Seigneur, mardi x jours de may, le Roy à
Saint-Pol à Paris. Argent   16 s. p.

Perrecon de Faignon, eschançon, pour argent baillé
au Roy pour donner aux enffans de l'esglise de Lusarches, mercredi xviii jours de may, le Roy disner à
Lusarches, soupper et giste à Senlis. Argent 18 s. p.

Guillemin du Lou, escuier de cuisine mons. de
Bourgoingne, lequel avoit présenté au Roy ii barilz
d'esturgons de par mondit Seigneur, pour don fait à
lui par commandement du Roy, venredi iii jours de
juing, le Roy à Saint-Pol à Paris et son Commun à
Senlis. Argent   8 l. p.

Summa. 54 l. 12 s. p.

AUMOSNES.

Les Célestins de Paris, pour aumosne faicte à eulx par le Roy, en ii caques de harenc, pour leur karesme.

(Maistre Michiel de Crène, évesque d'Auxerre, confesseur du roi.)

LE COMPTE DE L'AUMOSNE.

Maistre Jehan Fassier, clerc de l'Aumosne, pour lxxviii milliers de harenc sor, achatté par lui ou marché de Paris de pluseurs marchans, 100 s. p. chascun millier l'un par l'autre, vallent 390 l. Pour faire compter partie d'iceulx harens et les mettre par milliers 8 s. Et pour yceulx avoir fait mener des halles de Paris jusques aux xvˣˣ (les Quinze-Vingts) et les mettre illec en grenier, 32 s. Pour donner et départir à pluseurs maladeries, hospitaux et maisons Dieu et pouvres mesnagiers, si comme il appert par cédulle dudit clerc d'aumosne seéllée de son seau. Pour tout, argent   392 l. p.

Summa per se 392 l. parisis.

DENIERS EN COFFRES ET OFFRANDES.

.... Pour les offrandes dudit Seigneur (le roi) faictes à sa messe le jour de la Thiphaine, cestassavoir pour une pomme d'encens et de mierre, et un franc en or. Pour tout, ce jour illec, argent   32 s. p.

Quinta grossa. Summa 587 l. 4 s. 10 d. parisis.

Nota. Le compte est mutilé et s'arrête là.

EXTRAITS

DU XXE COMPTE DE L'HOTEL

DU ROI CHARLES VI

POUR LE TERME DE NOEL

1390.

(Archives de l'Empire. Registre coté KK. 30, folio 90.)

C'est le xxe compte des despens de l'Ostel le Roy Charles, du premier jour de juillet l'an mil ccc iiii^{xx} et dix, jusques au premier jour de janvier ensuivant en cel an, rendu par Guillaume le Perdrier, clerc le Roy en sa Chambre aux deniers, et par Jehan Daigny, contrerolleur de ladicte Chambre.

[RECETTE.]

Summa totalis Recepte presentis compoti
                41644 l. 13 s. 8 d. obole picte parisis.

[DÉPENSE.]

DESPENS DES JOURNÉES.

A Saint Germain en Laye, le 2 aout 1390, pour le mois de juillet   8746 l. 5 s. ob.

A Compiègne, le 1er septembre, pour le mois
d'aoust,   6045 l. 6 s. 4 d. ob. poite.

A Gisors, le 3 octobre, pour le mois de septembre
7142 l. 9 s. 2 d. p.

A Beauvais, le 2 novembre, pour le mois d'octobre
6590 l.

A Melun, le 2 décembre, pour le mois de novembre
7100 l. 8 d. p.

A Paris, le 3 janvier, pour le mois de décembre
7822 l. 3 s. 11 d. poit.

Prima summa. 42446 l. 5 s. 2 d. ob. parisis.

Secunda summa. Summa 3742 l. 2 s. 4 d. ob. parisis.

MESSAGES.

Jehannin Freppier, messagier, envoié de Paris à
Evreux, faire exécuter le viconte dudit lieu, lequel devoit argent pour la despense de l'Ostel....

Michelet Tranchant, messagier, envoié de Gisors à
Paris, querre pain à chanter pour les messes du Roy....

Gillet des Pierres, chevaucheur, envoié de Beauvez
hastivement et toute nuit au Conseil du roy, qui se
estoit parti de Beauvez et s'en aloit à Paris, pour le
faire retourner devers ledit Seigneur....

Tercia grossa. Summa 629 l. 19 s. 8 d. parisis.

Quarta grossa. Summa 332 l. 7 d. parisis.

Quinta grossa. Summa 795 l. 12 s. 10 d. parisis.

Sexta grossa. Summa 215 l. 17 s. 6 d. parisis.

Summa totalis Expense presentis compoti
48161 l. 18 s. 2 d. parisis.

EXTRAITS

DE

QUATRE COMPTES DE L'HOTEL

DU ROI CHARLES VI

DES ANNÉES 1421 ET 1422.

(Archives de l'Empire. Registre coté KK. 33.)

Nomination de Renaud Doriac à la charge de maître de la Chambre aux Deniers.

Paris, 9 septembre 1421.

Charles, par la grâce de Dieu Roy de France. A tous ceulx qui ces présentes lettres verront, salut. Comme par l'advis de nostre très chier et très amé filz le Roy d'Angleterre, héritier et régent de France, et pour certaines causes et considéracions à ce nous mouvans, nous ayons voulu et ordonné, entre autres choses, que les offices de maistres de nostre Chambre aux deniers, de noz Garnisons de vins, et de notre Argenterie, qui par longtemps ont été gouvernez par trois personnes, seront doresenavant gouvernez par une seule, bonne et suffisante; et, Nous, voulans ce que dit est estre mis à exécucion, confians à plain de sens, loyaulté, preudommie et bonne diligence de nostre bien amé eschançon, Regnauldin Doriac, nagaires commis à l'office de nostre Argenterie, icellui, par l'advis et déliberacion de nostre dit filz, et aussi de nostre grant Conseil, avons ordonné et establi, et par ces présentes ordonnons et establissons au gouvernement desdiz offices de maistres de nostre Chambre aux deniers et des Garnisons de noz vins, avec ledit office d'Argentier, etc.....

Camera denariorum domini regis pro mensibus septembris et octobris anno M CCCC XXI.

C'est le premier compte de la despense l'Ostel le Roy Charles VIᵉ, pour deux mois entiers, commençans le premier jour de septembre l'an mil quatre cent vint et un, randu par Regnauldin Doriac, maistre de la Chambre aux deniers dudit Seigneur, et Guillaume le Muet, contreroleur d'icelle.

[RECETTE.]

Et premièrement

Recepte en deniers 4800 livres parisis.
Autre recepte, extraordinaire. Néant en ce terme.
Autre recepte, commune. Néant.
Autre recepte, des amendes descendans de la jurisdicion de messeigneurs les maistres d'ostel du Roy. Néant durant ledit tems.
Autre recepte, pour vins de garnisons du Roy livrez par ledit Regnauldin, pourveeur d'icelles
De CXIX muys, VII sextiers, II quartes, vin françoys despensé en l'ostel dudit Seigneur durant tout le

temps de ce présent compte, estimez en fin de gaiges
à 20 s. le muy   119 l. 9 s. 4 d. ob. p.

Autre recepte, pour connins des garennes du Roy.
Nent durant le temps de ce présent compte.

Autre recepte, pour dons et présens faiz au Roy.
Néant.

Summa totalis Recepte hujus presentis compoti
4918 livres 9 sous 4 deniers, obole parisis.

[DÉPENSE.]

DESPENS DES JOURNÉES.

Au Bois de Vincennes, en la Chambre aux deniers
du Roy nostresire, mecredi, premier jour d'octobre
mil cccc xxi, fut compté des despens des journées de
l'Ostel dudit Seigneur pour le mois de septembre précédent, contenant xxx jours, en la présence de messire
Pierre de Fontenay et de messire Robert de Maligny[1],
chevaliers et maistres dudit hostel. Et monta ladicte
despense, comprins ens le vin, en monnoie de 4. d.
pour gros   1939 l. 16 s. 8 d. ob. p.
(Pour le mois d'octobre 2047 l. 8 s. 5 d. ob. p.)

PRIMA GROSSA : Summa 3987 l. 5 s. 2 d. parisis.

Gaiges de chevaliers banneres. Néant.
Gaiges de clers et de notaires....

Et est assavoir que en ce présent compte n'est faicte
aucune mencion des autres secretaires du Roy, les-

_____
1. Il y a au texte : Robert de Mligny avec un signe d'abréviation sur l'*M*. Dans d'autres comptes, le nom est écrit Merligny et
Melligny.

quelz ont acoustumé d'y estre comprins et lever leurs
cédules du maistre de ladicte Chambre aux deniers
pour le paiement de leurs gaiges, pour certaines inhibicions et défenses qui ont esté sur ce faictes audit Regnauldin Doriac par le Roy d'Angleterre, héritier et
régent de France.

Autres clercs....

Gaiges de varles le Roy et autres gens d'Ostel.

Chauffecires (quatre).

Gens communs.

Guillaume le Martin, tailleur de robes et varlet de
chambre du Roy...

Jehan du Laneur dit Savoye, varlet de chambre et
cordoannier du Roy...

Jacques Bonnat, clerc du confesseur...

Pierre Peleret, roy des Ribaux...

Sommeliers de chambre le Roy (trois, du Corps, du
Matheras, des Espices).

(Deux sommeliers de la Chambre aux deniers, et un
messager.)

GAIGES D'OFFICIERS.

Regnault Doriac, retenu maistre de la Chambre aux
deniers du Roy par lettres dudit Seigneur données le
IXᵉ jour de septembre cccc xxi, pour. et ou lieu de
Guillaume le Muet, pour ses gaiges de lxi jours qu'il a
servy ou temps de ce présent compte, comme par
vidimus desd. lettres cy rendu à court, puet apparoir
6 s. p. par jour, foible monnoie. Argent, forte monnoie, 4 d. pour gros   4 l. 11 s. 6 d. p.

A lui, pour les hostellaiges et livraisons de lui, ses
serviteurs et chevaulx, dudit mois de septembre, non

18

comptez, pour ce qu'il n'avoit fait le serement par devant messeigneurs les maistres d'Ostel, et cy recouvrez par lettres dudit Seigneur données le xiie jour de janvier ensuivant, cy rendues à court, 15 s. par jour, de ladicte de 4 d. pour gros. Argent,   22 l. 10 s. p.

(Jean Daigny, contrôleur de la Chambre aux deniers, 6 s. parisis par jour.)

Guillaume le Muet, retenu contreroleur de lad. Chambre aux deniers pour et ou lieu de maistre Jehan Daigny, par lettres dud. Seigneur données ledit ixe jour de septembre.....

Pierre de Mante, premier mareschal du Roy...

Manteaulx et robes. Néant.

Secunda grossa : Summa 126 l. 3 s. 2 d. ob. parisis.

HARNOIS.

Pierre Mulart, espicier, pour iii livres de cyre achectées de lui pour l'obbit de feu Jehannin Be, aide de Sausserie, par l'ordonnance de messeigneurs les maistres d'Ostel, 4 s. 2 d. la livre. Pour ce, lundi xve jour de septembre, le Roy au Bois de Vincennes. Argent,   12 s. 6 d.

(Autre obit d'un aide de la Chambre des nappes. Autre, du Roi Charles V. Cire vermeille pour le scel du secret, à 5 s. la livre.)

Dismes.

MESSAIGES.

Jehan Lesperon, pour avoir esté du Bois de Vincennes au siège devant Meaulx, porter lettres closes que messire de Robert de Maligny, maistre d'ostel du

Roy, et Guillaume le Muet, contreroleur de la Chambre aux deniers, envoyèrent à Mons. de Rancé, maistre d'ostel d'icellui Seigneur, et au maistre de lad. Chambre, estans au siège par le commandement du Roy d'Angleterre, pour le fait de la despense de l'Ostel du Roy nostredit seigneur. Pour ce, samedi xxvᵉ jour d'octobre, le Roy au Bois de Vincennes. Argent, en lad. monnoie de 4 d. pour gros　　12 s. p.

MESTIERS D'OSTEL.

Panneterie. Néant en ce compte.
Eschançonnerie. Néant.
Cuisine....
Fruicterie. Néant en ce compte.
Escuierie. Néant.
Fourrière...

QUARTA GROSSA : Summa 33 l. 7 s. 10 d. parisis.

Chambre le Roy...
Chappelle. Néant.
Chambre aux deniers...
Querre deniers....

QUINTA GROSSA : Summa 66 l. 5 s. parisis.

DONS.

Jehan Brulé, demorant au Bois de Vincennes, pour don à lui fait par le Roy, pour ce qu'il tendoit illec l'arbaleste dudit Seigneur quant il tiroit aux buttes. Pour ce, samedy xxviiᵉ jour de septembre le Roy illec. Argent, forte monnoie 4 d. pour gros.　　4 s. 6 d. p.

Lui pour semblable don...   5 s.

Les paiges dudit Seigneur, lesquelz jouoient de l'arbaleste avec icellui Seigneur...   5 s.

AUMOSNES.

Le curé de Monstereul lez le Bois de Vincennes, lequel avoit apporté eaue benoiste au disner du Roy...   4 s.

Maistre Regnault de Fontainnes, confesseur du Roy, pour aumosnes secretes faictes pour ledit Seigneur pour ce qu'il ne jeuna pas les III jeunes des IIII temps d'après la sainte Croiz en septembre, x s. pour chascune jeune....

Le compte de l'aumosne (aumosnes cotidiennes du Roy 50 s. parisis par jour).

Deniers en coffres et offrandes.

Sexta et ultima grossa : Summa 160 l. 3 s. 11 d. parisis.

Summa totalis Expense hujus compoti 4494 l. 11 s. 1 d. ob. parisis.

Debet 524 l. 18 s. 3 d. p., monete de 4 d. p. pro grosso.

Ponuntur super se in statu compoti sequentis, et quictus hic.

Auditus et clausus ad Burellum, XIX *die februarii anno* M° CCCC XXI° *presentibus domino episcopo Morinensi, et magistro Jo. Doule, thesaurariis Francie.*

(KK. 33, fol. 16.)

C'est le iie compte de la despense de l'Ostel le Roy
Charles VIe, pour les mois de novembre et décembre
l'an mil cccc et vint ung, randu par Regnauldin Doriac,
maistre de la Chambre aux deniers dudit Seigneur, et
Guillaume le Muet, contreroleur d'icelle.

[RECETTE.]

Summa totalis Recepte presentis compoti
4818 l. 9 s. parisis.

DESPENS DES JOURNÉES.

PRIMA GROSSA : Summa 3538 l. 8 s. 11 d. parisis.

Gaiges de chevaliers bannerès.

Monsr. de Courcelles, chevalier, grant eschançon du
Roy, pour ses drois et services des jours de Toussains
et Noël cccc^e xxi, ledit Seigneur estant au Bois de
Vincennes, 32 l. p. pour chascun jour....

Gaiges de cleres et de notaires.

Gaiges de varles le Roy et autres gens d'Ostel.

Gens communs.

Sommeliers de Chambre le Roy.

Sommeliers de Chambre aux deniers.

Messagiers.

Gaiges d'officiers à vie (les maître et contrôleur de
la Chambre aux deniers).

Manteaulx escheuz à Noël ou temps de ce présent
compte, 100 s. par. pour chascun manteau.

Robes de varlès et d'autres gens d'Ostel, 50 s. p. pour chascune robe.

Secunda grossa : Summa Vadiorum officiariorum
430 l. 8 s. 4 d. ob. parisis.

Harnoiz.

Dismes.

MESSAGES.

Regnauldin Doriac, maîstre de la Chambre aux deniers du Roy, envoié de Paris à Saint-Pharon lez Meaulx pour veoir ledit lieu et y faire les réparacions neessaires pour le logis du Roy, qui y entendoit lors à y aler. Auquel lieu ledit Renauldin a fait faire plusieurs réparacions, montans 15 l. par.; c'est assavoir, pour xii aulnes de toille cirée et vi pieces de ruban, 101 s. 4 d., et pour plusieurs autres menues parties....

Tercia grossa : Summa 5 l. 3 s. 10 d. parisis.

MESTIERS D'OSTEL.

PANNETERIE.

Jehanne la Lorraine, pour la façon de iiii^{xx} iiii fleurs de liz par elle faites de fil noir oudit linge (nappes et touailles) 1 d. la pièce....

ESCHANÇONNERIE.

Hanaps de madre pour la livrée des maistres d'ostel, maistre et contreroleur de la Chambre aux deniers, eschançons et d'autres officiers dudit Hostel escheuz et que l'on a acoustumé de compter ou dit terme de Nouel. Néant cy, pour certaines inhibicions et défenses sur ce faites audit Regnauldin Doriac par le Roy d'Angleterre.

CUISINE.

Guillaume Valée, pour unes balances garnies de pois, achetés de lui pour peser les espices de Cuisine et Saulcerie... 5 s.

Fruicterie.

Escuierie.

Fourrière.

QUARTA GROSSA : Summa 41 l. 8 s.

CHAMBRE LE ROY.

Pierre Mulart, espicier, pour plusieurs espices de Chambre confites, c'est assavoir anis confit, sucre rosat, paste de Roy, madrien, chitron, manuchristi, pignolat et autres espices confites.... 17 l.

Chappelle.

Chambre aux deniers.

Querre deniers.

QUINTA GROSSA. Summa, 60 l. 15 s. 4 d. parisis.

Dons. Néant.

Aumosnes.

Le compte de l'aumosne.

Deniers en coffres et offrandes.

SEXTA ET ULTIMA GROSSA. Summa, 165 l. 12 s. 4 d. p.
Summa totalis Expense, 4294 l. 16 s. 9 d. ob. parisis.

Debet 523 l. 12 s. 2 d. ob. p. in forti moneta. Item, debet per compotum precedentem, 524 l. 18 s. 3 d. p., monete de 4 d. p. pro grosso, qui valent de moneta hujus compoti　　　　　　262 l. 9 s. 1 d. ob.

Summa quam debet in moneta de duobus denariis pro grosso, 786 l. 1 s. 4 d. p. Ponuntur super ipsum in statu compoti immediate sequenti. Et quictus hic.

(KK. 33, fol. 29.)

C'est le iii⁰ compte de la despense de l'Ostel le Roy Charles VI⁰, pour le terme Saint Jehan l'an mil quatre cens vint et deux, rendu par Regnauldin Doriac, maistre de la Chambre aux deniers dudit seigneur, et Guillaume le Muet, contreroleur d'icelle.

[RECETTE.]

Recepte.

(Vin de Bourgogne, 30 s. p. le muid. Vin françois 20 s. p.)

Summa totalis Recepte, 15953 l. 15 s. 7 d. parisis.

[DÉPENSE.]

DESPENS DES JOURNÉES.

A Senlis, en l'ostel de messire Jehan de Beloy, prestre, où estoit la Chambre aux deniers....

PRIMA GROSSA. Summa 11875 l. 3 s. 2 d. parisis.
SECUNDA GROSSA. Summa 1225 l. 12 s. 2 d. parisis.

HARNOIS.

De luy (Pierre Mulart, épicier), pour le cierge du Roy du jour de Chandeleur, 5 s. 4 d. la livre. Pour ce, lundi IIᵉ jour de février, le Roy illec. Argent,

10 s. 8 d. p.

(Cierges de cire jaune pour le prélat, les chambellans, maistres d'hôtel, etc.)

. Hance le paintre, pour avoir paint et armoyé ledit cierge du Roy à ses armes et devises. Pour ce ledit jour le Roy illec. Argent   32 s. p.

Ledit Pierre Mulart, pour VIII livres de cyre blanche achectées de luï pour faire IIII torches pour porter devant *Corpus Domini* ledit jour de la Feste-Dieu, 5 s. 4 d. la livre....

Dismes.

Messaiges.

TERCIA GROSSA. Summa 104 l. 11 s. 4 d. parisis.

MESTIERS D'OSTEL.

PANNETERIE.

(Nappes de lin à l'œuvre de Paris à 4 s. p. l'aune. Touailles de lin à l'œuvre de Dámas à 3 s. p. l'aune. « Petis saichez à mectre frommaiges. » Nappes de lin à l'œuvre de Damas à 32 s. p. l'aune. Nappes de lin à l'œuvre de Paris à 16 s. p. l'aune; 24 aunes pour faire 4 septains pour la table du roi.)

Guillaume Langlois, pour XII aulnes de toille de treilleis à faire IIII sacs pour panneterie, 2 s. p. l'aulne valent 24 s. p. Et pour vi aulnes de chanevas pour faire deux chappes, audit priz, valent 12 s. p.

Fiacre Patart, pour six serviettes à l'euvre de Rains, 8 s. piece valent 48 s. Pour six autres serviettes à l'œuvre de Venise, 6 s. 8 d. piece, valent 40 s.

Eschançonnerie.

Cuisine.

Jehan Becquet, chauderonnier, pour une belle bouche neuve ferrée par bandes, 102 s. p. Deux paelles à queue, 32 s. Une cuiller persée, 12 s. Une piusète, 12 s. Une paelle de fer, 16 s. Et pour une paelle de fer de Alemaigne, 28 s.

Fruiterie.

Escuierie.

Quarta grossa. Summa 171 l. 10 s. 10 d. parisis.

CHAMBRE LE ROY.

Jehan Mulart, espicier, pour plusieurs espices de chambre confictes, c'est assavoir : anis, sucre rosat, paste de Roy, madrien, chitron, manuchristi, pignolat et aultres espices confictes....

Chapelle.

Chambre aux deniers.

Regnault Cardet, relieur, pour avoir poncé, riglé et relié les journaulx de la Chambre aux deniers....

Jehan le Porteur, pour portaige de plusieurs sommes de deniers des hostels du maistre de la Chambre aux deniers, du changeur du Trésor et du receveur des Aides de Paris, en l'Ostel des Lyons près de Saint-Pol à Paris, où estoit ladicte Chambre aux deniers.

Jehan Sablonnier, sergent à cheval du Roy nostre
sire, pour avoir esté de Paris à Amiens.... Ouquel
voyage, tant en alant et séjournant audit lieu d'Amiens
pour attendre ledit argent, et la délivrance d'icellui
faicte audit lieu par ledit Sablonnier à plusieurs mar-
chands de Paris par les cédules du maistre de ladicte
chambre, afin d'eschever les doubtes des ennemis estans sur les chemins....

QUINTA GROSSA. Summa 85 l. 3 s. parisis.

DONS.

Robinet de Roissy et Cerise, paiges du Roy nostre
sire, lesquelx jouoyent à la pauline et aus tables avec
ledit seigneur....   16 s. p.

Aumosnes
Le compte de l'aumosne.
Deniers en coffres et offerandes.
SEXTA GROSSA. Summa 562 l. 10 s. 8 d.

Summa totalis Expense 14124 l. 11 s. 2 d. parisis.
Debet 1819 l. 4 s. 5 d. parisis.
Item debet per compotum precedentem
786 l. 1 s. 4 d. parisis.
Summa quam debet 2615 l. 5 s. 9 d. parisis.
Ponuntur super ipsum in statu compoti sequentis.
Et quictus hic

Auditus et clausus.... 19 juillet 1424.

(KK. 33, fol. 60.)

C'est le iiiie et derrenier compte de la despense de l'Ostel le Roy Charles VIe, commençant le premier jour de juillet l'an mil cccc et vint deux, et finissant le onzième jour de novembre ensuivant oudit an, rendu par Regnauld Doriac, maistre de la Chambre aux deniers dudit seigneur, et Guillaume le Muet, contreroleur d'icelle.

[RECETTE.]

Summa totalis [recepte] 12875 l. 10 s. 3 d. ob. parisis.

DESPENS DES JOURNÉES.

Autre despense extraordinaire.

A Paris, en l'Ostel des Lyons, où estoit la Chambre aux deniers du Roy, vendredi xxiiie jour d'octobre, fut compté de la despense de l'évesque de Boulongne la Grasse, ambaxadeur du pape, et d'autres estans en sa compaignie à Senlis aux despens du Roy, par 4 jours en ce terme, en la présence dudit maistre Symon Morhier, maistre d'ostel dudit seigneur. Et monta ladicte despense comprins ens le vin   32 l. 3 s. 6 d. p.

(Autre pour 13 jours, 93 l. 15 s. ob. parisis.)

(Despense de 18 jours pour les ambassadeurs du duc de Bretagne 199 l. 4 s. 11 d. parisis.)

Audit lieu de Paris, en l'ostel des Lions, le derrenier jour d'octobre, fu compté de la despense de messeigneurs les évesques de Nantes, chancellier de Bretagne, de Vannez, messeigneurs de Montauban et de Combour, messire Henri Labbe, messire Jehan de

Chalery, messire Henri de Just, messire Jehan Brézille, messire Jaques de Monberon, chevaliers, maistre Guillaume Piessart, le prieur de la Selle, maistre Olivier Chambellan, séneschal de Nantes et maistre Jehan le Brun, tous conseillers et ambaxadeurs de monseigneur le duc de Bretaigne, et de plusieurs autres en leur compaignie aux despens du Roy, par 8 jours en ce présent mois d'octobre, jusques au nombre de 76 personnes et plus, en ce terme, audit lieu de Paris, en la présence de messire Simon Morhier, maistre d'ostel du Roy. Et monte la despense   564 l. 14 s. 4 d. p.

PRIMA GROSSA. Summa 9303 l. 19 s. 3 d. ob. p.

Gaiges de chevaliers bannerès. Néant.
Gaiges de clercs et nottaires.
Gaiges de varles le Roy et d'autres gens d'Ostel.
Manteaulx. [Néant.]
Robes. Néant.

SECUNDA GROSSA. Summa 1094 l. 7 s. 2 d. p.

Harnois. (Obit du roi Jean. Obit de Charles V.)
Dismes. (Les dames de Sᵗ Remi lez Senlis, les dames d'Yerre, les dames de la Saulsoye.)

MESSAGES.

Michaut Jumeau, messagier, envoyé de Senliz à Aucerre par le commandement et ordonnance de messeigneurs les maistres d'Ostel, pour savoir et rapporter à mesdis seigneurs certaines nouvelles de la journée qui lors devoit estre entre nos seigneurs de France et les ennemis du Roy nostre sire. Pour ce, mardi xvᵉ jour de septembre, le Roy audit lieu de Senlis   26 s. p.

.... Jehan d'Aoust, messaigier, pour avoir esté de Paris à Aucerre, porter lettres de par le Roy nostre sire à monseigneur de Bourgongne et à messire Lourdin de Saligny, qui lors estoient audit lieu d'Aucerre, ausquelz il mandoit venir devers lui. Pour ce, samedi xᵉ jour d'octobre, le Roy à Paris. Argent   64 s.

TERCIA GROSSA. Summa 92 l. 1 s. 10 d. parisis.

MESTIERS D'OSTEL.

PANNETERIE.

Jehan Morel, pour deux aulnes de toile par lui achetée pour faire saches à mettre sel blanc pour le Roy, 3 s. l'aulne. Et pour la façon desdis saches et deux fleurs de liz faictes en yceux. Pour tout, mardi xxvᵉ jour d'aoust, le Roy à Senlis. Argent   7 s. 4 d.

Eschançonnerie.

Cuisine.

Fruiterie.

Escuirie.

Fourrière (pour deux cents de cloux à couronne, 2 s. 6 d. le cent.)

QUARTA GROSSA. Summa 81 l. 5 s. 4 d. p.

Chambre le Roy.

Chapelle.

Chambre aux deniers. (La bouteille d'encre 2 s. Le cent de gectouers 6 s. Un papier neuf relié 10 s. Plumes et poudre 5 s. Une rame de papier 16 s. Une botte de parchemin 60 s. Six bottes lasses, fil et aiguilles 4 s.

Deux bourses à mettre mereaux. Unes balances neufves.... pour contrepeser argent 18 s.)

Querre deniers. QUINTA GROSSA.

DONS.

Thomas Mancel, serviteur de la royne d'Angleterre,
lequel avoit présenté au Roy deux levriers et une
trompe de par le grant maistre d'ostel de ladicte
Dame, pour don à lui fait par ledit seigneur, samedi
XIIe jour de septembre, le Roy à Senlis. Argent 108 s. p.

Aumosnes.

Le compte de l'aumosne.

Deniers en coffres et offerendes.

SEXTA GROSSA. Summa 333 l. 19 s. 4 d. parisis.

Deniers paiez par le maistre de la Chambre aux deniers et non compris en la despense de l'Ostel de feu
le Roy nostre sire, cui Dieu pardoint.

A Denisot Hure, chevaucheur de l'escuierie du Roy
nostre sire, et commis de par messeigneurs les maistres d'ostel d'icellui seigneur à faire faucher, fener,
labourer et amener à Paris la tonture et despueille de
cent sept arpens de prez que mesdis seigneurs avoient
acheté en la prayrie de Chielle-Sainte-Baptour pour la
despense de l'Ostel d'icellui feu seigneur. Et Pierre
Colet, sergent de la forest de Sénart, aussi commis par
yceux maistres d'ostel à faire arpenter, abatre et ou-
vrer la busche qui ystroit de la tonture et despueille de
xx arpens de bois assis en ladicte forest de Sénart, que
yceulx maistres d'ostel avoient acheté pour convertir
en la despense de l'Ostel d'icellui feu seigneur....

A Jehan de Saint-Ligier, escuier, maistre d'ostel de

révérend père en Dieu mons. l'évesque de Nantes, chancellier de Bretaigne, auquel le Roy nostre sire, par ses lettres données le xiie jour d'octobre l'an mil cccc xxii, lui a ordonné estre baillé et délivré par la main de Regnauld Doriac, maistre de la Chambre aux deniers d'icellui seigneur, des deniers de sa recepte, la somme de 109 l. 18 s. p. en récompensacion de pareille somme que ledit chancellier, ses gens et autres plusieurs chevaliers et escuiers, ambaxadeurs de mons. le duc de Bretaigne avoient despensé en ceste ville de Paris les dimenche et lundi 4e et 5e jour d'octobre mil cccc xxii, avant ce qu'ilz feussent ordonnez aux despens d'icellui seigneur....   109 l. 18 s. p.

DENIERS RENDUS ET NON RECEUZ.

SEPTIMA GROSSA. Summa 2598 l. 1 s. 1 d. p.
Summa totalis Expense presentis compoti
13753 l. 11 s. 4 d. ob. parisis.
Ei 878 l. 1 s. 1 d. parisis.
Et debet per compotum precedentem
2615 l. 5 s. 9 d. parisis.
Sic restat quod debet 1737 l. 4 s. 8 d. parisis.
Et debita per ipsum tradiditis a predictis compotis descendencia, que sunt per regem solvenda, scripta ad partem libro debitorum Hospicii Regis, ascendunt ad summam   2125 l. 18 s. 2 d. p.
Sic debet 3863 l. 2 s. 10 d. parisis [1].
Et debentur ei per compotum suum de Argentaria domini nostri Regis Karoli Sexti a prima novembris

---

1. *Pro istis duobus partibus corrigitur.*

m° cccc° xxi° usque ad xxi octobris m° cccc° xxii^{do}, quâ die idem dominus Rex decessit, 1639 l. 16 s. 10 d. p.

Item debentur ei per compotum Garnisionum vino-rum dicti domini pro uno anno et viii^{to} mensibus, fini-tis viii^{a} die novembris m° cccc° xxii

2668 l. 11 d. ob. p.

Summa que ei debetur 4307 l. 17 s. 9 d. ob. parisis.

Sic restat quod ei debetur 4044 l. 14 s. 11 d. parisis.

Auditus et clausus ad Burellum viii^{a} *augusti* m° cccc^{mo} xxiiii°.

EXTRAITS

D'UN COMPTE DE L'HOTEL

DE JEAN, DUC DE BERRI

DU 1ᵉʳ NOVEMBRE 1397 AU DERNIER AVRIL 1398.

(Archives de l'Empire. Registre KK. 253, fol. 1.)

Le compte de la despense et recepte ordinaire et
extraordinaire de l'Ostel de monseigneur Jehan, fils
de roy de France, duc de Berry et d'Auvergne, conte
de Poitou, de Bouloingne et d'Auvergne, faite par Jehan de Ruilly, secrétaire et maistre de la Chambre
aux deniers de mondit seigneur, pour demi an, commençant le premier jour de novembre, l'an mil ccc
iiiiˣˣ et dix-sept, et finissant le derrenier jour d'avril
en suivant, mil ccc quatre vins et dix-huit. Institué
oudit office ou lieu de Philippon de Veauce, son pré-
décesseur maistre de ladicte Chambre aux deniers,
par vertu des lettres de retenue de mondit seigneur,
données le second jour du mois d'octobre mil ccc
iiiiˣˣ et xvii, dont le vidimus, collationné et expédié
en la Chambre des comptes de mondit seigneur à
Bourges, est cy rendu. Et en la fin de cè présent
compte les dictes lettres sont transcripses. Durant le-

quel temps Jehan Hermant a esté contreroleur de ladicte Chambre aux deniers. Ledit compte rendu[1]....

Recepte en deniers. Compté franc pour 20 s. t. pièce, et un escu pour 22 s. 6 d. t.

Et premièrement. De sire Jaques Courau, trésorier général de mondit seigneur...

Summa 32519 l. 19 s. 3 d. ob. tournois.

Autre recepte dudit sire Jacques Courau, receveur de Poitou et des Aides pour la guerre illec...

Summa 3205 l. tournois.

Autre recepte. De Jehan de Courteville, chastellain de Ardellot...

Summa 33 l. 15 s. tournois.

Autre recepte. De Thomas le Corier, trésorier de Boulonnois...

Summa per se 53 l. 15 s. tournois.

Autre recepte. Du garennier de Brioz, qu'il a livrez en la despense de l'Ostel de Monseigneur ou mois de novembre IIII[xx] et XVII, 249 connins, avaluez chascun connin 12 d. p. (en décembre, 419, en janvier, 250, en février, 72, en mars, 155).

Summa per se 71 l. 11 s. 3 d. tournois.

Autre recepte. De Henriet, mareschal de Monseigneur, pour la vente d'un cheval de poil bay, qu'il a vendu, lequel estoit du chariot des chiens de mondit seigneur; pour ce qu'il ne vouloit plus tirer... 60 s. t.

1. *Sic.* Le nom du procureur devait se trouver ici.

De Moreau de Moulon, escuier d'Escuierie de Monseigneur, pour la vente de deux vieulx chevaulx des sommiers....   11 l. 5 s. t.

Summa 14 l. 5 s. tournois.

Autre recepte. De Colas Lenglois, closier du clos de mondit seigneur à Saint-Poursain, pour IX queues de vin dudit clos qu'il a livrées et baillées ou mois d'avril en ladite despense, et compté le XIe jour dudit mois, estimez et avaluez en ladicte despense 24 l. 12. s. p., qui montent....   27 l. t.

Summa per se 27 l. tournois.

Autre recepte. De Perrin Sathenat, eschançon de Monseigneur, commis à vendre les fusts des vins despensez en l'Ostel de mondit seigneur, pour la vente de 4487 fustz et un poinçon...

Summa per se 110 l. 12 s. 6. d. tournois.
Summa totalis Recepte hujus compoti
36035 l. 18 s. ob. tournois.

[DÉPENSE].

DESPENSE DE DENIERS.

La despense ordinaire de l'Ostel de Monseigneur Jehan, fils de roy de France, duc de Berry et d'Auvergne, conte de Poitou, de Bouloingne et d'Auvergne, de tout le mois de novembre IIII[xx] et XVII, contenant XXX jours, monte, si comme il appert par un rolle séellé des seaulx de messire Jaques Trousseau, Jehan du Coulombier, seigneur de Moncauquier, chevaliers, et Martin le Roy, maistres d'ostel de mondit seigneur, et signé du seing manuel de Jehan Hermant, contre-roleur de ladicte despense, le iiiiᵉ jour de décembre ensuivant, rendu à court, à   5017 l. 7 d. ob. t.

Décembre,   4617 l. 7 s. 3 d. ob. t.

Janvier,   4045 l. 1 s. 6 d. t.

Février,   3581 l. 3 s. 8 d. t.

Mars,   5505 l. 4 s. 4 d. t.

Avril,   5303 l. 5 s. 8 d. t.

Summa Expense ordinarie 28069 l. 3 s. 1 d. tournois.

DESPENSE EXTRAORDINAIRE.

GAIGES.

A révérent père en Dieu, messire Ythier de Martroil, évesque de Poitiers et chancelier de Monseigneur (divers payements de 240 l., de 496 l., de 214 l. de 248 l., de 120 l. tournois.)

A mondit seigneur le Chancelier, pour ses diz gaiges de 8 francs par jour, pour tout le mois d'avril iiiiˣˣ et xviii, contenant xxx jours, qui montent, et dont riens ne lui a esté paié, 240 francs.

A monseigneur le conte de Sancerre, conseiller de monseigneur... 448 l. t. (autres payements de 472 l. t. 120 l. t. et 24 l. t.)

A messire Pierre, seigneur de Giac, conseiller de Monseigneur... 240 l. t. (autre payement de 496 l. t.)

A mondit seigneur de Giac, pour les diz gaiges de 8 francs par jours pour tous le mois de février contenant xxviii jours, qui montent, et dont rien ne lui a esté paié, 224 francs.

A mondit seigneur de Giac, pour ses diz gaiges du mois de mars ensuivant, contenant xxxi jours. Néant paié. Car il a esté aux gaiges du Roy.

A mondit seigneur de Giac, pour ses gaiges de 8 francs par jour pour tout le mois d'avril ensuivant, qu'il a demouré en la compagnie et service de mondit seigneur, qui contient xxx jours, qui montent, et dont ne lui a esté riens paié, 240 francs.

A messire Ascelin Royne, trésorier de Saint-Hilaire de Poitiers, confesseur et premier chappellain de Monseigneur... 449 l. t.

(Autres payements de 100 s. t., de 898 l., de 10 l., de 986 l. et de 10 l. t.)

A Philippon de Veauce, conseillier de mondit seigneur et nagaires maistre de sa Chambre aux deniers.... 100 l. t.

A Perrin Sathenat, eschançon de Monseigneur. .... 25 l. t.

Summa, 5827 l. tournois.

DENIERS BAILLIEZ A MONSEIGNEUR POUR FAIRE SA VOLENTÉ.

A Monseigneur, que ledit maistre de sa Chambre aux deniers lui bailla comptans en sa main, pour en faire sa volenté, le xiie jour de ce présent mois de novembre, en son hostel de la Granche lez Paris.... Pour ce, en 10 escus, 11 l. 5 s. t.

Pour offrir, en la compaignie de Monseigneur de Bourgoigne, à la messe de messire Pierre Tournant, qui premièrement chanta messe le iie jour de décembre m. ccc. iiii^{xx}, à Nostre-Dame de Paris.... Pour ce, en 10 eseuz, 11 l. 5 s. t.

A Beauvais.... 10 frans, pour ce   10 l. t.

.... A Eu, 11 l. 15 s. t. A Gisors 10 l. 2 s. 6 d. t.
A Neelle, 45 l. t. En son hostel de Neelle, 500 l. t.;
70 l. t., 28 l. 2 s. 6. d. t.)

.... Pour offrir ès reliques de Saint-Marc de Soissons 6 escuz et 1 escu qu'il donna aux petitz moynes
de l'abbaie, et 2 escuz qu'il donna aux nonnains de
ladicte ville. — 1ᵉʳ avril 1397 — 10 l. 2 s. 6 d. t. (A
Neelle, 10 l. t. A Reins, 56 l. 5 s. t. Offrandes à des
reliques de divers lieux, 57 l. 7 s. 6 d. t.)....

Summa Denariorum domino Duci traditorum
          831 l. 5 s. tournois.

DENIERS PAIEZ EN ACQUIT.

A Jehan Nau, bouchier de Monseigneur, pour deniers à lui paiez et qui deubz lui estoient de reste,
pour char, poisson et autres choses qu'il a livrées en
la despense de l'Ostel de mondit seigneur, de tout le
temps que Philippon de Veauce a esté Maistre de la
Chambre aux deniers, c'est à savoir jusques au derrenier jour d'octobre m. ccc. iiiiˣˣ. et xvii.... 1705 l. t.

A Jehan Bienfait, poulaillier de Monseigneur, pour
deniers à lui paiez et que semblablement lui estoient
deubz pour reste de poulaille, congnins, perdrix, fai-
sens, eufs, froumaiges, et autres choses, qu'il a livrées
du temps dudit Philippon....   1408 l, 18 s. 4 d. t.

A Pierre Salvastre, pour deniers à lui paiez
et qui deubz lui estoient semblablement pour
reste de froument, foing, aveine et autres choses....   330 l. 17 s. 2 d. t.

A maistre Guillaume Boisratier, conseiller et maître

des requestes de l'Ostel de Monseigneur, pour deniers
à lui paiez sur la somme de 290 frans, qui deubz lui
estoient pour reste de despens par lui faiz de voiages
faiz par mondit Seigneur....   112 l. t.

A maistre Pierre de Gygnes, secretaire de mondit
seigneur, pour deniers à lui paiez et qui deubz lui estoient du temps que Philippon de Veauce a esté maistre de la Chambre aux deniers....   40 l. t.

Summa Denariorum in acquictancia Domini
solutorum, 3596 l. 15 s. 6 d. tournois.

AUMOSNES.

A messire Jehan Fortin, chappellain et aumosnier
de Monseigneur, pour deniers à lui paiez, à cause de
30 frans que mondit seigneur lui a ordonnez prandre
et avoir chascun mois sur ladicte Chambre aux deniers, pour donner et distribuer pour Dieu....

Summa per se 180 l. tournois.

PENSIONS.

A maistre Simon Alegret, phisicien de Monseigneur (200 frans de pension par an), pour demi
an....   100 l. t.

A Jehan de Ruilli, secretaire et maistre de la Chambre aux deniers....   100 l. t.

A Jehan Hermant, contreroleur de la despense
de l'Ostel (80 frans de pension par an), pour demi
an....   40 l. t.

Summa, 240 l. tournois.

VOIAGES AU DESSUS DE QUATRE LIVRES TOURNOIS, PAIEZ
PAR MANDEMENS DE MONSEIGNEUR.

A Selains Valechien, qui aloit en Hongrie....
4 l. 10 s. t.

A maistre Guillaume Boisratier.... pour ses fraiz et despens d'aler de Paris en Berry, où mondit seigneur l'envoioit, et en sa Chambre des comptes, et pour son retour à Paris (dix jours à 3 frans par jour). Pour ce....   30 l. t.

A Perrinet Douge, chevaucheur.... pour ses fraiz et despens d'aler de Paris, porter lettres de par mondit Seigneur à monseigneur de Bourgoigne là où il seroit....   6 l. t.

A Jehan Barre, d'Auvergne, varlet de chambre de mondit seigneur, pour ses fraiz et despens d'aler de Paris pardevers monseigneur d'Estampes, qui estoit malade à Pluviers (par mandement du 16 fevrier 1397, V. S.)   6 l. 15 s. t.

A Berthelot de Beauvais, semblablement....
4 l. 10 s. t.

A Ligier Poyrier, chevaucheur.... pour ses fraiz et despens d'aler de Paris à Tournay, porter lettres de mondit Seigneur à monseigneur de Bourgogne (par mandement du 16 février 1397).   4 l. 10 s. t.

A Jehan May, dit Petit Barre, chevaucheur.... pour ses fraiz et despens d'aler de Paris en Bretaigne, porter lettres de mondit Seigneur au duc de Bretaigne (par mandement du 16 février 1397).   10 l. t.

A Ligier Poirier, chevaucheur.... de Eu à Brebant, porter lettres de par mondit Seigneur à mon-

seigneur de Bourgoigne (par mandement du 1er mars
1397).·   7 l. 17 s. 6 d. t.

Audit Ligier.... de Paris à Gant (même objet, même
date).   9 l. t.

A Casin de Sereinvillier, eschançon de Monseigneur,
pour faire les fraiz et despens d'un chevalier d'Angleterre et de lui, en alant de Soissons à Paris (par mandement du 1er avril 1397 av. paq.).   20 l. t.

A Ligier Poirier, pour ses fraiz et despens d'aler de
Lochy le Chastel à Malines, porter lettres.... à monseigneur de Bourgoigne (par mandement du 2 avril
1397).   9 l. t.

A Morizot de Tourzel, seigneur d'Alegre, le xviie jour
de ce mois d'avril, pour ses fraiz et despens d'aler de
Paris à Coincy l'Abbaye, porter lettres de mondit seigneur au Roy....   30 l. t.

Summa expense Viagiorum, 142 l. 2 s. 6 d. t.

DONS AU DESSUS DE QUATRE LIVRES TOURNOIS, PAIÉZ PAR MANDEMENS DE MONSEIGNEUR.

A Cot, varlet de Cornouaille, qui a présenté à Monseigneur, des lévriers, ars et flesches....   6 l. 15 s. t.

A Jehan de la Voe, charretier, demourant à Paris,
auquel Monseigneur a ordonné estre baillié 6 escuz
qu'il avoit donné pour une foiz, de grace espécial, à
Jehanne, fille dudit de la Voe, jadiz femme de feu
Jehannin Béraut, varlet de chambre de mondit seigneur....   6 l. 15 s. t.

A Jehan Bonne, maistre des Enfans du Palais de
Paris, auquel Monseigneur avoit ordonné estre baillié
6 escuz, qui valent 6 l. 15 s. t., lesquelz il avoit donnez

pour une foiz, de grâce espécial, aux diz Enfans....
Pour ce.   6 l. 15 s. t.

A Casin de Sereinvillier, escuier et eschançon de
Monseigneur, auquel mondit seigneur a ordonné estre
baillié la somme de 22 frans, lesquelx mondit seigneur
avoit donnez pour une foiz, de grâce espécial, aux Enfans de sa Chappelle, pour avoir des robes.... 22 l. t.

A Jehan de La Marche, varlet de l'Escuierie de monseigneur d'Orléans, qui avoit présenté à Monseigneur
une selle et un fraing à anille, de par mondit seigneur
d'Orléans....   4 l. 10 s. t.

A Guillaume de Machaille, varlet de chambre
de mondit seigneur, qui s'en aloit en Auvergne.   4 l. 10 s. t.

A Perrinet Liegart, varlet de chambre de Monseigneur.... pour acheter un cheval....   6 l. 15 s. t.

A Jehan Dize, pannetier de mondit seigneur, qui
estoit malade, auquel mondit seigneur a donné pour
ses fraiz et despens de s'en aler de Paris en son hostel
en Poitou, et pour soy aidier à relever de ladicte maladie....   28 l. 2 s. 6 d. t.

A messire Jaques Trousseau, chevalier et maistre
d'ostel de Monseigneur, auquel mondit seigneur a
donné pour une foiz, de grace espécial, pour les bons
services qu'il lui a faiz, et pour avoir de la robe pour
estre plus honnestement au service de mondit seigneur....   100 l. t.

A Thevenin, barbier de Monseigneur, pour don à
lui fait, pour aler de Soissons à Paris, faire chanter
pour son feu frère....   4 l. 10 s. t.

A Jehan de Ruilly, secretaire et maistre de la Chambre aux deniers de mondit seigneur et nagaires con-

treroleur de la despense de l'Ostel de madame la duchesse de Berry....   300 l. t.

A messire Ascelin Royne, trésorier de Saint-Hilaire de Poitiers et premier chappellain de Monseigneur....   90 l. t.

Summa Donorum 580 l. 12 s. 6 d. tournois.

MENUS DONS ET OFFRANDES[1].

A un Augustin qui sermona ledit jour (des Morts) devant mondit Seigneur   20 s. t.

A un Cordelier qui prescha devant mondit Seigneur (le 11 novembre)   20 s. t.

A mondit Seigneur, le xiie jour dudit mois (de novembre) ensuivant, qu'il fist faire en son hostel de la Grange, l'obsèque de feu monseigneur le conte de Montpencier, pour offrir,   20 s. t.

A mondit Seigneur, le xvie jour dudit mois ensuivant semblablement, en l'ostel de maistre Jehan Hue ou Cloistre de Nostre-Dame de Paris, où mondit Seigneur fist faire un autre obsèque pour feu mondit seigneur le conte. Pour offrir, celui jour   20 s. t.

A Jehan Hulpin, qui avoit trouvé le séel secret de mondit Seigneur qui estoit esguéré, pour don à lui fait....   45 l. t.

A messire Jehan de Torchay, pour à lui rendus, qu'il avoit presté à mondit Seigneur en son hostel de la Grange, le xviie jour dudit mois de décembre, pour donner à une povre gentilz femme   22 s. 6 d. t.

A mondit Seigneur semblablement, pour offrir avec

---

1. On a fait ici un choix de ce qui a paru le plus saillant.

monseigneur de Bourgoingne cheuz l'évesque de Paris, où mondit Seigneur fu escommengié[1], le xxiiiie jour dudit mois, voille de Noël, en disant matines; en 3 escuz,   67 s. 6 d. t.

A Pieret de la Chappelle, pour deux pommes de mierre et encens, que mondit Seigneur offrit avec l'or, ledit jour (6 janvier); en un escu,   22 s. 6 d. t.

A mondit seigneur, le xe jour dudit mois (de février) à Beaumont, pour offrir ès reliques du prieuré dudit lieu [2],   20 s. t.

A Thomas du Sault, jardinier de Monceaux, qui avoit apporté de la violete à Monseigneur.... 49 s. t.

A Havage, varlet de chambre de mondit Seigneur, pour argent à lui rendu, qu'il avoit baillié du commandement de mondit Seigneur, à la Villedieu, ledit jour (29 février) ensuivant, à deux hommes à qui mondit Seigneur les fit donner en aumosne pour Dieu, à refaire une église qui estoit arse,   67 s. 6 d. t.

A Tholiot, semblablement ledit jour, pour argent à lui rendu, qu'il avoit donné du commandement de mondit Seigneur à un homme qui l'avoit guidé de la Villedieu jusques à Gournay,   22 s. 6 d. t.

A Jehannin Turquin, enfant de sale de Madame ....   22 s. 6 d. t.

A Jehannin l'Oiseleur, pour oiseaulx que mondit Seigneur avoit fait prendre de lui pour mettre en la cage de Neelle....   45 s. t.

A Ferry de Saint-Morize, pour avoir donné à mondit Seigneur des truffes....   20 s. t.

---

1. Où il communia.
2. C'est le prieuré de Saint-Léonor de Beaumont-sur-Oise.

A Casin de Sereinviller, eschançon de mondit Seigneur, pour argent à lui rendu, qu'il avoit donné du commandement de Monseigneur, à Paris, à un povre Anglois....   40 s. t.

A Robin Sangler, Jaquet Charbonnier, varlez de chiens de feu Mons. le conte de Montpencier, et Thomas de La Hay, varlet de pied de feu mondit seigneur....   4 liv. t.

A Thibaut Portier, chambellan de Monseigneur, pour argent à lui rendu, qu'il donna du commandement de mondit Seigneur à une povre mezelle[1], entre Saint-Fiacre et Chastel-Thierry ; en un escu. Pour ce   22 s. 6 d. t.

A Jehan Tarenne, changeur, pour l'eschange de 300 escuz de monnoye à l'or, pour baillier à mondit Seigneur, ledit xxe jour de mars. Pour chascun cent, 12 s. 6 d. t. Pour ce   37 s. 6 d. t.

— A un povre homme qui n'avoit nulz braz, à Reins (21 mars) 22 s. 6 d. t. — Pour offrir à la Sainte Ampole de Reins (25 mars) 22 s. 6 d. t. — Aux gens du chastel de Soissons, lequel chastel mondit Seigneur fut veoir ledit jour (31 mars)   45 s. t.

A mondit Seigneur, semblablement le xxiiiie jour ensuivant (avril) que mondit Seigneur fist faire l'obit du feu roy Jehan, en sadicte chapelle de Neelle. Pour ce,   20 s. t.

Summa Donorum minutorum 806 l. 17 s. 6 d. t.

MENUES MESSAGERIES et dons de quatre livres tour-

1. Femme attaquée de la lèpre.

nois et au dessoubz, paiez par vertu du mandement rendu sur le chapitre de Menus Dons cy-devant[1].

A Jehannin Jourdain, le ixe jour dudit mois de novembre, pour faire ses fraiz et despens en alant de La Grange lez Paris porter en Poitou un faucon à Mons. le conte de Montpencier. Pour ce   67 l. 6 s. t.

A Noël le Charron, veneur, le vi^e jour dudit mois (de décembre) ensuivant, pour ses fraiz et despenses d'aler de Paris en Berry, quérir certains chiens que mondit Seigneur veult donner à Monseigneur d'Orliens; en 3 escuz,   67 s. 6 d. t.

A Olivier Poulart, clerc, pour son salaire d'avoir grossé et fait plusieurs escriptures de Monseigneur, et aussi le contrerolle de demi an,   60 s. t.

Summa Messagiarum 59 l. 2 s. 6 d. tournois.

DESPENSE COMMUNE.

A Robinet le Charron, espicier, demourant à Paris, pour papier, cire vermeille et encre, qu'il a livré en la Chambre aux deniers....   7 l. 15 s. t.

A Poncet le parcheminier, demourant en la rue des Blans Manteaulx à Paris, pour parchemin rez, qu'il a semblablement livré en ladicte Chambre aux deniers....   6 l. t.

A maistre Pierre de Gines, secretaire de Monseigneur, auquel a esté baillié et délivré pour avoir une bourse de broderie pour mectre le signet de mondit Seigneur....   4 l. 10 s. t.

Summa Expense communis 18 l. 5 s. t.

---

1. Même observation que pour l'article précédent.

Summa totalis Expense presentis compoti
39744 l. 3 s. 7 d. tournois.
Ei debentur 3675 l. 5 s. 6 d. ob. tournois.

Capiuntur per statum compoti sequentis. Et quictus hic dominus Dux.

Auditus et clausus ad Burellum, die ultima Augusti
M.CCC.IIII^{xx}XVIII.

———

EXTRAITS

D'UN COMPTE DE L'HOTEL

DE JEAN, DUC DE BERRI.

DU 1ᵉʳ MAI 1398 AU DERNIER FÉVRIER SUIVANT.

(Archives de l'Empire. Registre KK. 253, fol. 27.)

Le compte deuxiesme de la recepte et despense ordinaire et extraordinaire de l'Ostel de Monseigneur Jehan, fils de roy de France, duc de Berry et d'Auvergne, conte de Poictou, de Boulongne et d'Auvergne, faicte par Jehan de Ruilly, secretaire et maistre de la Chambre aux deniers de monditseigneur, par dix mois, commançans le premier jour de may m.ccc.iiiᵡ et xviii, et fénissant le derrenier jour de février ensuivant inclus, que ledit de Ruilly fu deschargé dudit office et fait trésorier dudit seigneur; et en fu chargé ou lieu de luy, Jehan Hermant. Et aussi durant lequel temps Jehan Hermant a esté contreroleur de ladicte Chambre aux deniers. Ledit compte rendu en la Chambre des comptes de monditseigneur à Bourges, par le procureur dudit de Ruilly.

20

[RECETTE.]

Recepte en deniers. Compté franc pour 20 s. t. la pièce, et escu pour 22 s. 6 d. t.

Et premièrement. De sire Jaques Corau, trésorier général de mondit seigneur....

Summa 31762 l. 10 s. 4 d. tournois.

Autre recepte. De sire Jaques Courau, receveur de Poictou et des Aides ilec....

Summa 2645 l. tournois.

Autre recepte. De Guillaume Waully, receveur à Yssouldun, par delà la rivière de Chier, des xx^{mes} des blez et vins....

Summa 530 l. 9 s. 1 d. tournois.

Autre recepte. De sire Guillaume Chauvigny, receveur pour le Roy notre sire ou diocèse de Bourges, des Aides ordonnées pour le fait de la guerre. Dont la moitié appartient à monditseigneur le Duc, pour don à lui fait par le Roy....

Summa 999 l. 1. s. 1 d. tournois.

Autre recepte. De Jehan Ami, dit Bertholet, receveur général de Berry et des xx^{mes} par deçà la rivière du Chier....

Summa 2602 l. 14 s. 5 d. obole tournois.

Autre recepte. De Vacherat, receveur de Gracey....

Summa par se 113 s. 6 d. tournois.

Autre recepte. De Raoulet le Jardinier....

      Summa 112 l. 13 s. 6 d. tournois.

Autre recepte. De Guillaume Barbier, closier du clos de Vierson....

      Summa par se 10 l.

Autre recepte. De maistre Jehan Gouge, receveur général d'Auvergne....

      Summa 303 l. 5 s. 4 d. ob. tournois.

Autre recepte. Dudit maistre Jehan Gouge....

      Summa 4500 l. 1 s. tournois.

Autre recepte. De Jaques de Vaulx, grenetier du grenier à sel establi à Celles pour le Roy nostre sire, dont la moitié des prouffis appartiennent à mondit Seigneur pour don à lui fait....

      Summa 700 l. tournois.

PRIMA GROSSA. Summa 44171 l. 8 s. 4 d. tournois.

Autre recepte, des Greniers, Vigiers et Scelliers d'Auvergne....

      Summa 933 l. 14 s. 9 d. tournois.

Autre recepte. De Thomas le Corier, trésorier de Boulonnois.... pour vii^m de harens sor....   49 l. t.

De lui, pour poisson de mer et voictures.... 79 l. t.

      Summa 128 l. t.

Autre recepte. De Perrin Sathenat, eschançon de Monseigneur, commis à vendre les fusts des vins....

Summa par se 119 l. 9 s. 10 d.

Autre recepte. De Regnaud Morisse, chauderonnier, demourant à Paris, pour la vente de certaine vesselle vielle de cuisine....   6 l. t.

Du Bourgne, qui fait le pain de bouche de Monseigneur, pour xiiii sextiers et demi de fromant à la mesure de Bourges, qu'il doit de reste.... à 15 s. t, le sextier, valent 10 l. 17 s. 6 d. t.

Summa 16 f. 16 s. 6 d. tournois,

Secunda grossa. Summa 1198 l. 1 s. 6 d. t.

Summa totalis Recepte hujus compoti
45369 l. 9 s. 9 d. tournois.

[DEPENSE.]

DESPENSE DE DENIERS.

Et premièrement :

La dépense ordinaire de l'Ostel...

Mai,	4129 l. 7 s. 3 d. ob. t.
Juin,	4536 l. 16 s. 4 d. t.
Juillet,	4199 l. 10 s. 5 d. ob. t.
Août,	3440 l. 7 s. 7 d. ob. t.
Septembre,	5232 l. 18 s. 5 d. t.
Octobre,	3855 l. 17 s. 7 d. t.
Novembre,	3246 l. 13 s. 2 d. t.
Décembre,	3231 l. 1 s. 3 d. ob. t.
Janvier,	5480 l. 10 s. 6 d. t.
Février,	4969 l. 19 s. 9 d. ob. t.

Summa Expense ordinarie 42237 l. 2 s. 6 d. ob. tournois.

DESPENSE EXTRAORDINAIRE.

Gaiges, (les mêmes personnes qu'au compte précédent.)

Summa 9723 l. 6 s. 8 d.

PENSIONS.

A maistre Simon Aligret, phisicien de Monseigneur....   166 l. 13 s. 4 d. t.
A maistre Regnault de Chateaulx, phisicien de Monditseigneur....   200 l. t.

Summa 366 l. 13 s. 4 d. tournois.

DENIERS BAILLEZ A MONSEIGNEUR POUR FAIRE SA VOULENTE.

Summa 285 l. 10 s. tournois.

DENIERS PAIEZ EN ACQUIT.

A Regnault Lenffant, demourant à Bourges, pour deniers à lui paiez, qui deux lui estoient pour reste de poisson livré en l'Ostel....   160 l. t.
A Jehan Gauthier, demourant à Bourges, pour deniers à lui paiez, qui semblablement lui estoient deuz pour reste de plusieurs choses livrées en ladite despense....   196 l. 1 s. 2 d. t.

Summa, 336 l. 1 s. 2 d. tournois.

AUMOSNES.

Summa per se 300 l. tournois.

VOIAGES AU DESSUS DE QUATRE LIVRES TOURNOIS, PAIEZ PAR MANDEMENS DE MONSEIGNEUR.

A maistre Guillaume Boisratier, conseiller et maistre des requestes de l'Ostel de Monseigneur, pour avoir fait apourter de Mehun sur Yèvre à Paris, ce tains livres...   9 l. t.

A Huguenin de Chaumes, chevaucheur de mondit seigneur, pour ses frais et despens en alant de Bourges à Paris porter lettres au Roy nostre sire et à monseigneur de Bourgoingne de par monditseigneur...   4 l. 10 s. t.

(Autres chevaucheurs envoyez) de Bourges à Angiers porter lettres de par monseigneur à la royne de Cécille — de Mehun sur Yèvre à Eu... à madame sa fille — de Mehun à Montignac... à monsieur le maréchal de Bouciquaut — de Bourges à Engiers... à la royne de Cécille....

Item, à Jehan de la Beauce de Chastel, pour ses fraiz et despens en alant de Mehun à Venise, porter lettres de par Monditseigneur à Jehan Briant et à Martine, femme de Nicolas Girart, le ixᵉ jour (de septembre) ensuivant,   6 l. 15 s. t.

A Jehan de la Vergne, dit Conte de Fourneaulx, chevaucheur de Monseigneur, le vᵉ jour d'octobre, pour ses fraiz et despens en alant de Bourges à Mon-

tignac, porter lettres de par Monditseigneur à messire Jehan Harpedenne....   100 s. t.

Summa 143 l. 5 s. tournois.

DONS AU DESSUS DE QUATRE LIVRES TOURNOIS.

A Jehan le Bourac.... pour lui aider à soy vestir....   15 l. t.

A Pierre Culon, clerc des offices de l'Ostel *idem*
                                         15 l. t.

A Bertholet de Beauvez, sirurgien et varlet de chambre de Monditseigneur, auquel Monditseigneur avoit
donné pour une fois, pour certains monguemens et
amplastres, qu'il a ordonnez pour ung des chiens de
Monditseigneur appellé *Chapellain*....   6 l. 15 s. t.

A Pierre Tuirant, dit Prévost sommelier de
l'Eschançonnerie de Monditseigneur, pour don à
lui fait de Monseigneur, pour soy vestir à ses noces,
comme pour autres choses neccessaires à son ma-
riage....   30 l. t.

Summa 106 l. 17 s. 6 d.

MENUS DONS ET OFFRANDES.

A Jehan de Beaumont, pour argent à lui rendu, qu'il
donna du commandement de Monditseigneur à
Coussi-l'Abbaie, aux filletes suivans le court de Monditseigneur, ledit jour (1ᵉʳ mai.)   22 s. 6 d. t.

A Monditseigneur, pour offrir le xvᵉ jour dudit mois
(de mai) ensuivant, à la Granche lez Paris, où il fist
faire l'obsèque de feu madamoiselle Bonne, fille de
monseigneur de Bourgoingne, pour ce   20 s. t.

A Perrin de Bourdeduc, varlet de maistre Gontier Col, qui amena de par le Roy nostre sire à Mondit-seigneur, ung coursier....   4 l. t.

A Monditseigneur, pour offrir le jour de la Trinité, ııᵉ jour dudit mois de juing, en l'esglise des Chartreux lez Paris, où il oy messe en la compaignie de mon-seigneur de Bourgoingne   20 s. t.

A Casin de Sereinviller, eschançon de Monditsei-gneur, pour argent à lui rendu, qu'il avoit donné le dit jour (16 juin) du commandement de Monsei-gneur à la Royne des filles du Lendit, en 2 escuz, pour ce   45 s. t.

A Robin Courtet, chanteur de Romans, à Paris, pour don à lui fait de Monditseigneur, à Neelle, le premier jour dudit mois de juillet, 4 l. t. — pour offrir à Sainte-Katherine du Val des Escoliers à Paris, le vıᵉ jour (de juillet) ensuivant, où il avoit procession gé-nérale... 67 s. 6 d. t... à deux povres religieuses du pais de Hollande qui venoient de pélerinage du saint sépulcre... 22 s. 6 d. t... à un povre homme à qui sa maison estoit arse   45 s. t.

A Lorin Larchier, lequel l'ours de Monditseigneur avoit bleucié, pour don à lui fait de Monditseigneur pour soy faire guerir, le derrenier jour dudit mois de juillet, 45 s. t. — pour faire enterrer un povre enf-fant appelée Laurent, lequel estoit naié, 22 s. 6 d. t.

A Monditseigneur, pour offrir en sa chappelle de Mehun le xıᵉ jour (de septembre) ensuivant, où il fist faire l'obbit de feu madame sa mère,   20 s. t.

A Monditseigneur, pour offrir en sa chappelle de Genoilly, le xvıᵉ jour (de septembre) ensuivant, où il fist faire l'obbit de feu madame sa mère 20 s. t.

A Fauconnier, page de Monseigneur de Revel, lequel avoit trouvé un des petits chiens de monseigneur appellé *lion*... 45 s. t. — à un prestre séculier qui prescha devant monseigneur 20 s. t.

Summa Minutorum Donorum et Offertoriorum.
272 l. 10 s. 6 d.

MENUES MESSAGERIES....

Summa Minutarum Nunciaturarum, 68 l. 15 s.

DESPENSE COMMUNE.

A Martin le Jardinier, le derrenier jour de juillet mil ccc iiii^{xx} et xviii, pour l'achapt de v paires de linceux pour envelopper les joyaux de Monseigneur, pour chascune paire 15 s. t. Pour ce 75 s. t.

A André Aisart, pour avoir grossé le contrerole de ce présent compte 45 s. t.

A Jehan de la Couste, pour parchemin et ancre pour iii mois, pour ladicte Chambre aus deniers, c'est assavoir may, juing et juillet iiii^{xx} et xviii. 60 s. t.

A lui, pour papier et cire pour les diz iii mois,
40 s. t.

A Jehannin le Parcheminier, pour parchemin necessaire à ladicte Chambre pour les mois d'aoust, septembre et octobre ensuivans, 55 s. t.

A Gaucher, pour papier, cire et ancre pour les diz iii mois 40 s. t.

A lui, pour cire, ancre et papier pour les mois de novembre, décembre, janvier et février ensuivans, 70 s. t.

Item, pour minuer, grosser et doubler le compte précédent dudit maistre de la Chambre aus deniers, rendu et clos, sur lequel pour ladicte cause riens ne fut pris en despense, qui contient xxvi feuillez, et pour le double autant, qui font pour tout lii feuillez, à 2 s. t. le feuillet, valent   104 s.

Audit maistre de la Chambre aus deniers, pour iii jours qu'il a vacqué et demeuré à Bourges en rendent ledit compte précédent, à 20 s. par jour. Pour ce,   60 s. t.

Item, pour minuer, grosser et doubler cest présent compte, contenant lii feuillez, et pour le double autant, pour tout vii^{xx}iiii feuillez, en ce compris les dabtes; qui montent à 2 s. t. pour feuillet, 14 l. 8 s. t.

Pour les despens de maistre Jehan Besuchet, procureur dudit maistre de la Chambre aus deniers, faiz à Bourges en rendant ce présent compte, où il a vacqué par iiii jours, à 20 s. par jour, pour ce qu'il a tenu à Bourges ii chevaulx, et n'a aucun office. Pour ce,   4 l. t.

Summa 49 l. 17 s. tournois.

Summa totalis Expense hujus compoti
53 879 l. 18 s. 8 d. obole tournois.

Debentur dicto magistro Camere denariorum
8510 l. 8 s. 11 d. ob. tournois.

Et pro fine sui compoti precedentis dicte Camere denariorum, finiti ad ultimam aprilis m ccc nonagesimo octavo   3675 l. 5 s. 6 d. ob.

Summa que sibi debetur
12185 l. 14 s. 6 d. tournois.

Et debita per eum curie tradita, hic inferius

suta, per Dominum solvenda, ascendunt ad summam de   8279 l. 10 s. 5 d. tournois.
Sic ei 3906 l. 4 s. 1 d. tournois. Capiuntur per statum compoti sui Thesaurarie Domini, finiti ad ultimam Marcii m.ccc.iiii^{xx}xix. Et quictus hic dominus Dux.

Auditus et clausus ad Burellum ex ordinacione reverendi in Christo patris et domini, domini episcopi Pictavensis, cancellarii domini Ducis, domini de Giaco, presidentis, et aliorum dominorum hujus Camere, facta xviii die Augusti m.cccc.

DETTES DE CE COMPTE.

(Par extraits.)

Debtes rendues par maistres Jehan de Ruilly, pour tout le temps qu'il a esté maistre de la Chambre aux deniers de monseigneur le duc de Berry, c'estassavoir depuis le premier jour de novembre M.CCC.IIII^{xx} et XVII, jusques au dernier jour de septembre IIII^{xx} et XVIII, qu'il fu deschargé dudit office et retenu trésorier général de mondit Seigneur, auquel temps sont contenez XVI mois.

Et premièrement à Paris et à villes d'environ.

A Richart de Suzay, pour reste de pommes d'orenge, 36 l. t. — A la dame du Pot d'estain, pour louaige de touailles fines, 9 s. 7 d. t.—A Perrin Denis, maçon, pour avoir fait à la granche le forneau de la chaudière, 22 l. 6 d. t. — A Ysabel la lavendière, louage de napes, 10 s. t. — A Jehan Lestuveur, poissonnier de mer, pour demi cent oytres en l'escaille, 12 s. 6. d. t. — Au Begue de Ruer, pour ung veau, 15 s. t. — A Gillet Yvonnet, une somme de charbon, 6 s. 4 d. t. — A Geuffroy Tardieu, pour une pleiz, 6 s. 3 d. t. — Pour reste d'aloses salées, 50 s. t. — Pour IIII^c et demi celerin, 28 s. 1 d. ob. t. — Pour vin blanc à faire gelée, 35 s. t. — Pour demi cent de poires, 25 s. t. — Pour cinq cent de gluis, 6 s. 3 d. t.

— A maistre Jehan Yvori, armurier, pour avoir bruny l'espée de Monseigneur, et pour ung foreau, 10 s. t. — A Marguerite de Carville, pour avoir blanchi la cote d'acier de Monseigneur, 10 s. t. — A l'évesque de Theroenne, pour deux charretées foing, 50 s. t. — A Jehan le natier, pour sa paine de trois jours, qu'il a aidé à torcher liz à Neelle, 7 s. 6 d. t. — A Colin Grenetout, pour son salaire de v jours qu'il a vacqué à nectoier les chambres de Nesle, 10 s. 5 d. t. — Aus poissonniers vendeurs de poisson de mer à Paris, pour reste de poisson de mer jusques au derrenier jour de février IIII^{xx} et xviii, 114 l. 19 s. 2 d. t. — A Guillaume Lescot, pour reste de louage de liz, jusques au derrenier jour de février, 28 l. t.

Summa Debitorum Parisius 822 l. 7 s. 9 d. ob. t.

AUTRES DEBTES DEHUES OU PAIS DE BERRY.

Et premièrement. En la ville de Bourges et en aultres lieux dudit pais de Berry.

— Pour une charretée bois, à faire sel blanc — pour deux fromages gras, 2 s. 6 d. t. — Pour bouchons à barils, 68 s. 4 d. t. — A Jehanne la laitière, pour lait, 3 s. t. — A André l'esculier, pour reste de plaz et escuelles de bois, 4 l. 15 s. t. — Pour trois jales de bois, 6 s. t. — A Jehan l'esculier, III^c escuelles de bois, 30 s. t. — A Jehan le sarrurier, pour une sarruze de boys, 2 s. 6 d. t. — Au prieur de Croci, pour VI^c de noiz, 5 s. t. — A ung paintre, pour avoir paint XXIIII penonceaulx aux armes de Monseigneur, 5 s. t. — Pour estandars, 15 d. t. — Pour voiture d'orenges de Paris à Bourges, 100 s. t. — Quatre aulnes et de-

mie brunete, pour les selles ma damoiselle de Montpensier, 112 s. 6 d. t. — A Guillaume Renier, pour
avoir amené en sa charrette l'ours de Monseigneur,
5 s. t. Pour une voicture de boys à quatre beufx, 3 s.
t. — Pour quatre livres estouppes, 2 s. t. — A Johanne
la potière, pour poz de terre, coton et orineaulx,
5 s. t. — Pour jonc, 5 s. t. — Pour v^c oblées et sup-
plicacions, 13 s. t. — Pour verres, poz de terre et
godez, 65 s. t. — A Brisson le fromagiers, iiii^c de
poyres, 40 s. t.

Summa Debitorum in decem foliis precedentibus
et precedenti declaratorum 2443 l. 2 s.

A MEHUN.

A. Denis du four, pour viii douzaines pain, 16 s. t.
— A la Briconne, pour une pinte de moustarde,
12 d. t. — Au Roer de Mehun, pour avoir amené le
coffre de Panneterie de Mehun à Bourges, 5 s. t. —
Pour iiii sextiers vin blanc, 8 s. t. — Pour une banne
charbon, 4 s. t. — A Guillot le Poullaillier, pour verjust de grain, 63 s. 6 d. t. — Au cordier de Mehun,
pour trois livres coton, 2 s. 6 d. t. — A Jehan Mon-
net, de Mehun, pour avoir mené l'ours de Bourges à
Mehun et de Mehun à Bourges en sa charrette, 10 s. t.

VIERSON.

Quatre quartes verjust, 3 s. 4 d. t. — Pour un
beuf, 50 s. t. — Un boissel sel, 4 s. 6 d. t.

GENOILLY.

Pour une charretée de genèvre, 3 s. t.

DUN LE ROY....

Debtes deues aux gens de l'Ostel
4773 l. 12 s. 3 d. ob.

Summa totalis Debitorum predictorum per Dominum
solvendorum
8279 l. 10 s. 5 d. tournois.

LE

XXIᴱ COMPTE DE L'HOTEL

DU ROI CHARLES VII

POUR SIX MOIS

DU 1ᵉʳ OCTOBRE 1450 AU DERNIER MARS SUIVANT.

(Archives de l'Empire. Reg. KK. 52, fol. 1.)

C'est le xxiᵉ compte[1] des despens de l'Ostel du roy Charles, VIIᵉ de ce nom, du premier jour d'octobre l'an mil cccc cinquante, et finissant le derrenier jour de mars ensuivant oudit an, ouquel temps sont six mois entiers. Maistre Guillaume du Bec, clerc le Roy nostre sire en sa Chambre aux deniers, et maistre Pierre le Picart, contreroleur de ladicte Chambre. Ce présent compte rendu par Pierre de Luilly, procureur, comme par lettres de procuration rendues sur le terme du compte saint Jehan, mil cccc.xl.ɪɪɪ, en la manière qui s'ensuit :

C'est assavoir. Que Messeigneurs des Comptes, à la reddicion et closture des comptes précédens, et meis-

---

1. *Littere hujus compoti ponuntur in* xɪɪɪ° *sa*ᶜᶜᵒ *Camere compotorum particulariorum, incepto ad sanctum Johannem* cccc ɪ°.

mement depuis le premier jour d'octobre, mil cccc.xlv,
avoient et ont ordonné et enjoinct audit Maistre de
Chambre aux deniers, faire faire et continuer ses
comptes selon l'ordre anciennement acoustumé, contenant deux termes en l'an, c'est assavoir Noël et saint
Jehan, ce qu'il ne lui a bonnement esté ne n'est possible. Mais les a tousjours, depuis ledit jour saint Remy ccc.xlv, faiz et continuez à deux foiz en l'an,
c'est assavoir depuis le jour saint Remy, jusques au
derrenier jour de mars, et depuis le premier jour d'a-
vril, jusques au derrenier jour de septembre. Pour ce
que le Contreroleur de la despense fait son contrerole
semblablement; disant que le Roy l'a ainsi volu et
ordonné. Et aussi que le role signé de la main du
Roy, contenant les pensions des officiers et despenses
extraordinaires, commance audit premier jour d'octobre, et finist au derrenier jour de septembre. Et pour
ce, a ledit maistre ou son procureur baillée sa requeste
à mesdiz seigneurs, contenant ce que dit est[1]. Lesquelz
icelle requeste veue, ont voulu et consenti que ce présent compte et les subséquans, se facent selon ledit
contrerole, comme par icelle requeste cy-rendue, puet
apparoir.

Et premièrement :

RECEPTE EN DENIERS COMPTANS.

De maistre Jaques Charrier, changeur du Trésor du
Roy nostre sire, à Paris[2], sur la despense de l'Ostel

1. *Per requestam, in margine cujus scribitur appunctamentum*
Camere prout in textu hic reddito.
2. *Cor. in Thesauro.*

21

dudit Seigneur, par lettres dudit maistre Guillaume du Bec, escriptes le xxviie jour de février, l'an mil cccc cinquante, la somme de 7000 l. t., comptans, en une descharge levée oudit Trésor, ledit jour, sur la traicte des vins de la Rochelle. Pour ce　　7000 l. t. [1]

De maistre Mathieu Beauvarlet, commis à la recepte générale de toutes finances, sur la despense ordinaire de l'Ostel du Roy et par lettres dudit maistre, faictes le xiie jour de décembre, l'an mil cccc l., la somme de 7200 l. t. [2], comptans en deux descharges levées ledit jour sur les officiers de la recepte qui s'ensuivent. C'est assavoir.

Sur le receveur des Aides en Xaintonge　3500 l. t.

Et sur le commis à recevoir en Lionnois la porcion de l'aide de 6000 frans mis sus en Languedoïl, pour l'année commençant le premier jour de janvier après ensuivant　　　　　　　　3700 l. t.

Sur ce que lesdits receveur et commis peuvent devoir à cause de leurs dictes receptes. Pour ceci,

7200 l. t. [3]

De maistre Estienne de Bonney, receveur général desdictes finances sur et deçà les rivières de Seine et d'Yonne, sur la despense, et par autres lettres dudit maistre, escriptes xxiiiie jour de janvier, l'an mil cccc cinquante, la somme de 3000 l t. [4], comptant en une

---

1. *Summa per se* 7000 *l. t.*

2. *Cor. ut supra. Capiuntur iste* 7200 *l. t. per secundum compotum dicti Beauvarlet, finitum ultima septembris* m.cccc li^o. *Et cor.*

3. *Summa per se* 7200 *l. t.*

4. *Cor. ut prius. Capiuntur iste* 3000 *l. t. per* xxi *compotum dicti de Bonney, factum ad ultimam sept.* m.cccc li. *Et cor.* f^o liiii.

descharge de lui levée ledit jour sur Jehan Boileaue, receveur des Aides à Reims, sur ce qu'il peut et pourra devoir de sa recepte. Pour ce   3000 l. t.[1]

Autre recepte sur la despence extraordinaire.
Néant.

Autre recepte, pour vins de garnisons despensés oudit Hostel. Néant pour le temps de ce compte, pour ce que durant icellui il n'y a eu aucun maistre des garnisons, pour quoy a convenu achepter de plusieurs personnes, vins, dont les pris ont esté paiez par le Maistre, et comptez et comprins entre et avecques les parties des despens des journées. Et en tant que touche les fustz et liez d'iceulx vins, le Roy nostre sire par ses lettres patentes, données aux Montilz lez Tours, le xᵉ jour de mars, l'an mil cccc.xlvi, pour les causes contenues en icelles, les a donnez à ses eschançons servans en ordinaire. C'est assavoir, au premier eschançon la moictié, et aus autres eschançons, l'autre moictié. Et a volu et ordonné ledit Seigneur que lesdiz eschançons les aient et preignent doresena-vant par la manière desusdite ; et que par rapportant les lettres pour une foiz seulement, et quictance des-dis eschançons, ledit maistre de Chambre aux deniers en soit quicte et deschargé. Pour ceci, par vertu d'i-celles lettres et quictance desdis eschançons, tout cy-rendu, et aussi du Contreroleur, faisant mantion de ce que dit est   **Néant**[2].

---

1. *Summa per se* 3000 *l. t.*

2. *Per mandatum Regis, de quo in textu. Loquatur, quoniam videtur quod mandatum de quo inserit non sit ad propositum, nec satisfacit articulo de quo in precedenti compoto habetur. Quoniam*

Autre recepte, pour connilz de garenne le Roy nostre sire. Néant, pour ce que aucuns n'en ont esté aportez ou despensés oudit Hostel durant le temps de ce compte, ne aussi de tout le temps précédant, que ledit maistre Guillaume du Bec a esté maistre de Chambre aux deniers ; comme par certifficacion des maistres d'ostel dudit Seigneur cy-rendue, servant pour la partie ensuivant, faisant mencion de dons et présens, appert. Pour ce   Néant[1].

Autre recepte, pour dons et présans faiz au Roy nostre sire durant le temps de ce présent compte, en alant par ses villez et pais. Néant-ci, pour ce que aucuns dons ou présans n'ont esté faiz audit Seigneur durant ledit temps, comme par les certifficacion et contrerole cy devant renduz, appert. Pour ceci,   Néant[2].

Recepte commune. Néant comme dessus.

dolia cum exitibus ipsorum, non pertinent officiariis Scancionnarie, nec aliquod jus illi habent, prout cavetur in compoto precedenti. Expropter contencio inter dictos officiarios illa de causa esse non debet. Sic per Dominos ordinetur.

Viso mandato transeat pro Magistro. Verumptamen super hujus modi novitate fiat·verbum Regi et Magistris hospicii sui, quoniam in compotis precedentibus ante exitum Regis de Parisius, anno cccc xviii° *vel circa, magistri Garnisionum faciebant receptum de emolumento dictorum doliorum et eorum exitibus. De quibus recepta ascendebat magnam summam pro Rege, nec officiarii Scancionnarie aliquod jus tunc temporis capiebant, usu nec alia racione. Ut ex parte Regis fiat ordinacio.*

1. *Per certificacionem magistrorum hospicii Regis hic redditam, prout in textu servientem procuratori.*

2. *Per certifficacionem superius redditam.*

Récepte de la juridicion des maistres d'Ostel. Néant-
cy, pour ce que aucuns exploiz ou amendez n'y sont
venuz ne escheuz durant le temps de ce compte,
comme par ledit contrerole appert.

Summa totalis Recepte presentis compoti
17.200 l. tournois.

[DÉPENSE.]

DESPENS DES JOURNÉES [1].

A Tours, en la chambre Monseigneur de Culant, grant maistre d'ostel du Roy nostre sire, le
lundi xxve jour du mois de janvier, mil cccc.l, en la
présence de mondit seigneur le Grant maistre, messire Jehan de Jambes et Loys de la Rochecte, tous
chevaliers et maistres d'ostelz dudit Seigneur, fut
compté des despens des journées pour le mois d'octobre précédent, contenant xxxi jours. Et monta la
despense.   2,506 l. 13 s. 3 d. t.

Audit lieu, en ladicte chambre de mondit seigneur
de Culant, ledit xxve jour dudit mois oudit an, en la
présence des devant nommez maistres d'ostel, fut
pareillement compté des despens des journées du
mois de novembre précédant, contenant xxx jours.
Et monta la despense   2413 l. 1 s. 3 d. t.

Audit lieu, en ladicte chambre de mondit Seigneur

1. *Collacio Expense presentis compoti facta fuit cum contra-
rotulo in fine signo manuali domini Ludovici de la Rochette, altero
magistrorum Hospicii, signato, ob obitum magistri Petri Picart, con-
trarotularis dicte Expense.*

de Culant, le xxv° jour dudit mois oudit an, en la présence des dessus nommez maistres d'ostel, fut pareillement compté des despens des journées du mois de décembre précédant, contenant xxxi jours. Et monta la despense   2554 l. 16 s. 1 d. ob. t.

Audit lieu de Tours, en la chambre dudit maistre Chambre aux deniers (*sic*), le mardi xviii° jour de janvier, l'an mil cccc.li, en la présence des dessus nommez messire Jehan de Jambes et Loys de la Rochecte, maistres d'ostel dudit Seigneur, fut pareillement compté des despens des journées dudit mois de janvier cccc.l précédant, contenent xxxi jours. Et monta la despense   2513 l. 4 s. 6 d. t.

Audit lieu, en ladicte chambre dudit maistre Chambre aux deniers, ledit xviii° jour dudit mois oudit an, en la présence desdis maistres d'ostel dudit Seigneur, fut pareillement compté des despens des journées du mois de février précédent, contenant xxviii jours. Et monta la despense 2204 l. 7 s. 1 d. t.

Audit lieu fut pareillement, en ladicte chambre du dit maistre Chambre aux deniers, ledit xviii° jour de janvier mil cccc cinquante ung, présans les dessusdiz maistres d'ostel, compté des despens des journées du mois de mars précédant, contenant xxxi jours. Et monta la despense   2495 l. 14 s. 1 d. t.

PRIMA GROSSA. Summa expensarum Dietarum
14,732 l. 16 s. 3 d. ob. tournois.

GAIGES DE CHEVALIERS BANNERETZ.

A monseigneur de Dampierre, grant pennetier,

A....¹ grant chevalier trenchant,

A monseigneur d'Estouteville, grant eschançon,

A monseigneur de Prie, grant queux de France, ausquelz au temps passé quant ilz venoient servir le Roy aux quatre festes annuelles, estoit acoustumé paier à chascun 40 l. t. Néant-cy, pour ce que durant l'année de ce compte ilz n'ont point servy ledit Seigneur, et n'est nullement apparu de leurs retenues. Pour ce,   Néant.

GAIGES DE CLERCS ET DE NOTARES.   (Rien.)

CLERS DE REQUESTES.

A maistre Guy Bénart et ses compaignons, conseillers et maistres des requestes de l'Ostel du Roy nostre sire, sur la somme de 300 l. t. à eulx ordonnée par ledit seigneur et par son roole escript soubz son seing manuel, le xviiᵉ jour d'aoust, l'an mil cccc. l. ii, contenant plusieurs parties. Pour partie de leurs gaiges d'un an, commençant premier jour d'octobre, l'an mil cccc. l, et finissant le derrenier jour de septembre ensuivant, mil cccc. li, qu'ilz ont servi à court. Pour ceci, à eulx, pour les six premiers mois de ladicte année que contient ce présent compte, par quictancte d'eulx cy rendue.   150 l. t¹.

Summa per se 150 l. tournois.

1. Au texte le nom est en blanc, et le clerc de la Chambre des comptes a écrit en marge : *Sciatur nomen.*

2. *Per rotulum cum quictancia servienti super compotum sequentem.*

Secretaires et notaires ⎱ Néaut pour le temps de
Autres clers ⎰   ce présent compte.
Gaiges de varlez le Roy.
Chauffecires.
Gens communs.
Sommeliers de la Chambre le Roy.
Sommeliers de la Chambre aux deniers.
Messaiges [1].

GAIGES A VIE·

A maistre Guillaume du Bec, clerc le Roy en sa
Chambre aux deniers, pour ses gaiges d'avoir servy à
court durant le temps de ce présent compte, conte-
naut six mois, qui sont ix^{xx} ii jours, à 7 s. 6 d. t. par
jour. Argent.   68 l. 5 s. t.

A maistre Pierre le Picart, contreroleur de ladicte
Chambre aux deniers, pour ses gaiges d'avoir pareillement servy à court durant ledit temps de ce présent
compte, contenant six mois, qui sont ix^{xx} ii jours, à
7 s. 6 d. t. par jour, valent 68 l. 5 s. t. Paiée par ledit
Chambre aux deniers (*sic*), comme par quictance de
maistre Mace Guernadon, notaire et secretaire du roy
notresire et à présent contreroleur de ladicte Chambre, cy rendue et servant sur le compte ensuivant (*sic*).
Pour ceci.   68 l. 5 s. t. [2]

Summa Vadiorum, 136 l. 10 s. tournois.

Manteaulx de clers et de notaires, à 6 l. 5 s. tour-

---

1. Pour tous ces articles il n'y a rien au texte.
2. *Per quictanciam que serviet super compotum sequentem.*

nois par chascun an. Néant pour l'année de ce dit compte.

Maistres des comptes. } Néant.
Clers des comptes.

SECRETAIRES ET NOTAIRES.

Maistre Guillaume du Bec, secretaire du Roy et son clerc en sa Chambre aux deniers, pour son mantel de Noël escheu ou temps de ce présent compte. Argent.   6 l. 6 s. t.

Maistre Pierre le Picart, aussi secretaire du Roy et contreroleur de sa Chambre aux deniers, pareillement pour son mantel de Noël escheu en temps de ce présent compte, 6 l. 6 s. t., paiez à maistre Mace Guernadon, comme par sa quictance rendue ci devant, servant ci, appert. Pour ceci   6 l. 5 s. t. [1]

Summa, 12 l. 10 s. tournois.

SECUNDA GROSSA. Summa, 299 l. tournois.

Robes de varlez de Roy.   } Néant pour
Chauffecires.   } le temps de
Sommeliers de la Chambre le Roy.   } ce présent
Sommeliers de la Chambre aux deniers. } compte.
Menus. Néant.

HARNOIS.

Thomas Piquet, clerc de la Chambre aux deniers, pour avoir minué, grossoié, triplé, quadruplé et collacionné ce présent compte, tant pour le Mais-

---

1. *Per quictanciam que serviet in compoto sequenti.*

tre que pour le Contreroleur, pour ce présent terme.
Argent.   10 l. t.

Luy, pour le reliage des diz comptes, journaulx et
contrerole. Argent.   25 s. t.

Summa, 11 l. 5 s. tournois.

Dismes. Néant à ce terme.

A Alixandre Jouvelin, clerc des offices de l'Ostel
du Roy notre sire, pour son voiage d'avoir esté, partant de la ville de Tours en ceste ville de Paris, lever
une descharge sur maistre Estienne de Borney, receveur général sur et par deçà les rivières de Seine et
d'Yonne, de la somme de 3000 l. tournois; et dudit lieu
de Paris, à Reims, porter ladicte descharge au receveur dudit lieu, et avoir aporté audit maistre sa contre-
lettre de la somme de 3000 l. tournois; et dudit lieu
de Paris, à Reims, porter ladicte descharge au receveur. Ou il a vacqué par xxiiii jours à 12 s. parisis par
jour. Pour ce   18 l. t. [1]

Summa per se, 18 l. tournois.
Tercia grossa. Summa, 29 l. 5 s. tournois.

MISES DE MESTIERS.

A Jamecte Buynarde, lingière, pour vint aulnes
de grosse toille à faire sacs à porter le pain la Panne-

---

1. *Per contratulum et quictanciam.*

terie, acheptées d'elle au prix de 2 s. 11 d. t. l'aulne.
Argent, 58 s. 4 d. t.; à elle paiez par sa quictance de
4 l. 6 s. 8 d. t., cy rendue et qui servira cy après.
Pour ceci   58 s. 4 d. t. [1]

A elle, plus, pour autres iiii aulnes de grosse
toille à faire chappes, 16 s. 8 d. t.; à lui paiez et
par sa quictance cy devant rendue, servant cy. Pour
ceci   16 s. 8 d. t.

A Marguerite Bourdelote, pour une autre pièce de
doubliers de Venise garnie de longières, contenant
xliii aulnes, dont on a fait dix nappes. C'est assavoir,
iiii de cinq aulnes, iiii de quatre aulnes et ii de trois
aulnes et demie, achectez d'elle pour la table du Roy,
au pris de 32 s. 6 d. t. l'aulne, valent 69 l. 17 s. 6 d. t.;
à elle paiée par sa quictance montant 183 l. 10 s.
10 d. t., cy rendue et qui servira cy après. Pour
ceci   69 l. 17 s. 6 d. t.

A elle, plus, pour lxxiiii aulnes de touailles à Penneterie et varlets trenchens, à 6 s. 8 d. t. l'aulne,
valent 24 l. 13 s. 4 d. t.; à elle paiée par sa quictance
cy devant rendue. Pour ceci   24 l. 13 s. 4 d. t.

A elle, pour sept aulnes de toille déliée, pour mectre
le pain du Roy, le sel blanc et le carreau [2], à 5 s.
10 d. t. l'aulne; à elle paiée par sa quictance cy devant rendue. Pour ceci   46 s. 8 d. t.

A elle, pour une autre pièce de doubliers à ladicte
euvre de Venise, garnie de longières, contenant xxxiii
aulnes, dont on a fait dix nappes et dix touailles pour
les chambellans et maistres d'ostel. C'est assavoir,

1. *Per contrarotulum et quictanciam pro toto.*
2. C'est le coussin pour s'asseoir à table.

iiii de quatre aulnes, et vi de trois aulnes, à 20 s. t.
l'aulne, valent 33 l. t.; à lui paiée par sa quictance
montant à 183 l. 10 s. 10 d. t., rendue sur la première partie d'elle faisant mencion. Pour ceci 33 l. t.

A elle, pour une autre pièce de doubliers à l'euvre
de Tours garniz de longières, contenant xxvi aulnes
dont on a fait vii nappes et vii toailles pour lesdiz
chambellans et maistres d'ostel. C'est assavoir, cinq de
quatre aulnes, et deux de trois aulnes, à 20 s. t. pour
aulne, valent ladicte somme, à elle paiée et par sa
quictance rendue cy dessus. Pour ceci   26 l. t.

A elle, plus, pour une autre pièce d'autres doubliers
gros, sans garniture, contenant lvi aulnes, dont on a
fait xx nappes pour le commun, à 7 s. 6 d. t. l'aulne,
valent 21 l. t.; à elle paiée par sa quictance rendue
cy devant   21 l. t.

A elle, pour xxxii aulnes de touailles, pour servir avec
lesdictes nappes, à 3 s. 9 d. t. l'aulne, valent 6 l. t.; à
elle paiée par sa quictance rendue cy devant 6 l. t.

A elle, pour iiii aulnes de groisse toile à faire char-
riers pour la lavandière, à 3 s. 4 d. t. l'aulne, valent
13 s. 4 d. t.; à elle paiée par sa quictance rendue cy
devant. Pour ceci   13 s. 4 d. t.

A Martin Belleteau et ses compaignons, clers de
Panneterie, pour ung pappier neuf, 12 s. 6 d. t.; ung
cent de gectons, 5 s. t.; deux douzaines et demie de
parchemin, 100 s. t.; ung bureau, 15 s. t.; ung escriptoire, 30 s. t. Tout achecté par eulx pour en registrer,
transcripre et gecter les parties dudit office en ce présent terme, contenant vi mois. Pour tout, 8 l. 2 s. 6 d. t.;
à lui paiée par quictance cy rendue. 8 l. 2 s. 6 d. t.

Summa, 195 l. 8 s. 4 d. tournois.

ESCHANÇONNERIE.

Guillaume Pillais et ses compaignons, clers d'Eschançonnerie, pour ung pappier neuf, 12 s. 6 d. t.; ung cent de gectons, 5 s. t.; deux douzaines et demie de parchemin, 100 s. t.; ung bureau, xv, s. t.; ung escriptoire, 30 s. t. Tout achecté par eulx pour en registrer, transcripre et gecter les parties dudit office en ce présent terme, contenant vi mois. Argent, pour tout   8 l. 2 s. 6 d. t.

Summa per se, 8 l. 2 s. 6 d. tournois.

CUISINE.

Mainiot, maignen, demourant à Tours, pour trois paesles à bout, deux autres à queue, une puissetes, vii couvertes à pot et ung chauderon d'arain, le tout pesant ensemble xliii livres, achectez de lui le ixe jour d'octobre, l'an mil ccc. l. à 4 s. 2 d. t. la livre, valent 8 l. 10 s. 10 d. t. Sur quoy fault rabatre 50 s. 1 d. t. que valent xxiiii livres de viel arain, 2 s. 5 d. t. la livre. Argent pour ce   6 l. 5 s. 10 d. t.

Philippon Valée, mareschal, demourant à Tours, pour liii livres de fer que pesoient les garnitures des choses dessusdictes, de lui acheptées ledit jour au pris de 15 d. t. la livre, valent 66 s. 3 d. t. Sur quoy faulx rabatre xx livres de viel fer que pesoient les dictes garnitures, aprécié à 7 d. ob. la livre. Argent.   53 s. 3 d. t.

Jehan Goupil, pour iii douzaines d'escuelles, une douzaine de platz et cinq grans potz d'estain, le tout neuf, pesant ensemble vii^{xx} iiii livres et demie, achectez de lui le xxiiiie jour de novembre ensuivant oudit an, au pris de 3 s. t. pour livre, valent 31 l. 13 s. 6 d. t. Sur quoy fault rabatre 14 l. 10 s. t. que se montent cxvi livres de viel estain, aprécié à 2 s. 6 d. t. la livre. Pour ceci   7 l. 3 s. 6 d. t.

Ledit Goupil, pour la façon d'un mole[1] desdiz potz d'estain, pour ce que ledit mole ailleurs ne lui povoit servir, et que de la façon desdiz potz n'a pris ne que de façon commune. Pour ceci, argent   15 s. t.

Lui, pour quatre douzaines de platz et huit douzaines d'escuelles, le tout neuf, pesant ii^c lviii livres et demie, achetez de lui le iie jour de décembre ensuivant, audit pris de 3 s. t. la livre. Argent   38 l. 12 s. 6 d. t.

Marguerite Bourdelote, pour xxx aulnes de toille, pour faire dressouers en Cuisine et Saulcerie, pour la feste de Noël, achectez d'elle au pris de 3 s. 9 d. t. l'aulne. Valent, argent   112 s. 6 d. t.

Pierre Billon, pour avoir fait couvrir la cuisine des Montilz et fait faire ung huys ferré. Pour ce, argent   13 l. t.

Bertrand Rousseau, marchant, demourant à Tours, pour six douzaines de platz, six douzaines d'escuelles, le tout neuf, pesant ii^c lxix livres, achetez de lui le xve jour de mars ensuivant, au pris de 3 s. t. la livre, valent   40 l. 7 s. t.

Henry Castel et ses compaignons, clers de Cuisine, pour ung pappier neuf, 12 s. 6 d. t.; ung cent de gectons, 5 s. t.; trois douzaines et demie de parchemin, 7 l. t.; ung bureau, 15 s. t.; et une escrip-

---

1. Un moule à mouler ces pots.

toire, 30 s. t. Tout acheté par eulx. Pour tout 10 l. 2 s.
6 d. t.

Summa, 124 l. 12 s. 1 d. tournois.

FRUICTERIE.

Ledit Henry Castel et ses compaignons, clers de
Fruicterie, pour ung papier neuf, 12 s. 6 d. t.; ung
cent de gectons, 5 s. t.; deux douzaines et demie de
parchemin, 100 s. t. Tout acheté par eulx pour en
registrer, gecter et transcripre les parties dudit office
en ce terme, contenant vi mois. Pour ce 117 s. 6 d. t.

Summa per se, 117 s. 6 d. tournois.

ESCUIERIE.

Martin Bulecteau et ses compaignons, clers d'Escuierie, pour ung papier neuf, 12 s. 6 d. t.; ung cent
de gectons, 100 s. t.; deux douzaines et demie de
parchemin, 100 s. t. Tout acheté par eulx pour gecter et en registrer comme dessus. Pour tout 117 s.
6 d. t.

Summa per se 117 s. 6 d. tournois.

FOURRIÈRE[1].

Pierre de Neufport, sommelier de la thapicerie,
pour crochetz à tendre les sales, chambres et retraiz
du Roy, en ce présent terme, contenant vi mois. Argent pour ceci   12 l. t.

1. Au texte *Fourrire*.

Guillemin Menegent, bourrelier, pour trois coffres couvers de cuir, ferrez de fer blanc, garnis chascun des serrures et des clefz ; c'est assavoir, deux pour le maistre, et ung pour le contreroleur, au pris de 106 s. 8 d. pièce valent   16 l. t.

Robin le Masle, drapier, demourant à Tours, pour six aulnes de vert, à faire deux bureaux, pour le maistre et pour le contreroleur, au pris de 27 s. 6 d. t. l'aulne valent, Argent,   8 l. 5 s. t.

Guillaume Pillois et ses compaignons, clers de Fourrière, pour ung papier neuf, 12 s. 6 d. t.; ung cent de gectons, 5 s. t,; trois douzaines et demie de parchemin, 7 l. t. Tout achecté par eulx pour en registrer et gecter les parties dudit office de ce terme, contenant vi mois, pour ce, Argent   7 l. 17 s. 6 d. t.

Summa 44 l. 2 s. 6 d. tournois.

Summa expensarum Ministeriorum.

Chambre le Roy[1].

CHAPPELLE.

Jehan Belin, clerc de la chambre, pour corde, crochetz et encens, pour tendre l'Oratoire du Roy et encenser par la Chappelle, en ce terme, contenant six mois, à 5 s. t. par mois. Valent, argent   30 s. t.

Summa per se 30 s. tournois.

CHAMBRE AUX DENIERS.

Micquelot Campion, garde de la Chambre aux deniers du Roy, pour papier, parchemin, encre, cire

1. Rien au texte.

vermeille, pouldre et lassez, acheptez par lui pour le maistre de la Chambre aux deniers, en ce présent terme, contenant six mois, à 40 s. t. par mois. Pour ce   12 l. t.

Thomas Piquet, clerc du Contreroleur, pour faire le contrerole, journaulx, computacion et le double des comptes pour le Contreroleur, en ce terme, contenant six mois. Pour ce, Argent   9 l. t.[1]

Pour espices de Chambre, livrées par ledit maistre de Chambre aux deniers, pour le droit de Messeigneurs des comptes à cause de l'audicion et closture de ce présent compte et du compte ensuivant, 15 l. t.[2]

Summa 36 l. tournois.

QUERRE DENIERS.

A Lois Postel, pour ung voiage d'avoir esté, partant de Tours, quérir à la Rochelle la somme de 2000 l. tournois, que Angerot Caillet avoit receue de Colin Martin, fermier dudit lieu de la Rochelle de la traicte, sur la somme de 6000 frans, assignée par le Roy audit maistre pour le fait de ladite despense. Ouquel voiage il a vacqué, alant, venant et séjournant, par l'espace de quinze jours, comprins en ce les journées d'un homme qu'il a eu sa compaignie pour aporter plus seurement ledit argent ; qui est, à 15 s. t. par jour,   11 l. 5 s. t.

Lui, par ung autre voiage par lui fait, partant dudit lieu de Tours à la Rochelle, devers ledit Angerot,

1. En marge, en accolade pour ces deux articles : *Per contrarotulum et quictanciam.*

2. *Ex ordinatione Dominorum ad Burellum.*

quérir la somme de 2000 l. tournois, par lui receue
dudit Colin Martin, sur ladicte somme de 6000 livres
tournois. Ouquel voiage il a vacqué, tant alant, venant que séjournant, xiiii jours entiers, à 15 s. t. par
chascun jour. Valent[1]   10 l. 10 s. t.

     Summa 21 l. 15 s. tournois.
    Quinta grossa. Summa 59 l. 5 s. tournois.

Dons,
Aumosnes,   { Néant pour le tempz
Le compte de l'aumosne,   de ce compte.

DENIERS EN COFFRES ET OFFRANDES.

Messire Geuffroy Belin, sommelier de la Chappelle
du Roy, pour les offerendes cothiennes (*sic*) dudit
seigneur, par lui faites à ses grans messes, en ce présent terme, contenant vi mois, faisans ix^{xx}ii jours, à
15 d. t. par jour. Valent, Argent,   11 l. 7 s. 6 d. t.

    Summa per se 11 l. 7 s. 6 d. tournois.

PENSIONS ET DONS [2].

Maistre Guillaume du Bec, maistre de la Chambre
aux deniers du Roy nostresire, pour sa pension et ordonnance à lui faite par le Roy nostresire, qui est de
50 l. t. par mois, par manière de provision et jusques à ce que la despense dudit seigneur soit tellement

---

1. En marge, en accolade de ces deux articles : *Per contrarotulum et quictanciam.*

2. *Per rotulum Regis et quictanciam.*

assignée que ledit maistre puisse estre entièrement paié et lui soient comptés ses hostellaiges et livroisons et autres dróiz à lui appartenans à cause dudit office, valent par an 600 l. t. Laquelle somme a esté rotulée ou role dont cy dessus est faicte mencion. Sur ce, à lui, pour les six mois que contient ce présent compte qui audit pris de 50 l. t. par mois. Valent   300 l. t.

Maistre Pierre le Picart[1], contreroleur de ladicte Chambre aux deniers, pour sa pension en lieu d'ostellaiges à lui faicte par le Roy nostresire, comme appert par ledit roole, au pris de 150 l. t. par an. Pour ceci, pour tout le temps de cedit compte   75 l. t.

Messire Jehan du Cigne, chevalier, maistre d'ostel dudit seigneur et par lui commis au gouvernement et conduicte de la dicte despense de son Hostel, pour sa pension de 300 l. t. par an, à lui ordonnée par ledit seigneur prandre et avoir par ledit maistre de la Chambre aux deniers, des deniers de sa recepte. Pour ceci, pour le temps de ce compte   150 l. t.

Messire Loys de la Rochecte, chevalier, aussi maistre d'ostel dudit seigneur et par lui commis audit gouvernement et conduicte de ladicte, despense de son Hostel, pour sa pension de 300 l. t. par an, à lui ordonnée et prendre comme dessus. Pour ceci, et pour ledit temps de ce dit compte,   150 l. t.

Messire Gaucher Aubin, chevalier, semblablement maistre d'ostel d'icellui seigneur, pour semblable pension de 300 l. t. par an, à lui ordonnée par ledit seigneur à icelle avoir et prandre comme dessus,

---

1. Ce nom est souligné et on a écrit au-dessus celui de *Mace Guernadon*.

pour lui aidier et entretenir son estat. Pour ceci, et
pour ledit temps,   150 l. t.

A Jehan Havart, escuier, varlent trenchant du Roy
nostresire, pour sa pension à lui pareillement faite,
ordonnée par ledit seigneur au pris de 20 l. t. par
mois, que ledit seigneur lui a ordonnée par son dit
role avoir et prandre des deniers de la recepte dudit
maistre de la Chambre aux deniers. Pour ceci, pour
l'année de ce présent compte   120 l. t.

Madame Jehanne de Villequier, dame des Matres,
femme de messire Lois de la Rochecte devant nommé,
la somme de 500 l. t., pour cinquante marcs d'argent
que ledit seigneur lui a donnez et ordonné prendre
et avoir par la main dudit maistre de la Chambre
aux deniers, des deniers de sa recepte. Pour ceci,
par vertu dudit role et quictance, et pour le temps de
cedit compte,   200 l. t.

Summa 1195 l. tournois.

Sexta et ultima grossa. Summa 1206 l. 7 s. 6 d. t.

Summa totalis Expense presentis compoti
16710 l. 14 s. 2 d. ob. tournois.
Debet magister Camere denariorum
489 l. 5 s. 9 d. ob. tournois.
Item, debet per finem compoti sui immediate precedentis finiti ultima septembris m. cccc l°, 446 l.
13 s. t. debilis monete, ad precium 30 s. t. pro scuto,
que valent fortis monete, ad precium 27 s. 6 d. t.
pro scuto, summam   381 l. 19 s. tournois

Summa quam debet 871 l. 4 s. 9 d. ob. tournois

Ponuntur super ipsum in statu compoti sui imme-

diate sequentis pro vi mensibus, finitis ultima septembris cccc l i°, et quictus hic.

Auditus et clausus ad burellum magistro Johanne
Picardi, altero generalium Francie, presente, xviii° die
julii anno m° cccc l iiii°.

DU XLE COMPTE DE L'HOTEL

DU ROI CHARLES VII

POUR SIX MOIS DE L'ANNÉE 1460.

(Bibl. imp. Fs. fr. 6753.)

C'est le XLme compte des despens de l'Ostel du roy
Charles, septiesme de ce nom, du premier jour de
mars mil cccc cinquante neuf, et finissant le dernier
jour de septembre l'an mil cccc soixante, l'un et l'autre jour incluz. Maistre Guillaume du Bec, clerc le
Roy en sa Chambre aux deniers, et maistre Mace Guernadon, contrerolleur de ladicte Chambre. Ce présent
compte rendu à court par maistre Pierre de Lailly,
procureur dudit maistre Guillaume du Bec, comme
par lettres de procuration rendues sur les comptes
précédens puet apparoir, en la manière qui s'ensuit.

Recepte en deniers comptans.

De maistre Gilles Cornu, changeur du Trésor : néant.

De maistre Mathieu Beauvarlet, notaire et secretaire du Roy nostresire et par lui commis à la recepte générale de ses finances,   5000 l. t.

Des receveurs des Aides de Mantes, Troyes, Amiens,
Noyon, Melun, Laon et Soissons, 1800 l. t.

Autre recepte pour vins de garnison despensez ou-

dit Hostel. Néant pour le temps de compte, pour ce
que durant icellui il n'y a point eu de maistre de garnison, par quoy a contenu acheter de plusieurs personnes vins, dont les pris ont esté paiez par le maistre, comptez et comprins entre et avecques les parties
des journées. Et en tant que touche les futsz et lies
d'iceulx vins, le Roy nostresire, par ses lettres patentes données aux Montilz-les-Tours le xᵐᵉ jour de mars
M.CCCC.XLVI, pour les causes contenues en icelles, les a
données à ses eschançons servans en ordonnance.
C'estassavoir, au premier eschancon la moitié, et aux
autres eschançons l'autre moitié,   néant.

Autre recepte pour connils,   néant.

Autre recepte faite pour dons et présens faitz au
Roy,   néant.

Recepte commune,   néant.

Recepte de la juridiction des maistres d'Ostel, néant.

Summa totalis Recepte presentis compoti
27830 l. 9 s. 1 d. ob. t.

[DÉPENSE].

DESPENS DES JOURNÉES.

A Tours, ou logiz du maistre de la Chambre aux
deniers, le xxᵐᵉ jour du mois de may mil cccc lx, ès
présences de messire Loys de Combort, chevalier,
Rogerin Blocet, Guillaume de Ricarville et Jehan de
Poiz, escuiers, tous maistres d'ostel du Roy nostresire,
ledit maistre, le contrerolleur et plusieurs autres chiefs
d'office, fut compté des despens des journées du mois
d'octobre mil cccc cinquante neuf, contenant xxxi

jours. Et monte à la somme de 2194 l. 16 s. 5 d. ob. t.

Pour le mois de novembre, 2446 l. 4 s. 5 d. ob. t.

Pour le mois de décembre, 2496 l. 3 s 4 d. p^te.

Pour le mois de janvier, 2494 l. 3 s. 4 d. p^te.

Pour le mois de février, 2364 l. 5 s. ob. t.

Pour le mois de mars, 2613 l. 16 s. 10 d. ob. t.

PRIMA GROSSA. Summa expensarum Dietarum 14609 l. 10 s. 6 d. t.

Gaiges de chevaliers bannerets

A monseigneur de Dampmartin, grand pannetier

A monseigneur....[1] grant chevalier tranchant

A monseigneur d'Estouteville, grant eschançon

A monseigneur de Prye, grant queux

de France.

ausquelz ou temps passé quant ils venoient servir le Roy aux quatre festes annuelles estoit accoustumé paier à chascun 40 l. t. Néant cy, pour ce que durant le temps de ce compte ils n'ont point servy ledit seigneur.

Gaiges de clercs et de notaires. Clercs des requestes.

A maistre Girard le Boursier, conseillier et maistre des requestes de l'ostel du Roy, 168 l. 8 s. 9 d. t.

A Me Jehan Tudert, 167 l. 16 s. 3 d. t.

A Me Henry de Marle, 222 l. 16 s. 3 d. t.

A Me George Havart, 151 l. 17 s. 6 d. t.

A Me Estienne Lefevre, 250 l. 10 s. t.

Summa 891 l. 8 s. 9 d. t.

1. En marge : *Habeatur nomen.*

Secretaires et notaires
Autres clercs
Gaiges de varlez le Roy
Chauffecires
Gens communs
Sommeliers de la Chambre le Roy } Rien.
Messaigiers
Sommeliers de la Chambre aux deniers

Gaiges à vie (le maître et le contrôleur de la Chambre aux deniers 7 s. 6 d. t. par jour).

Manteaulx de clercs, notaires, maistre des comptes, clercs des comptes. Néant.

Secretaires et notaires.

II^{da} GROSSA. Summa 1151 l. 3 s. 9 d. t.

Robes de varlez le Roy. Chauffecires. Sommeliers de la Chambre le Roy. Sommeliers de la Chambre aux deniers (rien).

Harnois

Dismes (rien).

Messaiges (criées des marchés de l'Hôtel. Change de monnaies. Peu de sûreté des routes. Approvisionnement de vins blancs « à Montereul Belloy et autres lieux d'Anjou »).

III^a GROSSA. Summa 53 l. 11 s. 3 d. t.

Mises de mestiers.

Panneterie (toile de Troyes à 40 s. t. l'aune. Autre à 27 s. 6 d. Autre à 16 s. Autre à 5 s. 6 d. Autre à 4 s. 2 d. Autre à 2 s. 6 d. t. Tabliers. Nappes. Serviettes. Touailles. Chanevaz.)

Eschançonnerie

Cuisine

Fruicterie

Escurie

Fourrière (pour vi aulnes de drap vert pour faire deux bureaux, l'un pour le maistre et l'autre pour le contrerolleur).

IIII^{ta} grossa. Summa misiarum Ministeriorum
504 l. 15 s. t.

Chambre le Roy (rien)

Chapelle

Chambre aux deniers

Querre deniers (.... desquelles sommes a receu des larges et grans blancs pour la somme de 500 escuz. — Pour le salaire d'un huissier qui a exécuté le Receveur de Paris qui ne vouloit paier)....

Dons

Aumosnes $\Big\}$ Néant.

Le compte de l'Aumosne

Deniers en coffres et offerendes.

V^{ta} grossa. Summa 166 l. 18 s. 4 d. t.

Pensions

VI^{ta} et ultima grossa. Summa Pensionum 1020 l. t.

Summa totalis Expense presentis compoti
17505 l. 18 s. 10 d. t.
Debet magister 9324 l. 10 s. 3 d. ob. t.
Item, debet per finem compoti sui immediate
precedentis 1026 l. 13 s. t.

Summa quam debet 10351 l. 3 s. 3 d. ob. t.

Ponentur super ipsum in statu compoti sui immediate sequentis finiti ultima septembris M.CCCC.LX° Et quictus hic.

Auditus et clausus ad Burellum prima die Julii M°.CCCC LXI°.

(Ms. in-fol. carré, de 13 feuillets de parchemin.)

EXTRAITS

TROIS COMPTES DE LA CHAMBRE

DU ROI LOUIS XI.

1478-1481.

(Archives de l'Empire. Registre coté **KK. 64.**)

Compte iiiime de maistre Pierre Symart, notaire et
secretaire du Roy nostre sire, ou vivant du feu roy Loys,
que Dieu absoille, par luy commis à tenir le compte
des menues affaires de sa Chambre pour icelle commission avoir, tenir, faire et exercer par ledit Symart,
aux gaiges de huit cent livres tournois par an, et aux
autres droiz, prouffits et prérogatives à icelle commission appartenans. Ainsi qu'il peult apparoir par lettres
patentes dudit feu seigneur, données au Plessis du
Parc lez Tours, le xxvie jour de décembre mil cccclxv,
expédiées par messeigneurs les généraulx des finances,
le viie jour de février ensuivant, lesquelles sont rendues
et transcriptes au commancement du compte precé-
dent. De la recepte et despense faicte par ledit Symart,
à cause de sadicte commission, pour ung an entier,
commançant le premier jour d'octobre, mil cccclxxviii,
et finissant le derrenier jour de septembre ensuivant,

mil cccc lxxix, l'un et l'autre jour includz. Ce présent
compte rendu à court par Jehan Deschamps, procureur
de Jaquecte Brachet, vesve dudit feu maistre Pierre
Symart, et de maistre Gencien de Loynes, advocat en
parlement, ou nom et comme curateur de Françoys
Symart, fils naturel dudit feu Mᵉ Pierre Symart et de
Perecte, fille naturelle de feu Jehan Symart, fils légi-
time dudit feu Mᵉ Pierre Symart et de ladicte vesve.
Lesdictz François et Perrecte légitimez par le Roy,
comme par lettres de procuracions desdictz vesve et
curateur cy rendues, appert.

Recepte.

Summa totalis Recepte presentis compoti
18798 l. 5 s. 4 d. tournois.

Despense de ce présent compte (fol. 3).

Et premièrement
Deniers païez à gens qui en doivent compter (rien).
Deniers baillez comptant au feu roy Loys (fol 3 vᵒ).
Au Roy, nostredit seigneur, comptant, le ixᵉ jour
d'octobre oudit an, mil cccc lxxviii, la somme de six
vings livres tournois, laquelle somme il a envoyée à
Saint-Hubert d'Ardaine, pour le pesant de cire de deux
sangliers qu'il a ordonnez y estre offers....

A luy plus, comptant, le xiᵐᵉ jour dudit moys, pour
faire ses plaisirs et voulentez, la somme de dix-neuf
livres cinq sols tournois, en xii escuz d'or....

PRIMA GROSSA. *Summa denariorum Regi compt.
traditorum.* 5538 l. 14 s. 4 d. obole tournois
(fol. 9 vᵒ).

Gaiges ordinaires (fol. 10).

A Jehan de Chasseaudrec — 330 l. t.

A Champaigne, hérault d'armes — 330 l. t.

A Menault du Pré et Jehannot de Chanvay, ayans la garde et gouvernement de certains porcs rouges que ledit seigneur (le roi) fait garder et nourrir en sa forest de Chasteau-Regnault — 360 l. t.

A Richart Macheco, varlet tranchant dudit seigneur — 240 l. t.

A messire Symon Mathon, prestre, chappellain du Plessis du Parc — 99 l. t.

A Jehan Content et Jehan Robin, charretiers — pour leurs gaiges, peines et sallaires d'avoir mené et conduict la tapisserie dudit seigneur dedans ung chariot athellé à cinq chevaulx par tous les lieux où il a esté durant ladicte année — 365 l. t.

SECUNDA GROSSA. *Summa Vadiorum* 1724 l. (fol. 11).

Deniers paiez par l'ordonnance du Roy notre sire (fol. 11 v°).

A Jehan Auscheron, notonnier — pour avoir mené et fait mener par eau, durant le mois de septembre derrenier passé, ledit seigneur et plusieurs autres, depuis Tours jusques à la Menistre ; où il a vacqué, luy et xxv hommes, l'espace de unze journées entières, tant à avoir mené ledit seigneur et autres, que pour avoir ramené ung grand basteau ouquel il estoit, et deux petites sentines, qui estoient pour sonder l'eau devant ledit grant basteau — 45 l. 16 s. 8 d. t.

A Fleurentin Duchesne, aussi notonnier — pour avoir mené le basteau du retraict dudit seigneur — 22 l. t.

A Jehan Angilbault, aussi notonnier — pour avoir mené ung basteau neuf, ouquel ledit seigneur avoit fait faire une maison de boys — 16 l. t.

A Guillaume Beaulicoul, aussi notonnier — pour avoir mené dedans son basteau durant ledit voyage, les archers de sa garde — 14 l. 13 s. 4 d. t.

A André Andouart, menuysier — pour une maison qu'il a faicte par l'ordonnance dudit seigneur, tant pour boys, clou, serrures, huys, fenestres, que pour plusieurs journées de charpentiers et menuysiers qui ont vacqué à faire ladicte maison — 20 l. t.

A Loys de Graville, seigneur de Montagu, conseiller, chambellain dudit seigneur, la somme de deux cens dix-huit livres, trois sols, quatre deniers tournois, que ledit seigneur lui a ordonnée et fait bailler oudit moys d'octobre, pour le rembourser de pareille somme qu'il avoit baillé du sien comptant audit seigneur, vɪˣ xvɪ (136) escuz d'or, pour faire ses plaisirs et voulentez — 218 l. 3 s. 4 d. t.

A maistre Loys Tindo, secretaire des finances (même objet) 198 l. 18 s. 4 d. t.

A Loys de Joyeuse, conseiller, chambellan dudit seigneur (*idem*) 19 l. 5 s. t.

A Pierre Guillaume, *id.*

A Daniel le Dart, *id.*

A Pierre de Montpensier, — pour trois douzaines de torez de laiton — pour les oiseaulx de sa chambre — 60 s. t.

A Guillaume Soudée, notonnier — pour avoir amené par eaue dedans son basteau, de Tours à Maillé, où ilec ledit seigneur (le roi) aloit chasser — 4 l. 16 s. 3 d. t.

A Jehan Verdier — pour douze petits oyseaulx serins

que ledit seigneur a fait prendre et achecter de luy pour mettre en sa chambre du Plessis du Parc — 40 s. t. (fol. 15 v°).

A Fleurentin Quarré et Clément Cloteau — pour avoir mené en un basteau durant ledit moys d'octobre, depuis Brezé jusques à Tours, les chiens de la chambre dudit seigneur — 35 s. t. (fol. 16 v°).

A Estienne du Boys — pour avoir fait mener de Thouars jusques à Chinon, sur neuf chevaulx, cinquante lièvres vifz, que ledit seigneur avoit envoyé quérir pour faire mettre en sa garenne dudit lieu de Chinon — 8 l. 5 s. t.

A Jehan du Reffou, maistre d'ostel dudit seigneur — pour le rembourser de pareille somme qu'il a baillée du sien. C'est assavoir à ung homme qui avoit amené par l'ordonnance dudit seigneur, durant le moys de septembre, en la garenne de Chinon, plusieurs bestes noires, 32 s. 4 d. t. Audit seigneur, comptant, pour faire ses plaisirs et voulentes, 64 s. 2 d. t. Et pour avoir fait mener en une lictière et par eaue, depuis les Forges jusques à Tours, ung chien courant qui estoit malade, 53 s. 4 d. t. — 7 l. 1 s. 8 d. t.

A Georges Geoffroy, varlet de chambre — pour le rembourser de pareille somme qu'il avoit baillée comptant audit seigneur — 11 l. 4 s. 7 d. t.

A Coppin Sauvage, sellier et targier dudit seigneur — pour deux douzaines et demye de colliers de levrier, de cuir de Lombardie, sans cloux, deux douzaines de lesses de soye de cheval, huit chaisnes doubles à mener chiens, etc. — 38 l. 19 s. 7 d. t.

A Guillaume Chaloury, varlet de fourrière — pour le rembourser de pareille somme qu'il a baillée et

paiée du sien par l'ordonnance et commandement
dudit seigneur, pour le fait de son logiez ou voyage
qu'il a fait à Nostre-Dame de Behuart, le Puy, Nostre-
Dame de Cléry et Saint-Aignen d'Orléans — 26 l.
17 s. 4 d. t.

A Jehan Martin — pour cent journées qu'il a vacqué
à porter certaines eaues nécessaires pour servir à la
personne dudit seigneur (le roi) en plusieurs lieux où
ledit seigneur a esté, icelles journées finissant le derrenier jour de septembre mil cccclxxviii — 25 l. t.

A Guillaume Merlin, fruictier dudit seigneur — pour
ung chien de cire pesant xii livres de cire, que ledit
seigneur a fait prendre et achecter de luy, et icelluy
fait offrir et présenter à sa dévocion devant monseigneur saint Martin de Tours — (fol. 19).

A Jaquet Cadot, menuysier, et Loys Boutart, paslier,
—pour mectre en son logeiz du Plessis du Parc. Cestassavoir pour ung grant chaslit mis en la chambre dudit seigneur, 65 s. t. Pour dix chezes, pour mectre ès
chambres dudit lieu, 50 s. t. Quatre paires de claies
pour [mectre] sur les litz, 26 s. 8 d. t. Neuf croisées
de boys, à mectre les chandelles aux chambres,
18 s. 9 d. t. Une perche à mcctre oyseaulx, 2 s. t.
Deux paires de chasses, pour mectre aux piez du
chaslit dudit seigneur, 12 s. 6 d t. Douze scrans de
boys, 75 s. t. Unze pasques, pour faire boire les chiens
aux chambres, 60 s. t. Une cuve à baigner ledit seigneur (le roi), 30 s. t. Ung baril à mectre vin aigre,
pour l'avoir emply, 17 s. 4 d. t. Vingt-huit platz et
cinq escuelles de boys, à faire chandelliers, 27 s. t.
Six grandes paelles et deux tenailles de fer, 44 s. t.
Quinze vifz et quatre mornes de fer, pour atacher les

bastons contre les chaslitz de la chambre dudit seigneur, 38 s. t. Deux paelles d'acier et trois petites, pour
oster le feu des chambres, 67 s. 6 d. t. Deux grans
paelles d'airain et deux moiennes, à faire chauffer les
baings dudit seigneur, 9 l. 11 s. 8 d. t. Quatre grans
chandelliers pesant viii^c livres, pour mectre ès dictes
chambres, 35 s. 4 d. t. — 38 l. 9 d. t.

A Guérard du Buisson, escuier de Cuisine — pour
avoir fait faire une galiote pour aller sur la rivière de
Loire, tant pour aiz, cloux, crampons de fer, avirons,
toilles à faire une voille, bastons, cordaige, une maison
de boys, toute chambrillée, assise dedans ladicte galiote, huys, fenestres, verrines; que pour plusieurs
journées de menuysiers et charpentiers qui ont vacqué
à faire lesdictes galiote et maison. Dont ledit seigneur
ne veut cy autre déclaracion — 80 l. t.

A Guillaume Merlin — pour ung grant cierge, pesant
vii^{xx} xi livres de cire — icelluy a fait offrir et présenter
à sa dévocion devant ma Dame saincte Katherine de
Fierboys — 37 l. 15 s. t.

A Jehan Villain — pour une grant ymage de saint
Martin, dorée de fin or et d'azur, que ledit seigneur
(le roi) a fait faire pour mectre en la chapelle dudit
lieu de Bonne-Adventure — (fol. 24).

A Guillaume Chalouzy, varlet de Fourrière —pour
le fait de ses logeiz durant le voyage qu'il a fait (le roi)
partant du Plessiz du Parc à Saint-Eutrope de Sainctes
et retourner aux Forges, depuis le xxve jour de novembre oudit an mil ccccLxxviii, jusques au viiie jour de
janvier ensuivant, 136 l. 16 s. 10 d. t. (fol. 24 v°).

A Jehan de Valence, fauconnier dudit seigneur —
48 l. 2 s. 6 d. t.

A maistre Olivier le Dain, varlet de chambre dudit s^r — pour trois voyages qu'il a fait faire par l'ordonnance dudit s^r, durant le mois de décembre et janvier, de la ville de Thouars et autres lieux du pays de Poictou, jusques aux Boys de Vincennes, quérir par trois fois certaine quantité de congnins poùr ledit s^r; qui est pour chacun voyage 10 l. t. Pour xiii douzaines de chaperons à oyseaulx qu'il a achectez par l'ordonnance dudit s^r, pour les oyseaulx de sa chambre 9 l. 12 s. 6 d. t. Pour l'achapt de deux lits, pour coucher les varletz de la chambre dudit s^r 10 l. t. Et pour la despense de plusieurs charpentiers, menuysiers et autres gens qu'il a convenu faire besongner à toute dilligence jour et nuyt, pour aider à faire la maison de boys dudit s^r au Plessis du Parc, 11 l. 10 s. t. Pour cecy — 61 l. 2 s. 6 d. t.

A Jehan le Villain — pour avoir fait chambrillier de boys une chambre au dessus du retraict dudit s^r en son logeis des Forges, que pour cinquante toises de boys et les pierres, chaulx et sable qu'il a convenu emploier à faire une cheminée en la chambre dudit s^r illec. Comme pour neuf journées de couvreux pour la couvrir, membrure de boys, clou, plusieurs journées de menuysiers et maçons qui ont vacqué pour faire ladicte chambre. Et aussi pour soixante journées de charpentiers qui ont vacqué pour avoir fait les barrières de boys à l'entour du logeiz des Forges, dont ledit s^r a fait veoir les parties, et ne veult cy autre déclaracion en estre faicte — 51 l. 6 s. 10 d. t.

A Collin Colle, sommelier de la Fruicterie — pour ung cierge pesant vi^{xx}l (170) livres de cire; que ledit s' lui a fait faire, et icelluy fait offrir et présenter à sa dévocion à Nostre-Dame de Cléry — 33 l. t.

A Jehan le Couvreux — pour deux douzaines de petis oyseaulx appelés serins, et un volier de fil de fer à les mectre — 100 s. t.

A Jehan Marion, charretier — d'avoir mené et conduit le chariot de la Fourrière, qui maine les litz et autres choses de la chambre dudit s' — 13 l. 3 s. 4 d. t.

A Jaquet Hamelin — pour deux grans chaslitz et ung huys, qui furent rompus pour faire le logeiz dudit s' à Aunoy en Poictou, 7 l. t. Plus, audit lieu, à une autre maison, pour deux autres rompus, 64 s. 2 d. t. Pour douze hommes qui aiderent à habiller lesditz logeiz, 25 s. t. Deux cens et demy de clou, 10 s. t. A Xainctes, pour deux autres chaslitz rompuz pour le logeiz dudit s', 64 s. 2 d. t. Pour cecy — 15 l. 3 s. 5 d. t. (fol. 24vo).

A messire Pierres de Ringles, prestre — pour avoir fourny depuis le vi^e jour de novembre oudit an, mil ccccLxxviii, jusques au ve jour dudit moys de février, de chanevis et autres menues choses pour la despense des petits oyseaulx du Plessis du Parc — 47 s. 6 d. t.

A Mace Prévost — pour neuf douzaines de sonnectes — pour les oyseaulx de sa chambre — 14 l. 17 t.

A Jehan Galant — pour six douzaines d'anelets de léton dorez de fin or — pour mectre ès loges de ses oyseaulx — 60 s. t.

A Denis Rochereau, demourant à Thouars — pour avoir chambrillé de boys toute la chambre dudit s' au chasteau de Thouars — 17 l. 14 s. 8 d. t.

A Loys de Graville — pour le rembourser de pa-

reille somme qu'il avoit baillée du sien comptant au
dit sʳ (le roi) pour faire ses plaisirs et voulentez —
429 l. 18 s. 4. d. t.

A Coppin Sauvage, sellier et targier dudit sʳ — pour
xxvii aulnes de drap gros melle, xvii milliers et demy
de petit clou blanc, deux douzaines de peaulx de
bazenne, qu'il a baillez et livrez par l'ordonnance et
commandement dudit sʳ, pour galefeustrer tous les
huys, fenestres et croisées d'une maison de boys que
ledit seigneur a fait faire au Plessis du Parc.

A Jacotin Blot, menuysier demourant à Tours — pour
ung tabernacle de boys ouvré, qu'il a fait — pour
mectre en la chappelle du Plessis du Parc, pour
asseoir et mectre en icelluy ung ymage de Nostre-
Dame — 24 l. 1 s. 3 d. t.

A Jehan Bordichon, painctre — pour avoir painct
ledit tabernacle de fin or et d'azur — 20 l. 17 s 1
d. t. (fol. 27 v°).

A Gilles Jourdain, victrier, demourant à Tours —
pour deux verrières de trois piez, qu'il a assises en la
chambre de galiote dudit sʳ, et trois penneaulx, pour
mectre en la chambre de son grant chalen — 32 s. 1 d. t.

A René Mesgret — pour auoir vacqué durant le moys
de février, lui viiiᵉ de personnes, à avoir mené la
galiote dudit sʳ, depuis le Pont-de-Sée jusques à Tours
et pour eulx en retourner — 15 l. 7 s. 2 d. t.

A Jehan de Valence, fauconnier — pour avoir fait
mener depuis Valence jusques aux Forges, deux sacres
— 9 l. 12 s. 6 d. t.

A Jehan le Roux — pour deux sangliers vifz — pour
chasser à ses chiens et levriers dedans le Plessis du
Parc — 70 s. (fol. 28 v°).

A Thomas Maubruny — pour avoir fait mener par eaue, depuis le port d'Aussi jusques au Plessis du Parc, ung boucassin sauvage que l'évesque de Grenoble avoit envoyé audit s^r (le roi) — 40 s. t.

A Jehan Forgier, serrurier — pour deux cens chausses trapes qu'il a faictes par l'ordonnance et commandement dudit s^r, pour mectre aux Forges — 4 l. 10 s. t. (fol. 29).

—A plusieurs notonniers qui avoient mené les archiers de la garde dudit s^r, et sa garde robbe, depuis Chinon jusques à Condé—7 l. 8 s. 4 d. t.

A Pierre Regnault, Jehan Adrean, Philippe le Clerc, Jehannet Cordon et Perrotin Lombel, tous maçons, demourans à Bethune — pour les récompenser de la despense qu'ils avoient faicte pour estre venus devers ledit s^r à Saint-Fleurent par Saumur, et pour eulx en retourner au Plessis du Parc, ou ilec ledit s^r les envoye besongner de leur mestier—91. 12 s. 6 d. t. (fol. 29 ^{vo}).

— A plusieurs maçons qui ont habillé et mis à point les huisseries, chaussespiez et les cuysines du logeiz des Forges, où ilz ont vacqué par plusieurs journées. Et aussi pour avoir fait nectoier ledit logeiz et mener les terres aux champs. Et avoir fait couper du boys, et icellui avoir fait amener audit lieu, pour faire chauffer les chambres dudit logeiz durant ledit voyage que ledit s^r a fait à Nostre-Dame de Behuart—11 l. 7 s. 11 d. t.

A Estienne Veau, demourant à Tours — pour ung cierge pesant vii^{xx}xii (152) livres de cire, que ledit seigneur a fait prandre et achecter de luy, et icelluy offrir et présenter à sa dévocion devant Nostre-Dame de Pitié à Tours — 38 l. t.

A Pierre Regast, — pour ung autre cierge pesant
viixx (120) livres de cire — et icelluy fait offrir et présenter devant Nostre-Dame de Cléry, en faveur de ma
dame Anne de France, dame de Beaujeu — 30 l. t.

(Une cheminée mise à une maison de bois au cha-
lent du roi — fol. 32).

A Estienne du Boys—pour trois voyages qu'il a faiz
— de Chinon à Thouars, pour ilec faire prendre par
les gens du pays des lièvres vifz, pour iceulx faire
mener en la garenne de Chinon. — Item, pour avoir
esté en Brehemon, pour faire prendre des perdriz
visves, et icelles faire porter toutes visves alentour des
Forges, pour faire voller les oyseaulx audit seigneur.

A Guillaume du Jardin, tapissier dudit sʳ — pour
douze arcs à jalets, où il y avoit à chascun un fer ou
millieu — 28 l. 10 s. t. Item, pour six arbalestres
d'acier à jalets, le poliez à les bender, cordes et autres
choses à ce nécessaires—30 s. Item, pour deux moles
à faire jalets, 24 s. t. Et pour quatre milliers de jalets
à tirer des diz arcs et arbalestes, 6 l. t. Pour cecy —
75 l. 14 s. t. (fol. 34).

A Estienne Advenat, escuier de Cuysine — pour le
rembourser de pareille somme qu'il avoit baillée du
sien, en l'année précédente, à deux cirurgiens qui
avoient vacqué par l'espace de quatre moys, et plus
pour avoir pensé et habillé ung des levriers dudit sʳ —
16 l. 10 s. t.

A Jehan Bourdichon, paintre et enlumineur, demourant à Tours — pour six papiers d'or fin à faire or
bruny, pour mectre et employer à enricher ung tabernacle de boys à l'embassement d'icelluy, que ledit
seigneur a fait mectre en la chappelle du Plessis du

Parc. Ouquel avoit une ancienne ymage de Nostre-
Dame que ledit s^r (le roi) fait porter après lui à sa dévocion — 45 l. t,. Item, pour les peines de luy et de
son compaignon de son mestier, qui ont besongné audit tabernacle, où ils ont vacqué l'espace de quinze
jours entiers, pour l'avoir doré et enrichy, 25 l. t.
Pour asur fin, mis et employé oudit tabernacle, 6 l.
8 s. 4 d. t. Pour avoir paint de vert les costez, les
alees et le derrière, la somme de 64 s. 2 d. t. Pour les
ass. (assiettes?) de l'or burny et l'avoir fait de coulleur,
et autres estoffles neccessaires 40 s. t. Pour cecy —
81 l. 12 s. 6 d. t. (fol. 35).

A Mau Prévost — pour viii douzaines de sonnetes
— pour les oyseaulx de sa chambre (le roi) 13 l. 14 s. t.
Pour six grans gans de chamoys à porter oyseaulx,
4 l. 16 s. 3 d. t. Et pour deux grans peaulx de cuir
de chien tenné, à faire des getz aux oiseaulx, 40 s. t.
Pour cecy — 20 l. 3 d. t.

A maistre Laurens Volvic, canonnier dudit seigneur — pour ungs grans fers trampez, à double
fereure, et une grant chesne à sonnecte au bout, qu'il
a faiz et livrez ou mois de may mil cccc lxxviii, pour
enferrer messire Lancelot de Berne, 34 l. t. Pour deux
fers à grans chesnes et boulles, pour enferrer deux
prisonniers d'Arras, que gardoit Henry de la Chambre,
6 l. t. Pour ung fers, rivez à chascun une chesne et
une bolle, pour deux francs archiers, 6 l. t. Pour ungs
fers, rivez à chascun une chesne et une boulle, livrez à
Jehan Blosset, 60 s. t. Pour ungs fers crampes à double
serrure, avecques une chesne et une sonnete au
bout, et pour brasselet, pour autres prisonniers 34 l. t.
Pour ungs fers rons à crampes, à chesne longue et une

sonnete au bout, et un brasselet à bouter deux hommes
ensemble, pour garder de nuyt, 13 l. t. Pour trois fers
fermez à locquetz, à chascun une longue chesne et une
sonnete au bout, pour enferrer des prisonniers que le
maistre d'ostel Estienne avoit en garde, 60 l. t. Pour
ung locquet pour les fers d'un prisonnier nommé
Labbé, 60 s. t. Pour ung treilliz de fer pour mectre
en la prison du Plessis du Parc, 60 s. t. Pour deux fers,
rivez à chascun une chesne et une boulle de fer, 6 l. t.
Pour xvi tilbelles, vallant chascune 4 l. 16 s. 3 d. t., et
pour trois doubles ponderons à 64 s. t. la pièce, livrées
par l'ordonnance dudit seigneur (le roi) à Mᵉ Olivier,
86 l. 12 s. 6 d. t. Pour ungs fers à bouter les deux bras,
les jambes, et à bouter au col et parmy le corps, pour
ung prisonnier, 25 l. t. Pour cecy, et par vertu dudit roole
du Roy et quittance dudit Laurens Volvic, escripte le
xvᵉ jour d'avril mil ccccLxxix, après Pasques, cy rendue,
ladicte somme de 269 l. 12 s. 6 d. t. (fol. 35 vᵒ).

A maistre Loys Tindo, conseiller et secrétaire des
finances — pour le rembourser de pareille somme qu'il
avoit baillée du sien par l'ordonnance et commandement dudit seigneur, à maistre Estienne Rouffe, pour
luy aider à supporter la despense qu'il luy convenoit
faire par l'ordonnance dudit seigneur devers les anciennes lignes des Haultes Almaignes, pour aucuns ses
affaires — 18 avril 1479 — 64 l. 3 s. 4 d. t. (fol. 36).

A Jehan Galant — pour six vervelles d'argent ren-
forcées, dorées et esmaillées à fleur de lys — pour
mectre ès getz des oyseaulx de sa chambre — 15 l. t.

— Pour avoir mené dedans ung basteau les toilles de
chasse dudit seigneur, de Tours jusques au port de
Ringny — 64 s. 2 d. t.

A Pierre de la Mothe, demourant à Chien (*lis*. Gien)
— pour huit pourceaulx-sangliers privez — pour faire
chasser à ses levriers dedans le Plessis du Parc —
13 l. 18 s. 4 d. t.

— Pour xii petits oyseaulx appellés serins — 40 s. t.

A Julien Millet, notonnier — pour avoir passé et
repassé ledit seigneur (le roi) au port Saint-Fiacre, dedans sa galiote, et autres bateaulx de monseigneur de
Bourbon, les archiers de sa garde, et autres qui estoient
avecques luy — 30 s. t.

A maistre Laurens Volvic — pour avoir fait faire au
Plessis du Parc trois forges à faire une caige de fer
que ledit seigneur (le roi) y avoit ordonné faire faire
— 15 l. 3 s. t. (fol. 40).

Nota. Ce compte s'arrête là brusquement. Il y a lacune entre
folio 40 et le folio 41 qui commence le compte qui suit.

Compte cinquiesme de maistre Pierre Symart —
pour ung an entier, commançant le premier jour
d'octobre mil cccc lxxix, et finissant le derrenier jour
de septembre ensuivant mil cccc iiii^{xx}.

Summa totalis Recepte presentis compoti, per se
16 000 l. tournois.

Despense de ce présent compte.

Et premièrement.

Deniers paiez à gens qui en doivent compter (rien).

Deniers baillez comptant au feu roy Loys (fol. 42 v°).

A luy plus, comptant, le xe jour d'avril ensuivant,
mil cccc iiii^{xx} après Pasques, la somme de trente-trois
livres, dix-neuf sols, quatre deniers tournois, en
xv escus d'or de xxxii s. 1 d. t. pièce, et vi escus au
souleil, pour faire ses plaisirs et voulentez.

A lui encore, comptant, le jeudi absolut, dixicsme
jour dudit mois d'avril, la somme de deux cens
soixante-unze livres deux solz, ung denier tournois,
en viii^{xx} ix (169) escuz, que ledit seigneur a donnez et
distribuez à xiii poures, qui ont esté et servy au Mandé
dudit seigneur dudit jeudi absolut, qui est à chascun
xiii escuz (fol. 44 v°).

PRIMA GROSSA. *Summa denariorum Regi traditorum*
2427 l. 8 s. 1 d. tournois (fol. 46).

Gaiges ordinaires (fol. 46 v°).

Summa vadiorum officiariorum 1724 l. tournois.

Nota. Il y a ici une lacune de 35 feuillets entre les folios 47 et 48.

A maistre Loys le Mareschal, notaire et secretaire dudit seigneur — c'est assavoir 71 l. t. qu'il a baillez audit seigneur ou voyaige qu'il a fait partant de Tours à Arras, pour mener le conte de Poulain devant le seigneur de Baudricourt, et 48 l. 2 s. 6 d. t. qu'il a baillé audit conte, pour luy achecter une hacquenée. Pour cecy — 119 l. 2 s. 6 d. t. (fol. 48).

A Jehan de Puysieulx, dit Monseigneur, varlet de Fourrière — pour avoir fourny par chascun jour d'orignaulx (pots de chambre) et deux livres et demye d'estouppes de lin, par tous les lieux où ledit seigneur (le roi) a esté, durant le mois de février oudit an, pour servir en ses chambres et retraict — 11 l. 16 s. 9 d. t.

— Pour le payement des grans retz à prandre bestes sauvaiges — 12 l. t.

— Et pour douze chandelliers de platine de fer, pour mectre au logeiz de Bonne-Adventure (fol. 50).

A Jehan Lorrin — pour trois lièvres vifz et ung regnart vif, qu'il a présentez et baillez audit seigneur, pour faire chasser à ses chiens et levriers du Plessis du Parc — 6 l. 8 s. 4 d. t.

A messire Pierre de Ringières, prestre — pour avoir nourry des pijons qu'il (le roi) lui avoit baillez en garde au Plessis du Parc, et pour avoir fourny ce qui leur estoit néccessaire durant ung an et demy, 6 l. 8 s. 4 d. t. Et pour avoir acheté des petits penniers et des

coulombiers pour mectre lesdiz pijons, 32 s. 1 d. t.
Pour cecy — 8 l. 5 d. t.

A Coppin Sauvaige, sellier et targier dudit seigneur
— pour avoir garny de cuir rouge la trompecte dudit
seigneur. — Et pour la bourre de serf qu'il a baillée
pour faire des coussinets pour coucher les petis
chiens. —

A Jaquet Francoys, faiseur d'imaiges, et Jehan
Bourdichon, paintre et enlumineur — Cestassavoir,
audit Jaquet, pour une ymaige de boys de monseigneur saint Martin à cheval et le povre, qu'il a fait et
livré par l'ordonnance dudit seigneur, durant le mois
de mars oudit an, pour mectre en la chappelle du
Plessis du Parc, xviii escuz d'or.

Audit Bourdichon, pour avoir estoffé et paint ledit
saint Martin, le cheval et le povre, de fin or moulu et
de fin azur et autres couleurs riches, xx escuz d'or.

Plus, audit Bourdichon, pour avoir fait escripre ung
livre en parchemin, nommé le Papaliste, icelluy enluminer d'or et d'azur, et fait en icelluy dix-neuf his-
toires riches. Et pour l'avoir fait relier et couvrir,
xxx escuz d'or. Pour cecy — 109 l. 1 s. 8 d. t.
(fol. 53).

A Vincent Laumosnier — tant pour la despense que
on a faicte en la ville de Tours pour deux hommes et
huit levriers qui avoient esté admenez d'Escose, par
l'espace et temps de deux jours entiers, comme pour
avoir fait mener l'un desdiz lévriers dudit lieu de
Tours à Montbason — 100 s. t.

A luy plus — pour huit estrilles de boys ferrez, qu'il
a bailleez pour fournir à nectoyer les levriers dudit
seigneur — 40 s. t.

A Jehan Vendehard — pour quatre caiges — pour metre quatre passes sollitaires au Plessis du Parc — 28 s. t.

A Jehan Bernard, passaiger au port Saint-Cire — pour avoir passé et repassé oudit mois, les chevaulx et hacquenées dudit seigneur, quant il alloit à la chasse — 60 s. t.

A Claude Lesbahy — pour quatre-vings-sept aulnes de toille — pour servir et faire le Mandé dudit seigneur (le roi) le jeudi absolut. C'est assavoir xvi aulnes fine toille pour la personne dudit seigneur, de ses chambellans et autres seigneurs estans audit Mandé; qui vallent à 16 s. 6 d. t. l'aulne, 11 l. 12 s. t. Pour xlv aulnes d'autre toille de lin, pour les chantres, chappellains et autres gens estans audit Mandé, à 7 s. 6 d. l'aulne, vallent 16 l. 17 s. 6 d. t. Pour xxvi aulnes d'autre grosse toille pour donner aux xiii povres dudit Mandé, à la raison de 3 s. 6 d. t. l'aulne, 4 l. 11 s. t. Pour cecy — 33 l. 6 d. t.

A Robert Gaultier, tapissier dudit seigneur — pour arcs à jalets où il y a un fer ou milieu — 12 l. 16 s. 8 d. t. Pour quatre milliers de jaletz, 6 l. t. Pour ung arbre à mectre une arbalestre, 32 s. 1 d. t. Pour deux marteaux à tendre la tapisserie, 20 s. t. Pour cinq milliers de crochets, 10 l. t. Pour ung quarteron de grans crochets, 20 s. t. Pour avoir fait habiller les bossettes de petites chezes à bastons, 5 s. t. Et, en corde pour les arbalestres, 20 s. t. Pour cecy — 33 l. 13 s. 9 d. t. (fol. 55 v°).

Nota. Il y a ici une lacune de quatre feuillets, entre les folios 55 et 56.

A Guillaume Genou et Nicolas Prieur — pour avoir porté en deux panniers plusieurs eaues neccessaires pour servir à la personne dudit seigneur (le roi), par tous les lieux où il a esté, depuis le viiᵉ jour de janvier oudit an lxxix, jusques au pénultime jour de may ensuivant — 12 l. 10 s. t. (fol. 56).

A Guillaume Chaloury, varlet de fourrière dudit seigneur, la somme de deux cens quarante-une livre, quinze sols, quatre deniers tournois, que ledit seigneur lui a ordonnez oudit mois, pour le rembourser de pareille somme qu'il a baillée du sien par l'ordonnance et commandement dudit seigneur. C'est assavoir 75 l. 13 s. 5 d. t. pour le fait de ses logeiz en plusieurs lieux où il a logié, depuis le xxiiiiᵉ jour de may oudit an, jusques à la fin du mois de juing ensuivant oudit an, en boys long et quarré, chaulx, sable, plastre, pierre quarrée, ferrures, cloux, verroulx, chaslitz, huys, fenestres. Et pour avoir fait chambriller et gallefeustrer les chambres dudit seigneur ès diz logeiz; que pour les sallaires de plusieurs charpentiers, menuysiers, maçons, maneuvres et autres qui ont besongné ès diz logeiz. Et 166 l. 1 s. 11 d. t. pour le fait du logeiz dudit seigneur à la Curée, en Gastinois. C'est assavoir, en iiiiᶜ l ais, à faire plancher et chambriller les chambres, huys, fenestres, iiiiˣˣ d'autre boys à faire des ostevens au-dessus des fenestres, iiiiᶜ v membrures de boys à faire chaslitz et autres choses, sept milliers de grant clou et six milliers sept cens de moien à clouer, douze milliers sept cens de carreaulx à carreler trois grans chambres et la chappelle, ung millier de tuille à couvrir les lucarnes, une viz à monter ès chambres, xxvi chevrons pour faire ladicte viz,

vi^{xx} xiii (133) journées de charretiers pour oster les
fiens et les pierres qui estoient en la court et alentour
de la maison, xl journées d'autres charretiers pour
avoir mené les choses dessusdictes de Montargis à
Chasteau-Landum et ès villes d'environ jusques audit
lieu de la Curée, cent sept journées de menuysiers et
charpentiers, cinquante journées de maçons, pour
faire et habiller lesdiz logeiz, xiiii mains de pappier à
faire chassiz et gallefeustrer, deux tables, deux bancs,
quatre chenets de fer, six journées de couvreux, plusieurs journées de serruriers, et avoir fourny et garny
les huys, fenestres, et autres choses — Pour cecy —
241 l. 15 s. 4 d. t. (fol. 56 v°).

A Daniel Lebart — (travaux analogues, au chateau
de Vincennes) — « Verrines — et y avoir mis des hys-
toires à plusieurs. Pour avoir habillé la fontaine dudit
lieu. »

A Guillaume du Jardin, tappissier — pour dix douzaines de lesses de leine tainctes — pour les chiens et
levriers dudit seigneur—16 l. 10 s. t. Pour cinq milliers
de crochets à tendre la tappisserie — 10 l. t. Ung
quarteron de grans crochets, 20 s. t. Six escrans de
parchemin, 60 s. t. Pour avoir fait habiller les cordes
et arbalestres à jalets dudit seigneur, et les guindas,
30 s. t. Pour avoir fourny de coq mante et autres
herbes, pour mectre ès chambres et retraict dudit seigneur, pour nectoyer ses chiens durant les moys de
may et juing — 7 l. 12 s. 6 d. t. — Pour cecy — 39 l.
3 s. 4 d. t. (fol. 58 v°).

A Jehan le Creant, demourant à Boutigny, et Daniel Lebart — pour le fait de son logeiz (le roi) en sa
maison de Bel Esbat, durant le mois de may, tant pour

habiller et mectre à point une des chambres dudit
lieu où le feu avoit esté, et y avoir fait faire plusieurs
victres neufves et mectre ès vielles victres plusieurs
lozenges de voirre. Pour avoir fait faire plusieurs huys,
fenestres, et mis à point les vieux, et avoir fait habiller
les croisées et serruries, et fait faire plusieurs œuvres
de maçonnerie, et fourny de chaulx, plastre, quarreau et autres choses à ce neccessaires, et paié plusieurs journées de maçons, charpentiers, serruriers et
menuysiers. Comme pour ung paliz de boys de xi.
toises de long, que ledit sieur a fait faire et mectre
alentour de ladicte maison. Pour cecy — 84 l. 5 d. t.
(fol. 59).

— Pour le fait de ses logeiz à Corbueil et Tramblay
et en la commanderie de Saint Jehan près dudit lieu,
durant ledit mois de may — 55 l. 8 s. 5 d. t.

A Nicolas Mesnagier, fourrier dudit sieur — Cestassavoir une maison de boys qu'il a fait faire par l'ordonnance et commandement dudit sieur, luy estant
à Corbueil, pour mectre dedans ung basteau pour
aller par eaue dudit Corbueil à Paris — 31 l. 19 s.
8 d. t.

A Guillot Coquillart, notonnier, la somme de unze
livres tournois que ledit sieur lui a ordonnée, pour lui
iii⁰ de personne et deux chevaulx à tirer le basteau;
pour avoir conduit et mené ledit sieur dedans ledit
basteau, depuis Corbueil jusques à Paris, où ils ont
vacqué, tant à aller, séjourner au pont de Charenton
par l'ordonnance dudit sieur, que retourner audit
Corbueil, par l'espace de xii jours entiers. Pour cecy
— 11 l. t. (fol. 60).

A Colinet Germain — pour deux voyaiges de Ner-

24

ville et de Citeaulx jusques à Fréteville, quérir xviii hérons, pour faire voller aux oyseaulx dudit sieur.

A maistre Olivier le Dain — pour le rembourser de pareille somme qu'il a baillée du sien audit sieur (le roi) en xiv escuz d'or, pour faire ses plaisirs et voulentez — 25 l. 13 s. 4 d. t.

A maistre Pierre Doyac — pour la conduicte et despense d'un lévrier qu'il a fait mener par l'ordonnance dudit sieur, de Milly en Gastinoys jusques en Poictou, devers l'évesque d'Evreux, pour le luy garder — 4 l. 16 s. 4 d. t.

A Nicolas Mesnagier, varlet de Fourrière — pour avoir envoyé deux hommes à cheval, de La Mothe d'Esgry à Paris et Prouvins, quérir des rozes et boutons. Où il y ont vacqué, tant à aller que retourner, dix jours entiers. Pour avoir envoyé de ladite Mothe d'Esgry à Orléans, quérir six hommes victriers — pour avoir fourny de verrerie, plomb, verges de fer et clou, pour faire des victres neufves audit lieu de La Mothe, et avoir habillé les vielles — 27 l. 12 s. 8 d. t. (fol. 62).

A Guillaume du Jardin — pour avoir fait porter de Montargis et de Nemours jusques à la Mothe d'Esgry, huit caiges à mectre petiz oyseaulx — 60 s. t.

A Guillaume Galleran, procureur à Puiseaulx — pour une grant loge de boys que ledit sieur (le roi) a fait faire pour mectre au parc près Puyseaulx — 42 l. 1 s. 7 d. t.

A Guion Moireau, appothicaire dudit seigneur — pour le paiement de plusieurs parties d'appothicairerie, drogues, médecines, espices de chambre et autres choses, qu'il a baillées et livrées pour la personne dudit seigneur et plusieurs officiers et autres malades, lesquelz ledit seigneur a fait penser durant le mois de novembre, décembre et janvier mil cccc lxxix. Comme pour plusieurs parties d'oignemens, lavemens, em- plastres, pouldres, qu'il a pareillement baillées et livrées par l'ordonnance et commandement dudit seigneur, pour habiller et médéciner ses chiens et levriers, qui estoient bléciez et malades — 651 l. 14 s. 8 d. t. (fol. 63 vº).

A Guillaume du Jardin, tapissier dudit seigneur — pour avoir fait mener le lit de vent dudit seigneur (le roi) de la Mothe d'Esgry jusques à Paris, pour ilec le faire habiller et y faire un soufflet neuf, 20 s. t. — Pour ung homme et ung cheval, pour avoir porté le lit de vent dudit seigneur, de La Mothe d'Esgry jus- ques à Clereau près Vendosme.

Pour avoir fait apporter de Tours jusques à Bray- Conte-Robert, ung grant cuir de Ongrie, pour mectre sur le lit dudit seigneur 60 s. t.

Pour avoir fait porter ung ciel qui estoit demouré à Pluviers à l'occasion de ce que Chambellain estoit demoré malade, 10 s. t.

Pour avoir fourny durant ledit mois de juillet et aout, oudit an, de coq mente et autres herbes, pour mectre ès chambres et retraict dudit sieur, 2 s. 6 d. t. par jour, vallent 7 l. 15 s. t. Et pour gresne de ge- neuvre, 5 s. t. (fol. 65).

A Jehan Douault — pour avoir fait mener de Cor- bueil au pont de Charenton, dedans un basteau, les chiens dudit sieur appelez *les Frians*, 32 s. 1 d. t.

A Jaques Thiercelin, seigneur de La Roche, con- seiller et chambellan dudit seigneur, et cappitaine du

Plessis du Parc — pour avoir fait mener dedans une charecte ung prisonnier, nommé le bastard de Choisy, accompaigné de cinq hommes et cinq chevaulx, à le conduire dedans ledit Plessis, jusques à Pluviers en Gastinoys, devers ledit seigneur (le roi) où ilec il avoit fait venir. Et pour avoir fait mener ung autre prisonnier, allemant, dedans une charète, accompaigné d'autres cinq hommes et cinq chevaulx, pour le conduire dudit lieu du Plessis jusques à Vieville, près Orléans — 15 l. t. (fol. 66).

A Nicolas Mesnagier, fourrier dudit seigneur. — Et pour un retraict qu'il a fait faire par l'ordonnance dudit seigneur à barres de fer, garny de drap, et d'un estuy de cuir, avecques ung bacin pour servir audit seigneur, et pour avoir fait tout porter, de Tours au Puy-Nostre-Dame. —

A Guérard du Buisson, escuier de Cuysine — à plusieurs hommes qui ont aidé à faire faire les pippées pour prandre plaisir audit seigneur durant le mois de juillet, et aussi pour avoir achecté des serpens et de la gluz —

— A Jehan Herbelot, varlet de chambre dudit seigneur — pour le rembourser de pareille somme qu'il a baillée du sien audit seigneur (le roi) pour donner à une povre femme près Pluviers, luy estant en sa maison au jour de la chasse — 66 s. t.

A Jehan de Meautis — pour avoir fait porter par ung homme dedens ung pennier, une chienne que ledit seigneur (le roi) lui avoit baillée en garde, et cinq petits chiens, par tous les lieux ou il a esté depuis le xxie jour de may, jusques au xe jour de juillet en suivant, oudit an mil cccc iiii^xx. Et depuis les avoir fait porter par ung homme, de La Mothe d'Esgry à Paris et à Claye près Vendosme — 9 l. 12 s. 6 d. t.

A Colinet Germain — pour xxvi congnins, qu'il a achectez en plusieurs lieux par l'ordonnance dudit seigneur pour donner à ses faucons —

A Jaquet Adet — pour l'avoir guidé (le roi) durant le mois de juing oudit an, du Boys de Vincennes jusques à Saint Denis et de là à Louviers (*lisez*: Louvres en Parisis) 32 s. 1 d. t.

A Jehan Martin — pour avoir fait mener en quatre charectes, quatre grans lévriers venuz du pays d'Escosse, de Montargis à la Curée, et de là à La Mothe d'Esgry — 73 s. t.

A Mace Prévot — pour douze grans gans de chamois qu'il (le roi) a faire prendre et achecter de luy pour porter ses oyseaulx — 66 s. t.

A Estienne Durant et Jaquet Congié, menuysiers demourans à Orléans — pour avoir fait une maison de boys dedans ung basteau, pour aller par eaue d'Orléans à Cléry et autres lieux — 12 l. 5 s. 5 d. t.

A Estienne Vivier, notonnier — pour avoir mené dedans ung basteau, depuis Orléans jusques au Plessis du Parc, Guillaume Chaloury, varlet de Fourrière dudit seigneur et une pie dedans une grant caige, pour bailler en garde au cappitaine du Plessis du Parc — 40 s. t. (fol. 69 v°).

A Pierre Cornier, serrurier — pour xxiiii grans chandelliers de fer, et xxiiii grans crochets de fer à les pendre, que ledit seigneur a fait prendre et achecter de luy, pour mectre ès chambres du Plessis du Parc — 100 s. t.

A Lancelot Bertran, archier de la garde — pour

avoir fait mener par charecte ung prisonnier, nommé
Jacques Carondelay, qu'il l'avoit en garde de par ledit
seigneur, par tous les lieux ou ledit seigneur (le roi)
a esté, durant les mois de juillet, aout et septembre,
oudit an — 10 l. 14 s. 7 d. t. (fol. 70 v°).

A Jehan du Boys — 64 s. 2 d. t. pour avoir fait faire
ung pont de boys par l'ordonnance dudit seigneur sur
la rivière de Chasteaulendon, pour le passer et repas-
ser pour aller à la chasse durant le mois de juillet
oudit an. Et 6 l. 8 s. 2 d. t. qu'il a baillez par l'ordonnance dudit seigneur à ung breton, lequel avoit
présenté audit seigneur deux levriers — 9 l. 12 s.
6 d. t. (fol. 71).

A Ymbert Boesselier, verdier de la forest de Chinon
— pour une grant truye sauvage qu'il avoit nourrie
long temps, laquelle ledit seigneur à fait chasser à
ses chiens et levriers — 4 l. 16 s. 3 d. t.

A Jehan Hubert — pour six grans pourceaulx sangliers, qu'il (le roi) a fait prendre et acheter de luy,
pour faire chasser à ses chiens et levriers — 9 l. 12 s.
6 d. t.

A Regnault des Marets — pour luy aider à vivre et
soy entretenir à la garde des daings que ledit seigneur fait nourrir au Plessis du Parc, jusques à ce
qu'il soit appoincté de ses gaiges — 9 l. 12 s. 6 d. t.

A Colas Dichembecque — pour supporter la despense que faire luy conviendra à aller d'Esclonnes à
Tournay, où ledit seigneur (le roi) l'avoit envoyé
pour ses affaires et pour lui apporter lettres du pays
(quittance du 20 octobre 1482) 12 l. 16 s. 8 d. t.
(fol. 72 v°).

A Jehan Courtois — pour avoir mené et conduict

par l'ordonnance dudit seigneur ung prisonnier de Bretaigne, et avoir fourny à la despense de luy et de six
hommes et six chevaulx pour le conduire depuis La
Mothe d'Esgry jusques à Orléans, où il a baillé en
garde de par ledit seigneur au prévost dudit lieu (quittance du 2 juillet 1480) 60 s. t.

A maistre Estienne Gassault, notaire et secretaire
dudit seigneur — pour la despense d'un homme, lequel a gardée et nourrye une chièvre appellée *my-
gnonne* et six de ses petis —

. A Jaques le Camus — pour l'achapt de certaine
grant quantité de perdriz vifves que ledit sieur a fait
prendre et achecter ou pays de Lymosin, icelles faire
mener en grandes caiges pour mectre en la garenne de
Chinon — 420 l. t. *sic* (fol. 75).

A Guion Moireau, appothicaire dudit seigneur —
pour le paiement de plusieurs parties d'appothicairerie qu'il a baillées et fournies par l'ordonnance et
commandement d'icellui seigneur, durant les mois
de juillet et aoust mil cccc lxxix, tant en espices, dra-
gées, confitures et autres choses, pour faire les colla-
cions dudit seigneur, et de chambre, appothicaireries,
drogues et médicines pour la personne dudit seigneur.
Et plusieurs autres drogues, emplastres, oignemens
et autres mesmes choses, qu'il a pareillement baillées
pour guérir les chiens et levriers dudit seigneur. Que
pour autres drogues et médicines qu'il a fournies par
l'ordonnance dudit seigneur à plusieurs seigneurs et
autres gens malades que ledit seigneur a ordonné faire
penser — 437 l. 8 s. 8 d. t.

Tercia grossa. *Summa denariorum per ordinacionem*

regis traditorum 10348 l. 9 s. 2 d. ob. tournois
(fol. 75 v°).

Dons et Recompensacions (fol. 76).

A Simon Thoyart et Arnault Trippet, du pays de
Bourgongne — en faveur d'aucuns grans services
qu'ilz avoient faicz audit seigneur (le roi) — 48 l. 2 s.
6 d. t.

A Jehan Jolin, serviteur de Jehan Drouyn, bailly
d'Amyens — pour dix douzaines de chapperons à oyseaulx qu'il a présentez et livrez audit seigneur —
16 l. 10 s. t.

A Guyenne, Verry, Montsenys, héraulx d'armes
dudit seigneur, Charles, et Jehan Trompectes, Pierre
de Molins, Pierre Servoyse, Clément Estienne et Petit
Jehan Trotelou, frères, Barthelemy des Marets et Pierre
de Nellan, ses trompectes, la somme de cent livres
tournois, que ledit seigneur leur a donné pour leurs
estraines du premier jour de l'an —

A frère Pierre Bahoul — pour supporter la despense que faire luy conviendra pour aler où ledit seigneur l'envoye, partant de Tours, devers le gouverneur de Bourgongne — 16 l. 10 s. t.

A Guillaume Arnault Danse, serviteur du chastellain
d'Amposte du pays d'Arragon — en faveur de ce qu'il
estoit venu dudit pays devers ledit sieur pour lui apporter lettres de par ledit chastellain d'Amposte, pour
aucuns ses affaires. Et pour s'en retourner oudit pays
— 80 l. 8 s. 4 d. t.

A Henry Flequerie, des Souysses, hérault d'armes
du pais d'Almaigne — en faveur d'aucunes nouvelles

qu'il luy a apportées (au roi) dudit pays (quittance du
17 janvier 1479 v, s.) 32 l. 1 s. 8 d. t.

A Guillemecte du Luys, sirurgienne — en faveur
d'aucuns services qu'elle lui a faiz (au roi) 19 l. 5 s. t.
(fol. 77).

A Robin Touchet et Jehan Hamelin, enffans de la
Cuysine — en dix escus d'or que ledit seigneur leur a
donnez et ordonnez oudit mois de février, pour le
jour de Karesme prenant — 16 l. 10 d. t.

A Bertran Gouyon — pour lui aider à supporter la
despense que faire lui a convenu en ung voyage qu'il
a fait par l'ordonnance dudit seigneur en aucuns lieux
ou il l'a envoyé pour ses affaires — 160 l. 8 s. 4 d. t.

A Gabriel Bertran, escuier — en faveur de ce qu'il
luy a apportez du pays d'Oultremer, ung oyseau thunissien et deux tourtres blanches — 48 l. 2 s. 6 d. t.

A maistre Chrestien Castel, médecin — en faveur
de plusieurs voyages qu'il a faiz par l'ordonnance et
commandement dudit seigneur durant ledit mois d'a-
vril, partant de Tours pour aller à Chinon, pour illec
veoir et visiter le cardinal Balue, et autres, qui estoient malades — 80 l. 4 s. 2 d. t.

A maistre Hauft, Hinfferlin, Wilhelm Roiderstien
Jeig Hengenhiet Bousilenge, maistre Migrass Wosolo-
dien, maistre caconniers (sic) suisses, la somme de
vingt livres tournois que ledit seigneur leur a donnez
et ordonnez ou mois de juing oudit an, pour supporter la despense que faire leur conviendra pour aller
devers les maistres de l'artillerie, où ledit seigneur les
envoye, pour le servir ou fait de l'artillerie — 20 l. t.

A Hauffe Huifferly, Willem Widerstein, Georges
Harenbiert et Michel Waller, du pays d'Almaigne,

semblable somme de vingt livres tournois, que ledit seigneur leur a donnez et ordonnez ou mois de juillet oudit an, mil cccc quatre vings, à Buno près Milly en Gastinois, ou mois de may, pour supporter la despense que faire leur conviendra pour eulx en retourner à Paris, devers leurs compaignons, où ledit seigneur les envoye — 20 l. t.

A Jehan Bel-Serviteur, dit Craffort, anglois — en faveur de ce qu'il lui avoit apporté lettres de par le Roy d'Angleterre, et de ce qu'il lui a donnez et présentez deux chiens — 80 l. 4 s. 2 d. t. (fol. 79).

A Hansse Symerment, natif du pays d'Almaigne — en faveur d'aucuns services qu'il a fais audit seigneur — 32 l. 1 s. 8 d. t.

A Ymbert de Baulx, du pays de Dauphiné — en faveur de ce qu'il lui a présenté ung chien, lequel il luy avoit amené dudit pays — 6 l. 8 s. 4 d. t.

A Raubinet Sanze — pour ung oyseau appellé thunissien, qu'il avoit présenté et donné audit seigneur — 6 l. 8 s. 4 d. t.

QUARTA GROSSA. *Summa Donorum* 940 l. 9 s. 7 d. tournois.

Gaiges d'officiers (fol. 80 *bis*).

Audit maistre Pierre Symart — 800 l. t.

QUINTA GROSSA. *Summa Vadiorum* 800 l. tournois.

Achapt d'escus (fol. 81).

A maistre Pierre Symart — 27 l. 10 s. t.

SEXTA GROSSA. *Summa per se* 27 l. 10 s. tournois.

Despense commune (fol. 81 v°).

Pour papier et parchemin — 15 l. t.
Pour la façon et escripture de ce présent compte et
du double d'icelluy — 16 l. 8 s. t.

Summa Expense communis 31 l. 8 s. t.
Summa totalis Expense presentis compoti
16299 l. 4 s. 10 d. ob. tournois,
Ei 299 l. 4 s. 10 d. ob. tournois.
Et per compotum precedentem debetur Regi
3631 l. 3 s. 1 d. tournois.
Sic restat quod debetur Regi 3331 l. 18 s. 2 d. ob. t.
Portantur in fine status compoti immediate sequen-
tis. Sic quicti hic, vidua et heredes.
Auditus et ad burellum clausus ut precedens, vide-
licet xix^a die aprilis m° nonagesimo sexto, post pasca.

Compte sixiesme de maistre Pierre Symart—pour ung an entier, commançant le premier jour d'octobre mil cccc quatre vings, et finissant le derrenier jour de septembre ensuivant, mil cccc quatre vins uns — (fol. 82).

Summa totalis Recepte 17703 l. 1 s. 8 d. tournois.

Despense. Et premièrement *deniers baillez comptans audit feu Roy* (fol. 83).

A luy (au Roy) plus, le xviie jour de septembre ensuivant, la somme de six livres, huit solz, quatre deniers tournois, en iiii escuz d'or audit pris, pour convertir en la couverture de ses livres de Froyssar, lesquelz il a fait couvrir de nouvel (fol. 84).

... Pour deux offrandes, chascune de xxxi escus d'or, que ledit seigneur a envoyé offrir et présenter à sa dévocion à Notre-Dame du Puy, en Anjou.

A luy (le Roi) plus, comptant, la somme de soixante dix-sept livres, cinq sous tournois. C'estassavoir, le xiiie jour d'octobre derrenierement passé, luy estant à Chissé, 12 escuz d'or, à 32 s. 6 d. t., comprins 5 d. t. pour l'achapt de chascune pièce; le xiiiie jour dudit mois, luy estant au Pont de Sauldre, 20 escuz d'or, à pareille raison, pour faire ses plaisirs et voulentez. Et vingt cinq livres tournois pour l'achet de 20 escuz d'or, à la dicte raison, qui furent baillez audit seigneur, en monnoie, pour le parfait de la rençon de Martin de Paris, lesquelx furent convertis en escuz, pour donner à son plaisir (fol. 85).

A lui plus—c'estassavoir durant le mois de février, luy estant à Saint Joyn, pour donner à ung prestre pour aller quérir ung faulconnier en Flandres, deux escuz. Item, à ung homme qui amena audit seigneur des regnars vifz, ou mois de mars ensuivant, pour y prendre son plaisir, trois escuz d'or (fol. 86).

A lui plus — pour donner à deux espaignoltz, qui avoient amené audit seigneur deux petites levrectes d'Espaigne, xxx escuz d'or.

Audit seigneur, comptant oudit mois de may, la somme de trente sept livres, douze solz, six deniers tournois, en quinze réaulx et sept escuz d'or, que ledit seigneur a ordonné sa dévocion à monseigneur Saint Martin de Tours. C'estassavoir, lesdits xv royaulx à 35 s. t. la pièce, pour offrir à la châsse de monseigneur Saint Martin; six escuz, pour une grant messe qui fut célébrée en la présence dudit seigneur audit monseigneur Saint Martin. Et ung escu d'or, qu'il a fait offrir devant ladicte messe. Lesdiz escuz à raison de 32 s. 6 d. t. la pièce, en ce comprins 5 d. t. pour l'achapt de chascun d'iceulx (fol. 87).

— Item à ung jeune homme qui amena audit seigneur deux jumens, de Flandres jusques à Tours, cinq escuz. Et à ung barbier et cirrugien de Vendosme, qui avoit pensé ung des paiges dudit seigneur nommé Glaude, six escuz (fol. 88).

Nota. Entre les folios 88 et 89 il y a une lacune de 16 feuillets.

A Guillaume le Breton — pour avoir mené sur ung

cheval le lit dudit seigneur durant unze jours entiers, ou voyaige qu'il feist à Saint-Felier, oudit an (quittance du 13 novembre 1380) (fol. 89).

A Jehan Lorin — pour trois lièvres vifz, ung furet, xiiii perches à chasser — pour v hérissons vifz, qu'il a semblablement baillez et livrez audit seigneur pour faire ses plaisirs et voulentez.

A Jehan du Boys—pour avoir esté par l'ordonnance et commandement dudit seigneur, de Chaumont jusques en l'ostel de Raoult de Fonteynes près Nogent-le-Roy, pour faire amener audit seigneur cinq levriers, par charroy, que le Roy d'Escosse luy avoit envoyez par ledit Raoul, jusques à Bloys — 30 l. t. (fol. 90).

A Jehan de Paris, charron, Bernard Bertrand et Jehan Veau, mareschaulx, la somme de 21 l. 2 s. t. à laquelle a esté extimé ung cheriot (chariot) complet, à la façon de Hongrerie, fait par le commandement et ordonnance dudit seigneur, pour donner au cappitaine des Suysses — 21 l. 2 s. t.

A Robert Gaultier, tappissier dudit seigneur — Item, pour ung grant coffre de cuir, ferré, de cinq à six piez de long, qu'il a achectez, pour mectre les draps d'or du Conseil et autres menues choses dangereuses de la tappisserie dudit seigneur, pour porter au cheriot de sa tappisserie par tous les lieux où ledit seigneur va, 13 l. 5 s. t. — Item, pour deux sacs le cuir de beugle, à mectre lesdiz crochets, 20 s. t.

A Jehan Bourdichon, paintre et enlumineur—pour avoir pourtraict et paint de plusieurs couleurs, en cinq peaulx de parchemin colez ensemble, la ville de Caudebec en Normandie — 8 l. 5 d. t. (fol. 92).

A Jehan Galant, orfèvre — pour le parfait du paiement de l'argent, façon et doreures de deux custodes, pesans ensemble vingt marcs, sept onces et demye, qui est à raison de 9 escuz d'or, de 32 l. 1 d. t. pièce le marc d'or, dehors et dedans — lesquelles ledit seigneur a fait offrir et présenter à sa dévocion, l'une à Notre-Dame de Rangny près Chinon, et l'autre à la chappelle de son hostel de Bonne-Adventure — 201 l. 2 s. 5 d. t. (fol. 94vo).

A Pierre Thourel et Jaquemart Godefroy, couvreux de chaume, demourans à Béthune — pour leur despense pour eulx en retourner audit lieu de Béthune. Lesquelz ledit seigneur a fait venir pour besongner de leur mestier au Plessis du Parc — 64 s. 2 d. t. (fol. 96).

A Estienne Advenat, escuier de Cuysine — pour la despense de deux grans sangliers sauvaiges, que mons. de Bueil avoit fait amener de Sanxeurre pour les donner audit seigneur (le roi), et iceulx faire chasser à ses chiens et levriers du Plessis du Parc; que pour cordes à les lier, et la journée de dix hommes pour les mener audit Plessis en deux charectes — 75 s. t.

A Mathelin Foutais — pour l'avoir guidé (le roi) depuis Saint Blançay (Semblançay) jusques au Plessis du Parc — 16 s. t. (fol. 97).

A Guillaume Gouzolles — pour avoir fait mener, tant par eaue que par terre, depuis Montpensier en Anjou jusques au Plessis du Parc, six sangliers que ma dame l'Amiralle a donnez audit seigneur — 6 l. t.

A Jehan de Courteville — pour avoir porté durant le mois de novembre oudit an, de Bonne-Adventure, aucunes choses, jusques au Plessis du Parc, des livres dudit s^r.

A Jehan Galant, orfèvre — pour six douzaines de vervelles d'argent, renforçez, dorez et esmaillez à fleurs de liz et escriptes — pour servir à ses oyseaulx — 15 l. t.

A Guillaume Prévost — pour quinze douzaines de sonnettes de Housdun — pour servir à ses oyseaulx — 24 l. 15 s. t.

A Jehan le Messier, maistre des œuvres — pour plusieurs réparacions et ouvraiges qu'il a fait faire pour le logeiz dudit seigneur (le roi) en la maison des Forges près Chinon, durant le mois de novembre oudit an — 60 l. 5 s. t. (fol. 103).

A Jehan Fourche, levreteux — pour douze lièvres vifz — 19 l. 5 s. t.

A Pierre du Molin, dit Castelan, barbier — pour ses peines, vaccacions et sallaires d'avoir gary Jehan de Porcon, varlet de chambre dudit seigneur d'une playe que ung sanglier lui avoit faicte en la cuyse — 19 l. 5 s. t. (fol. 104 ^vo)·

A Julien Millet — pour un voyaige par lui fait par l'ordonnance et commandement dudit seigneur, lui estant accompaigné de quinze hommes notonniers, qui ont, par l'ordonnance dudit seigneur, mené son grant basteau, de Tours jusques à Maillé, le xxe jour de décembre oudit an, et d'ilec avoir mené le cardinal Balue jusques à Orléans; où ils ont vacqué, tant à aller pour retourner ledit basteau à Tours, douze jours entiers — 36 l. t. (fol. 104vo).

A Emar Cave, — pour le récompenser du dommaige qu'il eust en sa maison de Chastelleraud, où ledit seigneur (le Roi) logea ; pour deux chaslits , une couchecte et ung banc, qui lui furent rompuz en faisant ledit logeiz — 6 l. 8 s. 4 d. t.

A Pierre Auvray — pour avoir tendu des rais de cordes aux Forges, à prendre des corneilles et choectes, présent ledit seigneur pour y praudre son plaisir — 36 l. 1 d. t. (fol. 107).

A Jaques de Montemar — pour gros drap qu'il à fourny et baillé pour envelopper les livres dudit seigneur, yceulx mectre en ung coffre de boys et un tonneau, et les faire mener de Rochefort près Mirebeau jusques à Tours — 10 l. t.

A Jehan Mynière, varlet de Fourrière — pour le fait de son logeiz (le Roi) en l'ostel de maistre Françoys Bourdin, à Poictiers, durant le mois de janvier oudit an, pour plusieurs pièces de boys, lonc et quarré, à faire chaslitz, doulciers, cloisons de boys, ostevans; chambrilleer de boys la chambre dudit seigneur ; ung coignart de boys, en façon d'une gallerie, couvert dessus et dessoubz, des sièges dedans alentour, pour mectre au jardin dudit lieu — 65 l. 17 s. 4 d. t. (fol. 107ᵛᵒ) — ung caignart (*sic*) à mectre au jardin, en manière d'une galerie ronde, couverte dessus et dessoubz, des sièges dedans alentour (fol. 108 vᵒ).

A Guion Moireau, appoticaire dudit seigneur — pour plusieurs parties d'appothicairie, drogues, médicines et autres choses de son mestier, qu'il a baillées et livrées pour les maladies du cardinal Balue et de mons. de Chansay — 282 l. 4 s, 8 d. t. (fol. 109).

A Estienne Veau, siergier, demourant à Tours—pour trois grans cierges, pesans chascun 250 livres de cire,

25

que ledit seigneur (le Roi) a fait prendre et achepter
de lui, pour offrir et présenter en faveur du seigneur
de Chaumont, gouverneur de Bourgongne durant sa
vie, l'un devant monseigneur Saint Martin de Tours,
et les deux autres au Puy Notre-Dame en Anjou —
194 l. t. (fol. 110ro).

A Jehan Bourdichon, peintre et enlumineur— tant
pour ses peines et sallaires d'avoir pourtrait et paint
huit patrons de plusieurs sortes, au plaisir dudit seigneur, que aussi pour le récompenser d'un voyage
par luy fait, partant de Tours jusques à Thouars devers ledit seigneur (le Roi), où il a vacqué dix jours
entiers — 16 l. 10 s. t. (fol. 111).

A Jacob Loys, enfant de la Cuisine — pour ses
peines et travail d'avoir veillé une nuyt entière à faire
et continuer du feu de charbon en la chambre dudit seigneur (le Roi) au chasteau de Mons près Mi-
bereau (Mirebeau) (quittance du 17 mars 1380) 64 s.
2 d. t. (fol 114ro).

A Jehan Vendehart — pour quatre grans caiges longues, à mectre des oyseaulx au Plessis du Parc, 8 l. t.
pour deux nasses de fil de fer, à prandre des ratz,
60 s. t. — Et quatre sourissières, à prendre souris,
10 s. t. — 11 l. 10 s. t. (fol. 115).

A Guillaume du Jardin, tappissier—pour deux milliers de grosses espingles, pour atacher des rideaux et
autres choses pour ladicte chambre, 12 s. t.

A Jehan Lorin — pour cinq perdrix, une caille et
huit mouectes blanches vifves — 9 l. 12 s. 6. d. t.
(fol. 119ro).

A Menault du Prac, porcher dudit seigneur—pour
une maison de boys qu'il a fait faire — en la forest

de Chinon, près des Loges, pour loger les pourceaulx dudit sieur — 70 s. t. (fol. 120vo).

A Jehan Vendehart, Jean de Poictou, Estienne Huet, Jehan le Couvreux et Jehan Verdier, oyseleux, demourans à Tours — pour 46 serins et 121 d'autres petitz oyseaulx, que ledit seigneur a fait prandre et achecter d'eulx, pour mectre en la grant caige du Plesseiz du Parc — 26 l. 12 s. 6 d. t. (fol. 121).

— Pour partie des offrandes par lui (le Roi) voeés et promises durant la maladie de monseigneur le Dauphin (fol. 121vo).

A Loys Boutart, poeslier — pour trois grandes poesles d'arain, pour mectre en l'un des chariotz pour servir ès logeiz dudit seigneur, 6 l. t. Pour deux chauderons, contenant sept seilles, pour chauffer l'eaue pour le baigner, 7 l. t. Pour une bassinoelle pour bassiner le lit dudit seigneur, 30 s. t. Et pour deux bassins, pour servir ou retraict dudit seigneur 50 s. t. — 17 l. t. (fol. 122).

A Robert Gaultier, tappissier—six escrans de par-chemin, à 10 s. t. la pièce 60 s. t. Et pour deux jeux de billes, garniz de billars, et deux jeux de boulles, qu'il a achetez pour servir au Plesseis dudit seigneur 10 s. t.

A maistre Laurens Volvic — c'est assavoir, d'un petit coffre d'acier bruny et les bors doréz, pour mectre le seau de secret dudit seigneur. Ung fer trampez, fermans à deux serrures, à une grosse chesne de fer et une grosse sonnecte de cuyvre au bout, que ledit seigneur a fait baillez à ung prisonnier qui a esté amené de Tournay. Ungs autres petits fers, pour enferrer le frère de Françoys de la Sauvagière. Et pour un sercle,

avec une chesne et une sonnete au bout, qu'il a baillez
par l'ordonnance et commandement dudit seigneur
à Jehan de Savigny, son maistre d'ostel, pour estre
baillez à Pierre Clerc, maistre d'ostel de la Royne —
67 l. 2 s. 6 d. t.

A Jehan de Paris, orlogeur — pour une orloge où
il y a un cadran, et sonne les heures, garnies de tout
ce qu'il luy appartient, laquelle ledit seigneur a fait
prandre et achecter de luy, pour porter avecques luy
par tous les lieux où il yra — 16 l. 10 s. t. (fol. 124).

A Jean Voisin, portier dudit seigneur — pour ses
peines et sallaires, son vivre d'un paige de deux grans
dougues naguières venuz d'Angleterre, que ledit seigneur luy a fait mener à petites journées, ou mois de
mars derrenier passé, depuis Tours jusques en la maison du Grand Veneur, estant trois lieues par delà Meleun, où il a vacqué, tant à aller, travailler, que retourner, vingt jours entiers — 16 l. 10 s. t. (fol. 124 vº).

A Jehan Traynet et Guillaume Ferrant — pour quatre
regnars, ung tesson, ung lièvre, vifz — 9 l. 12 s. 6 d. t.

A Jehan Bourdichon, paintre et enlumineur —
pour avoir escript et paint d'azur cinquante grans
rouleaux que ledit seigneur a fait mectre en plusieurs
lieux dedans le Plesseis du Parc, esquelx est escript :
misericordias Domini in eternum cantabo. Et pour
avoir paint et pourtraict, d'or, d'azur et autres couleurs, trois anges de trois piés de haulteur ou environ,
qu'ilz tiennent chascun ung desdiz roulleaux en leur
main, et est escript ledit *misericordia.* Pour cecy (quittance du 21 avril 1380 avant Pâques) 24 l. 1 s. 4 d. t.
(fol. 126).

A Jehan Aubry, menuysier, demourant à Tours —

pour ung chaslit, une table, tresteaulx, deux scabelles
et deux bancs fourniz, que ledit seigneur a fait prandre et achecter de luy, pour mectre au Plesseis du Parc,
en la chambre de la Salanandière. Pour cecy. —
61 s. 8 d. t.

A Jehan du Chesne, dit Henuyer — pour avoir fait
habiller le viefz mesnage du Plessis du Parc — pour
ung logeiz qu'il fut fait (*sic*), à mectre ledit mesnaige
durant que le viel chasteau fut abatu (fol. 126 v°).

A Jehan Rinal, marchant, demourant à Tours —
pour l'achapt et paiement de deux chartées de foing,
et deux muys d'avoyne, qu'il a achectez, pour nourrir
les daings et docgues estans au Plesseiz du Parc, en
l'année finissant le derrenier jour de septembre, oudit
an, mil cccc iiii^{xx} (fol. 127 v°).

A Jehan le Hennuyer, consierge du Plesseiz du Parc
(fol. 128 v°).

A Coppin Sauvaige, sellier et targier dudit seigneur
— pour avoir habillé les paillasses à coucher les chiens
(fol. 129 v°).

A Jehan Martin — pour avoir mené sur ung cheval
partie des livres dudit seigneur durant douze jours entiers, ou voyaige que ledit seigneur feist à Poictiers, ès
mois de décembre et janvier oudit an — 60 s. t.
(fol. 130).

A Michel Thelope, menuisier — pour six escrans de
boys, qu'il a faiz et livrez pour mectre ès chambres
dudit seigneur au Plesseis du Parc — 45 s. t.

A Pierre Morin, voicturier par terre — pour avoir
porté sur un cheval, depuis Tours jusques à Mirebeau,
trois livres dudit seigneur, durant le mois de février,
oudit an — 37 s. 6 d. t. (fol. 130).

A Vincent Laumosnier — pour avoir fait mener en ung basteau le levrier dudit seigneur appelé *Beauvoisien*, depuis Chaumont-sur-Loire jusques au Plesseiz du Parc — 25 s. t.

A Mace Prévost — pour trois cacques de froment, de mil et de cheneveux, deux boisseaux de ligniz et de navisse, qu'il a baillez et livrez durant ledit mois, pour donner aux petits oiseaulx estans en la grant caige dudit lieu du Plesseiz, 6 l. 13 s. 9 d. t. (fol. 131).

A Mace Pignet, tonnelier — pour avoir habillé et nectoyé les cuves à baigner ledit seigneur — 22 s. 6 d. t.

A Bertran du Lac — pour 340 petis oyseaulx, tant chardonnerets, lignots, verdiers et pinçons, tous vifz, qu'il a baillez et livrez pour mectre en la grant caige du Plesseiz du Parc — 11 l. t. (fol. 132).

A Jehan Rinal, demourant à Tours — pour avoir fait mesner de Tours jusques à Orléans, par eaue, iiii^{xx} arbalestres de passe, et ung millier de trect. Et dudit Orléans, par charroy, jusques à Paris, et de là, par eaue, jusques au port de Meullanc, 12 l. t.

Pour avoir envoyé en ung autre voyage, dudit lieu Tours à Bloys, par eaue, cinquante arbalestres de passe, et ung millier de trect; et par charroy jusques à Paris, et de là, par eaue, audit pont de Meulanc, la somme de 12 l. t.

Item, pour avoir envoyé en ung autre voyaige, dudit lieu de Tours, par eaue, jusques à Orléans, lxix arbalestriers de passe, et trois milliers de trect dudit Orléans, par terre, jusques à Paris, et delà, par eaue, jusques audit Meulanc. Et aussi pour la despense d'un homme à conduire lesditz arbalestres et trect, 20 l. t.

Item, pour ung autre voyaige, pour avoir mené par eaue, dudit Tours jusques à Orléans, trente arbalestres de passe, d'Orléans à Paris, par terre, et delà, par eaue, audit pont de Meulanc, 8 l. 10 s. t.

Item, pour ung autre voyaige, pour avoir mené dudit lieu de Tours à Orléans, par eaue, deux casses où il y deux milliers de trect, et delà par eaue et par terre jusques audit pont de Meulanc, la somme de 8 l. 10 s. t.

Lesquelles besougnes ledit seigneur a envoyez audit pont [pour] la garde d'icelluy (quittance du 25 août 1381) 61 l. t. (fol. 132 v°).

A Jehan Poictou, oyselleur, demourant à Tours — pour cent seize serins et vingt-huit autres petits oiseaulx privez, que ledit seigneur a fait prandre et achecter de luy, pour mectre en la caige du Plesseis du Parc — 15 l. 13 s. 4 d. t.

A Jehan Vendehart — pour une caige double, couverte de toille, à mectre cailles, six huissetz pour les grandes caiges, et une autre caige ronde de fil de fer — 30 s. t. (fol. 136 v°).

A Jehan Louveil — pour une tirasse de fil, de huit toises de long, à pendre (*pour* : prendre) cailles — 64 s. 2 d. t.

A Jean Ferry, menuisier — pour boys et façon de deux grandes caiges ou voliers — 24 l. t. (fol. 138 v°).

A Paule de Bale, serviteur de maistre Nicolas Frater, de la ville de Canye en Lombardie — pour huit petiz oyseaulx appelez *sacres*, que ledit seigneur a fait prendre et achecter de lui — 195 l. t. (fol. 139 v°).

A Francoys Lucas, conseiller et chambellan dudit seigneur — pour le rembourser de pareille somme qu'il a baillée du sien par l'ordonnance dudit seigneur, à plusieurs maistres charpentiers et autres gens, pour deviser et faire plusieurs voyes et chemins de chasse, que ledit seigneur a ordonné estre faictes en la forest de Montdoubleau, au qu'il y peust aller à son plaisir 44 l. 2 s. 1 d. t. (fol. 142 v°).

— Pour leurs peines et sallaires de mener deux serfs privez, qui avaient esté donnez audit seigneur, depuis Dreux jusques à la forestz d'Amboise — 7 l. 6 s. 4 d. t. (fol. 150 v°).

A Guillaume Bucquet, escuier de Cuysine — tant pour avoir guidé ledit seigneur (le Roi) depuis Montaire jusques aux Hayes, et pour avoir assemblé toute nuyt les sergens, pour faire chasser (quittance du 27 juillet 1381) 45 s. t. (fol. 151).

Aux passagiers du port de Pilles, pour avoir passé et repassé ledit seigneur, ses gardes et autres gens estans en sa compaignie, ou voyaige qu'il feist à Poictiers — 4 l. t. (fol. 153).

Pour trente-neuf autres notonniers, pour avoir mené à toute diligence huit basteaulx jusques au Plesseis du Parc, le xxv° jour de may oudit an (1480) pour avoir mené ledit seigneur (le Roi) à Tours, jusques au pont Sainte-Anne, monseigneur, madame de Beaujeu, tous les officiers de l'ostel, plusieurs autres gens estans dedans ledit Plesseiz, à l'occasion de la grande creue de l'eaue qui estoit venue dedans le Plesseiz. Et aussi pour avoir amené toutes les besongnes, et pour avoir esté toute la nuyt ensuivant, pour doubte de plus grant creue, pour amener les gens qui estoient à la garde dudit Plesseiz — 7 l. 16 s. 8 d. t. (fol. 154).

A messire Pierre de Ruygeres, prestre — pour avoir nourri les pijons et esgraites dudit seigneur, estans en sa chambre du Plesseiz du Parc — 9 l. 12 s. 7 d. t. (fol. 157).

A Bertrand du Lac — pour des oiseaulx vifz, appelez mauvys, masles, femelles, et autres petits oyseaulx — 4 l. 10 s. t.

A Jaques de Saint-Benoist, cappitaine de Franchise — pour l'achapt et charroy d'un basteau qu'il a prins par l'ordonnance dudit seigneur, et le fait mener à l'estang de Gastine, pour y faire mourir un cerf (fol. 158 v°).

A Pierre Cormier, serrurier — pour avoir habillé l'orloge dudit seigneur du Plesseiz du Parc, et pour y avoir fait autres choses — 4 l. t. (fol. 159).

A Regnault Fullole, escripvain, demourant à Tours — pour deux livres de médecine qu'il a escripz audit seigneur (le Roi) et pour les enluminer et relier — 12 l. 16 s. 8 d. t. (fol. 161 v°).

A Guillaume Ferrieze, chartier — pour avoir mené en une charecte athelée à trois chevaulx, ung prisonnier nommé Pierre Cormery, par tous les lieux où ledit seigneur (le Roi) a esté depuis le xviie jour d'aoust, jusques au iie jour dudit mois de septembre — 11 l. 5 s. t. (fol. 162 v°).

A Jehan Ferry, menuisier — pour une vollière à oiseaulx, en façon de caige ronde, playée en quatre plez, toute de fil d'areschal — 24 l. t. (fol. 166).

A Jaques des Comptes, marchant, demourant à Orléans — pour ses peines, sallaires, vaccacions, d'avoir fait mener et conduire de Tours à Orléans, la moictié de certaine quantité de harnoys blanc, et salades, qui avoient esté prins et arrestez par le com-mandement dudit seigneur (le Roi) lesquelx on menoit en bretaigne, sous le congié et licence dudit seigneur, lesquelx harnois et salades, à la requeste du duc de Bretaigne (*sic*). Et pour avoir paié et rachecté deux desdiz harnois et cinq salades, qui avoient esté vendues par ceulx qui les conduisoient à Orléans — 71 l. 4 s. 11 d. t. (fol. 167).

A Jacquet Mercier, bouzilleur — pour ses peines et sallaires d'avoir vacqué à besongner de son mestier par tous les lieux où ledit seigneur a esté — à la raison de 4 s. 2 d. t. par jour— (fol. 168).

A Jehan Bourdichon, peintre, demourant à Tours — pour avoir pourtraict et peint en parchemin xxiiii paintures, où il y a pourtraict à chascune ung basteau, plusieurs damoyselles et mariniers; contenant chascune demye peau de parchemin — 8 l. t. (fol. 168 v°).

A Regnault Feulole, escripvain, demourant à Tours — pour le paiement de neuf cayers de parchemin, escripz en lettre bastarde, de plusieurs chappitres du livre de Rasis, et un petit traictié Du Régime, pour la personne dudit seigneur (le Roi). Pour avoir fait enluminer plusieurs lettres d'or, d'azur, et pour avoir relié et cousu en ung livre et icelluy avoir couvert de veloux cramoisy — 9 l. 12 s. 6 d. t.

A maistre Laurens Volvic, cannonier ordinaire dudit seigneur — pour avoir fait et livré audit seigneur ung eschelement pour monter sur une muraille, ensemble ung engin à rompre portes — (quittance du 28 septembre 1481) 80 l. 4 s. 2 d. t. (fol. 169).

— Les trois grans levriers dudit seigneur nommez *Paris*, *Pleisseiz* et *Artus* (fol. 170).

A Jehan le Tondeux — pour ung saint à arbaleste, garny de polions, cordes, et ung carcas garny de matras — 4 l. 16 s. 3 d. t.

Tercia grossa. *Summa Denariorum per ordinacionem regis traditorum* 10 234 l. 4 s. 4 d. ob. tournois (fol. 173 v°).

Dons et recompensacions (fol. 174).

A Normandie, roy d'armes, Montsenys et Touraine, héraulx, Jehan Conyn, Pierre de Molins, Clemens Tourtolon et Berthelemy des Marests, trompectes, la somme de cent livres tournois, que ledict seigneur (le Roi) lui a donnée pour leurs estrainnes du premier jour de l'an mil ccc iiii^{xx}.

Quarta grossa. *Summa Donorum* 299 l. 15 s. 6 d. tournois (fol. 176).

Gaiges d'officiers.

A maistre Pierre Symart — 800 l. t.

Quinta grossa. *Summa aliorum vadiorum per se.*

Achat d'escuz (fol. 177).

Sexta grossa. *Summa per se* 53 l. 9 s. 7 d. tournois.

Despense commune. Summa expense communis 39 l. 8 s. tournois.

Summa totalis Expense presentis compoti
17720 l. 10 s. 11 d. ob.
Ei 17 l. 9 s. 3 d. ob. t.

Et per compotum deletur Regi 3331 l. 18 s. 2 d. ob. t.
Sic restat quod debetur Regi 3314 l. 8 s. 11 d. t.
Portatur in fine status compoti immediate sequentis. Sic quictus hic, vidua et heredes.

Auditus ad Burellum et clausus ut precedens, videlicet xixe aprilis, m° cccc° nonagesimo sexto post pasca. Me referente R. de Menege.

(Folio 178 et dernier.)

FIN.

TABLE DES PIÈCES.

FIN DE LA TABLE DES PIÈCES.

TABLE GÉNÉRALE ALPHABÉTIQUE.

A

Auxerre (Traité d'), p. 285.
Ave-Maria, chevaucheur, p. 219.
Avignon, p. 256, 263.
Avirons, p. 354.
Avoine offerte au roi, p. 246.
Avranches (le vicomte d'), p. 130.

B

Bachoes, p. 225.
Bachoues, pour porter le pain,
  p. 64, 66.
Bacinet (le) du roi, p. 219.
Bacinet (Benoit), oubloier du roi,
  p. 225.
Bacquet (Olivier), chevaucheur,
  p. 252.
Bahoul (Pierre), p. 376.
Baiencourt (la dame de), p. 186.
Baieux. Voy. Bayeux.
Baillet (Colin), clerc d'escuirie,
  p. 83, 84, 229, 241, 261.
Bakart, de la fruiterie du comte
  de Flandre, p. 109.
Balances et leurs poids, p. 229,
  264, 279.
Bâle (Paule de), p. 391.
Balences. Voy. Balances.
Balencier (Lorin le), p. 229.
Balfoul, près Neelle, p. 185.
Balocier (Pierre), chevalier, maître
  de l'hôtel, p. 13, 44, 200, 264.
Balue (le cardinal), p. 384, 385.
  Voy. Évreux.
Bancart de charriot, p. 182.
Baptèmes, p. 184.
Bar (vin de), p. 10.
Bar sur Aube (le contrôleur de),
  p. 163.
Barbe (Jean la), receveur des Aides
  à Reims, p. 8.
Barbeau (le). Voy. Hôtel.
Barbeau (l'église de), p. 107.
Barbette (Jean), messager, p. 163.
Barbier (Colin le), p. 37.
Barbier (Guillaume), closier de
  Vierson, p. 307.
Barbier (Jean le), peintre, p. 314.
Barbitte (Jean le), p. 170.

Barenton (Colin de), porteur d'é-
  curie, p. 42, 61.
Barils, p. 68.
Barre (Jean), valet de chambre du
  duc de Berri, p. 297.
Barreau (Jean), p. 223.
Barville (Robin de), messager,
  p. 206.
Basanton (Caisin de), p. 145, 146.
Bascon (le), chevaucheur, p. 222.
Baselaires, sorte de sabre, p. 210.
Bassinoelle, bassinoire, p. 387.
Bassins (jouer de), p. 108.
Baste (Colin de la), p. 73, 188,
  228, 264.
Basteliers, bateleurs, p. 113, 116.
Bastille (travaux de la), p. 234.
Baudet, chevaucheur, p. 56.
Baudet (Jehn), dit Happede, che-
  vaucheur, p. 52, 57, 178.
Baudouin (Jean), vicomte d'A-
  vranches, p. 193.
Baudricourt (le seigneur de),
  p. 364.
Baulx (Ymbert de), p. 378.
Baut (Regnaut le), breton, p. 114.
Bayeux, p. 48.
— (le Chapître de), p. 53.
Bazelaires, p. 38, 211.
Be (Jehannin), aide de Sausserie,
  p. 274.
Beau (Jean le), p. 230.
Beauce (Jean de la), p. 310.
Beaujeu (Anne de France, dame
  de), p. 359, 392.
Beauleu (Jean de), bourgeois de
  Soissons, p. 61.
Beaulicoul (Guillaume), nauto-
  nier, p. 351.
Beaumont (Jean de), p. 312.
Beaumont (Marie de), pauvre gen-
  tilfemme, p. 186.
Beaumont sur Oise, p. 301.
Beaune (vin de), p. 10.
Beauté Chateau, p. 247.
— (la fousse de), p. 173.
Beauté sur Marne, p. 1, 213, 221.
— (le gort de), p. 11.
Beauvais, p. 144, 145, 259, 269,
  295.
Beauvais (Berthelot de), p. 296,
  297.

26

Beauvarlet (Mathieu), p. 322, 342.

Beauvez (Bertholet de), chirurgien du duc de Berri, p. 311.

Beauvez (Jean de), chevaucheur, p. 49.

Beauvez (Jean de), tondeur, p. 98.

Bec (Guillaume du), maître de la Chambre aux deniers de Charles VII, p. 320, 322, 324, 328, 329, 338, 342.

Becquet (Jean), chauderonnier, p. 282.

Bel (Jean), p. 378.

Bel-Esbat (maison du), p. 368.

Belin (Geoffroi), sommelier de la Chapelle, p. 338.

Belin (Jean), clerc de la Chambre, p. 336.

Bellaguet (M), cité p. 182.

Belle-bouche, vaisseau de cuisine, p. 74, 151, 282.

Belleteau (Martin), clerc de la paneterie, p. 332.

Beloy (messire Jean de), p. 280.

Bénart (Gui), maître des requêtes de l'hôtel, p. 327.

Benoist (Me Lucas), p. 203, 208, 241.

Béraut (Jehannin), valet de chambre du duc de Berri, p. 298.

Bergues (Hincelin de), p. 251.

Bernard (Jean), passeur, p. 366.

Bernart (Guillaume), sergent d'armes, p. 220.

Bernart (Me Nicolas), p. 241.

Berne (Lancelot de), p. 360.

Bernier (Jean), p. 98.

Bernier (Regnault), p. 145.

Berri (Jean, duc de), p. 209, 216, 220, 222, 290.

— perd son sceau, p. 300.

— fait l'aumône à un pauvre Anglois, p. 302.

— visite le château de Soissons, ibid.

— donne des chiens au duc d'Orléans, p. 303.

— gratification à un homme blessé par son ours, p. 312.

— fait enterrer un enfant noyé, p. 312.

Berthaut (Me Jean), p. 22, 28, 266.

Bertran (Gabriel), écuyer, p. 377.

Bertran (Guiot), p. 66.

Bertran (Lancelot), archer de la garde, p. 373.

Bertrand (Bernard), maréchal, p. 382.

Berville (Robin de), messager, p. 26.

Besace de cuir, p. 98.

Bésiers, p. 263.

Besuchet (Jean), p. 314.

Bethléem (l'évêque de). Voy. Valen.

Béthune, p. 358, 383.

Beuset (Raimbaud), chevaucheur, p. 48, 50, 51, 178.

Bidehoust (Perrin), p. 49, 99.

Bienfait (Jean) poullaillier, p. 9.

Bière (la Forêt de), p. 256.

Bienfait (Jean), poulaillier du duc de Berri, p. 295.

Bietris (Jehannin), clerc de Paneterie, p. 64.

Bigois (le), p. 105.

Bigois (Jehannin), valet d'écurie, p. 221.

Billon (Pierre), p. 334.

Bittois (Jehannin), p. 227.

Blainville (le maréchal de), p. 52.

Blaisy (messire Jean de), chevalier, p. 127.

Blanche (Me Loys), secrétaire du roi, p. 4, 18 28.

Blanchet (Me Hugues), notaire du roi, p. 19, 28, 58, 202, 207, 208.

Blanchet (Me Loys), p. 58, 202, 207.

Blanchet (Pierre), secrétaire du roi, p. 28, 207.

Blancs, à 4 d. p. la pièce, p. 2.

— à 12 d. p., p. 6.

— à 8 d. p., p. 131.

Blandi, p. 42, 73.

Blandy. Voy. Blandi.

Blocet (Rogerin), maître d'hôtel, p. 343.

Blois, p. 390.

Blondeau (Jehan), p. 154.

Blondel (Guillaume), chevalier, p. 17, 27, 170.

F

H

422 TABLE GÉNÉRALE ALPHABÉTIQUE.

O

S

FIN DE LA TABLE GÉNÉRALE ALPHABÉTIQUE.

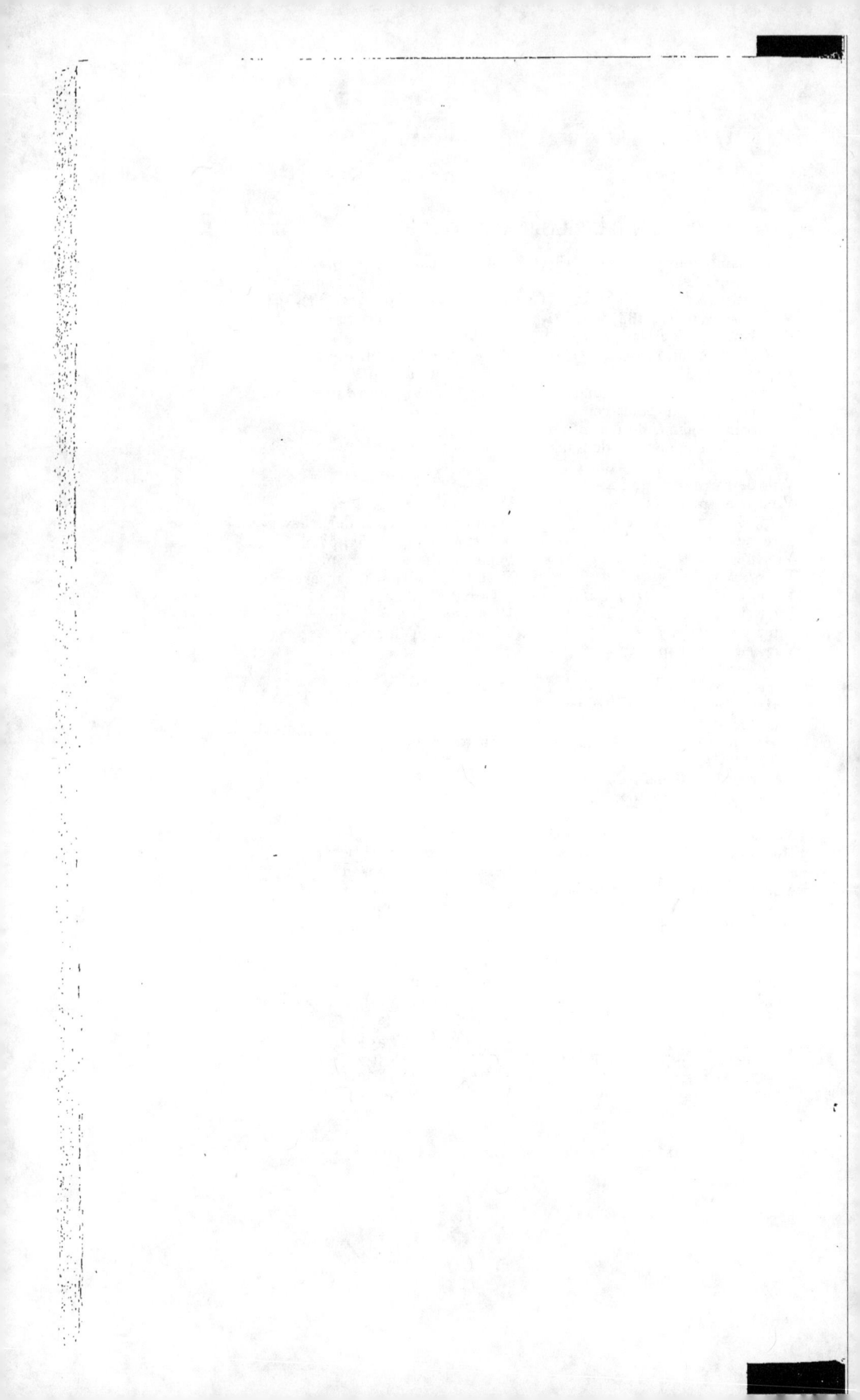

7807. — IMPRIMERIE GÉNERALE DE CH. LAHURE
Rue de Fleurus, 9, à Paris

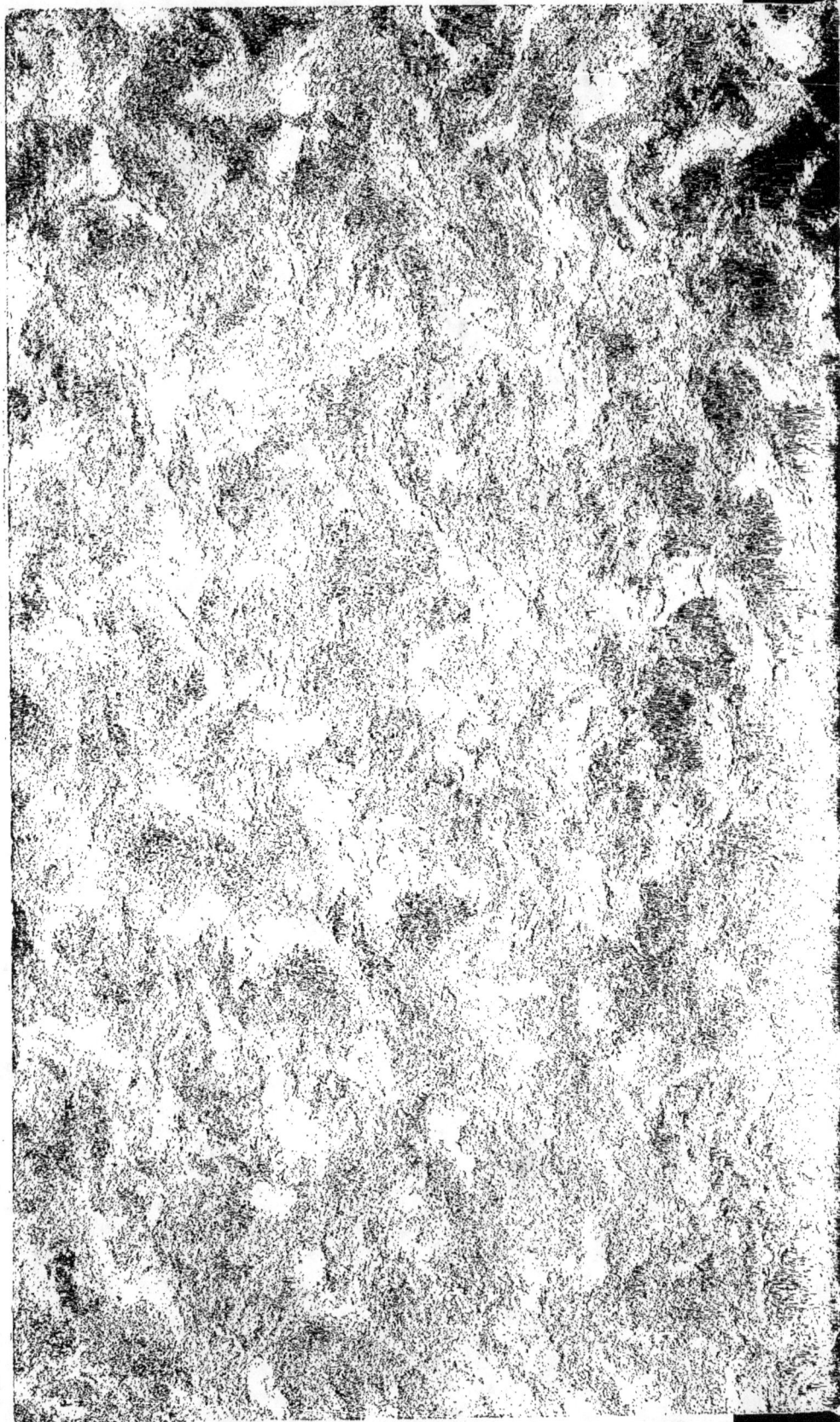

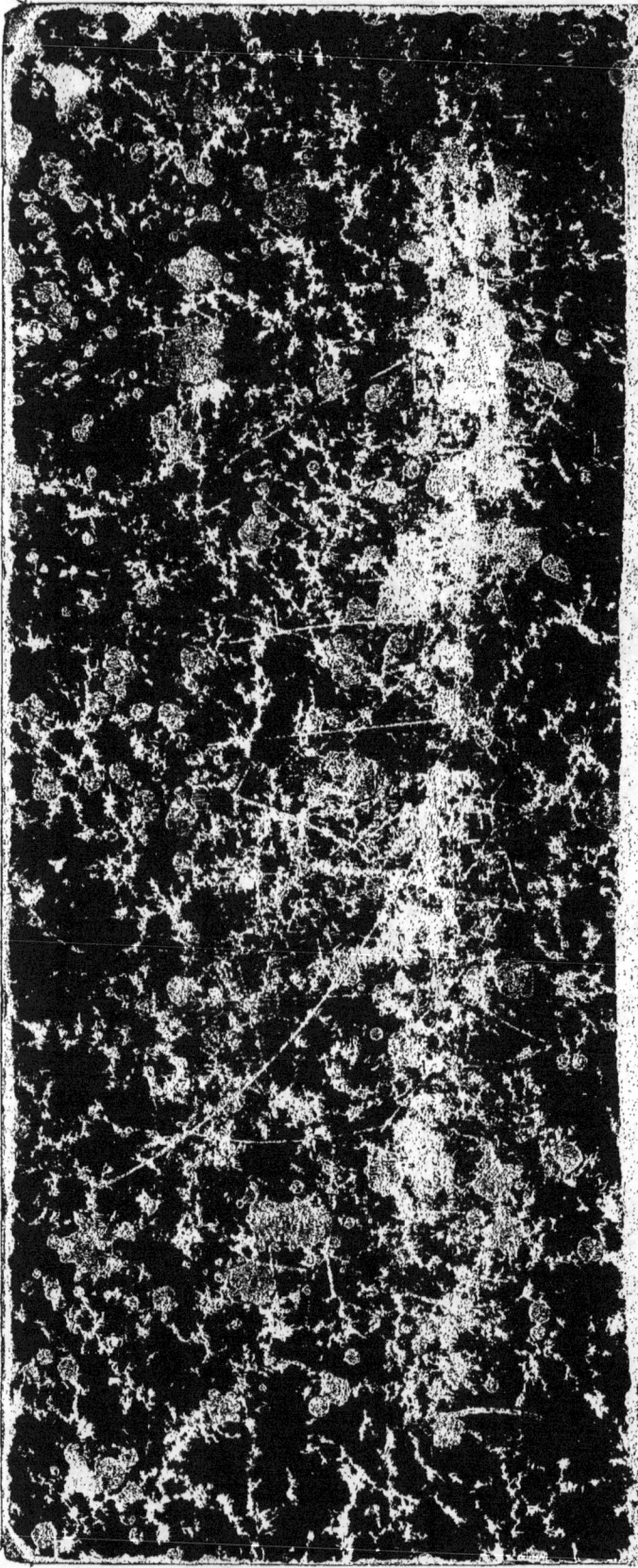

www.ingramcontent.com/pod-product-compliance
Lightning Source LLC
Chambersburg PA
CBHW050545270326
41926CB00012B/1929